제 2 판

도산절차와 소송 및 집행절차

서울회생법원
재판실무연구회

박영사

격 려 사

　서울회생법원은 2017년 3월 개원 이래 도산사건에 대한 재판전문성을 강화함
으로써 국민에 대한 사법서비스의 질을 향상시키고, 도산실무 및 제도를 꾸준히
개선하여 한계 상황에 놓인 기업 및 개인에 대하여 '새 출발의 디딤돌'로서의 역할
을 충실히 수행하여 왔습니다.

　금융위기 이후 지속적인 경기불황과 양극화, 코로나 감염병 사태로 한계 상황
에 처한 법인 및 개인채무자는 증가하고 있고, 이제 도산절차는 누구나 채무자 또
는 채권자 등 절차관계인으로서 접할 수 있는 일상적인 현상이 되었습니다. 한계
상황에 처한 채무자는 이미 각종 소송이나 집행절차에 얽혀 있거나 장래에 이러한
절차와 연관될 가능성이 높습니다. 또한 최근에는 도산절차가 보편화되면서 도산절
차 종료 후에 다시 도산절차를 신청하거나, 파산절차 진행 중에 회생 또는 개인회
생절차가 개시되어 파산절차가 중단되는 사건도 증가하고 있습니다. 이로 인해 도
산절차가 조사확정재판, 부인권 관련 재판 등 도산부수절차나 일반소송 및 집행절
차에 영향을 미치는 사례는 양적으로 증가하고 질적으로도 복잡·다양해졌습니다.

　이번 개정판은 도산절차가 소송 및 집행절차와 만나 발생할 수 있는 각종 법
적 쟁점에 대한 최근의 주요 대법원 판례 및 이론을 빠짐없이 반영함은 물론, 서울
회생법원의 현행 재판실무도 함께 담았습니다. 이 책이 도산과 연관된 소송 및 집
행절차실무를 담당하는 분들이나 「도산절차와 소송 및 집행절차」에 얽혀 어려움을
겪는 채무자들에게 문제 해결을 위한 작은 디딤돌이 되기를 소망합니다.

　바쁜 업무 가운데에도 개정판의 발간을 위해 정성어린 집필과 열띤 토론을 함
께하여 준 서울회생법원 재판실무연구회 소속 법관들께 진심으로 감사드립니다.

2022. 3.

서울회생법원장　　**서 경 환**

제2판 머리말

금융위기 이후 지속적인 경기불황으로 인하여 한계기업이 증가하고 가계부채가 증가하면서 어려움을 겪는 채무자에 대한 구조조정 필요성이 상시화되었고, 이런 상황에서 보다 공정하고 효율적인 구조조정절차를 담당하기 위하여 도산사건을 전문적으로 처리하는 국내 유일의 도산전문법원인 서울회생법원이 2017년 3월 설립되었습니다.

서울회생법원은 지난 5년간 도산사건의 예측가능성을 높이기 위하여 실무준칙을 제정하고, 도산절차의 이용 문턱을 낮추어 수요자의 법원 접근성을 높이기 위하여 개인 채무자의 도산절차 신청서류를 간소화하고 뉴스타트 상담센터를 운영하며 중소기업맞춤형 회생절차(S-Track)를 도입하였습니다. 또한 도산전문성을 강화하여 연구 및 각종 제도개선에 있어서 축적된 역량을 발휘하고 있습니다.

도산사건이 증가함에 따라 도산절차가 각종 소송 및 집행절차에 영향을 미치는 사례도 증가하였고, 이러한 상황에서 「도산절차와 소송 및 집행절차」는 2011년 5월 출간된 이후 도산절차와 연관된 소송이나 집행절차를 담당하는 실무가들로부터 많은 호응을 받아 왔고, 개정판을 발간하여 달라는 요청도 꾸준히 있었습니다. 서울회생법원 출범 이후 서울회생법원의 실무사례를 토대로 새로 시행된 제도와 재판실무상 쟁점에 대한 연구결과와 판례 등을 반영하여 「회생사건실무」, 「법인파산실무」, 「개인파산·회생실무」 제5판 및 「개인파산·회생실무」 제6판을 발간하였고, 11년 만에 「도산절차와 소송 및 집행절차」 제2판을 발간하게 되었습니다.

이번 개정판에서는 도산절차를 회생절차, 개인회생절차 및 파산절차의 세 부분으로 나누어 각 도산절차의 신청에서부터 종결에 이르기까지 각 진행단계별로 소송 및 집행절차에 미치는 영향에 관하여 서술하는 기존 틀을 유지하면서 최근 도산절차 종료 후 다시 도산절차를 신청하거나 파산절차 진행 중 회생 또는 개인회생절차를 신청하는 사례가 증가함에 따라 이러한 사건에서 조사확정재판과 이에 대한 이의의 소, 부인권 관련 재판 등 도산 관련 소송 및 집행절차의 처리에 대한 내용을 보완하였고, 채권자대위소송, 배당이의소송 등 소송 및 집행절차가 도산절차와 만나는 여러 상황에서 발생하는 법적 쟁점에 대하여 최대한 다루고자 하였습니다. 나아가 관련 쟁점에 대하여 새로운 대법원 판례, 이론과 실무를 소개하였습니다.

아무쪼록 이 책이 도산사건과 연관된 소송 및 집행사건을 담당하는 실무가들이나 도산법 분야를 연구하는 학자들에게 도산절차로 인하여 발생하는 소송 및 집행절차의 여러 법적 쟁점을 정리하고 신속하고 적정하게 사건을 해결하는 데 조금이나마 도움이 되기를 바랍니다.

끝으로 바쁜 도산재판업무를 병행하면서도 이 책의 발간을 위해 선뜻 집필에 참여하여 열심히 연구하고 토론하여 주신 서울회생법원 재판실무연구회 소속 법관들에게 깊이 감사드립니다. 또한 이 책이 발간될 수 있도록 많은 격려와 가르침을 주시고 직접 교정 작업을 담당하여 주신 서경환 서울회생법원장님께도 깊은 감사의 말씀을 드립니다.

2022. 3.

서울회생법원 재판실무연구회 회장 **안 병 욱**

머 리 말

1990년대 후반 IMF 사태 이후 증가하기 시작한 도산사건은 2006년 4월부터 채무자 회생 및 파산에 관한 법률이 시행된데다가 연이은 경제 위기로 인해 폭발적으로 증가하여 이제는 도산절차의 이용이 예외적이 아니라 일상적인 현상이 되었습니다.

도산절차에 이를 정도의 채무자는 필연적으로 각종 소송 및 집행절차와 이미 연관되어 있거나 장차 연관될 가능성이 매우 높습니다. 따라서 도산사건의 폭증은 일반 소송 및 집행사건에서 도산절차와 관련된 각종 쟁점의 증가와 맞닿아 있습니다.

그런데 소송이나 집행사건에 도산절차가 연관되면 실무를 담당하시는 분들은 도산절차의 각종 개념과 법적 효과가 생소하고 그에 익숙하지 않아 사건처리에 당황하는 경우가 많고, 이에 따라 도산절차와 연관된 소송이나 집행절차의 진행방법에 관하여 실무상 혼선이 없지 않았습니다. 또 실제로도 서울중앙지방법원 파산부에서는 소송이나 집행을 담당하는 재판부로부터 도산절차와 관련한 질의를 많이 받고 있습니다.

그래서 저희 실무연구회는 소송 및 집행사건을 담당하는 실무가들이 도산절차와 관련되어 발생하는 문제를 해결하는 데 도움이 되기 위해 민사소송 및 민사집행사건의 실무처리 과정에서 부딪히는 도산절차와 관련된 각종 법적 쟁점을 망라하여 연구, 정리한 「도산절차와 소송 및 집행절차」를 새롭게 발간하게 되었습니다.

이 책자에서는 먼저 도산절차를 회생절차, 개인회생절차 및 파산절차의 세 부분으로 나누어 도산절차 전반에 관한 큰 그림을 이해할 수 있도록 각 절차의 개요를 간단하면서도 핵심적으로 설명하였습니다. 이어 회생절차,

개인회생절차 및 파산절차의 신청에서부터 종결에 이르기까지 각 진행 단계
별로 소송 및 집행절차에 미치는 영향을 상세히 기술하였습니다. 특히, 서울
중앙지방법원 파산부 소속 법관들이 평소 소송 및 집행사건 담당 법관들로
부터 받았던 질의 사항들을 포함하여 소송 및 집행절차가 도산절차와 만났
을 때 발생할 수 있는 상정가능한 각종 법적 쟁점을 최대한 다루고자 하였습
니다. 또 이미 대법원 판례가 있는 경우는 해당 판례를 소개하였음은 물론이
고, 대법원 판례가 없는 쟁점에 대해서도 비록 최종적인 정답은 아닐지라도
저희 실무연구회의 의견을 제시함과 동시에 반대 의견에 대한 논거도 가급
적 충실하게 언급함으로써 실제 실무를 담당하는 분들께서 충분한 고민 속
에 결론을 내리는 데 도움을 드리고자 하였습니다.

　이 책은 도산절차가 소송 및 집행절차에 미치는 법적 효력에 관한 저희
실무연구회 연구결과만을 내용으로 하고 있어 여러모로 부족합니다만, 아
무쪼록 이 책이 소송 및 집행사건을 처리하는 실무가들이 업무 중에 부딪히
는 도산절차로 인한 각종 법적 쟁점을 신속하면서도 적정하게 해결하고 나아
가 도산절차에 대한 이해의 폭을 넓히는 데 조금이나마 도움이 되기를 바랍
니다.

　마지막으로 폭증하는 도산사건의 처리와 바쁜 업무 중에서도 이 책자의
발간을 위해 애써주신 서울중앙지방법원 파산부 실무연구회 소속 법관들의
노고에 감사드리고, 흔쾌히 이 책자의 출간을 맡아주신 박영사 조성호 부장
님을 비롯한 관계자 여러분께 감사드립니다.

2011. 5.

서울중앙지방법원 파산부 실무연구회 회장   지 대 운

집필진명단

1. 초판 집필진

고홍석(인천지방법원 부천지원장) · 권성수, 서보민(서울중앙지방법원 부장판사) · 이여진(인천가정법원 부장판사) · 남준우(청추지방법원 부장판사) (이상 전 서울중앙지방법원 파산부 판사)

지대운, 김정만(변호사, 전 서울중앙지방법원 파산수석부장판사)
유해용(변호사, 전 서울중앙지방법원 파산부 부장판사)
정재헌, 조웅, 김진환, 문성호(변호사, 전 서울중앙지방법원 파산부 판사)

2. 제2판 집필진

임선지(서울회생법원 부장판사), 정인영, 이이영, 조형목, 김종찬, 손호영, 이민호, 성기석, 김연수, 김성은, 김기홍 (이상 서울회생법원 판사)
조인(대구지방법원 상주지원 부장판사) · 김주미(서울남부지방법원 판사) · 김성인(창원지방법원 밀양지원 판사) (이상 전 서울회생법원 판사)

일러두기

이 책에 서술된 법률이론이나 견해는 저자들의 의견으로서 법원의 공식 견해
가 아님을 밝혀 둔다.

〈약 어 표〉

1. 법 령

법	채무자 회생 및 파산에 관한 법률
시행령	채무자 회생 및 파산에 관한 법률 시행령
규칙	채무자 회생 및 파산에 관한 규칙
파산법	2005. 3. 31. 법률 제7428호로 폐지된 파산법
화의법	2005. 3. 31. 법률 제7428호로 폐지된 화의법
회사정리법	2005. 3. 31. 법률 제7428호로 폐지된 회사정리법

2. 국내문헌

민사집행(Ⅰ)	사법연수원, 법원실무제요, 민사집행(Ⅰ), 2020
민사집행(Ⅱ)	사법연수원, 법원실무제요, 민사집행(Ⅱ), 2020
민사집행(Ⅲ)	사법연수원, 법원실무제요, 민사집행(Ⅲ), 2020
민사집행(Ⅳ)	사법연수원, 법원실무제요, 민사집행(Ⅳ), 2020
민사집행(Ⅴ)	사법연수원, 법원실무제요, 민사집행(Ⅴ), 2020
법인파산실무	서울회생법원 재판실무연구회, 법인파산실무(제5판), 박영사, 2019
회생사건실무(상)	서울회생법원 재판실무연구회, 회생사건실무(상)(제5판), 박영사, 2019
회생사건실무(하)	서울회생법원 재판실무연구회, 회생사건실무(하)(제5판), 박영사, 2019

개인파산·회생실무	서울회생법원 재판실무연구회, 개인파산·회생실무(제5판), 박영사, 2019
주석 채무자회생법(Ⅰ)	편집대표 권순일, 주석 채무자회생법(Ⅰ), 한국사법행정학회, 2021
주석 채무자회생법(Ⅱ)	편집대표 권순일, 주석 채무자회생법(Ⅱ), 한국사법행정학회, 2021
주석 채무자회생법(Ⅲ)	편집대표 권순일, 주석 채무자회생법(Ⅲ), 한국사법행정학회, 2021
주석 채무자회생법(Ⅳ)	편집대표 권순일, 주석 채무자회생법(Ⅳ), 한국사법행정학회, 2021
주석 채무자회생법(Ⅴ)	편집대표 권순일, 주석 채무자회생법(Ⅴ), 한국사법행정학회, 2021
주석 채무자회생법(Ⅵ)	편집대표 권순일, 주석 채무자회생법(Ⅵ), 한국사법행정학회, 2021
임채홍·백창훈(상)	임채홍·백창훈, 회사정리법(상)(제2판), 한국사법행정학회, 2002
임채홍·백창훈(하)	임채홍·백창훈, 회사정리법(하)(제2판), 한국사법행정학회, 2002
전대규	전대규, 채무자회생법(제5판), 법문사, 2021

3. 일본문헌

注解	宮脇幸彦 등, 注解 会社更生法, 靑林書院, 1986
条解(上)	三ケ月章 등, 条解 会社更生法(上), 弘文堂, 1999
条解(中)	三ケ月章 등, 条解 会社更生法(中), 弘文堂, 1999
条解(下)	三ケ月章 등, 条解 会社更生法(下), 弘文堂, 1999
条解 民事再生法	園尾隆司 등, 条解 民事再生法(第3版), 弘文堂, 2013
注解 破産法(下)	齊藤秀夫 등, 注解 破産法(下), 靑林書院, 1999
条解 破産法	伊藤眞 등, 条解 破産法(第3版), 弘文堂, 2020

주요목차

세부목차

제 2 장 개인회생절차가 소송절차 및 집행절차에 미치는 영향

제1절 개인회생절차의 개관

제2절 개인회생절차개시신청 단계에서 개인회생절차가 소송절차 등에 미치는 영향

제4절 인가결정과 면책결정이 소송절차 등에 미치는 영향

제 3 장 파산절차가 소송절차 및 집행절차에 미치는 영향

〈 제 1 장 〉

회생절차가 소송절차 및 집행절차에 미치는 영향

1. 회생절차의 의의와 근거

회생절차는 재정적 어려움으로 파탄에 직면해 있는 채무자에 대하여 채권자, 주주·지분권자 등 여러 이해관계인의 법률관계를 조정하여 채무자 또는 그 사업의 효율적인 회생을 도모하는 제도이다(법 제1조). 개인이나 기업의 경제적 실패를 다루는 도산절차 중에서 재건형 절차인 '회생'은 사업의 재건과 영업의 계속을 통한 채무 변제가 주된 목적인 반면, 청산형 절차인 '파산'은 채무자의 재산의 처분·환가와 채권자들에 대한 공평한 배당이 주된 목적이다. 회생이 가능한 채무자라면 굳이 청산시키는 것보다 계속 존속하게 하면서 순차적으로 채무를 변제하는 것이 이해관계인에게 유리하고 사회경제적으로도 유익하다. 따라서 법은 파산절차보다 회생절차를 우선시하고 있다(법 제44조, 제58조 참조).

실체법과 절차법에 보장된 채권자 등 이해관계인의 여러 가지 권리를 제한하면서까지 채무자에게 재기의 기회를 주는 이념적 근거는 회생절차를 통한 채권채무관계의 집단적 해결과 채무자의 회생이 파산적 청산과 비교하여 채권자 일반에게 이익이 되고 사회경제적으로도 유리하다는 데 있다. 따라서 회생절차가 대상으로 하는 것은 경제성은 있으나 재정적 파탄(financial distress)에 빠진 채무자이지, 경제성이 결여되어 경제적 파탄(economic distress)

에 빠진 채무자를 대상으로 하는 것이 아니다. 요컨대 채무자가 계속 존속하면서 사업을 할 때 얻는 이익(계속기업가치)이 채무자를 청산할 때의 이익(청산가치)보다 커야 한다. 이에 따라 법은 채무자의 계속기업가치가 청산가치를 상회하는지 여부를 따져 회생절차의 진행 여부를 판가름하는「경제성 판단(economy test)의 원칙」을 채택하고 있다. 경제성이 있는 채무자만을 선별하여 회생시키는 것이 회생절차의 목적이기 때문에 회생절차 진행 도중이라도 청산가치가 계속기업가치보다 큰 것이 명백해지면 그 단계에서 더 이상의 진행을 멈추고 회생절차를 폐지할 수 있도록 하고 있다(법 제286조 제2항).

회생절차의 근거가 되는 기본 법률로「채무자 회생 및 파산에 관한 법률」이 있고, 그 위임에 따라 제정된「채무자 회생 및 파산에 관한 법률 시행령」및「채무자 회생 및 파산에 관한 규칙」이 있으며, 그 밖에「회생사건의 처리에 관한 예규」(대법원 재판예규 제1655호)가 있다.[1]

2. 회생절차의 기본 구조와 원리

채무자가 회생절차안에 들어오면, 보통 ① 채권자의 개별적 채권회수 시도 금지, ② 관리인의 선임을 통한 재산처분권과 업무수행권의 이전, ③ 면제 또는 출자전환 등 채무의 조정, ④ 인력 감축과 적자사업 중단 등 사업의 재구축, ⑤ 회생계획안의 작성과 이해관계인의 동의, ⑥ 법원의 회생계획 인가와 관리인의 회생계획 수행 등의 과정을 거치게 된다.

가. 개별적 권리행사의 제한·금지

회생절차가 개시되면 가압류·가처분·강제집행·담보권 실행 등 채권자들의 개별적 권리행사가 중지 또는 금지된다. 채무자도 함부로 채무를 변제하거나 재산을 처분하거나 새로운 채무를 부담하지 못하도록 하여 채무자의

---

1) 서울회생법원은 회생, 파산, 개인회생, 국제도산 절차에 관한 실무기준을 정한「서울회생법원 실무준칙」을 제정하여 2017. 9. 1.부터 시행하고 있다.

재산을 동결시킨다. 주주·지분권자도 조직법적·사단적 활동에 일정한 제한을 받는다. 개별 행동에서 오는 혼란과 비효율을 피하고 재산의 보전을 통해 채권자들 사이에 공평한 분배를 도모하는 한편, 채무자의 회생에 필수적인 영업조직과 인적·물적 자산을 유지하려는 것이다. 회생절차 개시 전에는 보전처분·중지명령·포괄적 금지명령 등을 통해 이러한 목적을 달성하게 된다. 회생절차를 신청하는 대부분의 채무자는 채무 초과로 자금 압박에 시달리는데 채무 변제가 유예됨으로써 한정된 자금을 통상적인 영업활동에 투자할 수 있게 된다. 채무자는 숨 쉴 여유를 확보하여 질서정연하게 사업을 재정비하는 데 전력투구할 수 있다. 일반채권자뿐 아니라 담보채권자 역시 이러한 절차적 제약을 받는다는 점이 파산절차[2]와 큰 차이점이다. 하지만 공익채권자는 특별한 사정이 없는 한 이러한 구속을 받지 않는다.

나. 회생절차 진행 중인 채무자에 대한 특별한 보호

회생절차가 개시되면 채무자의 관리인에게 부인권, 쌍방미이행 쌍무계약의 선택권 등 채무자의 재산을 보전하기 위한 특별한 권한이 부여된다. 예를 들어 파산원인이 존재하는 시점에서 특정한 채권자에게 편파적으로 변제가 되었거나 헐값으로 재산이 처분되었다면 이를 취소하여 원상회복시킬 수 있다(법 제100조). 쌍방미이행 쌍무계약은 관리인이 유·불리를 계산하여 계약을 해제할 수도 있고, 계속 유지할 수도 있다(법 제119조). 전기·수도·도시가스의 공급업자는 비록 채무자가 그 요금을 연체하였더라도 이를 계속 공급하여야 한다(법 제122조). 한편 회생채권자 등의 상계권도 제한된다. 즉 회생채권자 등의 채권과 채무 쌍방이 신고기간만료 전에 상계할 수 있게 된 때에 그 기간 안에 한하여 상계할 수 있고(법 제144조 제1항), 회생채권자 등이 회생절차개시 후에 채무자에 대하여 채무를 부담한 때 및 지급의 정지, 회생

---

2) 파산절차에서는 채무자의 재건을 목적으로 하지 않고, 파산재단에 속하는 재산의 신속한 환가 및 배당을 최우선의 목적으로 삼기 때문에 담보권자의 담보권 실행을 굳이 막을 이유가 없다. 따라서 담보권자는 파산절차에서 별제권자로 인정되어 파산절차의 제약을 받지 아니한다.

절차개시의 신청이 있음을 알고 채무자에 대하여 채무를 부담한 때 등의 경우에는 상계할 수 없다(법 제145조).

이 밖에 특별법에 의한 보호도 주어진다. 예를 들면 채무자에 대하여 회생절차개시결정이 있으면 미지급 임금에 대한 지연이자의 특례 적용에서 제외된다(근로기준법 제37조, 근로기준법 시행령 제18조 제1호, 임금채권보장법 제7조 제1항 제1호). 이러한 실체법적 또는 절차법적 특칙들은 채무자가 영업을 계속할 수 있는 기반을 조성해 주고, 채권자와 협상할 수 있는 무기가 되기도 한다.

다. 관리인을 통한 경영권의 행사와 법원의 감독

회생절차가 개시되면, 채무자의 업무수행권, 재산의 관리처분권, 소송수행권 등 모든 권리와 권한이 관리인에게 이전된다. 관리인은 채무자, 채권자, 주주 등 여러 이해관계인 모두를 대표하는 공적 대표자로서 역할을 수행하며, 신탁관계에서의 수탁자와 유사한 책임과 의무를 부담한다. 이처럼 관리인의 직무와 역할이 막중하기 때문에 법원은 관리인의 일정한 행위에 대해 미리 법원의 허가를 받도록 하거나, 관리인으로부터 주요 업무의 진행상황 및 추진 실적에 대해 보고를 받는 등 다양한 방법으로 관리인을 감독한다.

라. 채권의 확정과 기업가치의 평가

회생절차의 주된 목적은 재정적 파탄에 처한 채무자 또는 그 사업의 재기를 도모하는 한편, 계속기업으로 가지는 가치를 채권자들에게 공평하게 배분하여 채무를 변제하는 것이다. 채무자의 회생을 통한 가치 배분을 위해서는, ① 채무자의 가치를 나눠 가질 대상 집단이 확정되어야 하고, ② 채권자들에게 분배의 대상이 되며, 또 회생의 발판이 될 채무자의 자산과 가치가 산정되어야 한다. 전자는 채권조사확정절차를 통해, 후자는 재산상태조사 및 기업가치 평가절차를 통해 결정하게 된다.

마. 채무 조정과 지배구조 변경

채무자가 회생절차를 통해 재정적 파탄에서 벗어나기 위해서는 기존 채무의 감축, 면제 등 채무 조정이 필요하다. 채무 조정은 회생절차에서 회생계획을 통해 이루어지는데, 회생계획이 인가되면 채권자의 권리가 회생계획에 따라 변경된다(법 제252조). 회생계획에서 채권자의 권리를 변경하는 방법에는 변제기 유예에 의한 분할변제, 채무면제 등이 있고, 채무변제에 대신하여 신주를 발행하는 출자전환의 방법도 사용된다.

한편 주식회사의 주주는 채권자가 변제받은 후 잔여재산에 대하여만 분배받을 권리를 보유하므로(상법 제538조), 공정·형평의 원칙상 회생절차에서 주주는 채권자보다 더욱 불리하게 권리가 변경되어야 한다(법 제217조). 회생계획에는 주주의 권리변경에 대한 내용이 반드시 포함되어야 하는데(법 제193조 제1항 제1호), 일반적으로 기존 주주의 주식을 병합하거나 소각하는 방법 및 출자전환을 이용한 신주발행을 통해 구 주식의 비율을 감소시키는 방법을 사용한다. 이러한 채권의 출자전환 및 기존 주식의 감자 과정을 통해 부실의 정도가 심한 채무자의 지배권은 기존 주주로부터 출자전환을 받은 채권자에게로 이전되고, 채권자는 회생절차 종결 이후에도 채무자의 경영진의 행위를 통제할 수 있는 권한을 갖게 된다.

바. 회생계획안의 마련과 집단적 의사결정

회생절차는 채권자 등의 양보를 전제로 하므로(당장은 부채가 자산을 초과하거나 지급능력이 없으므로, 채무를 줄여주거나 지급시기를 늦추어주는 양보가 필요하다), 이해관계인의 집합적 의사결정에 따라 채무자의 운명이 결정된다. 관리인이 구체적인 권리변경과 변제방법을 포함한 회생계획안을 제출하면 이해관계인이 이를 받아들일지 여부를 표결로 결정한다. 회생계획의 인가 여부는 원칙적으로 여기에 가장 직접적이고 중요한 이해가 걸려 있는 이해관계인의 선택을 존중하는 것이 타당하지만, 가결 요건을 갖추기 위해 부당하게 버티기를 하는 채권자 등에게 무리한 양보를 해야 하거나, 일부 채권자 등의 불합리한 의사 때문에 회생절차에서 진행되었던 이해관계인의 모든 노력이 허사로 돌아가고 살아날 가망이 있는 채무자의 회생이 무산되는 상황을 막기 위해 법 제244조는 일정한 조건이 충족되면 법원이 직권으로 권리보호조항을 정하고 회생계획을 인가(보통 '강제인가'라고 표현한다)할 수 있도록 하고 있다.

사. 분배의 원칙과 방법

채무변제의 방법이 채무자의 사업을 청산·해체하고 그 재산을 분리 처분하여 나누어 갖는 것이 아니라 사업을 계속 존속시키면서 벌어들이는 영업이익 등으로 순차 변제한다는 차이가 있을 뿐 회생절차 역시 집단적·포괄적 채권회수절차라는 본질은 변함이 없다. 따라서 채무자의 가치를 이해관계인 사이에 어떻게 공평하게 분배하느냐의 문제는 회생절차의 가장 중요한 과제 중 하나이다.

분배에 관한 이해관계인 상호간의 우선순위는 특별한 사정이 없는 한 실체법상의 권리의 우선순위를 존중하여야 한다. 권리의 우선순위는 담보권자, 무담보 채권자, 주주·지분권자의 순으로 규정되어 있는데(법 제217조), 위와 같은 권리의 우선순위를 위반하여 작성한 회생계획안은 위법한 것이 되어 법원으로부터 인가를 받을 수 없다.

법은 분배의 대원칙으로, 이종의 권리 간에는「공정하고 형평에 맞는 차등의 원칙」(법 제217조)을, 동종의 권리 간에는「평등의 원칙」(법 제218조)을 명시하고 있다. 또한 회생계획에 의한 변제방법이 채무자의 사업을 청산할 때 각 채권자에게 변제하는 것보다 불리하지 아니하게 변제하는 내용이어야 한다는「청산가치 보장의 원칙」을 규정하면서 채권자가 동의한 경우에는 예외를 인정하고 있다(법 제243조 제1항 제4호).

이처럼 최소한 청산가치가 보장되어야 하기 때문에 실무상 계속기업가치와 청산가치의 차액을 누구에게 어떻게 분배할 것이냐가 관건이 되는데,

이는 법 제217조 제1항이 정하는 공정하고 형평한 차등의 범위 내에서 채무자의 관리인과 채권자들 사이의 협상을 통해 결정되어 회생계획에 반영된다.

3. 회생절차의 통상적 진행 방식

회생절차의 통상적 진행 방식을 간단하게 요약하면 아래 [회생절차 개요도]와 같다.

가. 회생절차개시의 신청

① 사업의 계속에 현저한 지장을 초래하지 아니하고는 변제기에 있는 채무를 변제할 수 없는 경우, ② 채무자에게 파산의 원인인 사실이 생길 염려가 있는 경우 채무자는 회생절차개시의 신청을 할 수 있다. ②의 사실이 있는 경우에는 일정한 액수 이상의 채권을 가진 채권자 또는 일정한 비율의 주식을 가진 주식회사의 주주 등도 신청권이 있다(법 제34조 제1항, 제2항).

보통 회생절차개시 신청서에는 채무자의 개요, 연혁, 사업현황, 재무현황, 재정적 파탄에 이르게 된 원인, 회생가능성, 채권자별 채권금액 현황, 채무자의 청산가치와 계속기업가치 등이 포함된다. 신청서에 필수적 기재사항 또는 첨부 서류가 누락되었거나 설명이 부족한 부분이 있을 때에는 법원에서 보정명령을 하게 된다.

나. 보전처분·중지명령 등과 예납명령

채무자의 재산에 대한 보전조치는 사업의 계속에 필요한 재산의 흩어짐을 방지하고, 전체 채권자의 이해관계를 총체적으로 조정하기 위해 필수적이다. 법은 채무자에 대해서는 보전처분명령과 보전관리명령(법 제43조)을, 채권자에 대해서는 중지명령(법 제44조)과 포괄적 금지명령(법 제45조)을 통해 이러한 목적을 달성하고 있다.

법원은 채무자의 보전처분신청이 있는 경우 보통 신청일로부터 2~3일

〔회생절차 개요도〕

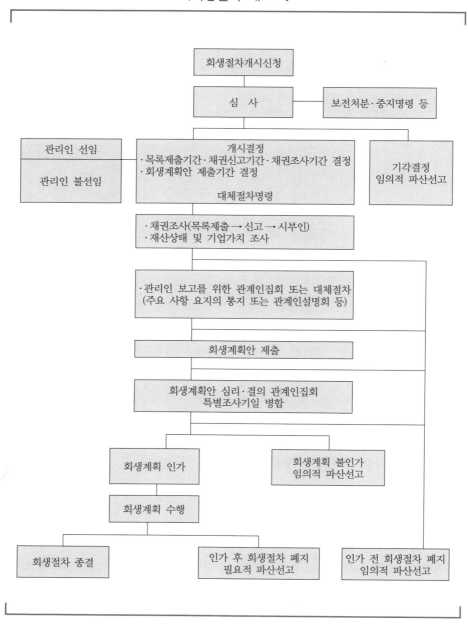

안에 보전처분 결정을 한다. 보전처분의 내용은 ① 보전처분 기준시점 이전에 생긴 일체의 금전채무에 관한 변제 및 담보제공 금지, ② 부동산·자동차·건설기계·특허권 등 등기 또는 등록의 대상이 되는 일체의 재산 및 일정 금액 이상의 기타 재산에 관한 소유권의 양도, 담보권·임차권의 설정 기타 일체의 처분행위 금지(계속적이고 정상적인 영업활동에 해당하는 제품, 원재료 등의 처분행위는 제외), ③ 어음할인을 포함한 일체의 자금의 차입 금지, ④ 노무직, 생산직을 제외한 임직원의 채용 금지를 포함하고 있다.

한편 보전처분은 채무자의 행위만을 제한할 뿐 회생채권자·회생담보권자의 채무자의 재산에 대한 가압류·가처분, 강제집행, 담보권실행을 위한 경매절차를 막지는 못한다. 따라서 회생채권자·회생담보권자에 의한 강제집행 등을 막기 위해서는 개별적 강제집행 등의 중지·취소명령(법 제44조) 또는 포괄적 금지명령(법 제45조)을 받아야 한다. 가압류 등의 취소명령 제도는 채무자가 보유한 현금시재가 부족한 상황에서 예금이나 매출채권 등에 대한 가압류, 가처분 등을 취소한 후 예금을 인출하거나 채권을 회수하여 운영자금으로 사용하는 방법으로 활용된다.

법원은 회생절차개시 신청인에게 절차 진행에 필요한 비용을 미리 납부하게 한다. 신청인이 제시한 자산을 기준으로 산정된 조사위원의 기준보수 금액에 일정한 절차비용을 가산한 금액의 예납을 명하는 것이 보통이다. 이 예납명령에 대해서는 불복할 수 없고, 법원이 정한 기간까지 예납을 하지 않을 경우 신청을 기각한다.

다. 대표자심문과 현장검증

보통 해당 사건의 주심판사가 수명법관이 되어 대표자심문과 현장검증을 한다. 대표자심문은 미리 심문사항을 이메일로 신청인 또는 그 대리인에게 보내서 준비하게 한 뒤 답변서를 제출받아 그 내용을 확인하는 방법으로 진행한다. 현장검증은 먼저 사업체의 현황에 대해 대표이사나 임원으로부터 간략하게 보고를 받은 후 사무소, 공장 및 영업시설을 둘러본다. 이때 공장이 제대로 가동되고 있는지, 사업의 미래 전망이 있는지, 종업원들은 협력적인지 등을 파악하게 된다. 종업원 대표자와의 간략한 면담을 통해 채무자의 현황을 확인하기도 한다.

라. 회생절차개시결정과 관리인 등 선임

① 회생절차의 비용을 미리 납부하지 아니한 경우, ② 회생절차개시신청이 성실하지 아니한 경우, ③ 그 밖에 회생절차에 의함이 채권자 일반의 이익에 적합하지 아니한 경우 법원은 회생절차개시신청을 기각한다(법 제42조). 법 제34조 제1항 각호의 요건이 존재하고, 위와 같은 신청기각사유가 없으면 회생절차개시결정을 한다. 이때 관리인 및 조사위원 선임과 이들의 역할 수행과 관련된 각종 결정(재산목록·대차대조표, 각종 보고서의 제출기간 결정 등)을 한꺼번에 하게 된다(법 제50조). 개시결정의 주문, 관리인의 성명 등을 공고하여야 하고, 알고 있는 회생채권자 등에게 위 사항 등을 기재한 서면을 송달하여야 한다(법 제51조).

회생절차개시결정이 있고 관리인이 선임되면 채무자는 업무수행권과 재산의 관리처분권을 상실하고, 이러한 권한은 관리인에게 전속한다(법 제56조 제1항). 채무자의 재산에 관한 소송절차는 중단되고, 중단한 소송절차 중 회생채권 또는 회생담보권과 관계없는 것은 관리인 또는 상대방이 이를 수계할 수 있다(법 제59조). 또한 회생절차개시결정이 있으면 파산 또는 회생절차개시의 신청, 회생채권 또는 회생담보권에 기한 채무자의 재산에 대한 강제집행 등을 할 수 없고, 파산절차나 채무자의 재산에 대하여 이미 행한 회생채권 또는 회생담보권에 기한 강제집행 등은 중지된다(법 제58조). 회생담보권자나 회생채권자는 원칙적으로 회생계획에 의하지 않으면 변제를 받을 수 없게 된다(법 제131조, 제141조 제2항).

마. 채권의 확정

회생절차는 채무자의 원활한 회생을 통한 채권자의 채권 변제를 목표로 하므로, ① 변제대상이 될 채권이 확정되어야 하고(이는 곧 회생절차에 이해관계인으로 참여할 자의 범위를 정하는 것이기도 하다. 목록에 기재되거나 신고한 회생채권자, 회생담보권자, 주주·지분권자만이 회생절차에 참가할 수 있고 회생계획에 의하여 변제를 받을 수 있다. 따라서 변제받을 자격을 부여함과 아울러 채권의 종류와 금액도 결정하게 된다), ② 변제의 재원이 되는 자산을 포함한 채무자의 가치가 확정되어야 한다. 채권의 확정은 일단 관리인의 목록 제출, 채권자, 주주 등 이해관계인의 신고, 관리인의 시·부인이라는 간이한 절차를 통해 시간과 노력을 절감하도록 하고, 여기에서 다툼이 생길 경우에는 채권조사확정재판, 그리고 이 재판에 대한 이의의 소를 통해 채권의 내용과 범위를 결정하도록 하고 있다.

　　회생채권자 또는 회생담보권자는 그 책임을 질 수 없는 사유로 인하여 신고기간 안에 신고를 하지 못한 때에는 그 사유가 끝난 후 1월 이내에 그 신고를 보완할 수 있는데 이를' 추후보완신고'라고 한다(법 제152조). 신고기간이 경과한 후에 생긴 회생채권과 회생담보권도 그 권리가 발생한 후 1월 이내에 신고하여야 한다(법 제153조). 이러한 신고는 회생계획안 심리를 위한 관계인집회가 끝난 후에는 불가능하다.[3] 법원은 이렇게 신고된 회생채권 및 회생담보권을 조사하기 위한 특별기일을 정하여야 하는데 보통 회생계획안 심리 및 결의를 위한 관계인집회와 한꺼번에 진행한다.

　　이 절차를 정리하면, 『관리인의 채권자 목록 제출 ⇒ 채권자의 권리 신고(신고와 중복 또는 충돌하는 범위에서 목록은 실효되고, 신고하지 않았으나 목록에 기재된 채권자는 신고가 의제됨) ⇒ 조사기간 안에 목록에 기재되거나 신고된 채권에 대한 이해관계인(관리인, 채무자, 목록에 기재되거나 신고된 회생채권자·회생담보권자·주주·지분권자)의 이의 ⇒ 추후보완신고 + 신고기간 경과 후 생긴

---

[3] 다만 예외적으로, 회생채권자가 회생법원이 정한 신고기간 내에 회생채권을 신고하는 등으로 회생절차에 참가할 것을 기대할 수 없는 사유가 있는 경우에는 제152조 제3항에도 불구하고 회생채권의 신고를 보완하는 것이 허용되어야 한다. 대법원 2012. 2. 13.자 2011그256 결정, 대법원 2016. 11. 25. 선고 2014다82439 판결, 대법원 2018. 7. 24. 선고 2015다56789 판결 참조.

채권의 신고 ⇒ 신고기간 후에 신고된 회생채권 및 회생담보권의 조사를 위한 특별조사기일 ⇒ 채권의 확정(권리의 내용과 의결권의 액수, 그리고 우선권 있는 채권에 관하여는 우선권이 확정되고, 회생채권자표 및 회생담보권자표에 기재되면 확정판결과 동일한 효력 부여) 또는 조사확정재판』의 순서로 진행된다. 비록 진정한 채권자라 하더라도 채권조사확정절차에 참가하지 않으면 실권되게 된다.[4]

한편 회생절차에서는 회생채권(법 제118조)과 공익채권(법 제179조)을 구별하여 달리 취급하고 있는데, 공익채권에는 회생절차 진행 비용 등 공동의 이익을 위해서 지출된 비용채권과 회생절차 개시 후 각종 거래로 발생한 채권, 그리고 임금채권처럼 사회정책적 필요에 따라 공익성을 인정한 채권 등이 포함되어 있다. 공익채권은 회생절차에 의하지 아니하고 수시로 변제하며, 회생채권과 회생담보권에 우선하여 변제한다(법 제180조). 회생채권 중에서도 조세채권은 그 성질을 감안하여 특수하게 취급하고 있다(법 제140조 등).

바. 재산상태조사 및 기업가치평가

채무자가 회생가능성이 있는지 여부나 채무변제계획을 포함한 회생계획이 어떻게 수립되어야 하는지를 결정하기 위해서는 채무자의 재산상태와 기업가치에 대한 정확한 평가가 선행되어야 한다. 법은 관리인과 조사위원에게 이 역할을 부여하고 있지만 실제로는 대부분의 사건에서 회계전문가인 조사위원이 작성하는 조사보고서가 중요한 판단자료가 되고 있다.

「청산가치」(채무자의 사업을 구성하는 개별 재산을 분리하여 처분할 때의 가액을 합산한 금액을 말한다)가 「계속기업가치」(채무자의 사업을 계속 존속시키면서 정상적으로 영업을 해나갈 때의 경제적 가치를 말한다)보다 크면 청산절차 또는 파산절차로 가는 것이 채권자에게 유리할 것이므로, 계속기업가치가 청산가치

---

4) 이와 달리 회생계획에서 주주·지분권자의 권리에 대하여 정하고 있는 경우에는 목록에 기재되거나 신고하지 아니한 주주·지분권자에 대하여도 그 권리가 인정된다 (법 제254조).

보다 더 클 때 회생절차의 의미가 있다. 법에 따르면, 계속기업가치와 청산가치의 우열은 회생절차의 개시 및 계속 여부 결정, 회생계획안을 사업계속형(재건형) 또는 청산형으로 할지 여부 결정, 강제인가조건 결정 등의 기준이 되고 있다. 「계속기업가치」는 채권자 기타 이해관계인에게 분배할 재원이 되는 채무자의 미래가치를 제시함으로써 회생계획안의 기본 골격을 형성하고, 「청산가치」는 법률상 채권자 등 이해관계인에게 보장되어야 할 최소한의 몫이므로, 이 두 가지 가치의 정확한 산정이 매우 중요하다.

자산과 부채는 조사위원이 채무자가 제시한 재무상태표를 기준으로 회계장부와 관련 증빙자료의 확인, 회계담당자의 진술 청취, 금융기관 및 거래처에 대한 조회, 실사, 시가감정 등을 거쳐 산정한다.

계속기업가치는 수익접근법 중 현금흐름할인법을 적용하여 산정한다. 이 경우 계속기업가치는 '미래 현금 흐름의 현재가치'와 '비영업용 자산의 처분대금'을 합한 것이며, '미래 현금 흐름의 현재가치'는 '회생절차기간(보통 회생절차가 개시된 연도를 준비 연도로 하고 이후 법이 허용하는 최장 채무상환유예기간인 10년을 추정기간으로 하여 그 기간 동안의 영업활동으로 인한 기업가치를 산정한다) 동안 현금 흐름의 현재가치'와 '회생절차 종료 후 현금흐름의 현재가치'를 합한 것이다. 구체적으로는 회생절차기간 동안 추정손익계산서상 매출액에서 매출원가, 판매비 및 관리비를 차감한 영업이익에서 영업이익에 대한 법인세비용을 차감한 세후 영업이익에 감가상각비 등 현금유출이 없는 비용을 가산하고, 운전자본 및 유형자산에 대한 투자액을 차감하여 산출된 현금흐름을 채무자의 위험을 반영한 적정할인율로 할인하여 산출한다. 조사위원은 계속기업가치를 산정할 때 시장성장률, 물가상승률 등 각종 경제지표, 관련 분야 산업 분석 및 향후 시장 전망, 채무자의 과거 영업실적, 업종 및 영업의 특수성, 채무자가 제시하는 자구계획 등을 참고한다.

청산가치의 경우, 부동산은 지역별·용도별 낙찰가율을 적용하고, 매출채권, 장단기대여금, 미수금, 선급금·선급비용, 재고자산, 무형자산, 보증금, 자회사 투자자산 등은 자산의 유형과 성질에 따라 회수 또는 청산비용, 현실적 회수가능성 등을 감안하여 산정한다.

사. 채무자 재산의 확보

재정적 파탄에 빠진 채무자가 회생하기 위해서는 인적·물적 자원의 유기적 결합체로서의 채무자의 재산이 유지·보전되어야 한다. 법은 채무자의 재산을 확보하기 위해 부인권, 쌍방미이행 쌍무계약에 관한 선택권, 이사 등 기존 경영진에 대한 손해배상청구권의 조사확정재판, 상계의 제한 등 여러 가지 특별한 제도적 장치들을 마련하고 있다.

부인권은 채무자가 지급정지 등의 위기상태에서 행한 재산의 은닉행위나 편파변제행위 등의 효력을 부인하여 채무자로부터 일탈하였던 재산을 원상회복시킴으로써 채무자의 회생을 촉진하거나 이해관계인 사이에 형평에 맞는 분배를 실현하려는 제도이다(법 제100조 내지 제113조의2). 다시 말하면 채무자 또는 개별 채권자의 전략적, 이기적 행동을 무효화함으로써 회생의 발판이 되는 채무자의 재산을 보전·확보하려는 제도적 장치이다. 채무자의 일반재산을 절대적으로 감소시켜 채권자에게 손해를 끼치는「사해행위」와 채권자 사이의 평등을 해치는「편파행위」가 부인의 대상이 된다.

관리인의 쌍방미이행 쌍무계약에 관한 선택권 행사는 채무자가 회생절차개시 전에 상대방과 사이에 서로 대가관계에 있는 쌍무계약을 체결한 상태에서, 회생절차개시 당시 채무자와 상대방 모두 아직 계약의 이행을 완료하지 아니한 때에, 관리인에게 계약을 일방적으로 해제·해지할 수 있는 권리를 부여한 것이다. 회생절차개시 당시 쌍방미이행 상태에 있는 기존 계약관계의 유지가 채무자에 불리할 경우 관리인이 이를 해제·해지함으로써 계약관계를 해소시켜 채무자의 재산을 회수하고 채무자를 채무부담으로부터 벗어나게 할 수 있다(법 제119조, 제121조).[5]

이사 등 기존 경영진에 대한 손해배상청구권의 조사확정재판은 비송사

---

5) 법 제119조, 제121조의 취지에 대해서는, 대법원 2017. 4. 26. 선고 2015다6517, 6524, 6531 판결 참조.

건의 일종으로서, 부실경영 등에 책임이 있는 기존 경영진에 대한 손해배상 청구권의 존부와 액수를 간이·신속하게 조사·확정하여 채무자의 재산을 회복하기 위한 절차이다. 기존 경영진의 부실경영 등의 책임은 사임 요구, 퇴직금채권의 포기, 민사소송제기 등의 방법을 통하여 물을 수도 있지만, 채무자의 조속한 재산회복을 위하여 회생절차에서 별도로 마련한 특유의 절차이다(법 제114조 내지 제117조).[6]

상계의 제한은 법 제144조에서 회생채권자·회생담보권자가 채권신고기간 말일까지만 상계권을 행사할 수 있도록 하고, 법 제145조에서 수동채권의 부담이나 자동채권인 회생채권·회생담보권의 취득시기와 관련한 상계의 금지를 규정하여 회생채권자·회생담보권자가 부당하게 자기 채권을 조기에 회수하는 결과를 방지하려는 것이다.[7]

아. 관리인 보고를 위한 관계인집회 또는 대체절차

2014. 12. 30. 법 개정에 따라 종전의 제1회 관계인집회 대신에 관리인 보고를 위한 관계인집회 제도가 신설되었다(제98조). 법원은 필요하다고 인정하는 경우 관리인으로 하여금 법 제92조 제1항 각호에 규정된 사항[8]에 관하여 보고하게 하기 위한 관계인집회를 소집할 수 있다. 이 경우 관리인은 이러한 사항의 요지를 관계인집회에서 보고하여야 한다(제98조 제1항). 한편 법원은 관리인 보고를 위한 관계인집회를 소집하게 할 필요성이 인정되지 아니하는 경우에는 관리인에 대하여 다른 조치를 취하도록 할 수 있는데(제

---

6) 회사정리법은 회사의 이사 등에 대한 손해배상청구권의 존재·내용을 확정하고 손해배상을 명하는 조사확정제도를 '사정절차'라고 하였으나(회사정리법 제72조 내지 제77조), 법은 위 표현을 '조사확정절차'로 바꾸고 관련 규정들을 정비하였다.

7) 법 제144조, 제145조의 취지에 대해서는, 대법원 2017. 3. 15. 선고 2015다252501 판결 참조.

8) 채무자가 회생절차의 개시에 이르게 된 사정, 채무자의 업무 및 재산에 관한 사항, 법인의 이사 등의 재산에 대한 보전처분 또는 이사 등에 대한 출자이행청구권이나 이사 등의 책임에 기한 손해배상청구권의 존부와 내용에 대한 조사확정재판을 필요로 하는 사정의 유무, 그 밖에 채무자의 회생에 관하여 필요한 사항이다.

98조 제2항) 이러한 조치를 실무상 '대체절차'라고 부르고 있다. 법 제98조 제 2항 각호는 대체절차로 회생계획 심리를 위한 관계인집회의 개최 또는 제 240조 제1항에 따른 서면결의에 부치는 결정 전에 법원이 인정하는 방법으로 제92조 제1항 각호에 규정된 사항의 요지를 관리인, 조사위원, 간이조사 위원, 회생채권자 등에게 통지하는 주요 사항 요지의 통지(제1호), 제98조의2 제2항에 따른 관계인설명회의 개최(제2호), 그 밖에 법원이 필요하다고 인정 하는 적절한 조치(제3호)를 규정하고 있다.[9)]

자. 회생계획안의 작성 · 제출

회생계획은 채무자의 사업 재구축과 그 수익의 예측에 근거하여 회생채 권자 등의 이해관계인의 권리를 변경하여 이익을 분배하는 것을 내용으로 하고 있는데, 회생계획에 의하여 정해져야 하는 구체적인 내용은 법에 정해 져 있다(법 제193조).

관리인은 조사위원의 조사결과를 부정하지 않는 한 조사위원이 조사보 고서를 통해 제시한 재산상태와 기업가치에 기초하여 회생계획안을 입안하 게 된다. 회생계획안은 보통 회생절차의 진행경과, 회생계획안의 요지, 회생 담보권 및 회생채권에 대한 권리변경과 변제방법, 공익채권의 변제방법, 변 제자금의 조달방법, 주주의 권리변경, M&A 관련 사항, 사채 발행, 정관 변 경, 임원의 선임 · 해임 등 관련 규정, 회생절차의 종결 및 폐지 등 항목으로 구성된다. 요컨대 회생계획 수행기간인 향후 10년 동안 어떻게 사업을 운영 해서 얼마를 벌어들여 채권 중 얼마를 갚고 나머지는 어떻게 처리하겠다는 것이 그 핵심 내용이다. 회생계획안에는 회생계획 수행기간 동안의 사업계 획서, 추정손익계산서, 추정자금수지표 등이 첨부되는데 이는 조사위원이 제출한 조사보고서에서 산정한 매출액, 매출원가, 판매관리비, 영업이익, 자

---

9) 서울회생법원 실무준칙 제232호 '관리인보고를 위한 관계인집회의 대체절차'에 따 라 서울회생법원은 회생절차개시신청 당시 200억 원 이상의 채무를 부담하는 채무자 에 관하여는 관리인보고집회의 대체절차로서 관계인설명회 개최를 명하는 것을 원 칙으로 하고, 그 외의 경우는 주요 사항 요지의 통지를 하도록 하고 있다.

산처분대금 등을 기초로 작성된다.

차. 특별조사기일 및 회생계획안 심리·결의를 위한 관계인집회[10]

여기서는 관리인이 제출한 회생계획안의 내용을 심사하고, 이를 수용할지 여부를 결정하는 절차를 진행하게 된다. 회생계획안 심리를 위한 관계인집회와 회생계획안 결의를 위한 관계인집회를 같은 기일로 지정하여 잇달아 진행하게 된다. 그리고 채권조사기간이 끝난 후에 추후보완신고된 회생채권·회생담보권의 조사를 위한 특별조사기일도 함께 진행한다(물론 추후보완신고된 채권이 없으면 이 절차는 생략된다). 결국 한 기일에 채권 특별조사기일 ⇒ 회생계획안 심리 집회 ⇒ 회생계획안 결의 집회가 잇달아 개최된다.

특별조사기일은 관리인이 채권조사기간 후 뒤늦게 보완신고된 채권의 내용과 금액, 채권자 등을 설명하고, 이에 대한 이의 여부를 진술한 다음, 재판장이 출석한 이해관계인들의 의견을 듣고 특별한 문제가 없으면 이의를 당한 채권자가 취하여야 할 권리보호방법(채권조사확정재판신청 등)을 설명하는 순서로 진행한다.

회생계획안 심리를 위한 관계인집회에서는 먼저 관리인이 회생계획안의 요지와 변제계획을 설명한다. 회생담보권자, 회생채권자 중 권리의 유형과 성격에 따라 대여금채권, 구상채권, 상거래채권, 보증채권, 특수관계인채권, 미발생구상채권, 조세채권 등으로 구분하여 각각의 권리변경과 변제방법을 설명한다. 기존 주주의 감자 및 채권의 출자전환도 아울러 설명한다. 공익채권은 회생계획에 구속을 받지 않지만 자금수지에 영향을 미치기 때문에 보통 변제 일정을 함께 설명한다. 이어서 조사위원이 회생계획안의 수행가능성과 청산가치 보장 여부에 관한 조사결과와 의견을 진술한다. 그 다음에는 출석한 이해관계인들이 회생계획안에 대한 의견을 자유롭게 진술하게 된다.

---

10) 2014. 12. 30. 법 개정으로 제1회 관계인집회가 폐지되기 전에는 실무에서 회생계획안 심리를 위한 관계인집회를 '제2회 관계인집회', 회생계획안 결의를 위한 관계인집회를 '제3회 관계인집회'라고 부르기도 하였다.

이 과정에서 결의절차에 들어갈 수 없거나 회생계획을 수정해야 할 정도의
문제가 발견되지 않으면 바로 회생계획안 결의를 위한 집회를 개최한다.

    회생계획안 결의를 위한 관계인집회는 다음과 같은 방식으로 진행된다.
재판장은 먼저 조 분류 방식과 의결권 부여 기준을 설명하고 의견을 듣는다.
이때 관리인은 미확정 채권 또는 미발생구상채권 등 의결권을 인정하기 어
려운 채권에 대해 이의를 제기하고, 재판부는 즉석에서 그 이의가 상당한지
여부를 판단하여 의결권을 부여할지 여부와 부여할 의결권의 액을 결정한
다. 이 과정이 끝나면 법원은 회생계획안의 가결요건을 설명한 다음 조별로
한 사람씩 채권자 등을 호명하여 찬성, 반대 여부를 묻는 방식으로 결의절차
를 진행한다. 결의는 보통 ① 회생담보권자 조(의결권 총액의 3/4 이상 동의 필
요), ② 회생채권자 조[의결권 총액의 2/3 이상 동의 필요, 다만 간이회생절차에서는
의결권을 행사할 수 있는 회생채권자의 의결권 총액의 1/2을 초과하는 의결권을 가진
자의 동의와 의결권자의 과반수의 동의가 있는 경우에도 회생채권자 조에서 가결된 것
으로 본다(법 제293조의8)[11]], ③ 주주 조(출석한 주식 총수의 1/2 이상 동의 필요)로
나누어 조별로 실시한다(법 제237조). 하지만 회생절차의 개시 당시 채무자의
부채 총액이 자산 총액을 초과하면 주주는 의결권이 없다(법 제146조 제3항).
결의가 끝나면 현장에서 바로 컴퓨터 프로그램을 통해 집계한 다음 그 결과
를 공표하고 결의정족수 충족 여부에 따라 가결 또는 부결을 선포한다. 법원
은 회생계획안이 가결된 경우 그 회생계획안이 공정·형평의 원칙, 평등의
원칙, 청산가치 보장의 원칙, 수행가능성 등 요건을 모두 갖추었다고 판단되
면 인가 여부에 대한 이해관계인의 의견을 들은 후 보통 관계인집회 당일 바
로 회생계획인가결정을 선고한다. 부결된 경우 회생절차폐지 사유가 발생하
였음을 밝히고 이에 대한 이해관계인의 의견을 듣는다. 추가 협상의 여지가
있는 사건이라면 이때 관리인은 속행기일 지정신청을 한다. 특별한 사정이
없으면 재판부는 보통 이러한 신청을 받아들여 속행 여부 결정을 위한 결의

---

11) 회생담보권자의 조와 주주·지분권자의 조에 관한 가결요건 및 속행기일을 정하기
    위한 가결요건은 간이회생절차에서도 동일하다.

를 다시 한다. 결의절차는 회생계획안 결의와 마찬가지이지만 완화된 의결
정족수(① 회생담보권자 조는 의결권 총액의 1/2 이상, ② 회생채권자 조는 의결권 총
액의 1/3 이상, ③ 주주 조는 출석한 주식 총수의 1/3 이상 동의 필요)가 적용된다(법
제238조). 속행기일 지정신청이 없거나 속행기일 지정 결의가 부결되면 법원
은 일단 관계인집회를 종료한 후 나중에 회생절차폐지결정을 하거나 강제인
가조건을 갖추었다고 판단되면 강제인가결정을 하게 된다.

카. 회생계획의 수행

회생계획인가결정이 있게 되면 채권자·주주의 권리는 회생계획의 내용
에 따라 변경된다. 이해관계인이 인가결정의 공고일로부터 14일 안에 항고
할 수 있지만, 항고하더라도 회생계획의 수행에 영향을 미치지 아니한다. 회
생계획인가결정이 있는 때에는 관리인은 지체 없이 회생계획을 수행하여야
한다(법 제257조). 회생계획의 수행은 크게 두 가지인데, 하나는 정관변경, 채
권의 출자전환 및 기존주식의 감자, 임원의 교체 등 후속조치를 마무리하는
것이고, 다른 하나는 정상적으로 사업을 운영하면서 예상된 영업이익을 실
현하거나 비영업용 자산을 매각하여 회생계획상의 일정에 따라 각종 채무를
변제하는 것이다.

회생계획의 수행과정에서 명백하게 무리한 회생계획인 것이 드러난 경
우 채권자들의 동의를 이끌어낼 수 있다면 회생계획의 변경을 고려하게 된
다. 회생계획인가결정이 있은 후 부득이한 사유로 회생계획에 정한 사항을
변경할 필요가 생긴 때에는 회생절차가 종결되기 전에 한하여 법원은 관리
인, 채무자 또는 목록에 기재되어 있거나 신고한 회생채권자·회생담보권
자·주주·지분권자의 신청에 의하여 회생계획을 변경할 수 있다. 회생채권
자 등 이해관계인에게 불리한 영향을 미칠 것으로 인정되는 회생계획의 변
경은 회생계획안에 대한 인가절차와 마찬가지의 절차를 밟아야 한다(법 제
282조).

타. 회생절차의 종결·폐지

회생계획에 따른 변제가 시작되면 법원은 관리인·회생채권자·회생담보권자의 신청에 의하거나 직권으로 회생절차종결결정을 한다. 다만 회생계획의 수행에 지장이 있다고 인정되는 때에는 그러하지 아니하다(법 제283조). 회생계획인가결정이 있은 후 회생계획을 수행할 수 없는 것이 명백하게 된 때에는 법원은 관리인이나 목록에 기재되어 있거나 신고한 회생채권자 또는 회생담보권자의 신청에 의하거나 직권으로 회생절차폐지결정을 하여야 한다. 그리고 회생절차폐지결정이 확정되면 법원은 그 채무자에게 파산의 원인이 되는 사실이 있다고 인정하는 때에는 직권으로 파산을 선고하여야 한다(법 제288조, 제6조).

회생절차개시신청 단계에서의 회생절차가 소송절차 등에 미치는 영향

1. 개   요

　회생절차개시를 신청하였다는 사유만으로 소송절차 등의 법률관계에 특별한 영향을 미치는 것은 아니다. 다만, 법원은 이해관계인의 신청 또는 직권으로 채무자의 업무 및 재산에 관하여 가압류·가처분 그 밖에 필요한 보전처분을 명할 수 있고(법 제43조 제1항), 보전관리인에 의한 관리를 명할 수 있다(법 제43조 제3항).

　보전처분은 강학상 처분금지보전처분 및 업무제한 보전처분, 조직법상의 보전처분으로 나누어 설명하고 있다. 처분금지보전처분과 업무제한 보전처분은 법 제43조 제1항의 채무자의 업무 및 재산에 관한 보전처분을 말하고, 조직법상의 보전처분은 법 제43조 제3항의 보전관리인에 의한 관리명령을 말한다.12)

---

12) 보전처분을 조문체계상 협의의 보전처분과 광의의 보전처분으로 나누어 볼 수도 있다. 협의의 보전처분은 법 제43조 제1항에 규정된 보전처분만을 의미하는 데 반하여, 광의의 보전처분은 협의의 보전처분과 보전관리명령을 포함하는 의미이다. 보전관리명령도 보전처분의 일종이나 현행법은 보전처분과 보전관리명령을 별개의 조항으로 구별하여 규정하고 있으므로, 통상 보전처분이라고 하면 협의의 보전처분만을 의미한다.

보전처분은 채무자의 행위만 제한할 뿐 회생채권자, 회생담보권자의 강제집행, 가압류·가처분, 담보권실행을 위한 경매절차를 제한하지는 못하므로 이를 막기 위하여는 개별적인 강제집행 등의 중지·취소명령(법 제44조) 또는 포괄적 금지명령(법 제45조) 등을 이용하여야 한다.

2. 보전처분이 소송절차 등에 미치는 영향

(1) 처분금지보전처분은 채무자재산의 가치의 유지를 곤란하게 함으로써 채무자의 회생에 지장을 주는 재산처분행위를 방지함을 목적으로 하는 보전처분이다. 이는 그 대상의 특정 여하에 따라 개별적인 재산에 대한 보전처분, 일반적 처분금지의 보전처분(채무자의 모든 재산에 대한 보전처분)으로 구분할 수 있는데, 현재 실무는 일반적 처분금지를 명하는 보전처분을 하고 있다.[13]

처분금지보전처분이 등기부등본이나 등록원부에 공시된 이후에는 양수인이 그 재산의 취득을 대항할 수 없는 반면, 보전처분의 내용이 공시되지 않는 한 제3자에게는 그 효력을 주장할 수 없으므로 양수인은 유효하게 그 재산을 취득할 수 있고,[14] 공시방법이 없거나 공시가 되지 않은 재산에 관하여는 상대방이 악의인 경우에만 무효라고 해석된다. 다만 이를 유효라고 해석

---

13) 이 경우에도 회사의 계속적이고 정상적인 조업을 가능하게 하는 영업활동에 해당하는 물품납품계약의 이행까지 금지되는 것이라고 볼 수 없다(대법원 1991. 9. 24. 선고 91다14239 판결). 실무상 보전처분 결정문에서 위와 같은 예외(계속적이고, 정상적인 영업활동에 해당하는 제품, 원재료 등의 처분행위)를 명시하고 있다.

14) 처분금지보전처분의 효력이 회생절차개시신청 이전에 위탁자인 채무자가 수탁자에게 신탁한 부동산에도 미치는지 여부가 실무상 종종 문제된다. 담보신탁의 경우 신탁자의 위탁에 의하여 수탁자 앞으로 그 소유권이전등기를 경료하게 되면 대내외적으로 소유권이 수탁자에게 완전히 이전되는 것(대법원 2002. 4. 12. 선고 2000다70460 판결 참조)이므로 위탁자가 신탁한 부동산은 더 이상 위탁자인 채무자의 재산이 아니다. 따라서 보전처분 이후 신탁재산의 수탁자 등이 신탁계약에서 정한 방법과 절차에 따라 회생법원의 허가를 받지 아니하고 이를 처분하는 등의 행위를 하더라도 이에는 보전처분의 효력이 미친다고 할 수 없다.

하더라도 상대방이 악의인 경우에는 부인권(법 제100조)의 대상이 될 수 있다.

처분금지보전처분에 의하여 처분금지가 된 채무자 재산에 관하여 등기·등록이 된 때에 당해 재산에 대하여 새로이 강제집행 또는 경매절차 개시를 신청할 수 있는지 여부가 문제된다. 보전처분의 등기 전에 등기된 담보권에 기한 때 또는 보전처분의 등기 전에 경매개시 결정의 등기가 된 때에는 이에 따른 강제집행의 개시 또는 속행을 방해하지 않는다고 보아야 한다. 이러한 경우에는 매수인 명의로 소유권이전등기를 함에 있어서 보전처분에 관한 등기를 말소하여야 하며, 그 이외에는 경매절차의 개시는 허용된다는 견해가 다수이고, 현금화절차에 나아갈 수 있는지 여부에 대해서는 견해가 나뉜다.15)

(2) 업무제한 보전처분의 일종인 변제금지보전처분은 채무자에 대하여 변제금지라는 부작위를 명하는 것이어서 그 효력은 원칙적으로 채무자에 대하여만 미치고 제3자에 대하여는 미치지 않는다. 따라서 회사의 채권자가 강제집행을 하거나 상계권을 행사하는 것을 금지하는 것은 아니며,16) 채권자인 양도담보권자의 담보권실행을 저지하는 효과도 없다.17) 같은 취지로 변제금지의 보전처분이 있었다고 하더라도 채권자가 회생절차개시결정 전

---

15) 민사집행(Ⅱ), 63면.

16) 대법원 1993. 9. 14. 선고 92다12728 판결(대법원은, "회사정리절차 개시의 신청을 받은 법원이 그 결정을 하기에 앞서 회사정리법 제39조 제1항의 규정에 의한 보전처분으로서 회사에 대하여 채권자에 대한 채무의 변제를 금지하였다 하더라도 그 처분의 효력은 원칙적으로 회사에만 미치는 것이어서 회사가 채권자에게 임의로 변제하는 것이 금지될 뿐 회사의 채권자가 강제집행을 하는 것까지 금지되는 것은 아니고, 다른 한편 정리절차가 개시된 후에도 정리채권자 또는 정리담보권자는 회사정리법 제162조에 정한 바에 따라 정리절차에 의하지 아니하고 상계를 할 수 있음이 원칙인 점에 비추어 볼 때 보전처분만이 내려진 경우에는 회사의 채권자에 의한 상계가 허용되지 않는다고 할 수 없다."고 판시하였다).

17) 대법원 1992. 10. 27. 선고 91다42678 판결(대법원은, 회사정리절차 개시결정 이전에 정리회사에 대하여 임금채권 이외의 나머지 채권에 관한 변제금지보전처분과 정리회사 소유인 특정된 물건과 권리에 관한 처분금지보전처분을 한 경우 처분금지보전처분의 대상에서 제외되어 있는 물품에 대하여 변제금지보전처분만으로는 양도담보권자의 담보권 실행을 저지하는 효과가 없다는 취지로 판시하였다).

에 채무자의 제3채무자에 대한 채권에 관하여 발부받은 전부명령도 유효하다.[18] 채무자에 대하여 이행의 소가 제기된 경우, 채무자는 변제금지보전처분을 받았음을 이유로 항변할 수 있는지에 대하여는 이를 부정하고 무조건의 이행의 소가 허용된다고 보는 것이 확립된 견해이다. 따라서 채무자가 소송이나 강제집행을 저지하고자 하는 경우에는 법 제44조에 의한 중지·취소명령 또는 법 제45조에 의한 포괄적 금지명령을 받아야 할 것이다.

채무자가 변제금지보전처분을 위반하여 변제 등의 행위를 하였을 경우에, 법 제61조 제3항(법원의 허가를 받지 아니하고 한 제1항 각호 또는 제2항 각호의 행위는 무효로 한다. 다만, 선의의 제3자에게 대항하지 못한다)과 같은 규정이 없으므로 채권자의 선의·악의를 불문하고 변제가 유효하다는 견해와 채권자가 선의이면 변제가 유효하나, 악의인 경우에는 무효라고 보는 견해가 있다.[19]

(3) 채무자의 채무에 대한 보증인·물상보증인 등의 제3자는 보전처분 등 회생절차에 의해 아무런 영향을 받지 않는다. 따라서 채권자는 회생채권에 관하여 제3자의 재산에 담보권이 설정되어 있는 경우 회생절차와는 관계없이 그 담보권을 실행하여 채권의 만족을 얻을 수 있다. 보증인에 대하여도 언제든지 본래의 채권을 청구하고 집행을 할 수 있다.

(4) 변제금지보전처분이 있다 하더라도 채무 이행기 도래의 효과가 생기는 것을 막지 못한다. 따라서 채무자가 이행기에 변제를 하지 아니하면 채무불이행의 책임을 지며, 지연손해금의 지급의무도 발생한다. 그리고 보전처분 전에 이미 채무불이행에 따른 법정해제권이 발생한 경우에는 보전처분이 있더라도 채권자가 해제권을 행사할 수 있다는 것이 다수의 견해이다. 그런데 보전처분이 있은 당시에는 법정해제권이 발생하지 않은 경우에도 채권자가 채무자의 이행지체를 이유로 계약을 해제할 수 있는가에 관하여는 견해가 나누어진다. ① 변제금지보전처분이 있더라도 민법상 이행지체의 모든

---

18) 다만 법 제104조에 의하여 집행행위가 부인될 여지는 있다.
19) 주석 채무자회생법 (Ⅰ), 440면 이하 참조.

효과가 발생하므로 해제권을 행사할 수 있다는 견해와,20) ② 보전처분에 의하여 채무자는 채무를 변제해서는 아니 되는 구속을 받기 때문에 채무를 변제하지 않은 것에 대하여 민법상 정당한 사유를 가지므로 해제권을 행사할 수 없다는 견해21)가 있다.

(5) 보전처분이 내려진 후 은행이 그 보전처분에 따른 지급제한에 따라 수표를 부도처리한 경우에는 부정수표단속법상의 처벌대상이 되지 아니한다.22)

(6) 법 제179조 제1항 제12호는 채무자 또는 보전관리인이 회생절차개시신청 후 그 개시 전에 법원의 허가를 받아 행한 자금의 차입, 자재의 구입 그 밖에 채무자의 사업을 계속하는 데에 불가결한 행위로 인하여 생긴 청구권을 공익채권의 하나로 규정하고 있다. 공익채권과 관련한 소송절차나 강제집행 절차는 회생절차와 상관없이 일반적인 채권과 동일하게 취급된다.

---

20) 条解(上) 396면. 대법원 2007. 5. 10. 선고 2007다9856 판결은 화의법에 따른 보전처분 후에 이행지체가 발생한 사안에서 "화의절차개시의 신청을 받은 법원이 그 결정을 하기에 앞서 화의법 제20조 제1항의 규정에 의한 보전처분으로서 채무자에 대하여 채권자에 대한 채무의 변제를 금지하였다 하더라도 그 처분의 효력은 원칙적으로 채무자에게만 미치는 것이므로 채무자가 채권자에게 임의로 변제하는 것이 금지될 뿐이고, 채무자의 채권자가 이행지체에 따른 해지권을 행사하는 것까지 금지되는 것은 아니라고 할 것"이라고 판시하였다.

21) 임채홍·백창훈(상), 360면; 김정만, "화의법상 보전처분", 사법논집 제29집(1998), 법원도서관, 354-358면; 오수근 외 3인 도산법, 한국사법행정학회(2012), 212면; 임채웅, 회생절차상 리스료채권의 지위에 관한 연구, 인권과 정의 제356호(2006. 4), 74면, 또한 소유권유보부매매와 관련하여 채권자는 회사의 이행지체를 이유로 계약을 해제할 수 없다는 일본 최고재판소 판결이 있다[일본 最高裁判所 昭和 57. 3. 30. 판결(민집 36권 3호, 484면)]. 그 외 해제권 자체는 발생하나 해제권을 행사하여 어떠한 회사재산을 환취하는 것은 정리회사의 재건에 지장이 생기고, 회사정리법 제103조에 따른 관리인의 선택권을 박탈하기 때문에 할 수 없다는 견해(홍일표, "회사정리법상의 변제금지의 보전처분과 이행지체", 재판자료 제38집(1987), 법원도서관, 636면)가 있다.

22) 대법원 1990. 8. 14. 선고 90도1317 판결.

3. 보전관리명령이 소송절차 등에 미치는 영향[23)]

(1) 보전관리명령이 내려진 경우 채무자의 재산에 관한 소송절차는 중단 되고 그 중 회생채권 또는 회생담보권과 관계없는 것은 보전관리인 또는 상 대방이 이를 수계할 수 있다(법 제86조 제2항, 제59조 제1항, 제2항). 법문상으로 는 위와 같이 중단된 소송절차 중 회생채권 또는 회생담보권에 관한 소송은 보전관리명령의 단계에서는 수계의 여지가 없는 것으로 해석될 여지가 있다.

그러나 회생절차개시 후에 회생채권 또는 회생담보권에 관한 소송이 중 단되는 것은 회생절차개시로 인해 개별적인 권리행사가 법률상 금지되기 때 문인 반면에, 보전처분의 단계에서는 권리자의 채무자에 대한 권리행사가 당연하게 금지되는 것이 아니므로 채권자 등은 보전관리명령 후에 새롭게 보전관리인에 대하여 소를 제기할 수 있다.

이와 같이 보전관리명령 당시 계속 중인 소송절차와 그렇지 않은 소송 절차를 차별하는 것은 불합리하다는 등의 이유로 법 제59조 제2항 가운데 "회생채권 또는 회생담보권과 관계없는 것"이라고 한정하는 문구는 법 제86 조 제2항에 의하여 보전관리명령에 준용함에 있어서는 없는 것으로 보고, 법 제59조 제1항에 의하여 중단된 일체의 소송에 관하여 보전관리인 또는 상대방이 수계할 수 있다고 해석하는 견해도 있다.[24)]

(2) 소송절차가 중단된 경우에 채무자에 대한 소송비용청구권은 공익채 권으로 된다(법 제59조 제2항 후문). 그 의미는 보전관리명령 단계에서 소송비 용청구권이 확정된 때에는 보전관리명령 전에 생긴 것을 포함하여 보전관리 인이 채무자 재산에서 수시로 우선 변제할 수 있고, 그 변제가 이루어지지

---

23) 최근의 법원 실무상 보전관리명령을 발하는 경우는 드물지만, 회생절차개시 전 단계 에서 기존 경영진을 배제한 채 신속한 재산보전의 필요성이 인정되고, 개시요건 심리 를 위해 다소의 시간이 소요될 것으로 예상되는 때에 가끔 활용되고 있다. 최근의 보 전관리명령 발령 사례는 회생사건실무(상), 106면 각주 25) 참조.

24) 임채홍·백창훈(상), 242면 이하; 条解(上), 433면; 주석 채무자회생법 (Ⅰ), 446면 이 하 참조.

않은 채 회생절차개시결정이 된 경우에는 이는 공익채권으로 된다는 뜻이다.25)

(3) 법 제59조 제2항의 규정에 의한 수계가 이루어지기 전에 보전관리명령이 취소되거나 회생절차개시신청이 기각 또는 각하되거나 회생절차개시신청이 취하되어 보전관리명령이 효력을 상실한 경우에는 채무자가 당연히 소송절차를 수계한다(법 제86조 제2항, 제59조 제3항). 또한 위 수계가 이루어진 후 위와 같은 사유로 보전관리명령이 실효된 때에는 소송절차는 다시 중단되고 채무자가 이를 수계하여야 하며, 상대방도 이를 수계할 수 있다(법 제86조 제2항, 제59조 제4항, 제5항).

그리고 보전관리인 또는 상대방에 의하여 수계가 이루어진 후 회생절차개시결정이 내려진 경우에 소송절차는 다시 중단되나, 이때에는 법 제59조 제2항에 의하여 회생채권 또는 회생담보권과 관계없는 것만 관리인 또는 상대방이 수계할 수 있고, 회생채권 또는 회생담보권과 관계있는 것은 채권조사절차에서 신고채권에 대한 이의유무에 따라 중단된 소송이 소의 이익이 없어 각하되거나 수계를 거치게 된다.26) 보전관리명령 당시 채무자의 재산관계의 사건으로서 행정청에 계속 중인 것도 위와 같다(법 제86조 제3항).

(4) 채무자의 재산에 대한 강제집행·가처분·가압류 등은 별도의 중지·취소명령 또는 포괄적 금지명령을 받지 않는 한 아무런 영향을 받지 아니하나, 보전관리명령 이후에는 보전관리인이 절차상의 당사자가 된다.

(5) 보전관리인이 보전처분에 반하는 행위를 법원의 허가 없이 한 경우에는 그 행위는 무효이나 거래 상대방으로서는 허가를 받은 행위인지 여부를 알기 어려우므로 선의의 제3자에게는 대항하지 못하는 것이 원칙이다(법 제86조 제1항, 제61조 제3항). 그러나 소송행위에 관하여는 엄격한 해석을 요하므로, 법 제61조 제3항 단서의 적용이 배제된다고 봄이 타당하다.

---

25) 대법원 2016. 12. 17.자 2016마5762 결정 참조.
26) 중단된 소송의 운명에 대하여는 '제1장 제3절 4. 가. (4) 회생채권 등의 확정 부분' 참조.

4. 강제집행 등의 중지 · 취소명령 및 포괄적 금지명령이 소송절차 등에 미치는 영향

가. 강제집행 등의 중지명령

(1) 개   요

회생절차개시의 신청이 있는 경우에 법원은 필요하다고 인정하는 때에는 이해관계인의 신청에 의하여 또는 직권으로 회생절차개시의 신청에 관한 결정이 있을 때까지 파산절차, 회생채권 또는 회생담보권에 기한 강제집행 · 가압류 · 가처분 또는 담보권실행을 위한 경매절차로서 채무자의 재산에 대하여 이미 행하여지고 있는 것, 채무자의 재산에 관한 소송절차 또는 채무자의 재산에 관하여 행정청에 계속하고 있는 절차의 중지를 명할 수 있다(법 제44조 제1항 제1호 내지 제4호). 또 국세징수법 또는 지방세징수법에 의한 체납처분, 국세징수의 예(국세 또는 지방세 체납처분의 예를 포함)에 의한 체납처분 또는 조세채무담보를 위하여 제공된 물건의 처분의 중지도 명할 수 있다(법 제44조 제1항 제5호).

이러한 강제집행 등의 중지명령은 보전처분과 함께 회생절차개시결정 전에 강제적인 권리실현행위를 금지함으로써 채무자 재산의 산일을 방지함을 목적으로 하는 제도이다.[27]

---

[27] 회생절차개시결정이 있은 때에는 법 제58조에 의하여 채권자 등의 권리행사가 제한되는데, 여기서 말하는 다른 절차의 중지 등은 회생절차개시결정의 당연한 효과로서 이미 진행되고 있는 회생채권 · 회생담보권에 기한 강제집행 등 일정한 절차를 일반적으로 중지시키고, 다시 새로이 이를 개시하는 것을 금지하는 것이다. 이에 비하여 법 제44조의 중지명령은 회생절차개시 이전에 이미 계속되고 있는 특정 절차를 개별적으로 중지하는 점에서 구별된다. 한편, 중지명령은 주로 채무자의 채권자 · 담보권자 등 제3자에 대하여 강제적인 권리실현행위를 금지함으로써 채무자 재산의 보전을 도모하려는 것임에 비하여, 보전처분은 주로 채무자 자신에 대하여 일정한 행위를 제한함으로써 채무자 재산의 산일을 방지하려는 점에 서로 차이가 있다.

(2) 중지명령의 대상

파산절차, 강제집행·가압류·가처분·담보권실행을 위한 경매절차, 소송절차, 행정청에 계속하고 있는 사건, 체납처분·조세담보물의 처분 등이 중지명령의 대상이 된다.

① 파산절차는 회생절차와 대조적인 목적을 가지고 있기 때문에 회생절차와 양립할 수 없다. 따라서 파산절차는 회생절차가 개시되면 당연히 중지되지만(법 제58조 제2항 제1호), 법원이 필요하다고 인정하는 때에는 회생절차 개시 전이라도 중지명령을 통해 중지할 수 있도록 한 것이다. 중지대상이 되는 파산절차는 파산선고의 전후 또는 그 절차의 신청인이 누구인가를 불문한다.

② 소송절차의 경우 채무자의 재산에 관한 소송에 한하여 중지를 명할 수 있다. 재산에 관한 소송이 아닌 해산의 소, 설립무효의 소, 주주총회결의 무효·취소의 소, 합병무효의 소 등은 중지할 수 없다. 재산에 관한 소송이라면 회생채권 또는 회생담보권으로 될 채권에 관한 소송이냐 그렇지 않은 소송이냐를 불문하고, 채무자가 당사자로 되지 않은 소송이라도 채권자대위권에 의한 소송, 채권자취소소송, 주주의 대표소송은 중지할 수 있는 것으로 해석된다.

③ 강제집행 등의 경우 회생채권 또는 회생담보권으로 될 채권에 기한 강제집행·가압류·가처분·담보권실행을 위한 경매절차로서 채무자의 재산에 대하여 이미 행하여지고 있는 것에 한하여 중지할 수 있다(법 제44조 제1항 제2호).28)29) 그 절차가 회생절차개시신청 전에 행하여졌는지, 그 후에 행하

---

28) 실무상 위탁자인 채무자가 수탁자에게 신탁한 부동산에 대하여 공매절차 등 강제집행과 유사한 절차가 행하여지고 있을 경우 회생법원이 중지명령 또는 포괄적 금지명령으로 위 절차를 중지시킬 수 있는지 여부가 문제된다. 이는 담보신탁의 경우에 문제될 수 있는 쟁점인데, 담보신탁은 채무가 불이행되면 신탁재산을 처분하여 그 대금으로 채권자의 채무를 변제할 것을 예정하는 제도이기에 채무불이행 등 환가요인이 발생할 경우 우선수익자인 채권자가 수탁자에 대하여 신탁부동산의 처분을 요청할 수 있는 권리가 부여되어 있고, 따라서 수탁자는 우선수익자의 청구가 있는 경우 위탁자의 의사와는 상관없이 공매절차 등을 진행할 수 있기 때문이다. 중지명령 또는

여겼는지를 불문한다. 회생절차가 개시된다면 회생채권 또는 회생담보권으로 될 채권에 기하여 채무자 재산에 대하여 행하여진 강제집행·가압류·가처분·담보권실행을 위한 경매절차에 한하여 중지할 수 있다. 환취권에 기한 것이거나 공익채권으로 될 채권에 기한 절차는 중지할 수 없다. 회생절차개시결정의 시기에 따라 공익채권과 회생채권의 한계가 정해지는 채권의 경우에는 집행채권 중의 일부라도 공익채권으로 될 채권이 포함되어 있을 때에는 그 강제집행 등의 절차를 중지할 수 없는 것으로 해석된다. 다만, 하도급거래 공정화에 관한 법률 제14조에 의한 수급사업자의 발주자에 대한 하도급대금 직접지급청구(원사업자가 회생절차의 채무자인 경우임)가 법 제58조에서 금지하는 '채무자의 재산에 대한 강제집행'에 해당하지 않는다는 것이 판례[30]이므로, 이러한 직접지급청구는 중지명령의 대상이 될 수 없다고 보아야 한다.

한편 공유물 분할을 위한 경매 등 소위 형식적 경매는 담보권 실행을 위한 경매의 예에 따라 실시하지만(민사집행법 제274조 제1항) 중지명령의 대상에는 포함되지 않는다.

포괄적 금지명령은 채무자의 재산에 대하여 행하여지는 강제집행 등을 중지 또는 금지할 수 있는 것인데, 신탁재산은 법률적으로 수탁자 소유의 재산이므로 중지명령이나 포괄적 금지명령이 있다고 하더라도 이로써 신탁재산에서 이미 행하여지고 있는 공매절차 등을 중지시킬 수는 없다고 할 것이다.

29) 한편, 법 제141조 제1항은 가등기담보권, 양도담보권도 회생담보권에 포함되는 것으로 규정하고 있으므로, 양도담보권 등의 실행행위도 법 제44조 제1항에 의한 중지의 대상이 된다고 해석된다. 포괄적 금지명령에 의하여 금지되거나 중지되는 '회생담보권에 기한 강제집행 등'에는 양도담보권의 실행행위도 포함된다고 본 대법원 2011. 5. 26. 선고 2009다90146 판결 참조.

30) 대법원은 영세한 수급사업자의 보호를 위해 원사업자가 파산한 경우에 인정되는 하도급대금 직접청구제도가 원사업자에 대하여 회사정리절차가 개시된 경우라 하여 배제될 이유는 없는 것이므로, 정리채권의 소멸행위를 금지하는 회사정리법 제112조의 규정에 의하여 하도급거래공정화에 관한 법률 제14조의 적용이 배제되어야 한다고 볼 수 없고, 이러한 하도급대금 직접청구가 회사정리법 제67조 제1항이 금지하는 회사재산에 대한 강제집행에 해당하지도 않는다고 보았다(대법원 2007. 6. 28. 선고 2007다17758 판결).

④ 채무자의 재산에 관하여 행정청에 계속되고 있는 절차도 중지할 수 있다. 예를 들면 조세에 관한 처분에 대한 불복신청사건·특허심판사건 등이 이에 해당한다.

⑤ 국세징수법 또는 지방세징수법에 의한 체납처분, 국세징수의 예에 의한 체납처분 또는 조세채무의 담보를 위하여 제공된 물건의 처분도 중지명령의 대상이 된다.31) 체납처분의 중지에 관하여는 미리 징수의 권한을 가진 자의 의견을 들어야 하나(법 제44조 제1항 제5호), 징수권자가 반대하더라도 법원이 필요하다고 인정하면 중지명령을 내릴 수 있다.

(3) 중지명령이 다른 절차에 미치는 영향

중지명령이 있으면 명령의 대상인 절차는 현재의 상태에서 동결되어 그 이상 진행할 수 없게 된다. 이를 위반하여 진행된 절차는 무효이다. 다만, 집행 또는 집행행위의 외형을 제거하기 위해서는 집행에 관한 이의나 즉시항고 등을 제기하여야 한다.

중지명령은 구체적인 절차를 계속하여 진행하려는 것을 중지시키는 효력밖에 없으므로 새로이 동종 절차의 개시를 신청하는 것은 중지명령에 반하지 않아 상관이 없다. 새로운 동종 절차를 중지하려면 새로운 중지명령을 얻어야 한다. 또한 중지명령은 당해 절차를 그 이상 진행시키지 않는다는 효력이 있을 뿐이므로, 이미 진행된 절차의 효력을 소급하여 무효로 만드는 것은 아니다. 따라서 기왕에 집행된 압류 등의 효력은 그대로 유지된다.32)

중지명령은 회생절차개시의 신청에 대한 결정이 있을 때까지 집행의 일시적 정지를 명하는 재판이므로, 중지명령 정본은 민사집행법 제49조 제2호가 정하는 '강제집행의 일시정지를 명한 취지를 적은 재판의 정본'에 해당한다. 채무자가 중지명령 정본을 집행기관에 제출한 경우 집행기관은 그 이후 집행행위를 하지 않고 현상을 유지하면 된다(민사집행법 제50조 제1항, 제49조

---

31) 현행법은 조세채권우선주의를 취하지 아니하고 원칙적으로 보통의 회생채권과 동일시한다는 입장에서 이와 같이 규정하였다.

32) 이를 제거하기 위해서는 별도로 취소명령을 받아야 한다.

제2호). 집행이 완료된 이후[33])에 중지명령 정본이 제출된 경우에는 중지명령
은 그 목적을 달성할 수 없게 되며, 이미 이루어진 집행행위는 그대로 효력
을 유지하게 된다. 중지명령 정본이 제출되었음에도 불구하고 집행기관이
집행을 정지하지 아니하고 집행처분을 한 경우에는 이해관계인은 집행에 관
한 이의신청 또는 즉시항고에 의하여 취소를 구할 수 있으나, 이러한 불복의
절차 없이 강제집행절차가 그대로 완결되면 그 집행행위에 의하여 발생된
법률효과를 부인할 수 없다.[34])

   중지명령의 효력은 회생절차개시의 신청에 대한 결정이 있을 때까지
존속한다. 회생절차개시결정이 이루어진 후에는 법 제58조 제2 항, 제3항,
제59조에 따라 파산절차, 강제집행·가압류·가처분·담보권실행을 위한 경
매절차, 소송절차·행정쟁송절차, 체납처분 등이 중지 또는 중단된다.

   중지명령이 있어도 당해 절차에 관하여 그때까지 행하여진 행위를 소급
하여 무효로 하는 것은 아니므로 파산·강제집행·경매·소송 등에 의하여 이
미 발생한 시효중단의 효력은 중지명령 후에도 계속된다.[35])

(4) 중지명령의 변경·취소 등

   법원은 소송절차 등의 중지명령을 변경하거나 취소할 수 있다(법 제44조
제3항). 법원이 필요하다고 인정하면 명령 이전의 사유이든, 명령 이후의 사
정변경이든 어느 것을 이유로도 중지명령을 변경하거나 취소할 수 있다. 중
지명령에 대하여는 불복이 인정되지 않는다(법 제13조 참조).

---

33) 강제집행의 종료 시기는 유체동산·부동산에 대한 금전집행은 압류금전 또는 매각대
   금을 채권자에게 교부 또는 배당한 때, 채권에 대한 추심명령의 경우에는 채권자가
   추심의 신고를 한 때나 배당절차가 끝난 때, 전부명령의 경우에는 그 명령이 확정된
   때이다. 민사집행(Ⅰ), 291면 참조.
34) 민사집행(Ⅰ), 307면.
35) 법 제44조 제2항은 같은 조 제1항 제5호의 중지기간 중에는 시효가 진행되지 않는
   다고 규정하고 있으나, 체납처분과 관련하여 국세기본법 제28조에서 소멸시효의 중
   단과 정지를 규정하고 있고, 이에 따라 발생한 기왕의 효력이 중지명령으로 인해 소
   급하여 소멸하는 것은 아니므로, 결국 법 제44조 제2항은 조세채무 담보를 위하여 제
   공된 물건의 처분에도 시효가 진행되지 아니함을 확인하는 데 의미가 있을 뿐이다.

나. 강제집행 등의 취소명령

(1) 개   요

법원은 채무자의 회생을 위하여 특히 필요하다고 인정하는 때에는 채무자(보전관리인이 선임되어 있는 때에는 보전관리인을 말한다)의 신청에 의하거나 직권으로 중지된 회생채권 또는 회생담보권에 기한 강제집행 등의 취소를 명할 수 있다(법 제44조 제4항).36) 강제집행 등의 취소명령을 하기 위해서 이미 보전처분이나 보전관리명령이 내려졌을 것을 요하지 아니한다.

'채무자의 회생을 위하여 특히 필요하다고 인정하는 때'라 함은 강제집행 등이 유지될 경우 채무자의 갱생이라는 목적 달성에 장애가 되는 경우를 말하는데, 법원이 구체적 사정을 종합하여 판단하여야 한다.

취소의 대상은 회생채권 또는 회생담보권에 기하여 행하여진 강제집행, 가압류, 가처분 또는 담보권실행을 위한 경매절차이다. 반면 조세 등 청구권에 기한 체납처분이나 담보물건의 처분은 회생절차개시결정 이전에는 취소할 수 없음에 주의할 필요가 있다. 그 강제집행 등이 행하여진 시기가 회생절차개시신청 전·후인지를 묻지 않고 모두 취소할 수 있다. 위와 같이 강제집행 등을 취소하기 위해서는 먼저 중지명령에 의하여 그 절차가 중지되어 있을 것을 요한다. 당해 강제집행 등의 절차를 중지시키지 아니한 채 바로 취소명령을 하는 것은 허용되지 아니한다.

---

36) 회생절차개시신청을 전후하여 채무자의 자금사정이 악화되거나 부도가 나면 채권자들이 개별적으로 채무자의 재산에 대하여 강제집행 등을 신청함으로써 영업활동에 타격을 받는 경우가 있다. 이러한 경우 회생절차가 개시되면 회생채권 또는 회생담보권에 기하여 채무자의 재산에 대하여 행하여진 강제집행 등은 법 제58조 제5항에 의하여 취소할 수 있음은 명백하다. 문제는 회생절차개시 후에 위와 같은 취소를 명하는 것만으로는(앞에서 본 바와 같이 중지명령이 있다 하더라도 기왕에 개시된 강제집행 등의 효력은 그대로 유지된다) 회생절차개시결정이 있기 전까지의 기간 동안 채무자의 업무에 심각한 타격을 주는 것을 막기 어렵다는 점에 있다(예를 들어 매출채권이 가압류되어 이를 회수하지 못함으로써 운영자금 확보에 어려움을 겪게 되는 경우가 종종 있다). 위 규정은 이러한 문제를 해결하기 위한 제도이다.

장래채권에 대하여 발하여진 채권압류 및 전부명령을 취소할 수 있는지가 문제된다. 예를 들어 채무자의 거래은행을 제3채무자로 하여 채무자의 거래은행에 대한 현재 및 장래의 예금반환채권을 압류한 후 전부명령을 받은 상황에서 채무자가 회생절차에 이르게 된 경우를 생각할 수 있는데, 채무자가 회생을 위해 은행거래를 할 필요성이 있음에도 전부명령으로 인해 해당 은행에 예금을 가질 수 없게 되므로[37] 회생의 관점에서 문제가 발생하게 된다. 이 문제는 일반적으로 전부명령은 확정되면 집행절차가 종결되어 중단이나 취소명령의 대상이 될 수 없으나 장래채권에 대한 전부명령은 장래에 채권이 발생할 때까지는 절차가 종결된 것으로 볼 수 없기 때문에[38] 발생하는 문제이다. 개인회생절차에서는 이에 대하여 별도의 규정을 두고 있으나(법 제616조), 회생절차에는 이에 관한 규정이 없으므로 원칙적으로 취소는 불가능하다는 견해와 실질적인 필요성과 회생절차의 특수성을 고려하여 장래채권의 전부명령은 취소의 대상으로 하여야 한다는 견해가 대립하고 있다. 불가능하다는 견해에 따를 경우 부인권의 요건에 해당하는 경우 부인권의 행사를 통해 문제를 해결할 수밖에 없을 것이다.

(2) 취소명령이 다른 절차에 미치는 영향

법원의 취소명령으로 인하여 종전의 강제집행 등은 소급하여 그 효력을 잃는다.[39] 이 점에서 소급효가 없는 중지명령과 구분된다. 취소명령에 대하여 불복은 인정되지 않는다(법 제13조 참조).[40]

---

[37] 전부명령 대상 계좌에 예금이 입금되면 전부명령의 효력에 따라 전부채권자에게 귀속되게 되므로 거래를 유지할 수 없다.

[38] 이 문제는 장래채권에 대한 전부명령의 확정으로 대상채권이 확정적으로 소멸하는지의 문제와도 관련이 있다.

[39] 이 점에서 법 제44조 제4항의 취소명령의 효력은 법 제58조 제5항의 취소명령의 효력과 같다고 해석된다.

[40] 회사정리법 제37조 제7항은 정리절차 개시신청 후에 행하여진 가압류 또는 가처분에 한하여 취소명령을 할 수 있도록 규정하면서 취소명령에 의하여 효력을 잃은 절차로 인하여 회사에 대하여 생긴 채권과 그 절차에 관한 회사에 대한 비용청구권은 공익채권으로 하도록 규정하였는데, 현행법은 위와 같은 규정을 두고 있지 아니하므

다. 포괄적 금지명령

(1) 개   요

법원은 회생절차개시의 신청이 있는 경우 법 제44조 제1항의 규정에 의한 중지명령만으로는 회생절차의 목적을 충분히 달성하지 못할 우려가 있다고 인정할 만한 특별한 사정이 있는 때에는 이해관계인의 신청에 의하거나 직권으로 회생절차개시의 신청에 대한 결정이 있을 때까지 모든 회생채권자 및 회생담보권자에 대하여 회생채권 또는 회생담보권에 기한 강제집행·가압류·가처분 또는 담보권실행을 위한 경매절차의 금지를 명할 수 있는데(법 제45조 제1항), 이를 포괄적 금지명령이라 한다. 포괄적 금지명령을 할 수 있는 경우는 채무자의 주요한 재산에 관하여 보전처분 또는 보전관리명령이 이미 행하여졌거나 포괄적 금지명령과 동시에 보전처분 또는 보전관리명령을 행하는 경우에 한한다(법 제45조 제2항). 포괄적 금지명령이 있는 때에는 채무자의 재산에 대하여 이미 행하여진 회생채권 또는 회생담보권에 기한 강제집행 등은 중지된다(법 제45조 제3항).

포괄적 금지명령은 직권 또는 이해관계인의 신청에 의한다. 포괄적 금지명령의 대상은 회생채권 또는 회생담보권에 기한 강제집행·가압류·가처분 또는 담보권실행을 위한 경매절차이다(법 제45조 제1항, 제44조 제1항 제2호). 환취권에 기한 것이거나 공익채권으로 될 채권에 기한 절차는 금지할 수 없다. 체납처분 등은 그 대상에 포함되어 있지 않다. 따라서 포괄적 금지명령에 의하여 체납처분 등을 사전에 금지시킬 수는 없고, 사후적으로 개별적 중지명령에 의하여 대처할 수밖에 없다. 이 점에 대하여는 회생절차의 목적을 충분히 달성하지 못할 우려가 있을 경우에 채무자의 재산에 대한 권리행사를 일률적으로 억제할 필요성은 체납처분 등의 경우에도 예외일 수 없으므로 체납처분 등을 포괄적 금지명령의 대상에서 제외한 것은 입법론적으로 문제가 있다는 지적이 있다. 양도담보권의 실행행위는 회생담보권에 기한

로 이를 공익채권으로 보기 어려울 것이다.

강제집행에 포함되므로, 포괄적 금지명령의 효력에 의하여 금지된다.[41]

(2) 포괄적 금지명령이 다른 절차에 미치는 영향

회생채권자·회생담보권자는 채무자의 모든 재산에 관하여 회생채권 또는 회생담보권에 기한 강제집행 등을 새로이 할 수 없게 되고(법 제45조 제1항), 또 이미 행한 경우에는 중지된다(법 제45조 제3항). 중지명령과 달리 포괄적 금지명령은 별도로 그 정본을 제출하지 않더라도 집행법원에 대해 당연히 그 효력이 미친다.[42] 포괄적 금지명령이 있는 때에는 그 명령이 효력을 상실한 날의 다음 날부터 2월이 경과하는 날까지 회생채권 및 회생담보권에 대한 시효는 완성되지 아니한다(법 제45조 제8항).

법원은 채무자의 사업의 계속을 위하여 특히 필요하다고 인정하는 때에는 채무자 또는 보전관리인의 신청에 의하여 강제집행 등의 중지에서 나아가 중지된 강제집행 등의 취소를 명할 수 있다(법 제45조 제5항 전문).[43] 다만 이 경우에는 채권자의 권리가 침해될 위험이 중지의 경우보다 한층 크게 되므로, 법원은 채무자에게 담보를 제공하게 할 수 있다(법 제45조 제5항 후문). 포괄적 금지명령에 반하여 이루어진 회생채권 또는 회생담보권에 기한 강제집행 등은 무효이고, 회생절차폐지에는 소급효가 없으므로, 이와 같이 무효

---

41) 대법원 2011. 5. 26. 선고 2009다90146 판결. 또한 채권이 담보 목적으로 양도된 후 채권양도인인 채무자에 대하여 회생절차가 개시된 경우, 채권양수인인 양도담보권자가 제3채무자를 상대로 채권의 지급을 구하는 이행의 소를 제기하는 행위가 회생절차개시결정으로 인해 금지되는 양도담보권의 실행행위에 해당한다는 대법원 2020. 12. 10. 선고 2017다256439, 256446 판결 참조.

42) 대법원 2016. 6. 21.자 2016마5082 결정 참조(포괄적 금지명령이 채무자에게 송달된 후 채권 추심 및 처분금지가처분이 발령되었고, 이에 대하여 채무자가 집행취소신청을 하였으나 기각된 사건에서, 위 가처분은 포괄적 금지명령의 효력에 반하여 이루어진 것이어서 무효이므로, 집행법원으로서는 채무자의 집행취소신청에 따라 집행을 취소하였어야 한다고 판시하였다). 따라서 채무자가 집행법원에 포괄적 금지명령이 있었다는 사실을 고지하지 않더라도 강제집행 절차 등에 효력이 당연히 미친다.

43) 다만, 개별적인 중지명령에 따라 중지되어 있는 강제집행 등을 취소하는 취소명령의 경우와 달리, 포괄적 금지명령에 의하여 중지된 강제집행 등을 취소하는 취소명령에 대하여는 즉시항고의 방법으로 불복할 수 있다(법 제45조 제5항, 제6항).

인 보전처분이나 강제집행 등은 사후적으로 회생절차폐지결정이 확정되더라도 여전히 무효이다.[44]

(3) 포괄적 금지명령의 적용배제

법원은 포괄적 금지명령이 있는 경우, 회생채권 또는 회생담보권에 기한 강제집행 등의 신청인인 회생채권자 또는 회생담보권자에게 부당한 손해를 끼칠 우려가 있다고 인정하는 때에는 그 회생채권자 또는 회생담보권자의 신청에 의하여 그 회생채권자 또는 회생담보권자에 대하여 결정으로 포괄적 금지명령의 적용을 배제할 수 있다. 이 경우 그 회생채권자 또는 회생담보권자는 채무자의 재산에 대하여 회생채권 또는 회생담보권에 기한 강제집행 등을 할 수 있으며, 포괄적 금지명령이 있기 전에 그 회생채권자 또는 회생담보권자가 행한 회생채권 또는 회생담보권에 기한 강제집행 등의 절차는 속행된다(법 제47조 제1항).

---

44) 대법원 2016. 6. 21.자 2016마5082 결정.

회생절차개시결정으로부터 회생계획인가 시까지의 회생절차가 소송절차 등에 미치는 영향

1. 개시결정의 도산법적 효과 개관

가. 관리인의 선임과 관리처분권의 이전 등

(1) 관리인의 선임과 지위

회생법원은 사업의 계속에 현저한 지장을 초래하지 아니하고는 변제기에 있는 채무를 변제할 수 없는 경우와 채무자에게 파산의 원인인 사실이 생길 염려가 있는 경우에는 일정한 기각사유45)가 없는 한 개시결정을 하는데, 관리인 불선임 결정을 하는 경우46) 이외에는 반드시 개시결정과 동시에 관리인을 선임한다.47)48)

---

45) 법 제42조는 ① 회생절차의 비용을 미리 납부하지 아니한 경우, ② 회생절차개시신청이 성실하지 아니한 경우, ③ 그 밖에 회생절차에 의함이 채권자 일반의 이익에 적합하지 아니한 경우를 필요적 기각사유로 규정하고 있다.

46) 법 제74조 제3항, 제4항에 의하면, 개인, 중소기업, 그 밖에 대법원 규칙이 정하는 채무자인 경우에는 관리인을 선임하지 아니할 수 있고, 이 경우 채무자(개인이 아닌 경우에는 그 대표자)를 회생절차에 있어서 관리인으로 보고 있으므로, 성질상 극히 일부분의 규정을 제외하고는 선임된 관리인에게 적용되는 규정이 이러한 법률상 관리인에게도 그대로 적용된다. 한편 간이회생절차에서는 원칙적으로 관리인을 선임하지 않고, 채무자(개인이 아닌 경우에는 그 대표자)를 관리인으로 본다(법 제293조의6).

47) 법 제74조에 의하면 원칙적으로 기존 경영자를 관리인으로 선임하도록 규정하면서, 예외적으로 ① 채무자의 재정적 파탄이 개인인 채무자, 개인이 아닌 채무자의 이사,

관리인은 기존 경영자 관리인이라 하더라도 회생절차가 개시되면 단순히 자신의 사익을 추구하는 존재 또는 법인의 기관 혹은 대표자가 아니라 회생절차 내의 채권자 및 주주로 구성되는 이해관계인 전체의 관리자로서 일종의 공적 수탁자의 지위에 있다.49) 따라서 관리인은 회생절차가 진행되는 동안 법원의 감독하에 선량한 관리자의 주의로써 직무를 수행하여야 하고, 이러한 주의의무를 게을리하여 이해관계인에게 손해를 입혔을 때에는 이를 배상할 책임이 있다(법 제82조).

한편 회생절차개시결정이 있으면 아래에서 보는 바와 같이 법인 채무자의 업무수행권과 재산의 관리처분권이 관리인에게 전속하게 되나, 그 이외의 조직법적·사단적 관계에 있어서의 법인 활동은 여전히 채무자에 의해 영위되어야 하고, 회생계획이 인가되기까지는50) 종래의 이사나 감사의 지위 자체에는 변동이 없다.51) 따라서 회생절차개시 전부터 채무자에 대하여 설립무효의 소(상법 제184조)가 제기되어 있는 경우에는 회생절차가 개시되어도 소송절차는 중단되지 않고 여전히 대표이사가 그 소송을 수행하고, 대표이사는 회생절차 중에도 부득이한 경우 주주총회를 소집할 수 있으며, 회생계획인가 전에는 이사 또는 감사의 사임의 의사표시를 관리인이 아닌 채무자에 대하여 하여야 한다. 나아가 형사소송에 있어서도 피고인이 법인인 경우

채무자의 지배인이 행한 재산의 유용 또는 은닉이나 그에게 중대한 책임이 있는 부실경영에 기인한 때, ② 채권자협의회의 요청이 있는 경우로서 상당한 이유가 있는 때, ③ 그 밖에 채무자의 회생에 필요한 때에는 기존 경영자 이외의 제3자를 관리인으로 선임하도록 규정하고 있다.

48) 이 절에서는 특별히 구분하지 않는 한 '관리인'이라고 하면 기존 경영자 관리인, 제3자 관리인, 법률상 관리인을 모두 포함하는 개념으로 사용하기로 한다.

49) 대법원 2013. 3. 28. 선고 2010다63836 판결, 대법원 2015. 2. 12. 선고 2014도12753 판결 등 참조.

50) 회생계획인가 후부터는 이사의 유임·선임 등에 관하여 회생계획에서 이를 정하도록 규정하고 있으므로(법 제203조, 제263조) 회생계획에서 정하는 내용에 따라 기존 임원의 유임 여부 등이 달라질 것이다.

51) 채무자의 업무 수행, 재산의 관리처분 권한이 관리인에게 전속되므로 사실상 이사의 권한은 인격적 활동 영역에서만 극히 제한적으로 인정될 것이다.

관리인이 아닌 대표이사가 회생회사의 대표자가 된다.[52]

그러나 이러한 법인 채무자의 조직법적·사단적 활동을 무제한 허용할 경우 회생절차에 지장을 초래할 수 있으므로 법은 회생절차를 원활히 할 목적으로 법인 채무자의 조직법적·사단적 활동을 부분적으로 제한하고 있고 (법 제55조 참조), 종래의 이사에게도 관리인의 권한을 침해하거나 부당하게 그 행사에 관여할 수 없도록 명시적으로 규정하고 있다(법 제56조 제2항).[53]

(2) 관리처분권의 이전 등

회생절차개시결정이 있는 때에는 채무자는 업무의 수행권한과 재산의 관리처분권을 상실하고, 이러한 권한은 관리인에게 전속하게 된다(법 제56조 제1항). 따라서 회생절차개시 전에 제3자가 채무자와 사이에 맺은 법률관계는 관리인과 제3자 사이의 관계로 변경되며, 종업원과의 관계에서도 관리인 대 종업원의 관계로 변경된다.[54] 만약 관리인이 여럿 선임되어 있는 경

---

52) 대법원은 1994. 10. 28.자 94모25 결정에서 "주식회사에 대하여 회사정리개시결정이 내려져 있는 경우라고 하더라도 적법하게 선임되어 있는 대표이사가 있는 한 그 대표이사가 형사소송법 제27조 제1항에 의하여 피고인인 회사를 대표하여 소송행위를 할 수 있고, 정리회사의 관리인은 정리회사의 기관이거나 그 대표자가 아니고 정리회사와 그 채권자 및 주주로 구성되는 소외 이해관계인단체의 관리자로서 일종의 공적 수탁자이므로 관리인이 형사소송에서 피고인인 정리회사의 대표자가 된다고 볼 수 없다."고 판시하였다.

53) 법 제260조는 '회생계획을 수행함에 있어서 법령 또는 정관의 규정에 불구하고 법인인 채무자의 창립총회·주주총회 또는 사원총회(종류주주총회 또는 이에 준하는 사원총회를 포함한다) 또는 이사회의 결의를 하지 아니하여도 된다'고 규정하여 회생계획인가 후 단계에서도 주주총회나 이사회의 기능을 형해화시키고 있다.

54) 따라서 채무자의 대표이사가 아닌 관리인이 근로기준법상의 임금 및 퇴직금을 지급할 사용자의 지위에 있게 된다(대법원 1984. 4. 10. 선고 83도1850 판결 등 참조). 그러나 근로기준법에서 규정하는 임금 등의 기일 내 지급의무위반죄는 사용자가 경영부진으로 인한 자금사정 등으로 지급 기일 내에 임금 등을 지급할 수 없었던 불가피한 경우뿐만 아니라 기타의 사정으로 사용자의 임금 부지급에 고의가 없거나 비난할 수 없는 경우에는 그 죄가 되지 않으므로(대법원 1998. 6. 26. 선고 98도1260 판결 등 참조), 회생절차개시결정 후 법원의 허가를 받아 업무를 처리하고 자금을 지출하는 관리인의 경우 회생절차 중 임금 등을 제때 지급하지 않았다는 사정만으로 곧바로 위 근로기준법위반죄로 처벌할 수는 없다 할 것이다. 나아가 관리인이 업무수행 과정에서

우 또는 관리인이 선임되지 아니한 경우에 채무자의 대표자가 여럿 이어서
관리인으로 보게 되는 자가 여럿인 경우에 관리인들은 공동으로 그 직무를
수행하여야 하고(법 제75조 제1항 본문), 법원에 대한 허가신청도 공동으로 하
여야 한다.55) 그러나 법원의 허가를 받아 직무를 분장할 수 있고(법 제75조
제1항 단서), 제3자의 의사표시는 공동관리인 중 1인에 대하여 하면 된다(법
제75조 제2항). 공동관리인이 당사자가 되는 소송은 필수적 공동소송에 해당
한다.56)

관리인이 채무자의 업무를 수행하고 채무자 재산의 관리처분 권한을
가지고 있다 하더라도, 관리인이 채무자의 영업 또는 재산을 양수하는 행위

임금이나 퇴직금을 지급기일 안에 지급할 수 없었던 불가피한 사정이 있었는지 여부는
채무자가 회생절차의 개시에 이르게 된 사정, 법원이 관리인을 선임한 사유, 회생절차
개시결정 당시 채무자의 업무 및 재산의 관리상태, 회생절차개시결정 이후 관리인이
채무자 또는 사업의 회생을 도모하기 위하여 한 업무수행의 내용과 근로자를 포함한
이해관계인과의 협의 노력, 회생절차의 진행경과 등 제반사정을 종합하여 개별·구체
적으로 판단하여야 한다(대법원 2015. 2. 12. 선고 2014도12753 판결 등 참조).

55) 공동관리인이 선임되었음에도 관리인 1인이 단독으로 행한 직무행위는 원칙적으로
무효이다. 다만 선의의 제3자와의 관계에 있어서는, 다른 관리인이 그 1인의 행위를
용인하거나 방임한 경우 상법 제395조를 유추적용하여 선의의 제3자에 대하여 그 책
임을 지되, 선의에 관하여 중대한 과실이 있는 경우에는 보호받을 수 없다고 보아야
한다는 견해가 있다. 황경남, "정리회사의 관리인", 재판자료 제86집(2000), 169-170
면 참조. 한편 일본의 경우 最高裁判所 昭和 46. 2. 23. 판결에서 공동관리인 중 1인
이 한 어음행위에 대하여 표현대표이사의 이론을 유추적용하여 선의의 제3자 보호
문제를 해결하여야 한다고 판시하였다. 다만 위 最高裁判所 판결 중 소수의견(재판관
松本正雄의 의견)에 의하면, 관리인은 회사의 대표자나 대리인이 아니고 법원이 선임
한 일종의 공적 기관인 점, 관리인이라는 명칭은 상법이 표현대표이사의 책임을 인정
하기 위해 규정하고 있는 명칭이 아닌 점, 관리인의 권한의 행사는 법원의 감독(허가)
을 받아야 한다는 점 등을 들어 공동관리인 중 1인에 의한 행위에 표현대표이사에 관
한 상법 규정을 유추적용할 수 없다는 취지로 위 판시 내용에 반대하고 있다.

56) 대법원 2014. 4. 10. 선고 2013다95995 판결은 "채무자에 대한 회생절차가 개시되
었을 때 관리인이 여럿인 경우에는 법원의 허가를 얻어 직무를 분장하였다는 등의
특별한 사정이 없는 한 그 여럿의 관리인 전원이 채무자의 업무수행과 재산의 관리
처분에 관한 권한을 갖기 때문에 채무자의 업무와 재산에 관한 소송에서는 관리인
전원이 소송당사자가 되어야 하고 그 소송은 필수적 공동소송에 해당한다."고 판시
하였다.

등은 법원의 허가 없이 할 수 없고, 회생법원은 필요한 경우 관리인이 재산의 처분, 양수 등의 행위를 하는 경우 등 일정한 경우에 허가를 받도록 정할 수 있다(법 제61조). 현재 실무상 법원은 회생절차개시결정과 동시에 관리인이 허가를 받아야 할 사항을 구체적으로 정하고 있는데,57) 이러한 허가를 요하는 행위에 대해 관리인이 법원의 허가를 받지 아니하고 행위를 한 경우 그 행위는 무효이다. 다만 선의의 제3자에게 대항하지는 못한다(법 제61조 제3항). 여기서 선의란 허가의 유무에 관한 것이고, 과실 유무는 묻지 아니한다. 관리인이 법원의 허가를 받아야 할 행위를 허가를 받지 아니하고 행한 경우에는 3년 이하의 징역 또는 3천만 원 이하의 벌금에 처한다(법 제648조 제1항).

한편 회생절차개시결정이 있으면 채무자의 재산에 관한 소송절차는 중단되고, 중단된 소송절차 중 회생채권 또는 회생담보권과 관계없는 것은 관리인 또는 상대방이 이를 수계할 수 있으며(법 제59조), 관리인은 채무자의 재산에 관한 소에 있어 원고 또는 피고가 된다(법 제78조).58) 채무자의 재산에 대한 강제집행, 가압류, 가처분 등의 절차에 있어서도 관리인이 절차상의 당사자가 된다. 관리인만이 법률의 규정에 의하여 권리관계의 주체인 채무자에 갈음하여 소송수행권을 갖게 되므로 이는 소송법상 법정소송담당에 해당한다.

또한 관리인은 필요한 경우 그 직무를 행하게 하기 위해 법원의 허가를 받아 자기의 책임으로 1인 또는 여러 명의 관리인대리를 선임할 수 있는데, 선임된 관리인대리는 관리인에 갈음하여 재판상 또는 재판 외의 모든 행위를 할 수 있다(법 제76조 제1항, 제2항, 제5항). 이와 관련하여 관리인대리가 아닌 회사의 기존 지배인은 더 이상 관리인을 대신하여 재판상 행위를 할 수는 없다.

---

57) 관리인이 허가를 받아야 할 주요 행위는 뒷면의 표와 같다.
58) 재산에 관한 소송에는 회생회사와 관련된 특허의 등록무효를 구하는 심판도 포함된다(대법원 2016. 12. 29. 선고 2014후713 판결 참조).

구분	허가 대상 행위의 표시	재판부 허가 사항	관리위원 허가 위임사항
가	부동산·자동차·중기·특허권 등 등기 또는 등록의 대상이 되는 일체의 재산에 대한 소유권의 양도, 담보권·임차권의 설정 기타 일체의 처분행위	○	
나	시가 금 ( )만 원59) 이상의 재산에 대한 소유권의 양도, 담보권·임차권의 설정 기타 일체의 처분행위 다만, 계속적이고 정상적인 영업활동에 해당하는 상품, 제품, 원재료 등의 처분행위는 예외로 하나, 매월(월간보고서) 그 거래 내역을 보고해야 한다.		○
다	금 ( )만 원 이상의 재산의 양수		○
	제3자의 영업의 양수	○	
라	항목당 ( )만 원 이상의 금원지출. 다만, 회생담보권 및 회생채권에 대한 변제는 ( )만 원 미만의 금원지출도 포함하고, 반면 국세, 지방세, 전기료, 수도료, 가스료, 전화료, 국민연금, 장애인고용분담금, 직업훈련분담금, 개발부담금 등 제세공과금과 건강보험료, 고용보험료, 산재보험료 중 공익채권에 해당하는 금원지출은 제외하나, 매월(월간보고서) 그 지출상황을 보고하여야 한다.		○
	회생담보권 및 회생채권의 변제	○	
마	금 ( )만 원 이상의 금원의 지출이 예상되는 증여, 매매, 교환, 소비대차, 임대차, 고용, 도급, 위임, 임치 등 계약의 체결 또는 의무부담행위		○
바	명목이나 방법 여하를 막론한 차재60)	○	
사	어음·수표계좌의 설정, 어음·수표용지의 수령 및 발행행위		○
아	법 제119조의 규정에 의한 계약의 해제 또는 해지	○61)	
자	소의 제기, 소송대리인의 선임, 화해 기타 일체의 소송행위 다만, 미수채권회수를 위하여 채무자의 물건 및 채권에 대하여 하는 가압류·가처분 신청행위는 제외하되, 다만 매 3개월(분기보고서)마다 그 가압류·가처분 상황을 법원에 보고하여야 한다.		○
	단, 소 및 상소의 제기 여부의 결정, 소송대리인의 선임, 소 및 상소의 취하, 조정, 화해, 청구의 포기·인낙, 소송탈퇴, 조정을 갈음하는 결정에 대한 이의신청 여부 및 화해권고결정에 대한 이의신청 여부의 결정	○	
차	과장급 이상의 인사 및 보수결정		○
	단, 임원의 인사 및 보수결정	○	
카	권리의 포기	○	
타	회생담보권, 회생채권 등에 대한 이의의 철회	○	
파	공익채권과 환취권의 승인	○	
하	관리인의 자기 또는 제3자를 위한 채무자와의 거래	○	
거	경영상 이유에 의한 근로자의 해고	○	
너	자본의 감소, 신주나 사채의 발행, 합병, 해산, 채무자의 조직변경이나 계속 또는 이익이나 이자의 배당 기타 상무에 속하지 아니하는 행위62)	○	

---

59) 서울회생법원 실무준칙 제212호 '채무자의 지출행위 중 법원의 허가가 필요한 금액

나. 채무자의 행위 등의 효력

(1) 채무자의 행위

채무자가 회생절차개시 이후 채무자의 재산에 관하여 법률행위를 한 때에는 회생절차와의 관계에 있어서는 그 효력을 주장하지 못한다(법 제64조 제1항). 이때 상대방의 선의·악의는 불문한다. 법률행위라 함은 매매, 임대차, 권리의 포기, 채무의 승인 등 채무자의 재산에 관한 권리의무에 영향을 미치는 모든 행위를 의미한다. 회생절차와의 관계에 있어서 그 효력을 주장하지 못한다 함은 행위의 상대방이 채무자에 대하여 그 행위의 유효를 주장하지 못한다는 의미이고, 관리인이 그 행위의 유효를 주장하는 것은 무방하다.

채무자의 행위가 무효로 된 경우 상대방의 반대이행이 이미 되어 있는 때에는 채무자는 이를 부당이득으로 반환해야 하고, 상대방은 이를 공익채권으로 주장할 수 있다(법 제179조 제1항 제6호). 채무자가 회생절차개시일에 행한 법률행위는 회생절차개시 이후에 한 것으로 추정된다(법 제64조 제2항).

(2) 채무자에 대한 변제

회생절차개시 이후에는 채무자에 대하여 채무를 부담하는 자는 원칙적

의 기준' 제2조는 연간 매출액에 따라 허가가 필요한 기준을 달리 정하고 있다.

60) 대법원 2015. 9. 10. 선고 2014다68303 판결은 "차재는 돈을 빌리는 것을 의미하는데 반해, 물품공급계약에서의 선급금은 향후 공급받을 물품의 대금 명목으로 미리 지급한 돈을 의미하므로, 차재와 선급금의 수령은 그 성격을 달리하고, 따라서 선급금 수령행위를 법원의 허가를 요하는 차재행위로 볼 수는 없다."고 판시하였다.

61) 서울회생법원은 과거에 이를 관리위원 허가 위임사항으로 정하였으나, 최근에는 재판부 허가 사항으로 변경하였다.

62) 대법원 2008. 11. 13. 선고 2006도4885 판결 사건에서 대법원은 회사정리법상 회사의 상무에 속하지 아니하는 행위에 관하여 "일반적으로 당해 회사의 기구, 업무의 종류·성질, 기타 여러 사정을 고려하여 객관적으로 보아 회사에서 일상 행해져야 하는 사무나 회사가 영업을 계속하면서 통상 행하는 영업범위 내의 사무 또는 회사경영에 중요한 영향을 주지 않는 통상의 업무 등은 회사의 상무에 속하지만, 이를 제외한 나머지 업무는 회사의 상무에 속하지 아니하는 행위로서 법원의 허가를 받아야 할 행위에 해당한다."고 판시하였다.

으로 관리인에게 변제하여야 하나, 회생절차개시 사실을 알지 못한 채 채무자에게 변제한 경우에는 회생절차와의 관계에 있어서 그 효력을 주장할 수 있고, 그 사실을 알고 한 경우라도 이로써 채무자의 재산이 이익을 얻은 때에는 그 이익의 한도에서는 회생절차와의 관계에서 그 효력을 주장할 수 있다(법 제67조). 이 경우 회생절차개시의 공고 전에는 그 사실을 알지 못한 것으로, 공고 후에는 그 사실을 안 것으로 추정한다(법 제68조). 다만 개인 채무자 또는 법인 채무자의 대표자가 관리인으로 선임된 때 또는 관리인 불선임 결정에 의하여 개인 채무자 또는 채무자의 대표자를 관리인으로 보게 되는 때 채무자에게 변제한 경우에는 사실상 그 지위의 구분이 불가능하여 위 각 규정의 적용이 곤란할 수 있을 것이다.

(3) 회생절차개시 후의 권리취득 및 등기 등의 효력

회생절차개시 후 회생채권 또는 회생담보권에 관하여 채무자의 재산에 대한 권리를 채무자의 행위에 의하지 아니하고 취득하여도 그 취득은 회생절차와의 관계에 있어서는 그 효력을 주장하지 못한다(법 제65조 제1항). 회생절차개시일의 권리취득은 회생절차개시 후에 한 것으로 추정된다(법 제65조 제2항, 제64조 제2항).

부동산 또는 선박에 관하여 회생절차개시 전에 발생한 등기원인에 의하여 회생절차개시 후에 한 등기 및 가등기는 회생절차와의 관계에 있어서는 그 효력을 주장할 수 없으나, 등기권리자가 회생절차개시의 사실을 알지 못하고 한 본등기는 그러하지 아니하다(법 제66조 제1항). 만약 회생절차개시 전에 가등기를 하였다면 그 가등기권자는 회생절차와의 관계에 있어 효력이 있으므로 회생절차개시 이후 관리인에 대하여 그에 기한 본등기를 청구할 수 있다고 할 것이다.63) 위와 같은 등기 및 가등기에 관한 규정은 권리의 설정·이전 또

---

63) 대법원 1982. 10. 26. 선고 81다108 판결, 대법원 1984. 9. 25. 선고 84도882 판결 참조. 한편 위 판례는 정리절차개시 전에 한 가등기는 정리절차와의 관계에 있어서 효력이 있으므로 관리인에 대하여 그에 기한 본등기를 청구할 수 있고, 관리인은 회사정리법 제103조에 의한 쌍방미이행 쌍무계약의 계약해제권을 행사할 수 없다고 판

는 변경에 관한 등록 또는 가등록에 관하여 준용한다(법 제66조 제2항).

다. 종래 법률행위에 대한 영향

(1) 쌍방미이행 쌍무계약

쌍무계약에 관하여 채무자와 그 상대방이 모두 회생절차개시 당시에 아직 그 이행을 완료하지 아니한 때에는[64] 관리인은 계약을 해제 또는 해지하거나 채무자의 채무를 이행하고 상대방의 채무이행을 청구할 수 있는데(법 제119조 제1항 본문), 관리인의 이러한 해제권 또는 해지권 행사는 회생계획안 심리를 위한 관계인집회가 끝나기 전 또는 법 제240조의 규정에 의한 서면결의에 부치는 결정이 있기 전까지 행사하여야 한다(법 제119조 제1항 단서).[65] 상대방은 관리인에 대하여 계약의 해제나 해지 또는 그 이행의 여부를 확답할 것을 최고할 수 있는데, 이때 관리인이 그 최고를 받은 후 30일 이내에 확답을 하지 아니하는 때에는 관리인은 해제권 또는 해지권을 포기한 것으로 본다(법 제119조 제2항).[66]

위 규정이 적용되는 '쌍무계약'은 쌍방 당사자가 상호 대등한 대가관계

시하였는데 이에 대하여 관리인이 그 해제권을 행사할 수 있다는 견해로는, 임준호, "소유권이전청구권보전의 가등기가 있는 경우 雙方未履行의 쌍무계약에 대한 관리인의 해제권의 제한 여부", 민사판례연구 제14집(1992), 민사판례연구회, 395면; 강병섭, "회사정리절차에 있어서 관리인의 쌍무계약 해제권", 대법원판례해설 제4호(1988), 법원도서관, 104, 105면 참조.

64) 이행을 완료하지 아니한 이유는 묻지 아니한다. 대법원 2003. 5. 16. 선고 2000다54659 판결, 대법원 2017. 4. 26. 선고 2015다6517, 6524, 6531 판결(주식매수청구권 행사 후 회사의 귀책사유로 주식대금 지급채무의 일부가 미이행된 사례) 등 참조.

65) 회생계획안 심리를 위한 관계인집회가 끝난 후에는 원칙적으로 회생채권 또는 회생담보권의 추후보완신고를 할 수 없으므로(법 제152조 제3항), 관리인의 해제권 행사로 인하여 비로소 발생하는 상대방의 손해배상청구권에 대하여 추후보완신고가 가능하도록 하기 위한 것이다. 따라서 관리인이 위 행사기간까지 해제권을 행사하지 않을 경우, 이행의 선택을 한 것으로 간주된다(대법원 2012. 10. 11.자 2010마122 결정).

66) 파산절차에서는 파산관재인이 상대방이 정한 상당한 기간 내에 확답을 하지 아니한 때에는 계약을 해제 또는 해지한 것으로 보는 것과 비교된다(법 제335조 제2항).

에 있는 채무를 부담하는 계약으로서, 쌍방의 채무 사이에는 성립, 이행, 존속상 법률적·경제적으로 견련성을 갖고 있어서 서로 담보로서 기능하는 것을 가리킨다.[67] 단순히 부수적인 채무에 불과한 경우에는 그 미이행이 있다고 하더라도 위 규정에서 정한 미이행이라고 할 수 없다.[68] 또한 본래적으로 쌍방의 채무 사이에 법률적, 경제적 견련관계가 없는데도 당사자 사이의 특약으로 쌍방의 채무를 상환 이행하기로 한 경우는 여기서 말하는 쌍무계약이라고 할 수 없다.[69]

법 제119조의 규정에 의하여 계약이 해제 또는 해지된 경우에는 상대방은 손해배상채권에 관하여 회생채권자로서 그 권리를 행사할 수 있고(법 제121조 제1항), 채무자가 받은 반대급부가 채무자의 재산 중에 현존하는 때에는 상대방은 그 반환을 청구할 수 있으며, 현존하지 아니하는 때에는 상대방은 그 가액의 상환에 관하여 공익채권자로서 그 권리를 행사할 수 있다(법 제121조 제2항).

회생계획인가의 결정이 있은 후 회생절차가 폐지되는 경우 그동안의 회생계획의 수행이나 법률의 규정에 의하여 생긴 효력에 영향을 미치지 아니하므로(법 제288조 제4항), 회생절차가 폐지되기 전에 관리인이 법 제119조 제1항에 따라 계약을 해제하였다면 이후 회생계획폐지의 결정이 확정되어 법 제6조 제1항에 의한 직권 파산선고에 따라 파산절차에 이행되었다고 하더라도 위 해제의 효력에는 아무런 영향을 미치지 아니한다.[70]

관리인이 채무의 이행을 선택하는 경우에는 상대방이 채무자에 대하여 가지는 채권은 공익채권이 되므로(법 제179조 제1항 제7호), 상대방은 회생절차에 의하지 아니하고 수시로 변제받을 수 있고, 그 불이행으로 인한 손해배

---

67) 대법원 2007. 9. 6. 선고 2005다38263 판결, 대법원 2002. 5. 28. 선고 2001다68068 판결 참조.
68) 대법원 1994. 1. 11. 선고 92다56865 판결 참조.
69) 대법원 2007. 3. 29. 선고 2005다35851 판결, 대법원 2007. 9. 7. 선고 2005다28884 판결 참조.
70) 대법원 2017. 4. 26. 선고 2015다6517, 6524, 6531 판결.

상청구권 역시 공익채권에 해당한다.[71]

(2) 계속적 공급계약

채무자에 대하여 계속적 공급의무를 부담하는 쌍무계약의 상대방은 회생절차개시신청 전의 공급으로 발생한 회생채권 또는 회생담보권을 변제하지 아니함을 이유로 회생절차개시신청 후 그 의무의 이행을 거부할 수 없고(법 제122조 제1항),[72] 이 경우 상대방이 회생절차개시신청 후 회생절차개시결정 전까지 사이에 한 공급으로 생긴 청구권은 공익채권으로 보호된다(법 제179조 제1항 제8호). 위 규정은 전기·가스·수도 등 독점적 공공재나 원자재 등 채무자의 사업을 영위하는 데에 필요한 급부의 계속적 공급을 목적으로 하는 쌍무계약에서 공급자가 채무자의 대금 미변제 등을 이유로 회생절차개시 후에 공급을 중단함으로써 채무자의 회생을 저해하는 것을 방지하기 위한 것이다.

(3) 단체협약의 특칙과 정리해고

법은 가능한 한 종래의 노사관계를 유지·존속시키고자 하는 취지에서, 사용자인 채무자와 근로자 사이에 맺어진 단체협약에 관하여 회생절차가 개시된 이후에도 쌍방미이행 쌍무계약임을 이유로 해제할 수 없도록 하고(법 제119조 제4항), 계속적 급부를 목적으로 하는 쌍무계약에 관한 법 제122조 제1항의 규정은 단체협약에 관하여는 적용하지 아니한다는 특칙을 두고 있다(법 제122조 제2항). 따라서 관리인은 회생절차개시 전에 체결된 단체협약이 회생절차를 진행하는 데에 지장이 있다고 하여도 그 내용을 변경하여 새로

---

71) 대법원 2004. 11. 12. 선고 2002다53865 판결.
72) 대법원 2010. 2. 11.자 2009마1930 결정(전기요금 미납으로 전기사용계약이 적법하게 해지되어 전기공급이 중단된 상태에서 전기사용자에 대한 회생절차가 개시되어 미납전기요금이 회생채권으로 신고가 되고 그 후 회생채무자의 관리인이 전기공급을 요청한 사안에서, 회생채권인 미납전기요금의 미변제를 이유로 상대방에 대한 전기공급을 거부하는 것은, 전기사업자로서의 독점적 지위를 이용하여 회생절차개시로 그 권리행사가 제한되어 있는 체납전기요금에 대한 즉시 변제를 강요하는 것이 되고, 나아가 다른 회생채권자의 권리를 해하는 결과에 이르게 되므로, 전기사업법 제14조의 전기공급을 거부할 수 있는 정당한 사유에 해당하지 않는다고 본 사례).

운 단체협약을 조합과 체결하거나[73] 유효기간이 경과하지 않는 한 이에 구속된다.[74]

그러나 쌍방미이행 쌍무계약 해제에 관한 규정이 단체협약에 적용되지 않는 것과는 별개로 관리인은 일반 법리에 따라 근로자를 정리해고할 수 있으며,[75] 관리인에 의한 정리해고가 정당한지 여부는 근로기준법에 정해진 경영상 이유에 의한 해고의 요건과 동일한 기준에 의하여 판단하여야 한다.

(4) 임대차계약의 특칙

임대인인 채무자에 대하여 회생절차가 개시된 경우 임차인이 주택임대차보호법 제3조 제1항의 대항요건을 갖춘 때나 상가건물 임대차보호법 제3조의 대항요건을 갖춘 때에는 관리인은 그 임대차계약이 쌍방미이행 쌍무계약에 해당함을 주장하여 해제권을 행사할 수 없다(법 제124조 제4항).[76]

(5) 공유관계

채무자가 타인과 공동으로 재산권을 가진 경우, 채무자와 그 타인 사이에 그 재산권을 분할하지 아니한다는 약정이 있더라도 회생절차가 개시된

---

73) 회생절차개시결정이 있는 경우 회사사업의 경영과 재산의 관리 및 처분을 하는 권한이 관리인에게 전속되므로, 회생회사의 대표이사가 아니라 관리인이 근로계약상 사용자의 지위에 있게 된다. 따라서 단체협약의 사용자측 체결권자는 대표이사가 아니라 관리인이다(대법원 2001. 1. 19. 선고 99다72422 판결 참조).

74) 다만, 파산절차에서는 법 제335조에 의하여 단체협약을 쌍방미이행 쌍무계약으로서 해제할 수 있다. 이처럼 파산절차에서 단체협약에 대한 취급을 달리하는 것은 파산절차에서 사용자가 사업주체로서의 지위를 상실하여 단체협약이 제대로 기능할 가능성이 없고, 현실적으로 대부분 단체협약에서 파산선고를 그 실효사유로 정하고 있기 때문이다.

75) 이는 대부분의 채무자의 경우 고용인원의 합리적인 감축이 회생절차의 성공적 수행을 위하여 필수불가결할 뿐 아니라 기본적으로 근로자에 대한 해고의 권한은 채무자의 인격적 사항에 관한 문제가 아니라 관리인의 전권사항인 채무자의 업무의 수행권, 재산의 관리처분권에 속하는 법률관계를 처리하는 것이기 때문이다.

76) 다만 주택 또는 상가 임차인이 회생담보권인 저당권 설정등기일자보다 늦게 대항요건을 갖추었을 경우에도 위 해제금지의 특칙이 여전히 적용되는 것인가에 관하여는 논란이 있을 수 있는데, 이에 관하여는 회생사건실무(상), 175-176면 참조.

때에는 관리인은 분할의 청구를 할 수 있고, 이 경우 다른 공유자는 상당한 대가를 지급하고 채무자의 지분을 취득할 수 있다(법 제69조).

(6) 상계의 제한

법은 회생절차가 개시된 경우 상계에 관해 일정한 제한을 두고 있다. 즉 회생절차가 개시된 후에는 회생채권 또는 회생담보권은 회생계획에 의하지 않고는 변제 등 이를 소멸시키는 행위(면제는 제외)를 할 수 없으므로(법 제131조) 관리인에 의한 상계는 원칙적으로 허용되지 않고, 다만 법원의 허가가 있는 경우에 그 범위 내에서 가능하다.[77]

또한 회생채권자 또는 회생담보권자에 의해 상계권이 행사되는 경우에도 파산절차에서 파산선고 시에 변제기가 도래하지 않은 파산채권의 변제기가 도래한 것으로 간주되는 것(법 제425조)과 달리 자동채권, 즉 회생채권 또는 회생담보권에 관하여 변제기가 도래된 것으로 간주되지 않고 회생채권 등의 신고기간 만료일까지 변제기가 도래하여야만 상계적상을 가진다.[78] 자

---

[77] 대법원 1988. 8. 9. 선고 86다카1858 판결 참조. 한편 관리인의 상계허가신청에 대하여 회생법원이 이를 허가하였다 하더라도, 상대방에 대한 자동채권의 존부 및 범위 등에 관하여는 별개의 절차로 다툴 수 있고, 회생법원의 허가로 인해 자동채권의 존부 및 범위에 관한 입증이 추정되는 것은 아니다(대법원은 2008. 6. 26. 선고 2006다77197 판결에서 "정리회사의 관리인의 변제·상계 등 정리채권 소멸행위에 대하여 정리법원의 허가를 받도록 규정한 취지는 정리회사의 관리인이 변제·상계 등을 통하여 정리절차에 의하지 아니하고 특정 정리채권을 다른 정리채권보다 우선하여 만족시킴으로써 정리채권자 상호 간의 평등을 해치는 행위가 일어나는 것을 방지하기 위한 것이고, 정리법원이 민사소송절차에서와 같이 당사자 쌍방이 제출한 공격·방어방법을 토대로 자동채권과 수동채권의 존부 및 범위를 심리하여 그 실체적 권리관계를 확정할 것을 요하도록 한 것은 아니므로, 정리회사의 관리인의 상계허가신청에 대하여 정리법원의 허가결정이 내려지고 그 결정이 확정되었다 하더라도 정리회사의 상대방에 대한 자동채권의 존부 및 범위와 그에 따른 상계의 효력에 관하여는 별개의 절차에서 여전히 다툴 수 있다고 보아야 한다. 한편, 이 경우 자동채권의 존부 및 범위는 그 권리의 존재를 주장하는 측에서 증명할 책임이 있고, 정리법원의 상계허가결정에 의하여 자동채권의 존부 및 범위가 법률상 추정되어 그에 대한 증명책임이 정리회사의 관리인으로부터 상대방에게 전환되는 것은 아니다."라고 판시하였다).

[78] 이와 달리 수동채권, 즉 회생채권자 또는 회생담보권자가 채무자에 대하여 부담하고 있는 채무는 신고기간 만료 시까지 그 변제기가 도래하지 않더라도 회생채권자 또는

동채권은 해제조건부 채권이라도 관계없지만 정지조건부 채권이나 비금전채권의 경우에는 상계가 인정되지 않는다. 회생절차에서는 파산절차와 달리 채권의 현재화·금전화가 이루어지지 않기 때문이다. 상계는 신고기간 만료 전까지 회생절차에 의하지 아니하고 할 수 있기 때문에 자동채권인 회생채권 또는 회생담보권을 신고하지 않더라도 신고기간 만료 전까지 관리인을 상대로 적법하게 상계할 수 있다. 채권자가 회생절차개시신청 후 회생절차가 개시되기 전에 상계하는 경우도 마찬가지이다.[79]

상계의 의사표시도 관리인에 대하여[80] 신고기간 만료일까지 하지 않으면 안 된다(법 제144조 제1항).[81] 그 후에 상계의 의사표시가 행하여진 경우에는 비록 상계적상에 있다 하더라도 상계의 효력이 인정되지 않는다. 회생절차에 있어서는 회생계획의 작성 등을 위하여 회생채권 또는 회생담보권의 액 및 채무자가 갖는 채권액을 일정 시점까지 확정할 필요가 있기 때문이다.

나아가 법은 상계를 인정하는 경우 본래 증가되어야 할 채무자의 재산의 증가를 방해하고, 상계를 주장하는 자에게 부당한 이익을 줄 염려가 있는 일정한 경우에는 상계를 금지하고 있다(법 제145조). 그러나 이 경우에도 이전부터 상계의 담보적 작용을 신뢰하여 온 상태에 있고, 이러한 신뢰를 보호할 가치가 있다고 인정되는 때,[82] 기타 상계를 인정할 합리적 이유가 있는

회생담보권자가 기한의 이익을 포기함으로써 상계적상에 있게 할 수 있다.

79) 대법원 2000. 2. 11. 선고 99다10424 판결.

80) 따라서 회생채권 또는 회생담보권의 신고 시에 상계할 뜻을 기재한 것만으로는 법원에 대한 의사표시에 불과하여 상계의 의사표시가 있었다고 볼 수 없으며, 한편 회생절차개시 후에 그 사실을 모르고 채무자에 대하여 상계의 의사표시를 한 경우에는 법 제67조 제1항에 따라 회생절차의 관계에 있어서도 그 효력을 주장할 수 있다고 할 것이다.

81) 한편 이러한 회생채권자에 의한 상계권 행사는 채무자의 행위와 동일시하기 곤란하므로 관리인의 부인권 행사의 대상이 되지 않는다고 할 것이나, 다만 관리인으로서는 상계적상을 가져오는 채무자의 행위를 부인함으로써 실질적으로는 회생채권자의 상계 자체를 부인하는 것과 동일한 결과를 가져올 수는 있을 것이다(대법원 1993. 9. 14. 선고 92다12728 판결 참조).

82) 대법원 2005. 9. 28. 선고 2003다61931 판결.

때에는 예외적으로 상계가 허용된다(법 제145조 제2호 단서, 제4호 단서).

(7) 기타 법률관계

그 외에 회생절차개시결정으로 인한 영향과 관련하여 법 제120조에서는 지급결제제도 등에 대하여 쌍방미이행 쌍무계약 등에 관한 특칙을,[83] 법 제70조에서는 회생절차개시는 채무자에게 속하지 아니하는 재산을 채무자로부터 환취하는 권리에 영향을 미치지 아니한다는 규정[84] 등을 두고 있다.

2. 개시결정이 소송절차에 미치는 영향

가. 개시결정 이후 소송이 제기된 경우의 법률관계

(1) 채권자가 소송을 제기한 경우

㈎ 당사자적격 등의 문제

회생절차가 개시되면 채무자의 재산에 관한 소송에서는 관리인이 당사자적격을 가지므로(법 제78조) 채무자의 채권자는 관리인을 피고로 하여 민사소송을 제기하여야 한다. 만약 관리인이 여럿 선임되어 있는 경우에는, 앞서 본 바와 같이 관리인들은 공동으로 그 직무를 수행하여야 하므로, 채권자는 공동관리인 전원을 상대로 소송을 제기하여야 하며, 이 경우 그 소송은 필수적 공동소송이라 할 것이다.[85] 회생절차 개시 당시 공동대표자가 선임되어 있는 경우 관리인 불선임 결정에 따라 관리인으로 보게 되는 채무자의 대표자는 그 공동대표자 수인이 될 것이므로, 위 법리가 그대로 적용된다. 따라서 회생절차가 개시된 이후 채권자가 관리인이 아닌 채무자를 상대로

---

83) 지급결제제도 등에 대한 특칙에 관하여는 회생사건실무(상), 185-204면 참조.

84) 환취권에 관하여는 회생사건실무(상), 390-397면 참조.

85) 대법원 2014. 4. 10. 선고 2013다95995 판결은 "채무자에 대한 회생절차가 개시되었을 때 관리인이 여럿인 경우에는 법원의 허가를 얻어 직무를 분장하였다는 등의 특별한 사정이 없는 한 그 여럿의 관리인 전원이 채무자의 업무수행과 재산의 관리처분에 관한 권한을 갖기 때문에 채무자의 업무와 재산에 관한 소송에서는 관리인 전원이 소송당사자가 되어야 하고 그 소송은 필수적 공동소송에 해당한다."고 판시하였다.

채무자의 재산에 관한 소송을 제기하거나, 공동관리인 중 1인만을 상대로 그러한 소송을 제기하는 경우에는 부적법한 소로서 각하하여야 한다.[86]

다만 원고인 채권자가 채무자에 대한 회생절차개시결정이 있었던 사실을 알지 못한 채 선의로 관리인이 아닌 채무자를 피고로 표시하여 채무자의 재산에 관한 소를 제기한 경우에는, 사망자임을 모르고 선의로 그를 피고로 하여 소제기한 경우와 마찬가지로[87] 원고가 관리인으로 당사자표시정정하는 것을 허용할 수 있을 것이다.[88]

---

86) 이러한 당사자적격 문제는 소송요건으로 원칙적으로 사실심의 변론종결 시를 기준으로 판단하여야 할 것이고, 다만 공동관리인 중 피고로 기재하지 않고 누락한 자를 추가할 수 있는 것은 제1심 변론종결 시까지이다(민사소송법 제68조 제1항).

87) 대법원은 원고가 사망자의 사망 사실을 모르고 그를 피고로 표시하여 소를 제기한 경우 사망자의 상속인으로의 당사자표시정정이 허용되는지 여부와 관련하여, "원고가 피고의 사망 사실을 모르고 사망자를 피고로 표시하여 소를 제기한 경우에, 청구의 내용과 원인사실, 당해 소송을 통하여 분쟁을 실질적으로 해결하려는 원고의 소제기 목적 내지는 사망 사실을 안 이후 원고의 피고표시정정신청 등 여러 사정을 종합하여 볼 때에, 실질적인 피고는 당사자능력이 없어 소송당사자가 될 수 없는 사망자가 아니라 처음부터 사망자의 상속자이고 다만 그 표시에 잘못이 있는 것에 지나지 않는다고 인정되면 사망자의 상속인으로 피고의 표시를 정정할 수 있다."고 판시하였다. 대법원 2009. 10. 15. 선고 2009다49964 판결, 대법원 2006. 7. 4.자 2005마425 결정 등 참조.

88) 한편 법원이 피고에 대한 소장부본 송달 이전에 소장심사 등을 통해 피고로 표시된 채무자에 대해 이미 회생절차개시결정이 있었음을 알게 되었다면(법 제23조, 제24조에 의하면 회생절차개시결정이 있는 경우 법인의 경우 법인등기부에, 개인 채무자의 경우 개별재산 중 등기된 권리에 관해 이를 등기하도록 하고 있으므로 이러한 등기부등본 등을 통해 채무자에 대한 회생절차개시결정이 있음을 알게 되는 경우가 있을 것이다), 원고에게 당사자표시를 정정하는 등의 조치를 취하도록 보정권고 또는 보정명령을 함이 좋을 것이다. 대법원은 회생절차를 개시하면서 관리인을 선임하지 아니하고 개인인 채무자를 관리인으로 본다는 내용의 회생절차개시결정이 있은 후 채무자를 상대로 사해행위취소의 소가 제기된 사안에서 소송자료 등에 비추어 관리인의 지위에 있는 채무자를 상대로 소가 제기된 것이 명백하므로, 이 경우 원고에게 관리인으로서 채무자의 지위를 표시하라는 취지의 당사자표시정정의 보정명령을 내림이 타당할 것인데, 그와 같은 조치를 취함이 없이 당사자적격이 없다는 이유로 소를 각하한 원심판결은 위법하다고 파기하였다(대법원 2013. 8. 22. 선고 2012다68279 판결).

⑷ 채권의 종류에 따른 소송절차

회생절차에서 법은 채권자의 채권을 회생채권, 회생담보권, 공익채권 등으로 구분하여 규정하면서[89] 다른 법률적 효과를 부여하고 있다. 특히 회생채권자·회생담보권자와 공익채권자는 그 법률상 지위에 있어서 커다란 차이가 있는데, 회생채권 또는 회생담보권의 경우 개별적 행사는 금지되어 회생절차에 의하여서만 변제가 가능하고, 그 이외의 소멸하게 하는 행위(단, 면제는 제외)는 원칙적으로 금지되지만(법 제131조 본문, 제141조 제2항), 공익채권의 경우에는 회생절차에 의하지 않고도 수시로 회생채권과 회생담보권에 우선하여 변제할 수 있다(법 제180조 제1항, 제2항). 따라서 회생절차가 개시된 이후에는 회생채권자 또는 회생담보권자는 목록의 기재 또는 채권신고와 채권조사의 결과를 기다리지 않고 곧바로 확정을 위한 소를 제기할 수 없는 반면 공익채권자는 이러한 제한 없이 그 이행 또는 확인의 소를 제기하는 것이 가능하다.

그러므로 채권자가 회생절차개시결정 이후 채무자의 재산에 관해 관리인을 상대로 소송을 제기하였다 하더라도, 법원으로서는 그 청구권이 회생채권 또는 회생담보권인지 공익채권인지를 다시 검토하여야 하며, 채권자가 주장하는 청구권이 공익채권에 기한 것인지 회생채권 또는 회생담보권에 기한 것인지 여부가 불분명한 경우에는[90] 채권자에게 이에 관한 석명을 요구

---

89) 일반적으로 회생채권이라 함은 채무자에 대하여 회생절차개시 전의 원인으로 생긴 재산상의 청구권과 법에서 정하는 회생절차개시 후에 생기는 재산상의 청구권을 말하며(법 제118조), 회생담보권이라 함은 회생채권이나 회생절차개시 전의 원인으로 생긴 채무자 외의 자에 대한 재산상 청구권으로서, 회생절차개시 당시 채무자의 재산상에 존재하는 유치권·질권·저당권·양도담보권·가등기담보권·「동산·채권 등의 담보에 관한 법률」에 따른 담보권·전세권 또는 우선특권으로 담보된 범위 내의 것을 말한다(법 제141조). 이에 반해 공익채권이라 함은 원칙적으로 법 제179조에서 규정하고 있는 청구권으로, 대부분 회생절차개시결정 후의 원인으로 생긴 채권을 말하나, 회생절차개시 전의 채권이더라도 일정한 채권의 경우, 예컨대 근로자의 임금, 퇴직금 및 재해보상금 등은 공익채권으로 취급하고 있다.

90) 예컨대, 근로기준법상의 근로자에 해당하지 않는 임원에 관한 것으로서, 회생절차개시 전에 결정된 이사와 감사의 퇴직위로금, 이사와 감사의 보수 중 회생절차개시 전의 발생분, 이사와 감사의 상여금 중 회생절차개시 전의 발생분은 회생채권으로 취급하

하여야 할 것이다. 이러한 석명 등을 통하여 채권자가 주장하는 채권이 공익채권으로 판단되는 경우에는 소송절차를 그대로 계속 진행하면 될 것이나, 만약 채권자가 주장하는 채권이 회생채권 또는 회생담보권으로 판단되는 경우에는 채권자로 하여금 회생법원에 이를 신고하도록 권유하고 채권자가 그 채권을 신고하면 적어도 회생절차에서 그 채권의 조사확정 상황을 확인한 후 계속 중인 소송을 종료시키는 조치를 취하여야 할 것이다.[91] 다만 채권자의 청구권이 회생채권 또는 회생담보권으로 판단됨에도 채권자가 회생법원에 채권신고를 하지 않고 채권신고를 할 의사도 없다는 뜻을 분명히 한 경우에는 법원으로서는 그러한 청구는 소의 이익이 없는 것으로 보아서 곧바로 각하하면 될 것이다.[92]

(다) 기타 개별적인 소송에 관한 검토

1) 채권자대위소송

채권자가 회생절차개시 후에 채무자에 대한 채권을 보전하기 위하여

고 있으나, 임원인 경우에도 그 계약의 실질을 살펴 근로기준법상의 근로자에 해당한다고 보아야 하는 경우 그 보수 등은 법 제179조 제1항 제10호가 정한 공익채권에 해당한다. 따라서 회사 임원이 회생절차개시 전에 받지 못한 보수 등을 청구하는 경우에는 그 지위나 근무형태가 임원이었는지 아니면 실질적인 근로자였는지 여부를 판단하여 처리하여야 할 것이다. 그 구체적 판단 기준 등에 관한 사례로는 대법원 2003. 9. 26. 선고 2002다64681 판결, 대법원 2017. 11. 9. 선고 2012다10959 판결 등 참조.

91) 채권자가 회생채권 또는 회생담보권을 회생법원에 신고한 경우, 채권조사결과 이의가 없으면 신고채권이 그대로 확정되므로 소의 이익이 없고, 관리인에 의한 이의가 있다 하더라도 이 경우는 회생절차개시 당시에 이의채권에 관하여 소송이 계속한 경우가 아니어서 회생법원에 채권조사확정재판을 신청하면 될 것이기 때문에 역시 소의 이익이 없다고 할 것이므로, 법원으로서는 회생채권 또는 회생담보권으로 판단되는 경우 채권자에게 회생법원에 채권신고를 함과 동시에 그 소를 취하하도록 권유하거나 소 각하할 수도 있을 것이다. 그러나 법원의 판단과 달리 회생절차에서 채권자가 신고한 채권을 공익채권으로 판단하여 회생채권 신고에 대해 이의하는 경우가 발생한다면 채권조사확정재판이 아닌 일반 소송절차에서 다시 이를 심리하여야 하는 문제가 발생할 것이므로, 법원으로서는 회생절차에서의 채권확정 등의 상황을 확인한 후에 취하권유 또는 소 각하의 판결을 함이 좋을 것으로 생각된다.

92) 대법원 2011. 5. 26. 선고 2011다10310 판결, 대법원 2017. 6. 29. 선고 2016다221887 판결 등 참조.

관리인의 권리를 대위하여 채권자대위소송을 제기할 수 있는 것인지가 문제될 수 있으나, 회생절차가 개시된 이상 채무자 업무수행권과 재산관리처분권이 관리인에게 이전되는 점이나 회생채권자의 개별적인 권리행사는 인정되는 않는 점 등에 비추어 볼 때 이는 허용되지 않는다고 할 것이다. 이와 관련하여 비록 파산절차와 관련된 것이기는 하나 대법원은 파산채권자가 파산관재인의 권리를 대위행사하여 부당이득금반환을 청구한 사안에서 파산채권자가 파산자에 대한 채권을 보전하기 위하여 파산재단에 관하여 파산관재인에 속하는 권리를 대위하여 행사하는 것은 법률상 허용되지 않는다고 판시하였다.[93]

2) 주주대표소송

회생절차개시 후에 주주가 이사 등의 책임을 추궁하기 위한 대표소송(상법 제403조)을 제기할 수 있는 것인지 여부도 문제될 수 있다. 이에 관해 일본의 판례[94] 및 통설[95]은 전부 주주대표소송의 제기를 부정하고 있다. 살피건대 법원이 간이·신속하게 법인의 이사 등에 대한 손해배상청구권의 존재, 내용을 확정하고 이사 등에 대한 손해배상을 명하는 조사확정재판제도를 두고 있는 점(법 제78조, 제115조)이나 채무자 업무의 수행권한과 재산의 관리처분권이 관리인에게 이전되며, 소송의 당사자적격자도 관리인인 점 등에 비추어 볼 때 회생절차개시 후 주주에 의한 대표소송의 제기는 부적법하다고 할 것이다. 대법원도 파산절차에서는 재산의 관리처분권과 소송의 당사자적격이 파산관재인에게 전속되어 있다는 점을 이유로 주주대표소송의 제기는 허용되지 않는다고 판시하고 있다.[96] 반면 이사 등이 고의 또는 중대한 과실

---

93) 대법원 2000. 12. 22. 선고 2000다39780 판결 참조. 비슷한 이유로 파산채권자가 제기한 채권자대위소송이 채무자에 대한 파산선고 당시 법원에 계속되어 있는 때에는 다른 특별한 사정이 없는 한 그 소송절차는 중단되고 파산관재인이 이를 수계할 수 있다고 한 사례로는 대법원 2013. 3. 28. 선고 2012다100746 판결 참조.

94) 東京高等裁判所昭和 43. 6. 19. 판결(判例タイムズ 227号, 221); 大阪高等裁判所 平成 1. 10. 26. 판결(判例タイムズ 711号, 253).

95) 条解(上), 616면; 注解, 239면.

96) 대법원 2002. 7. 12. 선고 2001다2617 판결 참조.

로 그 임무를 게을리하여 주주 등 제3자에게 직접 손해를 가하였다고 인정되는 경우에는 상법 제401조에 의하여 주주 등 제3자가 이사 등을 상대로 손해배상청구소송을 제기할 수 있다.

3) 관리인의 불법행위에 기한 손해배상청구소송

관리인이 채무자의 업무집행과 관련하여 저지른 불법행위로 인해 상대방에게 손해가 발생한 경우 그 상대방이 불법행위를 저지른 관리인 개인을 상대로 손해배상청구소송을 제기할 수 있고, 나아가 채무자 측을 상대로도 손해배상청구소송을 제기할 수 있다.

이에 관하여 대법원은 법 제179조 제1항 제5호에서 공익채권으로 규정하고 있는 '채무자의 업무 및 재산에 관하여 관리인이 회생절차개시 후에 한 자금의 차입 그 밖의 행위로 인하여 생긴 청구권'에는 관리인이 채무자 사업의 경영과 재산의 관리 및 처분과 관련하여 적법하게 법률행위를 한 경우에 상대방이 그 법률행위에 기하여 갖는 청구권뿐만이 아니라, 관리인이 채무자 사업의 경영과 재산의 관리 및 처분을 함에 있어서 그 업무집행과 관련하여 고의·과실로 인하여 타인에게 손해를 입힌 경우에 그 타인이 가지는 불법행위에 기한 손해배상청구권도 포함된다고 할 것이고, 그 경우 채무자도 특별한 사정이 없는 한 관리인이 업무집행과 관련하여 저지른 불법행위로 인하여 타인이 입은 손해를 배상할 책임이 있다는 취지로 판시하고 있다.97)98) 나아가 위와 같이 성립한 공익채권의 이행지체로 인한 손해배상청

---

97) 대법원 2005. 11. 10. 선고 2003다66066 판결 참조. 한편 관리인이 회생채권의 존재 또는 그러한 회생채권이 주장되는 사실을 알고 있거나 이를 쉽게 알 수 있었음에도 회생채권자 목록에 그 회생채권을 기재하지 아니하여 회생채권이 실권된 경우에 회생채권자가 채무자에 대한 회생절차에 관하여 알게 되어 회생채권의 신고를 통해 권리보호조치를 취할 수 있었는데도 이를 하지 않았다면 관리인의 잘못과 회생채권의 실권 사이에 상당인과관계가 있다고 할 수 없어 관리인에게 불법행위책임이 성립하지 않는다(대법원 2014. 9. 4. 선고 2013다29448 판결).

98) 이처럼 관리인의 불법행위로 인한 채무자의 손해배상책임을 인정할 경우 관리인의 법적 지위와 관련하여 채무자의 손해배상책임의 법적 성질이 무엇인지에 대해 의문이 제기될 수 있는데, 이를 '도산법(회사정리법)에 의한 특수한 법적 책임'이라고 보는 견해가 있다. 권순익, "정리회사 관리인의 업무에 관한 불법행위와 정리회사의 손

구권 또한 공익채권이 된다.99)

(2) 관리인이 소송을 제기한 경우
㈎ 회생법원의 허가 없이 소송을 제기한 경우

앞서 본 바와 같이 소의 제기를 비롯한 소송행위는 관리인이 법원의 허가를 얻어야 할 사항이다. 따라서 관리인이 회생법원의 허가도 받지 않고 소송을 제기하였다면 그러한 행위는 원칙적으로 무효라고 할 것이나, 다만 소의 제기 등이 확정적 무효로 되는 것은 아니라 소송수행의 적법요건이 결여된 것으로 각하됨에 그친다고 할 것이다.100) 따라서 법원으로서는 관리인이 소송을 제기하는 경우 회생법원의 허가를 받았는지 여부를 조사하여 허가받은 사정이 보이지 않는 경우 보정을 명하여야 할 것이고, 만일 관리인이 변론종결 시까지도 회생법원의 허가를 받지 못한다면 법원으로서는 이러한 소를 부적법 각하하여야 할 것이다.

한편 법원이 관리인의 소 제기행위 등에 회생법원의 허가가 없음을 알지 못한 채 본안판결을 한 경우 그 판결이 당연무효인지가 문제될 수 있는데, 이러한 판결을 당연무효라고 할 수는 없고, 그 판결이 확정 전이면 상소에 의하여, 확정된 이후에는 재심에 의하여 다툴 수 있다고 본다.

㈏ 부인의 소

관리인이 회생법원의 허가를 얻어 소송을 제기한 경우 통상의 소송과 동일하게 처리하면 될 것인데, 회생절차와 관련하여 관리인이 부인권101)의

해배상책임", 대법원판례해설(통권 제57호), 법원도서관(2006), 42면.

99) 공익채권인 임금, 퇴직금채무의 이행지체로 인한 손해배상청구권이 공익채권에 해당한다고 본 것으로 대법원 2011. 6. 24. 선고 2009다38551 판결, 쌍방미이행 쌍무계약(아파트 분양계약)에서 이행의 선택을 한 경우 발생하는 공익채권(소유권이전등기청구권)의 이행지체로 인한 손해배상청구권이 공익채권에 해당한다고 본 것으로 대법원 2004. 11. 12. 선고 2002다53865 판결 등 참조.

100) 임채홍·백창훈(상), 347-348면. 나아가 관리인이 법원의 허가를 얻지 않고 소송행위를 한 경우에는 선의의 제3자 보호에 관한 법 제61조 제3항 단서의 규정이 적용되지 않는다고 본다. 임채홍·백창훈(상), 349면.

101) 부인권이란 회생절차개시 전에 채무자가 회생채권자·회생담보권자를 해하는 것을

행사[102]로서 부인의 소를 제기하는 경우가 있고 그러한 부인의 소는 통상의 경우와 다른 성질과 효력이 있다.

1) 부인의 소의 성질에 관해서는 형성소송이라는 견해와 이행 ‧ 확인소송이라는 견해가 있는데,[103] 다수의 실무는 이행‧확인소송설을 취하고 있는 것으로 보인다.[104][105] 이와 관련하여 대법원은 "구 파산법(2005. 3. 31. 법률

알고 한 행위 또는 다른 회생채권자‧회생담보권자와의 평등을 해하는 변제, 담보의 제공 등과 같은 행위를 한 경우 회생절차개시 후에 관리인이 그 행위의 효력을 부인하고 일탈된 재산의 회복을 목적으로 하는 권리로서, 부인의 유형은 크게 고의부인, 위기부인(위기부인은 다시 본지행위부인, 비본지행위부인으로 나누어진다), 무상부인으로 나눌 수 있다(법 제100조). 부인권에 관한 상세한 내용은 회생사건실무(상), 제8장 제1절 참조.

102) 부인권은 소, 부인의 청구 또는 항변의 방법으로 관리인이 행사할 수 있다(법 제105조 제1항). 만약 관리인이 부인의 청구를 하는 경우 회생법원은 상대방을 심문한 후 이유를 붙인 결정으로 부인의 청구를 인용하거나 기각하며(법 제106조), 인용하는 결정에 불복하는 자는 1개월 이내에 이의의 소를 제기할 수 있고(법 제107조 제1항), 이에 의하여 판결절차에 의한 재심리가 이루어지게 되는바, 이러한 이의의 소의 성질이나 효과 등은 모두 부인의 소와 동일하게 보면 된다.

103) 형성소송설에 의하면 판결 주문에서 부인을 선언해야 하고, 소송물은 부인권 그 자체이며 확정판결의 기판력이 부인권의 존부 자체에 미치게 된다. 반면 이행‧확인소송설에 의하면 금전의 지급이나 물건의 반환 등 부인에 기초하여 생기는 상대방의 의무를 판결 주문에 기재하면 족하고, 부인의 주장은 공격방어방법으로서 판결이유 중에서 판단될 따름이며, 소송물은 부인의 효과로서 발생한 권리관계에 기한 이행청구권 또는 확인청구권이고, 확정판결의 기판력은 소송물로 주장된 권리관계의 존부에 관한 판단에 미친다[주석 채무자회생법 (Ⅱ), 227면 참조].

104) 관리인 또는 파산관재인이 부인의 선언과 부인권 행사에 따른 원상회복의무의 이행을 함께 구하는 경우 ① '부인한다'는 문구를 주문에 기재한 사례로는 서울고등법원 2008. 10. 15. 선고 2007나118530 판결, 인천지방법원 2015. 7. 2. 선고 2014가합13163 판결, 수원지방법원 2015. 11. 27. 선고 2014가합67501 판결 등, ② 이행‧확인소송설을 토대로 별도로 부인의 선언을 구할 이익이 없다는 이유로 부인의 선언을 구하는 청구 부분을 각하한 사례로는 서울중앙지방법원 2015. 5. 8. 선고 2014나36114 판결, 부산지방법원 2015. 11. 18. 선고 2015가단29264 판결 등, ③ 부인의 선언을 구하는 청구는 소송법상 청구가 아니라 부인권 행사를 명시하는 의미로 보아 별도로 판단하지 않고, 원상회복의무의 이행만을 명한 사례로는 서울고등법원 2016. 10. 25. 선고 2016나2017598 판결, 서울중앙지방법원 2019. 10. 25. 선고 2015나37343 판결 등이 있다.

105) 한편 대법원은 부인의 소의 성질에 관하여 분명하게 설시하지는 않은 채 부인권을

제7428호 채무자 회생 및 파산에 관한 법률 부칙 제2조로 폐지) 제68조 제1항에 의하면 파산법상 부인권은 소의 제기뿐만 아니라 항변에 의해서도 행사할 수 있도록 규정하고 있는데, 이때 부인권을 소에 의하여 행사한다는 것은, 부인의 대상이 되는 행위가 그 효력을 소급적으로 상실하게 됨으로써 발생하는 법률적인 효과에 따라 원상회복의무의 이행을 구하는 소를 제기하거나, 그 법률관계의 존재 또는 부존재 확인을 구하는 소를 제기하는 방법에 의할 수도 있다는 의미이고, 이와 같이 부인권행사의 결과로 생기는 권리관계의 변동에 따라 그 이행 또는 확인의 소를 제기하는 경우에는 시효중단의 효력이 생긴다."고 판시하였다.106)

2) 부인의 소는 회생계속법원의 관할에 전속하는데(법 제105조 제3항), 이때 회생계속법원이란 회생사건이 계속되어 있는 회생법원을 말한다(법 제60조 제1항). 부인의 소를 회생계속법원의 전속관할로 규정한 것은 부인권 행사와 관련이 있는 사건을 회생계속법원에 집중시켜 회생절차의 신속하고 적정한 진행을 도모하고자 하는 데 있다.107) 이는 전속관할이므로, 부인의 대상이 되는 행위의 상대방과 채무자 사이에 회생절차개시 전에 관할합의가 있었더라도 관리인은 이에 구속되지 않는다(민사소송법 제31조, 제29조).

3) 부인의 소의 상대방은 수익자 또는 전득자 중 어느 일방 또는 쌍방을 상대로 하여 행사할 수 있고, 쌍방을 상대로 소를 제기하는 경우 필수적 공동소송이 아니라 통상의 공동소송이 된다. 부인권의 행사주체는 관리인으로 한정되어 있으므로(법 제105조 제1항), 채권자는 관리인을 대위하여 부인의 소를 제기할 수 없지만, 보조참가는 할 수 있다.

소 제기의 방법 외에 부인의 청구 또는 항변 등으로 행사할 수 있는 점 등을 고려하면, 부인의 소와 병합하여 금전의 지급을 구하는 경우, 그 청구를 인용할 때에 금전지급을 명하는 부분에 대하여는 가집행을 허용할 수 있다고 하여, 부인의 소가 형성의 소임을 이유로 그 판결이 확정되지 않은 이상 금전의 지급을 명하는 부분에 대하여 가집행을 허용할 수 없다는 취지의 원심결정을 파기하였다(대법원 2000. 3. 13.자 99 그90 결정).

106) 대법원 2009. 5. 28. 선고 2005다56865 판결.
107) 대법원 2017. 5. 30. 선고 2017다205073 판결 참조.

4) 부인권행사에 따른 원상회복 등에 관한 이행판결에 대해서는 가집행선고가 가능하다.108) 가액배상 등의 지연손해금 이율과 관련하여 소송촉진 등에 관한 특례법 제3조 제1항도 적용된다.109)

5) 부인의 소가 계속 중 회생절차가 종료된 경우에 소송절차는 어떻게 처리할 것인지가 문제될 수 있는데, 대법원은 부인권은 회생절차의 진행을 전제로 관리인만이 행사할 수 있는 권리이므로 회생절차의 종결에 의하여 소멸하고, 비록 회생절차 진행 중에 부인권이 행사되었다고 하더라도 이에 기하여 채무자에게로 재산이 회복되기 이전에 회생절차가 종료한 때에는 부인권 행사의 효과로서 상대방에 대하여 재산의 반환을 구하거나 또는 그 가액의 상환을 구하는 권리 또한 소멸한다고 보아야 할 것이라고 판시하였다.110) 따라서 부인의 소 계속 중에 회생절차종결결정 또는 회생절차폐지결정이 확정되어 회생절차가 종료한 경우에는 관리인의 자격이 소멸함과 동시에 당해 소송에 관계된 권리 또한 절대적으로 소멸하고 어느 누구도 이를 승계할 수 없으므로,111) 부인의 소 절차는 그대로 종료되고, 소송수계신청이 있을 경우에는 법원은 그 신청을 기각하고, 소송종료선언을 하여야 한다.112)

---

108) 대법원은 부인의 소와 병합하여 금전의 지급을 구하는 경우 금전지급을 명하는 부분에 대하여 가집행을 허용할 수 있다고 판시하고 있다(대법원 2000. 3. 13.자 99그90 결정).

109) 대법원 2014. 9. 25. 선고 2014다214885 판결은 "소로써 부인권을 행사함과 아울러 원상회복으로 금전의 반환을 구하는 경우 채무자는 그 소장 부본을 송달받은 다음 날부터 반환의무의 이행지체로 인한 지체책임을 진다."고 하면서, "원심이 위 법리와 같은 취지에서, 피고는 원고에게 예금인출일부터 적어도 원심판결 선고일까지는 민법이 정한 연 5%의, 그 다음 날부터는 다 갚는 날까지는 소송촉진 등에 관한 특례법이 정한 연 20%의 각 비율로 계산한 이자 및 지연손해금을 지급할 의무가 있다고 판단한 것은 정당하다."고 판시하였다.

110) 대법원 2016. 4. 12. 선고 2014다68761 판결.

111) 대법원 2006. 10. 12. 선고 2005다59307 판결은 부인소송의 계속 중 정리절차가 종결된 사안에서도 부인권이 소멸하여 회사가 부인소송을 수계할 수 없다는 취지로 판시하였다. 이와 동일한 취지로 대법원 2007. 2. 22. 선고 2006다20429 판결 등이 있다.

112) 대법원 2007. 2. 22. 선고 2006다20429 판결. 이 경우 주문은 "원고와 피고 사이의 이 사건 소송은 ○○○○법원 ○○○○회합○○ 회생사건의 ○○○○. ○○. ○○. 회

다만, 회생절차가 폐지되어 견련파산에 의하여 파산절차로 이행하는 경우에는 법 제6조 제6항에 의하여 파산관재인이 종전 회생절차에서 관리인이 수행 중이던 부인권 행사에 기한 소송절차를 수계함으로써 부인권을 계속하여 행사할 수 있고, 이러한 경우 부인권 행사에 기한 소송은 종료되지 않는다.113) 또한 회생절차개시결정 당시 사해행위취소소송이 계속되어 관리인이 수계한 경우에는 회생절차종결로 다시 채권자가 수계를 한다. 그렇지만 소송이 유지되기 위해서는 부인 이외의 다른 주장을 하여야 한다. 부인권은 회생절차 진행을 전제로 관리인만이 행사할 수 있는 권리이기 때문이다.114)

한편, 채권조사확정재판에 대하여 제기된 이의의 소에서 항변의 방법으로 부인권이 행사된 후 소송의 계속 중에 회생절차가 종료한 때에는 그 소송절차는 중단되고 채무자와 사이에서 수계되지만, 부인의 항변은 이유 없는 것이 된다.115)

6) 관리인의 부인권 행사로 인하여 당해 재산은 채무자의 소유로 원상회복되는데(법 제108조 제1항, 물권적 효과설), 그 효과는 관리인과 부인의 상대방 사이에서만 생기고, 제3자에 대하여는 효력이 미치지 않는다(상대적 효력). 부인권행사의 효력발생시기에 대하여는 판결확정시설, 의사표시설, 절충설 등의 대립이 있으나 다수의 실무는 의사표시의 효력이 상대방에게 도달한 때, 즉 부인권 행사의 취지가 기재된 서면(소장, 준비서면 등)이 상대방에게 송달된 때 발생한다고 하여 의사표시설을 따르고 있다.116) 또한 관리인이 부인권을 행사할 당시 이미 그 대상이 되는 재산이 물리적으로 멸실·훼손되었거나 상대방이 제3자에게 처분하여 현존하지 않는다면 가액배상을 청구할 수

생절차종결결정으로 종료되었다."와 "원고 소송수계신청인의 수계신청을 기각한다."가 될 것이다.

113) 대법원 2015. 5. 29. 선고 2012다87751 판결.
114) 전대규, 935면.
115) 대법원 2006. 10. 26. 선고 2005다75880 판결, 대법원 2016. 4. 12. 선고 2014다68761 판결.
116) 주석 채무자회생법 (Ⅱ), 249면 참조.

있고, 그 경우 배상액 산정의 기준시점에 대하여는 부인소송의 판결시(변론 종결시)설, 부인권행사시설, 회생절차개시시설 등의 여러 학설이 대립하고 있는데 다수의 실무는 부인권 행사의 효력발생시기와 일치시켜 부인권을 행사할 때의 가액, 즉 부인권행사 시를 기준으로 배상액을 산정하고 있다.[117]

7) 부인권은 회생절차개시일부터 2년이 경과한 때에는 행사할 수 없고, 부인의 대상이 되는 행위를 한 날부터 10년이 경과한 때에도 또한 같은데(법 제112조), 이 기간은 제척기간이므로 소멸시효와 같은 기간의 중단이 있을 수 없고, 위 기간이 경과하면 부인권이 소멸한다.

8) 등기의 원인인 행위가 부인된 때에는 관리인은 부인의 등기를 신청하여야 하며, 등기가 부인된 때에도 또한 같다(법 제26조 제1항).[118] 이러한 부인의 등기의 성질에 대하여는 각종 등기설 또는 통상등기총칭설, 예고등기설, 특수등기설 등이 대립되어 있는데, 실무는 부인에 의하여 부동산이 회생절차 내에서 관리인과 상대방 사이에서 상대적으로 물권적으로 복귀하고 제3자에게는 미치지 아니하는 특수한 물권변동을 공시하기 위하여 회생절차가 인정한 특별한 등기라는 특수등기설을 따르고 있는 것으로 보인다. 이러한 특수등기설을 따르는 경우 판결의 주문은 부인등기절차를 명하는 특수한 형태가 될 것이다. 따라서 등기의 원인인 행위가 부인되거나 등기 자체가 부인된 경우에는 이전등기 또는 말소등기가 아닌 부인등기절차를 명하여야 한다.[119][120]

---

117) 서울고등법원 2016. 4. 28. 선고 2015나10440 판결, 서울고등법원 2016. 10. 25. 선고 2016나2017598 판결 등 참조.

118) 부인등기 신청과 부인등기 기재례, 다른 등기와의 관계, 부인등기 등의 말소에 관한 상세한 내용은 '채무자 회생 및 파산에 관한 법률에 따른 부동산 등의 등기 사무처리지침(등기예규 제1516호)' 제11조 내지 제13조 참조.

119) 등기원인의 부인의 경우에는 "○○등기의 원인의 부인등기절차를 이행하라.", 등기 자체의 부인의 경우에는 "○○등기의 부인등기절차를 이행하라."로 구분하여 표기해야 한다. 부동산등기실무(Ⅲ), 법원행정처(2015), 371-373면.

120) 소유권이전청구권가등기의 이전등기(부기등기)를 부인하는 경우에는 임치용, 파산법연구 3, 박영사(2010), 46-48면 참조. 한편 부동산 이외에 자동차, 지식재산권과 같이 등기·등록된 재산에 관하여 부인권을 행사한 경우에도 법 제27조가 제26조를 준용하고 있으므로, 부인등기절차를 이행하라는 주문을 내야 한다는 견해와 부인등록절

나. 개시결정 당시 이미 소송이 계속 중인 경우의 법률관계

(1) 소송절차의 중단

㈎ 중단의 대상이 되는 소송 등

회생절차개시결정이 있으면 채무자의 업무수행과 재산의 관리 및 처분을 하는 권한은 관리인에게 전속하므로, 채무자의 재산에 관한 소송의 계속 중에 회생절차개시결정을 받은 경우에는 그 소송절차는 중단된다(법 제59조 제1항).[121] 소송절차의 중단과 수계에 관한 규정은 법 제74조 제3항의 관리인 불선임 결정에 의하여 관리인으로 보게 되는 개인 채무자나 법인 채무자

차가 마련되어 있지 않아 혼란을 야기할 수 있으므로 소유권이전등록의 말소등록절차 또는 부인권 행사를 원인으로 한 소유권이전등록절차를 이행하라는 주문("피고는 채무자에게 별지 목록 기재 자동차에 관하여 2018 2. 4. 부인권 행사를 원인으로 한 소유권이전등록절차를 이행하라.")을 내야 한다는 견해가 대립하고 있다. 서울중앙지방법원 2006. 11. 22. 선고 2005가합58002 판결(서울고등법원 2007. 10. 17. 선고 2006나119239 판결로 항소기각되고, 대법원 2008. 1. 18. 선고 2007다76634 판결로 심리불속행 기각되어 그대로 확정되었다)은 상표·서비스표에 관하여 설정등록의 말소등록절차를 이행하라는 주문을 낸 바 있다.

121) 소 제기 이후 소장 부본이 송달되기 전에 회생절차개시결정이 있는 경우에도 그 소송이 중단되는지가 문제되는데, 대법원 2018. 6. 15. 선고 2017다289828 판결은 파산선고 전에 채권자가 채무자를 상대로 이행청구의 소를 제기하거나 채무자가 채권자를 상대로 채무부존재 확인의 소를 제기하였더라도, 만약 그 소장 부본이 송달되기 전에 채권자나 채무자에 대하여 파산선고가 이루어졌다면 이는 소장 부본이 송달되기 전에 당사자가 사망한 경우와 마찬가지의 법리가 적용되어, 파산재단에 관한 소송에서 당사자적격이 없는 채무자가 원고가 되어 제기한 소는 부적법한 것으로서 각하되어야 하고, 이 경우 파산선고 당시 법원에 소송이 계속되어 있음을 전제로 한 파산관재인의 소송수계신청 역시 적법하지 않으므로 허용되지 않는다고 판시한 바 있다. 위 판결에 따르면 소장 부본이 송달되기 전에 회생절차개시결정이 있는 경우 파산선고의 경우와 마찬가지로 그 소송은 중단되지 않고 오히려 부적법하다고 할 것이다. 위 대법원 판결에 대하여 파산선고의 경우를 당사자가 사망한 경우와 동일하게 볼 수는 없으므로, 소 제기 후 소송계속 전에 당사자 일방에게 파산선고가 있는 경우에도 민사소송법 제239조, 법 제347조, 제464조를 유추적용하여 소송절차를 중단하고 수계를 인정함이 타당하다는 반대 견해가 있다. 문영화, "소제기 후 소장부본 송달 전에 당사자 일방에 대하여 파산선고가 내려진 경우 소송절차의 중단과 수계", 법조 제69권 제1호, 법조협회(2020. 2), 613-614면.

의 대표자에게 그대로 적용된다. 회생절차개시에 의하여 중단되는 소송은
회생채권·회생담보권에 관한 소송뿐만 아니라 환취권, 공익채권 등 어떠한
채권에 기한 것이라도 채무자의 재산에 관한 소송이면 모두 중단된다.122)
'소송'에는 민사소송·가사소송뿐만 아니라 행정소송(과세처분취소소송 등)도
포함되고, 보전처분사건, 재산권과 관련된 비송사건, 조정사건, 가사비송사
건, 중재사건도 포함된다.123) 그러나 채무자의 재산이 아닌 채무자의 인격적
활동에 관한 권한(이사회·주주총회·사원총회 등의 결의의 무효 또는 취소의 소, 이
혼소송과 같은 신분관계소송 등)은 회생절차가 개시되더라도 여전히 채무자에
게 귀속되므로 채무자의 대표자에게 그 소송수행권이 있다고 할 것이고, 따
라서 회생절차개시로 소송절차가 중단되지도 않는다. 또한 주주에 의하여
제기된 주주 지위의 확인의 소나 채무자에 대한 주식의 명의개서 청구의 소
도 채무자 내부의 조직법적·사단적 활동에 관한 것이므로 재산관계의 소에
해당하지 않는다. 이러한 소송에서는 회생절차개시 후에도 관리인이 아니라
채무자가 당사자가 되고, 채무자의 대표자가 소송을 수행하여야 한다.

　소의 객관적 병합이 있는 경우 또는 본소에 대하여 반소가 제기된 경우
에는 채무자의 재산에 관한 부분에 대하여만 그 절차가 중단되고, 소의 주관
적 병합이 있는 경우에는 회생개시결정을 받은 자의 소송절차만 중단되나,
다만 필수적 공동소송의 경우에는 공동소송인 전원에 대하여 소송절차가 모
두 중단된다(민사소송법 제67조 제3항).

　회생절차개시결정이 있으면 법원이나 당사자의 인지 여부와는 관계없
이, 또한 소송대리인이 소송수행 중인지를 불문하고 소송절차는 중단된

---

122) 채무자의 재산에 관한 사건으로서 회생절차개시 당시 행정청에 계속한 것에 관하여
　　도 회생절차개시의 결정이 있은 때에는 절차가 중단되고(법 제59조 제6항, 제1항),
　　회생채권 또는 회생담보권과 관계없는 절차는 관리인 또는 상대방이 이를 수계할 수
　　있다(법 제59조 제6항, 제2항). 행정청에 계속한 것이 아니라 이미 행정소송으로 이
　　행된 경우에는 법 제59조 제6항이 아니라 제59조 제1항의 채무자의 재산에 관한 소
　　송에 해당하여 곧바로 중단된다(대법원 2012. 9. 27. 선고 2012두11546 판결 참조).
123) 전대규, 917면.

다.124) 채무자의 재산에 관한 소송절차의 중단은 회생절차개시결정의 확정을 기다리지 않고 그 결정에 의하여 즉시 발생한다. 회생절차개시결정이 즉시항고에 의하여 취소된 때에는 일단 중단한 효력이 소급하여 소멸하는 것은 아니고, 그 취소 시부터 중단되었던 소송절차가 속행하게 된다.125)

(나) 중단의 효력 등

소송절차가 중단되면 판결의 선고를 제외하고126) 당사자의 행위이든 법원의 행위이든 일체의 소송행위를 할 수 없으며, 기간의 진행을 정지시킨다.127) 정지된 기간은 소송절차의 수계사실을 통지한 때 또는 소송절차를 다시 진행한 때부터 전체기간이 새로이 진행된다(민사소송법 제247조 제2항).

---

124) 소송대리권도 재산의 관리, 처분을 위한 법적 수단이므로, 채무자가 부여한 대리권에 기하여 회생절차의 개시 후에 한 법률행위는 채무자 자신의 재산관리행위와 마찬가지로 회생절차의 관계에서는 그 효력을 주장할 수 없다고 보아야 할 것이기 때문이다. 다만 이 경우 관리인이 법 제119조(쌍방미이행 쌍무계약에 관한 선택)에 따른 위임계약의 이행을 선택한 경우에는 그 이행에 필요한 대리권을 수여한 것으로 볼 수 있고, 이때 착수금이나 성공보수금 등 수임료 채권은 법 제179조 제1항 제7호에 따른 공익채권이 된다.

125) 전대규, 917면.

126) 대법원 2008. 9. 25. 선고 2008다1866 판결에서도 "변론종결 후에 채무자 회사에 대하여 회생절차개시결정이 있는 경우, 소송대리인이 있더라도 채무자의 재산에 관한 소송절차가 중단되지만, 판결의 선고만은 채무자의 재산에 관한 소송절차가 중단된 중에도 할 수 있으므로, 변론종결 후에 채무자 회사에 대하여 회생절차개시결정이 있었다고 하더라도 채무자 회사에 대한 판결선고는 적법하다."고 판시하였다.
    다만 이와 같이 판결이 선고되더라도 그에 대한 수계신청이 없으면 상소기간은 진행하지 않는다(법 제33조, 민사소송법 제247조).

127) 소송상대방에 대한 회생절차개시결정이 있어 소송절차가 중단됨으로써 재판장의 인지보정명령상의 보정기간은 그 기간의 진행이 정지되었고, 소송절차가 중단된 상태에서 행한 재판장의 보정기간연장명령도 효력이 없으므로, 각 보정명령에 따른 기간부준수의 효과도 발생할 수 없다고 한 사례로, 대법원 2009. 11. 23.자 2009마1260 결정 참조. 지급명령이 송달된 후 이의신청 기간 내에 회생절차개시결정 등과 같은 소송중단 사유가 생긴 경우, 이의신청 기간의 진행이 정지된다고 한 사례로는, 대법원 2012. 11. 15. 선고 2012다70012 판결 참조.

소송절차 중단 중에 한 당사자의 소송행위는 상대방에 대한 관계에서 원칙적으로 무효이며, 법원의 소송행위도 당사자 쌍방의 관계에서 원칙적으로 무효로 된다.128) 다만 당사자의 행위는 소송행위 상대방의 책문권 포기로, 법원의 소송행위는 당사자 쌍방의 책문권 포기로 유효하게 될 수 있다.

한편 소송 계속 중 일방 당사자에 대하여 회생절차개시결정이 있었음에도 법원이 이를 알지 못한 채 관리인의 소송수계가 이루어지지 아니한 상태 그대로 소송절차를 진행하여 판결을 선고하였다면, 그 판결은 마치 대리인에 의하여 적법하게 대리되지 아니하였던 경우와 마찬가지로 위법하다.129) 이 경우 판결이 무효는 아니므로, 상소 또는 재심을 통하여 그 취소를 구할 수 있는데,130) 상소심에서 수계절차를 밟은 경우에는 위와 같은 절차상의 하자는 치유되고 그 수계와 상소는 적법한 것으로 된다.131)

(2) 소송절차의 수계

개시결정에 의하여 중단된 채무자의 재산에 관한 소송절차 중 회생채권·회생담보권과 관계없는 것은 관리인 또는 상대방이 이를 수계할 수 있다(법 제59조 제2항).132) 즉 환취권과 공익채권에 관한 소송, 채무자가 가지는

---

128) 다만 법원의 소송행위와 관련하여서는 중단사유가 발생한 당사자 일방에 대하여서만 무효가 되고 그렇지 않은 당사자에 대한 관계에서는 유효하다는 견해가 있다. 정준영, "파산절차가 계속 중인 민사소송에 미치는 영향 — 판결절차와 집행절차를 포함하여", 재판자료 제83집(1999), 148면 각주 48 참조.

129) 대법원 2016. 12. 27. 선고 2016다35123 판결, 대법원 2021. 5. 7. 선고 2020두58137 판결 등 참조.

130) 이 경우 중단 사유가 없는 상대방 당사자도 상소를 제기하여 소송절차 중단을 간과한 절차상 위법을 상소이유로 주장할 수 있다(대법원 2015. 10. 15. 선고 2015다1826, 1833 판결 참조).

131) 대법원 2020. 6. 25. 선고 2019다246399 판결. 위 판결은 수계적격자가 상소심에서 수계신청 후 원심의 절차를 적법한 것으로 추인한 것으로서, 이와 반면으로 상소심에서 수계신청은 하였으나 원심의 절차상 위법을 명백히 다툰다면, 수계신청을 한 사실만으로 절차상 위법을 추인하였다고 할 수는 없다(대법원 2012. 9. 27. 선고 2012두11546 판결).

132) 중단된 소송을 수계신청에 의하여 수계하는 경우에는, 수계신청서를 중단 당시 소송이 계속된 법원에 제출하여야 하고 그 신청서에는 소송절차의 중단사유와 수계할

권리에 기한 이행 또는 적극적 확인을 구하는 소송 등은 관리인 또는 상대
방이 이를 수계할 수 있다. 수계 후에도 청구취지를 변경할 필요는 없다. 수
계에 의하여 관리인이 채무자의 소송상의 지위를 승계하는데, 수계 전에 채
무자가 한 소송행위는 유·불리와 관계없이 그때까지의 소송상태 그대로 관
리인이 승계한다. 이 경우에 채무자에 대한 소송비용청구권은 공익채권으로
된다(법 제59조 제2항 후문). 상대방이 승소한 경우의 소송비용청구권은 관리
인이 수계한 이후의 소송비용뿐만 아니라 관리인의 소송수계 이전에 채무자
가 소송을 수행한 경우의 비용까지도 공익채권으로 된다.[133]

  그러나 회생채권 또는 회생담보권에 관한 소송절차는 즉시 수계를 하여
야 하는 것이 아니라, 먼저 간이·신속한 절차인 회생채권 등의 조사절차를
거치고, 그 조사절차에서 이의가 있는 경우에[134] 한하여 회생채권자 또는
회생담보권자가 이의자 전원을 그 소송의 상대방으로 하여 소송절차를 수계
하여야 한다(법 제172조 제1항). 소송수계에서 상대방이 되는 관리인은 그 회
생채권에 대한 이의자로서의 지위에서 당사자가 되는 것이므로, 당사자는
이의채권이 되지 아니한 상태에서 미리 소송수계신청을 할 수는 없다고 할
것이어서,[135] 조사기간의 말일 이전에 소송수계신청을 하더라도 이는 부적
법하다.[136] 소송절차를 수계하는 회생채권자 또는 회생담보권자는 권리확정
을 구하는 것으로 청구취지를 변경하여야 한다.[137]

  한편, 이의채권 중 집행력 있는 집행권원 또는 종국판결이 있는 회생채
권 또는 회생담보권에 관하여 회생절차개시 당시 법원에 소송이 계속되어

  사람의 자격을 소명하는 자료를 붙여야 한다(민사소송규칙 제60조).
[133] 대법원 2016. 12. 27.자 2016마5762 결정.
[134] 조사절차에서 이의가 없어 회생채권 또는 회생담보권이 확정되었다면 중단된 소송
  절차를 어떻게 할 것인지 여부가 문제될 수 있는데, 이에 관하여는 '제1장 제3절 4.
  가. (4) 회생채권 등의 확정' 부분 참조.
[135] 대법원 2013. 5. 24. 선고 2012다31789 판결, 대법원 2016. 12. 27. 선고 2016다
  35123 판결 등 참조.
[136] 대법원 2019. 1. 31. 선고 2018다259176 판결 등 참조.
[137] 이에 관한 자세한 내용은 '제1장 제3절 4. 라.' 부분 참조.

있는 경우 이의자는 위 회생채권자 또는 회생담보권자를 상대방으로 하여 소송절차를 수계하여야 한다(법 제174조 제2항). 집행력 있는 집행권원이란 집행력 있는 정본과 동일한 효력을 가지고 곧 집행을 할 수 있어야 하고, 집행문이 필요한 경우에는 이미 집행문의 부여를 받았어야 한다. 미확정 종국판결의 경우 이의채권에 관하여 회생절차개시 당시 소송이 계속 중인 경우이기 때문에 법 제174조 제2항에 따라 이의자는 소송절차를 수계하여 상소심에서 절차를 속행하거나 상소를 제기해야 한다.[138]

회생절차개시결정으로 중단된 회생채권 또는 회생담보권과 관계없는 소송절차를 관리인 또는 상대방이 수계하기 전에 회생절차가 종료(회생절차개시결정의 취소확정, 회생절차폐지, 회생절차종결 등)한 때에는 채무자는 당연히 소송절차를 수계한다(법 제59조 제3항). 이 경우에는 중단되었던 소송이 그대로 채무자를 당사자로 하여 다시 진행하게 된다. 회생절차개시 시에 중단된 소송절차를 관리인 또는 상대방이 수계한 다음에 회생절차가 종료하면 그 소송절차는 다시 중단되고, 채무자가 이를 수계하여야 하며, 상대방도 이를 수계할 수 있다(법 제59조 제4항, 제5항).

다. 개시결정과 채권자취소소송 등

(1) 채권자취소소송 등

㈎ 소송절차의 중단과 수계

회생채권자[139]가 채권자취소권에 기하여 제기한 소송(민법 제406조), 사해신탁(신탁법 제8조)에 따라 회생채권자가 제기한 소송 또는 파산절차에 의한 부인의 소송이 회생절차개시 당시 계속되어 있는 때에는 그 소송절차는 중단된다(법 제113조 제1항). 중단된 소송절차는 관리인 또는 상대방이 이를

---

138) 전대규, 634-635면; 대법원 1990. 2. 27.자 89다카14554 결정 참조. 자세한 내용은 '제1장 제3절 4. 마.' 부분 참조.

139) 법 제113조에는 회생채권자라고 규정되어 있으나, 회생채권자뿐만 아니라 회생담보권자 또는 공익채권자를 모두 포함하는 '채권자'라는 의미로 해석함이 타당할 것이다. 임채홍·백창훈(상), 424면 참조.

수계할 수 있다(법 제113조 제2항, 제59조 제2항). 이러한 소송은 채무자를 당사
자로 하는 소송이 아니기 때문에 채무자의 재산관계에 관한 소송이 아닌 경
우가 많으나, 사해행위취소소송 또는 사해신탁취소소송은 채무자의 채권자
가 총채권자를 위하여 채무자의 재산의 회복을 도모하고자 하는 소송이므로
관리인이 채권자의 역할을 인수하는 것이 보다 적절하다는 고려에서 관리인
으로 하여금 수계하게 한 것이다.140) 또한 채무자에 대한 파산절차 중에 그
채무자에 관하여 회생절차가 개시되면 파산절차는 중지되므로(법 제58조 제2
항), 파산관재인에게 부인소송을 수행시킬 수 없게 되기에 관리인이 파산관
재인의 역할을 인수할 수 있도록 관리인으로 하여금 수계하게 한 것이다.

　　그런데 제3자 관리인이 선임되지 않고 기존 대표자를 관리인으로 선임
한 경우나 법 제74조 제3항, 제4항에 의하여 관리인 선임 결정을 하지 않고
법률상 관리인으로 보게 되는 채무자 개인 또는 채무자 회사 대표자의 경우
회생절차개시 전의 자신의 행위를 스스로 부인하게 되는 형태가 되는 것이
타당한 것인지에 관해서 의문이 제기될 수 있다. 관리인으로 선임되거나 관
리인으로 간주되는 개인 채무자 또는 법인 채무자의 대표자는 현상적으로는
개시 전의 채무자 또는 채무자의 대표자와 동일인이라 하더라도 법적으로는
회생절차개시 전 채무자와 전혀 다른 의미를 가지고 존재하는 법적 주체
(legal entity)이다.141) 따라서 위와 같이 관리인으로 선임되거나 관리인으로
보게 되는 개인 채무자 또는 법인 채무자의 대표자는 개시 전의 채무자와는
별개의 제3자적 지위에서 부인권을 행사하게 된다. 대법원은 채무자가 기존
채무를 변제하면서 기왕에 담보조로 제공하였던 당좌수표를 회수하여 그 대
표이사가 부정수표 발행으로 인한 형사처벌을 모면하게 된 후 회생절차개시

---

140) 채권자취소소송 등을 관리인이 수계한 경우 채권자취소소송 등을 제기한 원래의 채
　　권자는 통상 보조참가인으로 소송에 참여하게 될 것이다.

141) 채무자와 실질적으로 동일한 DIP[Debtor In Possession(기존 경영자 관리인)]가 부인
　　권을 행사하는 미국 연방파산법하에서도 부인 대상행위는 도산절차신청 전의 주체
　　(pre-petition entity)에 의하여 행한 것으로서, 도산절차개시 후 별개의 법인격이 부
　　여된 DIP가 부인권을 행사하는 것은 금반언(estoppel)에 저촉되지 않는다고 한다.

신청을 하였는데 채무자의 대표이사가 관리인으로 선임되어 기존 채무자의 변제행위를 부인한 사안에서, 마찬가지로 채무자와 관리인은 법률상 별개의 존재로서 이와 같은 부인권 행사는 관리인 고유의 권한을 행사하는 것이므로 신의칙에 반하지 않는다고 판시하였다.[142]

한편 관리인이 수계한 경우 명문의 규정은 없으나, 관리인은 원칙적으로 채무자 재산에 대한 관리처분권자로서 자신의 고유 권한인 부인권을 행사할 수 있는데, 채권자취소권은 개별 채권자의 권리인 점, 부인권 행사가 채권자취소의 경우보다 부인할 수 있는 경우 및 그 입증의 정도에 있어서 훨씬 강력한 수단인 점 등에 비추어 보면, 관리인은 청구취지를 부인의 소로 변경하여야 하는 것으로 봄이 타당하다. 이때 부인권 행사의 제척기간 준수 여부를 청구변경 시점을 기준으로 판단할지 아니면 채권자취소소송이 제기된 시점을 기준으로 판단할지 문제되는데, 대법원은 "파산채권자가 파산채무자에 대한 파산선고 이전에 적법하게 제기한 채권자취소소송을 파산관재인이 수계하면, 파산채권자가 제기한 채권자취소소송의 소송상 효과는 파산관재인에게 그대로 승계되므로, 파산관재인이 채권자취소소송을 수계한 후 이를 승계한 한도에서 청구변경의 방법으로 부인권 행사를 한 경우, 특별한 사정이 없는 한 제척기간의 준수 여부는 중단 전 채권자취소소송이 법원에 처음 계속된 때를 기준으로 판단하여야 한다."고 판시하였다.[143] 부인의 소는 회생계속법원의 관할에 전속하므로(법 제105조 제3항), 관리인이 채권자가 제기한 채권자취소소송을 수계하여 청구변경의 방법으로 부인권을 행사한 경우에 채권자취소소송이 계속 중인 법원이 회생계속법원이 아니라면 그 법원은 관할법원인 회생계속법원으로 사건을 이송하여야 한다(대법원 2018. 6. 15. 선고 2017다265129 판결 참조).[144]

---

142) 대법원 2011. 5. 13. 선고 2009다75291 판결.

143) 대법원 2016. 7. 29. 선고 2015다33656 판결.

144) 만약 계속 중인 소송에서 사해행위취소와 원물반환 또는 가액배상청구 외에 다른 소송물이 병합되어 있는 경우에는 분리하여 부인의 소에 해당하는 부분만을 회생계속법원으로 이송하여야 한다. 다만, 채권자취소소송이 항소심에 계속된 후에는 관리

선행하였던 사해행위취소소송이 관리인에 의하여 부인소송으로 수계된 후에 회생절차가 종료하였다면 부인소송절차는 다시 중단되고, 회생절차개시 전에 사해행위취소소송을 제기하였던 회생채권자는 사해행위취소소송절차를 수계하여야 하며, 상대방도 소송절차를 수계할 수 있다(법 제113조 제2항, 제59조 제4항, 제5항).

한편 채권자취소소송 계속 중에 채무자에 대한 회생절차개시결정이 있었음에도 법원이 이를 알지 못한 채 관리인의 소송수계가 이루어지지 아니한 상태 그대로 소송절차를 진행하여 판결을 선고하였다면, 그 판결은 마치 대리인에 의하여 적법하게 대리되지 아니하였던 경우와 마찬가지로 위법하다.145)

㈏ 사해행위취소소송과 관리인의 부인권 행사와의 관계

민법 제406조의 채권자취소권과 회생절차상의 부인권은 총채권자의 이익을 위하여 채무자의 사해행위에 의하여 일탈된 공동담보의 회복을 도모한다는 점에서 제도적 취지를 같이하고 있다. 그러나 채권자취소권은 집단적인 채무처리절차의 개시를 전제로 하지 않고 개별적으로 채권자에게 인정되는 권리로서, 취소대상의 행위나 행사의 방법 등이 매우 제한적이다. 반면 집단적 채무처리절차인 회생절차상의 부인권은 채권자간의 공평한 처우를 기본으로 하여 기업의 회생을 도모하기 위한 권리로서, 행사권한이 관리인에게

인이 소송을 수계하여 부인권을 행사하더라도 법 제105조 제3항이 적용되지 않고 항소심법원이 소송을 심리·판단할 권한을 계속 가진다고 보는 것이 타당하다(대법원 2017. 5. 30. 선고 2017다205073 판결 참조). 한편 채권자취소소송에 배당이의소송이 병합되어 있는 경우에 관리인이 위 소송을 수계하면서 부인권을 행사한 경우, 배당이의의 소는 배당을 실시한 집행법원이 속한 지방법원의 관할에 전속하므로(민사집행법 제21조, 제156조 제1항), 전속관할 경합의 문제가 발생한다고 볼 여지가 있는데, 당사자 간의 공평이나 편의, 예측가능성 등을 고려하여 이 경우에는 회생계속법원으로 이송하지 않는 것이 타당하다(대법원 2021. 2. 16.자 2019마6102 결정 참조). 이에 반하여 관리인이 계속 중인 소의 피고로서 부인의 항변을 한 경우에는 부인의 소가 아니어서 회생계속법원의 전속관할이 아니므로 이송할 필요가 없다.
145) 파산절차에 관한 사례로는 대법원 2015. 11. 12. 선고 2014다228587 판결, 개인회생절차에 관한 사례로는 대법원 2020. 5. 14. 선고 2020다204025 판결.

전속하고 대상행위·요건·행사의 방법 등이 완화된 강력한 권리이다.[146]

따라서 채무자에 대한 회생절차가 개시된 경우에는 부인권이라는 통일된 형태로 선행하는 채권자취소소송을 수계하는 것이 소송경제에 부합하는 원칙적인 모습일 것이다. 다만, 부인권의 행사방법으로 부인청구라는 간편한 방법을 이용할 가능성이 있고 종전에 채권자가 수행한 소송결과에 구속을 받을 이유도 없다는 점에서 관리인으로서는 사해행위취소소송을 수계하는 대신 부인권을 행사하여 부인의 청구나 부인의 소를 제기할 수 있다고 본다.[147] 한편 중단된 사해행위취소소송에 관하여 상대방의 수계신청이 있는 경우에 관리인이 수계를 거절하고 별도로 부인의 소를 제기하거나 부인의 청구를 할 수 있는지, 즉 관리인에게 수계거절권이 있는지에 관해서는 견해의 대립이 있다. 이에 대하여 명확한 입장을 밝힌 판례는 없으나 대법원은 채권자취소소송 계속 중 채무자가 파산선고를 받아 소송절차가 중단된 경우에 당사자 중 어느 누구도 수계신청을 하지 아니한 사례에서 민사소송법 제244조에 의하여 직권으로 속행명령을 하였는바,[148] 이는 실질적으로 관리인의 수계거절권을 부정하는 입장을 취한 것으로 해석된다.

---

146) 구체적으로 보면, 사해행위취소소송은 소송으로만 행사되어야 하고 항변으로 주장하는 것이 허용되지 않으나, 부인권은 소송 외에 청구 또는 항변으로도 가능하고, 사해행위취소소송은 사해행위만을 취소의 대상으로 하고 채무의 내용에 좇은 변제는 원칙적으로 그 대상이 되지 않음에 반해, 부인권은 사해행위 외에 변제와 같은 편파행위도 그 대상이 되며, 사해행위취소소송은 가액배상을 명하더라도 가집행의 선고를 할 수 없음에 반해, 부인의 소송에서는 주문에 가집행을 붙일 수 있다. 또한 사해행위취소소송은 판결이 확정되어야 법률관계가 형성되나, 부인의 소는 확정 이전에도 그 효력이 발생한다(의사표시설에 따라 부인권을 행사하는 의사표시가 상대방에게 도달된 때)는 것이 실무의 입장이다(견해의 대립 있음). 다만 사해행위취소소송도 취소의 상대방인 악의의 수익자 또는 전득자와의 사이에서만 상대적으로 효과가 발생하고, 부인소송에서도 부인의 효력은 관리인과 상대방 사이에서만 상대적으로 발생한다.

147) 이 경우 기존 채권자취소소송은 회생절차가 종료될 때까지 중단되고, 회생절차가 종료되면 별도의 수계절차 필요 없이 원래 원고인 회생채권자에 의해 기존 채권자취소소송절차가 당연히 수계된다(법 제113조 제2항, 제59조 제3항).

148) 대법원 2018다299037 사건에서 2019. 8. 9.자 속행명령, 대법원 2016다242471 사건에서 2021. 4. 15.자 속행명령.

한편 회생절차개시 이후 채권자는 개별적인 권리행사를 할 수 없으므로 회생절차 진행 중 제기된 사해행위취소소송은 부적법하여 각하하여야 한다.[149][150] 따라서 만일 관리인이 회생절차가 개시되었음에도 불구하고 부인권을 행사하지 않고 있다면 채권자는 개별적인 사해행위취소소송을 제기할 것이 아니라 법 제105조 제2항에 기하여 법원이 관리인에게 부인권의 행사를 명하도록 회생법원에 신청하는 절차를 취하여야 할 것이다.[151] 다만, 채권자가 회생절차개시 후에 제기한 채권자취소소송이 부적법하더라도 관리인은 이러한 소송을 수계한 다음 청구변경의 방법으로 부인권을 행사할 수 있다고 보아야 할 것이고, 관리인이 수계한 소송이 부적법한 것이었다는 이유만으로 소송수계 후 교환적으로 변경된 부인의 소마저 부적법하다고 볼 것은 아니다.[152]

(2) 채권자대위소송 및 주주대표소송

채권자대위소송과 주주대표소송은 모두 채무자를 직접적인 소송의 당사

---

149) 회생절차개시 이후에 회생채권자에 의하여 제기된 사해행위취소소송은 부적법하다(개인회생절차에 관하여 부적법한 것으로 판시한 사례로는 대법원 2010. 9. 9. 선고 2010다37141 판결, 파산절차에 관하여 부적법한 것으로 판시한 사례로는 대법원 2018. 6. 15. 선고 2017다265129 판결). 한편, 대법원 2014. 9. 4. 선고 2014다36771 판결은 사해행위의 수익자 또는 전득자에 대하여 회생절차가 개시된 경우 채무자의 채권자가 사해행위의 취소와 함께 회생채무자(수익자 또는 전득자)로부터 사해행위의 목적인 재산 그 자체의 반환을 청구하는 것은 환취권의 행사에 해당하여 회생절차개시의 영향을 받지 아니한다고 판시하였다. 이때 원물반환이 불가능하여 가액배상을 하여야 하는 경우 취소채권자가 갖는 가액배상청구권은 법 제179조 제1항 제6호의 '부당이득으로 인하여 회생절차개시 이후 채무자에 대하여 생긴 청구권'인 공익채권에 해당한다(대법원 2019. 4. 11. 선고 2018다203715 판결).

150) 채권자가 관리인을 대위하여 부인소송을 제기하는 것도 허용되지 않는다고 할 것이다.

151) 이 경우 채권조사기일 당시 유효하게 존재하였던 채권에 대하여 관리인으로부터 이의가 없는 채로 회생채권자표가 확정되어 그에 대하여 불가쟁의 효력이 발생한 경우에는 관리인으로서는 더 이상 부인권을 행사하여 그 채권의 존재를 다툴 수 없게 된다(대법원 2003. 5. 30. 선고 2003다18685 판결 참조).

152) 파산관재인이 파산채권자가 파산선고 후에 제기한 채권자취소소송을 수계한 사안에 관하여 같은 취지로 판시한 대법원 2018. 6. 15. 선고 2017다265129 판결 참조.

자로 하지 않는 소송이지만 채무자의 책임재산 확보 등과 관련된 것이므로, 사해행위취소소송과 같은 규정이 없음에도 회생절차개시로 중단되는지에 관해 논의가 되고 있다.

우선 민법 제404조에 기하여 회생채권자가 채무자를 대위하여 채무자의 제3채무자를 상대로 제기한 채권자대위소송의 경우 사해행위취소소송과 같이 회생절차개시로 인해 중단된다고 보아야 할 것이다.153) 이는 채권자대위소송 역시 그 목적이 채무자의 책임재산을 보전하기 위해 채무자에 속하는 권리를 채권자로서 행사하는 것에 있고, 회생절차가 개시된 이상 채무자 재산의 관리처분권은 관리인에게 이전하며, 회생채권자의 개별적 권리행사가 인정되지 않는 점 등을 이유로 한다.154)

또한 상법 제403조에 기한 주주대표소송도 같은 이유로 채권자대위소송과 같이 회생절차개시로 인하여 중단된다고 본다. 그러나 상법 제401조에 의하여 제3자가 이사를 상대로 제기한 손해배상청구소송은 중단되지 않는다.155)

라. 개시결정이 취소된 경우

회생절차개시결정에 대한 취소결정156)이 확정되면157) 개시결정의 효력은 소급적으로 소멸하게 된다. 따라서 채무자는 업무수행권 및 재산의 관리

---

153) 임채홍·백창훈(상), 425-426면 참조.

154) 정준영, "신도산법의 파산절차가 소송절차에 미치는 영향", 재판실무연구(5) 도산관계소송, 한국사법행정학회(2009. 8), 340면 참조. 비슷한 이유로 파산채권자가 제기한 채권자대위소송이 채무자에 대한 파산선고 당시 법원에 계속되어 있는 때에는 다른 특별한 사정이 없는 한 그 소송절차는 중단되고 파산관재인이 이를 수계할 수 있다고 한 사례로는, 대법원 2013. 3. 28. 선고 2012다100746 판결 참조.

155) 정준영, 앞의 논문, 340-341면 참조.

156) 취소결정은 제1심의 개시결정에 대한 즉시항고에 기하여 항고심이 취소결정을 하는 경우와 개시결정을 한 법원이 이에 대한 즉시항고가 있어 재도의 고안을 하여 스스로 취소결정을 하는 경우가 있다.

157) 개시결정의 취소결정은 회생절차개시결정이나 회생계획인가결정과 달리 법 제49조 제3항, 제246조와 같은 특칙이 없으므로 확정되어야 효력이 발생한다.

처분권을 회복하고, 회생채권에 대한 변제금지의 효력도 없어진다. 또한 그러한 효과는 소급하므로 개시결정 후 채무자가 한 법률행위(법 제64조), 채권자의 권리취득(법 제65조), 등기·등록의 경료(법 제66조), 채무자에 대한 변제(법 제67조), 회생채권의 변제(법 제131조) 등도 소급하여 유효가 된다. 이에 반해 관리인의 권한은 소멸한다. 그러나 개시결정 후 관리인이 그 권한에 기하여 한 행위는 그 효력을 가진다.158) 실체법상의 행위뿐 아니라 소송행위의 결과도 마찬가지이다. 관리인의 권한이 소멸되므로 차후 관리인의 권한에 기한 행위를 하지 못함이 원칙이나, 공익채권을 변제하고, 이의가 있는 공익채권에 관하여는 그 채권자를 위하여 공탁하여야 하므로(법 제54조 제3항), 이 범위 내에서 관리인의 권한은 존속한다.

한편 개시결정에 의하여 중단된 소송절차는 취소결정의 확정으로 당연히 채무자가 수계하고, 개시결정 후 관리인 또는 상대방이 수계한 소송절차는 취소결정에 의하여 다시 중단되고 채무자가 수계한다. 개시결정에 의하여 중지된 강제집행·가압류·가처분·담보권실행 등을 위한 경매절차 및 체납처분은 중지상태가 종료되고 당연히 속행된다.

나아가 소급효가 없는 회생절차폐지나 불인가의 경우와 달리 취소결정에 있어서는 회생절차에 특유한 효과가 취소결정의 확정으로 소멸한다. 채권자표의 기재에 부여하는 확정판결과 동일한 효력도 소멸하고, 진행 중인 채권조사확정재판 절차는 종료한다. 나아가 진행 중인 이사 등의 책임에 기한 손해배상청구권 등의 조사확정재판절차 및 부인의 소 또는 청구 등의 절차는 취소결정 확정에 따라 종료한다. 취소결정 확정 전에 채권의 확정에 관한 재판이 확정된 경우, 그 재판의 효력 여부에 대해서는 견해의 대립이 있으나, 부인권은 오로지 회생절차 중에만 특별히 인정되는 권리이므로 비록 부인의 소에 관한 판결이 확정되었더라도 특별한 사정이 없는 한 그 효력은

---

158) 취소결정이 확정되었다고 하여 이미 지금까지 개시결정을 기초로 이루어진 행위를 모두 소급하여 무효로 보는 것은 제3자에게 불측의 손해를 가하고 법률관계를 불필요하게 복잡하게 만들게 되어 적절하지 않기 때문이다.

부정되어야 할 것이다.[159)]

3. 개시결정이 집행절차에 미치는 영향

가. 개   요

회생절차개시결정이 집행절차에 미치는 효력은 집행절차의 진행을 제한
하는 효력, 집행절차의 진행이 허용되었을 때 배당 등과 관련한 효력으로 나
눌 수 있다. 전자는 개시결정이 강제집행의 집행장애사유가 되는 경우의 효
력을 의미한다. 집행장애사유는 집행개시의 소극적 요건이므로 이러한 사유
가 발생하면 집행법원은 집행을 개시할 수 없고, 속행 중의 집행절차는 정지
되며, 경우에 따라 집행절차가 실효된다. 후자는 개시결정이 있더라도 예외
적으로 강제집행이 진행되는 경우 집행절차상 배당이나 우선순위 등에 미치
는 효력을 의미한다.

나. 강제집행신청 등의 금지 및 중지

(1) 회생절차개시결정이 있는 때에는, 파산 또는 회생절차개시의 신청,
회생채권 또는 회생담보권에 기한 강제집행 등 신청, 국세징수의 예에 의하
여 징수할 수 있는 청구권으로서 그 징수우선순위가 일반 회생채권보다 우
선하지 아니한 것에 기한 체납처분은 금지되고(법 제58조 제1항), 이미 진행
중인 파산절차, 채무자의 재산에 대하여 이미 행한 회생채권 또는 회생담보
권에 기한 강제집행 등의 절차, 국세징수의 예에 의하여 징수할 수 있는 청
구권으로서 그 징수우선순위가 일반 회생채권보다 우선하지 아니한 것에 기
한 체납처분은 각 중지된다(법 제58조 제2항).[160)]

(2) 개시결정으로 인하여 금지되거나 중지되는 절차는 회생채권 또는 회

---

159) 주석 채무자회생법 (Ⅰ), 509면 이하 참조.
160) 만일 회생절차개시 이후에도 이러한 절차가 허용되면 채무자의 회생을 목적으로 하
    는 회생절차를 원활히 진행할 수 없기 때문이다.

생담보권에 기한 강제집행 등에 한하므로 환취권 또는 공익채권에 기한 강제집행 등은 금지나 중지의 대상이 아니다. 다만, 공익채권에 기한 강제집행 또는 가압류가 회생에 현저하게 지장을 초래하고 채무자에게 환가하기 쉬운 다른 재산이 있는 때나 채무자의 재산이 공익채권의 총액을 변제하기에 부족한 것이 명백하게 된 때에는 법원은 직권 또는 관리인의 신청에 의하여 담보를 제공하거나 하지 아니하게 하고, 공익채권에 기한 강제집행 또는 가압류를 중지 또는 취소시킬 수 있다(법 제180조 제3항).

(3) 공유물분할을 위한 경매(민법 제269조 제2항), 자조매각금의 공탁을 위한 경매(민법 제490조), 상사매매 등에 있어서의 자조매각에 의한 경매(상법 제67조, 제70조, 제109조) 등은 금지·중지의 대상이 되지 아니한다.

다만, 담보권실행 등을 위한 경매절차에 동산질권자의 질물에 의한 간이변제충당(민법 제338조 제2항), 채권질의 직접청구(민법 제353조), 상사채권을 위한 유질의 실행(상법 제59조, 민법 제339조)이 금지·중지의 대상이 되는지 문제되나, 이러한 절차는 법 제58조의 규정을 기다리지 않고 법 제131조의 회생채권의 변제금지 효과로서 직접 그 채권을 실현하는 것이 금지된다고 볼 것이다. 가등기담보권, 양도담보권161)의 실행행위는 회생담보권에 기한 강제집행 등에 포함되므로 본조의 금지·중지의 대상이 된다.162)

---

161) 회생절차개시결정이 있는 때에 금지되는 법 제58조 제2항 제2호의 '회생담보권에 기한 강제집행 등'에는 양도담보권의 실행행위도 포함된다(대법원 2020. 12. 10. 선고 2017다256439, 256446 판결).
   또한, 동산의 소유권유보부 매매의 경우에, 매도인이 유보한 소유권은 담보권의 실질을 가지고 있으므로 담보 목적의 양도와 마찬가지로 매수인에 대한 회생절차에서 회생담보권으로 취급함이 타당하고 매도인은 매매목적물인 동산에 환취권을 행사할 수 없다(대법원 2014. 4. 10. 선고 2013다61190 판결).

162) 가등기담보권·양도담보권 등 비전형담보권의 실행절차를 중지하는 경우 그 중지절차에 대하여, 가등기담보권에 관하여는 실행통지(가등기담보 등에 관한 법률 제3조)에 의한 실행절차의 개시부터 청산완료시까지 사이에 채무자가 회생절차개시사실을 가등기담보권자에게 알리는 방법 등으로 실행절차를 중지시키고, 양도담보도 이에 준하는 방법으로 중지시키면 된다는 견해가 있다[임채홍·백창훈(상), 406면; 조재건, "도산절차와 소송절차·강제집행·보전처분", 재판실무연구(2001), 광주지방법원, 80-82면 참조].

(4) 채무자의 재산에 대하여 행하는 것에 한하므로 연대채무자·보증인·물상보증인 등 제3자의 재산에 대하여 행하는 것은 금지·중지되지 않는다.163)164) 다만, 채무자에 대하여 채무를 부담하는 자에 대한 압류·전부명령·추심명령165)은 채무자의 재산에 대한 강제집행이므로 역시 금지·중지된다.

채무자의 재산에 대하여 행하는 것에 한하므로 채무자의 인격적 활동의 면에 대하여 행하여지는 가처분, 예컨대 이사의 직무집행정지 또는 직무대행자선임 가처분 등은 금지·중지의 대상이 되지 않는다.

다. 조세 등에 기한 체납처분 등의 금지 및 중지

회생절차개시결정이 있는 때에는 ① 회생절차개시결정이 있는 날부터 회생계획인가가 있는 날까지, ② 회생절차개시결정이 있는 날부터 회생절차가 종료되는 날까지, ③ 회생절차개시결정이 있는 날부터 2년이 되는 날까지 중 말일이 먼저 도래하는 기간 동안 회생채권 또는 회생담보권에 기한 채무

---

163) 대법원은, 원사업자에 대하여 회사정리절차가 개시된 경우 하도급거래 공정화에 관한 법률 제14조에 의한 수급사업자의 발주자에 대한 하도급대금 직접지급청구는 회사정리법 제67조 제1항이 금지하는 '회사재산에 대한 강제집행'에 해당하지 않는다고 판시하였다(대법원 2007. 6. 28. 선고 2007다17758 판결).

164) 대법원은, 신탁자가 그 소유의 부동산에 채권자를 위하여 저당권을 설정하고 저당권설정등기를 마친 다음, 그 부동산에 대하여 수탁자와 부동산 신탁계약을 체결하고 수탁자 앞으로 신탁을 원인으로 한 소유권이전등기를 해주어 대내외적으로 신탁부동산의 소유권이 수탁자에게 이전하였는데, 그 후 신탁자에 대한 회생절차가 개시된 사안에서, 채권자가 신탁부동산에 대하여 갖는 저당권은 법 제250조 제2항 제2호의 '채무자 외의 자가 회생채권자 또는 회생담보권자를 위하여 제공한 담보'에 해당하여 회생계획이 여기에 영향을 미치지 않고, 또한 회생절차에서 채권자의 권리가 실권되거나 변경되더라도 이로써 실권되거나 변경되는 권리는 채권자가 신탁자에 대하여 가지는 회생채권 또는 회생담보권에 한하고, 수탁자에 대하여 가지는 신탁부동산에 관한 담보권과 그 피담보채권에는 영향이 없다고 하면서 이는 회생계획에 대한 인가결정 후 신탁부동산이 신탁계약의 해지로 다시 신탁자에게 소유권이 귀속되었다고 하더라도 달리 볼 수 없다고 판시하였다(대법원 2017. 11. 23. 선고 2015다47327 판결).

165) 개시결정이 있은 후에는 추심명령을 받더라도 효력이 발생할 수 없다. 이와 관련한 판례로 대법원 2004. 4. 23. 선고 2003다6781 판결 참조.

자의 재산에 대한 국세징수법 또는 지방세징수법에 의한 체납처분, 국세징수의 예에 의하여 징수할 수 있는 청구권으로서 그 징수우선순위가 일반 회생채권보다 우선하는 것에 기한 체납처분과 조세채무담보를 위하여 제공된 물건의 처분은 할 수 없으며, 이미 행한 처분은 중지된다. 이 경우 법원은 필요하다고 인정하는 때에는 관리인의 신청에 의하거나 직권으로 1년의 범위 안에서 그 기간을 늘일 수 있다(법 제58조 제3항).

　　금지되거나 중지되는 처분은 회생채권 또는 회생담보권인 조세 등의 청구권에 기한 채무자의 재산에 대한 것이므로 공익채권인 조세 등의 청구권에 기한 처분은 금지·중지의 대상이 아니다. 조세 등의 청구권이 회생채권·회생담보권인지 공익채권인지 여부는 회생절차개시 전의 원인으로 생긴 청구권인지 여부에 따라 결정되나, 조세청구권 중 원천징수하는 조세[다만, 법인세법 제67조(소득처분)의 규정에 의하여 대표자에게 귀속된 것으로 보는 상여에 대한 조세는 원천징수된 것에 한한다], 부가가치세·개별소비세·주세, 본세의 부과·징수의 예에 따라 부과·징수하는 교육세 및 농어촌특별세, 특별징수의무자가 징수하여 납부하여야 하는 지방세로서 회생절차개시 당시 아직 납부기한이 도래하지 아니한 것은 공익채권이다(법 제179조 제1항 제9호).166)

　　일반 회생채권보다 우선하는 조세 등의 청구권에 기한 체납처분 등은 회생계획의 인가가 있거나 개시결정한 날부터 2년을 경과하면 당연히 그 절차를 속행할 수 있다. 따라서 회생계획에 대한 인가결정이 있은 후 채무자가

---

166) 회사정리법 하에서 정리절차개시 전에 발생하여 정리회사가 납부한 부가가치세에 대하여 세무서에서 심사한 결과 일부 신고오류로 인한 미납액을 발견하고 개시 후 경정하여 부과한 경우, 이를 개시 후 납부기한이 도래한 것으로 보고 공익채권으로 취급한 예가 있었는데, 대법원 2012. 3. 22. 선고 2010두27523 전원합의체 판결은, 다수 이해관계인의 법률관계를 조정하는 회생절차의 특성상 회생채권과 공익채권은 객관적이고 명확한 기준에 의하여 구분되어야 하는데, 과세관청의 의사에 따라 공익채권 해당 여부가 좌우되는 결과를 가져오는 해석은 회생절차의 취지에 부합하지 않고 조세채권이 갖는 공공성을 이유로 정당화되기도 어렵다는 이유로, 법 제179조 제1항 제9호의 '납부기한'은 '지정납부기한'이 아니라 '법정납부기한'으로 보아야 한다고 판시하였다.

납부하지 않았던 이른바 회생채권인 체납세금에 대하여 한 국세징수법에 의한 압류처분은 적법하다.167) 그러나 회생계획안을 작성함에 있어서는 조세채권에 대하여도 기한의 유예를 정하는 것이 일반적이므로, 이러한 기한의 유예가 규정되어 있을 경우에는 그 유예된 변제기까지는 체납처분 등의 절차가 속행되지 않는다.

금지·중지되는 처분은 채무자의 재산에 대하여 행하여지는 것에 한하므로 제3자 예컨대, 연대 납세의무자, 제2차 납세의무자의 재산에 대하여 행하는 체납처분은 금지 내지 중지되지 않는다. 위 체납처분이나 담보물건의 처분이 금지되거나 중지된 기간 중에는 시효는 진행하지 아니한다(법 제58조 제4항).168)

라. 절차의 금지·중지 등의 효력과 기간

(1) 강제집행 등 신청이 금지되는 절차가 새로이 신청된 경우에는 부적법하므로 각하하여야 하고, 이에 위반되어 개시된 절차는 그 본래의 효력을 발생시킬 수 없으므로 무효이다.169) 이미 행한 절차의 중지는 개시결정에 의하여 당연히 중지되는 것이고, 법원의 재판을 기다려 중지되는 것은 아니다. '절차의 중지'라 함은 진행되던 절차가 그 시점에서 중지되고 그 속행이 허용되지 아니함을 뜻하고, 그 이상의 효력은 없다.

(2) 회생절차의 개시는 집행장애사유에 해당하고 집행장애사유의 존재는 집행기관의 직권조사사항이므로,170) 집행기관은 채무자에 대하여 회생절차

---

167) 대법원 2012. 7. 12. 선고 2012다23252 판결, 대법원 1971. 9. 17.자 71그6 결정.
168) 회생절차개시결정 이후의 조세채권의 신고도 시효중단의 효력이 있으나 그 신고가 없는 경우에는 이 특칙이 중요한 의미가 있다.
169) 대법원 2016. 6. 21.자 2016마5082 결정. 이 결정은 포괄적 금지명령에 반하여 이루어진 가처분에 대한 판시인데, 회생절차개시결정에 따른 금지에 반하여 된 경우도 마찬가지라고 보아야 할 것이다. 아울러 위 결정은 위와 같이 무효인 보전처분이나 강제집행 등은 사후적으로 회생절차폐지결정이 확정되더라도 여전히 무효라고 보아야 한다고 판시하였다.
170) 민사집행(Ⅰ), 278면.

개시결정이 있은 사실을 발견한 때에는 개시결정 정본의 제출 등을 기다릴 필요 없이 직권으로 이미 집행되고 있는 집행절차를 정지하여야 한다.171) 집행기관은 이후 집행행위를 하지 않고 현상을 유지하면 된다(민사집행법 제49조 제2호, 제50조 제1항).172) 집행법원은 집행개시 전에 회생절차가 개시된 경우에는 집행의 신청을 각하 또는 기각하여야 하고, 집행장애사유가 존재함에도 간과하고 집행절차를 개시한 다음 이를 발견한 때에는 이미 한 집행절차를 직권으로 취소하여야 한다.173) 집행장애사유가 있음에도 불구하고 집행기관이 집행을 개시하거나, 집행을 정지하지 아니하고 집행처분을 한 경우에는 이해관계인은 집행에 관한 이의신청·즉시항고 또는 가압류·가처분 결정에 대한 이의신청을 하여 그 취소를 구할 수 있다.174)

   (3) 회생계획인가결정이 있는 때에는 중지된 파산절차·강제집행·가압류·가처분·담보권 실행 등을 위한 경매절차는 그 효력을 잃는다(법 제256조

---

171) 서울고등법원 2013. 6. 28. 선고 2013나12442 판결은, 포괄적 금지명령 및 회생절차 개시결정의 경우 '집행의 일시정지를 명한 취지를 적은 재판'에 해당한다고 볼 수 없고, 그 강제집행정지의 효력은 법률의 규정에 따라 발생하는 것으로서 법정 집행장애 사유에 해당하므로, 별도로 그 정본을 제출하지 않더라도 집행법원에 대하여 당연히 그 효력이 미친다고 판시하였다. 다만 위 원심판결에 대한 상고심은 "그 강제집행에 기하여 부동산에 대하여 이루어진 근저당권이전등기가 원심 변론종결 전에 말소되었으므로 그 말소를 구할 법률상 이익이 없다."는 이유로 원심판결을 파기하고 소를 각하하였다(대법원 2015. 10. 15. 선고 2013다70927 판결).

172) 강제집행의 종료 시기는 유체동산·부동산에 대한 금전집행은 압류금전 또는 매각 대금을 채권자에게 교부 또는 배당한 때, 채권에 대한 추심명령의 경우에는 채권자가 추심완료를 신고하였을 때, 전부명령의 경우에는 그 명령이 확정된 때이다. 민사집행(Ⅰ), 291면 참조.

173) 대법원 2000. 10. 2.자 2000마5221 결정.

174) 민사집행(Ⅰ), 307면. 같은 취지에서 대법원은, 포괄적 금지명령이 채무자에게 송달된 후 발령된 채권 추심 및 처분금지 가처분에 대하여 채무자가 집행취소신청을 하였으나 집행법원이 집행취소결정을 하지 아니하였고 이에 채무자가 위 집행법원의 처분에 대한 이의를 한 사안에서, 위 가처분은 포괄적 금지명령에 반하여 이루어진 것이어서 무효이므로, 집행법원으로서는 신청인의 집행취소신청에 따라 집행을 취소하였어야 한다고 판시하였다(대법원 2016. 6. 21.자 2016마5082 결정).

제1항).175)176) 이때 효력을 잃은 파산절차에서의 재단채권(법 제473조 제2호 및 제9호에 해당하는 조세 등의 청구권·부양료 등 제외)은 공익채권으로 된다(법 제256조 제2항).

회생계획인가결정 전에 회생절차폐지 또는 회생계획불인가의 결정이 확정된 경우 중지된 절차가 당연히 속행되나, 만일 법원이 파산을 선고한 경우(법 제6조 제2항), 파산채권에 기하여 파산재단에 속하는 재산에 대하여 한 강제집행·가압류·가처분은 파산재단에 대하여는 효력을 잃게 되므로(법 제348조 제1항 본문),177) 중지 중인 절차가 파산절차에서 파산채권으로 보게 되는 회생채권에 기하여 한 강제집행·가압류·가처분인 경우라면 당연히 속행에 관한 규정은 무의미하게 된다. 다만 파산관재인은 파산재단을 위하여 강제집행을 속행할 수 있다(법 제348조 제1항 단서).

(4) 신청금지의 효력이 지속되는 기간은 회생절차의 종료 시까지이다(법 제292조 제2항). 따라서 회생절차가 종료되지 아니한 경우에는 회생채권 등이 회생계획인가결정으로 권리변경이 확정된 후 채무자가 변제기에 이를 변제하지 아니하여도 강제집행 등을 신청할 수 없다.

---

175) 일반 회생채권보다 우선하는 조세 등의 청구권에 기한 체납처분 등은 법 제256조 제1항이 적용되지 아니하므로 실효되지 아니한다. 한편, 법 제256조 제1항 본문 및 단서는 국세징수의 예에 의하여 징수할 수 있는 청구권으로서 일반 회생채권보다 우선하지 아니하는 것에 기한 체납처분 등이 회생계획의 인가결정에 의하여 효력을 상실하는지 여부에 관하여 아무런 규정을 하지 않고 있어 견해가 대립된다. 그러나 법이 명시적으로 열거하지 않고 있는 이상 실효된다고 보기는 어렵고, 다만 중지된 상태에서 법 제58조 제5항에 의해 취소할 수 있다고 봄이 타당하다.

176) 회생채권에 관하여 회생절차개시 이전부터 회생채권 또는 회생담보권에 관하여 집행권원이 있었다 하더라도, 회생계획인가결정이 있은 후에는 법 제252조에 의하여 모든 권리가 변경·확정되고 종전의 회생채권 또는 회생담보권에 관한 집행권원에 의하여 강제집행 등은 할 수 없으며, 회생채권자표와 회생담보권자표의 기재만이 집행권원이 된다(대법원 2017. 5. 23.자 2016마1256 결정 참조).

177) 반면, 국세징수법 또는 지방세징수법에 의하여 징수할 수 있는 청구권(국세징수의 예에 의하여 징수할 수 있는 청구권으로서 그 징수우선순위가 일반 파산채권보다 우선하는 것을 포함한다)에 기한 체납처분의 경우에는 파산절차로 이행되더라도 파산선고에 의하여 그 속행을 방해받지 않는다(법 제349조 제1항).

체납처분에 관하여 처분을 할 수 없거나 처분이 중지된 기간 중에는 시효는 진행하지 아니한다(법 제58조 제4항). 회생채권이나 회생담보권인 조세 등 청구권은 회생절차에 참가함으로써 시효중단의 효력이 있는데(법 제32조 제1호), 이와 별도로 국세기본법 제27조와 제28조에 소멸시효와 그 중단 및 정지에 관하여 규정하고 있고, 위 국세기본법에서는 법에 의하여 체납처분을 할 수 없거나 처분이 중지된 기간을 소멸시효의 중단이나 정지사유로 규정하지 않고 있다. 법 제58조 제4항의 시효가 진행하지 아니한다는 의미는 국세기본법 제28조의 중단이나 정지가 아니라 법이 별도로 규정하는 기간의 정지라고 보아야 한다. 따라서 조세 등 청구권이 회생채권 등으로 신고되거나 목록에 기재되지 않아 시효가 중단되지 않는 경우에도, 체납처분을 할 수 없는 기간과 체납처분이 중지된 기간 동안 체납처분의 기초가 된 조세 등 청구권의 소멸시효기간은 정지되고 체납처분을 다시 할 수 있게 되거나 다시 진행하게 된 때부터 소멸시효기간이 종전의 소멸시효기간에 이어서 진행하게 된다.178)

(5) 한편, 무효인 강제집행의 외관을 제거하기 위하여 관리인이 집행에 관한 이의신청 등을 할 경우, 집행법원은 심문기일을 지정하여야 하는 등 절차상 상당한 시간이 소요되는 문제점이 있어, 회생계속법원이 직접 강제집행 취소결정을 통하여 그 외관을 제거할 수 있는지에 대하여 논의가 있다. 법 제58조 제5항은 개시결정에 의하여 중지된 절차(제2항)의 취소에 관하여만 규정하고, 개시결정 이후 금지된 절차(제1항)의 취소에 관하여는 규정하지 않고 있어 이에 대한 근거규정은 없는 상태이다.

이에 대해, 근거규정이 없으므로 회생계속법원이 강제집행 취소결정을 하기는 어렵다는 견해와 법 제58조 제5항을 근거로 강제집행을 취소할 수 있다는 견해가 있다. 부정하는 견해에서는 각하결정의 이유에 직권취소에 관하여 언급하는 방식으로 집행법원의 신속한 외관제거를 촉구하여 문제점을 일부 시정할 수 있다고 설명한다. 무효인 강제집행의 외관이 제거되지 아니함에 따라 채무자가 이를 취소하는 데 있어 시간이 소요되고 그에 따라 영

---

178) 주석 채무자회생법 (Ⅰ), 531-532면.

업의 지장을 받을 수 있는 사정이 있기는 하나, 회생계속법원이 이를 취소할 수 있는 근거규정이 없는 상태에서 다른 규정을 들어 강제집행 취소결정을 하는 것은 문제가 있으므로 법 개정 등을 통하여 회생계속법원에서 취소할 수 있는 규정을 신설하기 전까지는 관리인의 신청을 각하하고 각하결정의 이유에 직권취소에 관하여 언급하는 방식이 타당할 것이다.

마. 중지된 절차나 처분의 속행 내지 취소명령[179]

(1) 속행명령

법원은 회생절차에 지장이 없다고 인정하는 때에는 관리인이나 제140조

---

[179] 개시결정 후 속행명령이나 취소명령에 관하여 법 제58조 제5항은 제2항만을 인용하고 있어 "국세징수의 예에 의하여 징수할 수 있는 청구권으로서 그 징수우선순위가 일반 회생채권보다 우선하지 아니하는 청구권"만을 대상으로 하고 있는 듯이 보인다. 그러나 법 제58조 제5항 본문 전단이 그 규정 대상으로서 "국세징수법 또는 지방세기본법에 의하여 징수할 수 있는 청구권(국세징수의 예에 의하여 징수할 수 있는 청구권으로서 그 징수우선순위가 일반 회생채권보다 우선하는 청구권)"에 관한 규정인 제140조 제2항을 인용하고 있는 점 등에 비추어 법 제58조 제5항 본문 전단에서 인용하는 "제2항"은 "제2항·제3항"의 오기라고 보인다. 또한 법 제58조 제5항 본문 후단에서 인용하는 "제2항" 역시 종전 회사정리법 및 현행법의 제반 규정을 종합하면 "제2항·제3항"의 오기라고 보아야 한다. 이에 대해 속행명령의 경우(법 제58조 제5항 본문 전단)에는 위와 같이 해석하면서도 취소명령(법 제58조 제5항 본문 후단)에 대하여는, 회생절차개시결정이 있더라도 국세징수법 또는 지방세징수법에 의한 체납처분, 국세징수의 예에 의하여 징수할 수 있는 청구권으로서 그 징수우선순위가 일반 회생채권보다 우선하는 것에 기한 체납처분과 조세채무담보를 위하여 제공된 물건의 처분은 일정기간 동안만 금지되거나 중지되고(법 제58조 제1항, 제3항 참조), 회생계획인가결정으로 체납처분 등이 당연히 속행되는 것이 아니라 회생계획에서 정한 바에 따라 징수유예 또는 환가유예가 될 수 있으며(법 제140조 제2항 참조), 개시결정 전에도 취소의 대상이 아니고, 다른 처분과 달리 회생계획인가결정으로도 효력이 소멸되지 않으며(법 제256조 제1항 참조), 조세 등 청구권은 우선적으로 변제하여야 할 공익적 목적이 크고, 취소를 인정하더라도 일정기간만 지나면 다시 체납처분 등을 할 수 있다(법 제58조 제1항, 제3항 참조)는 등의 이유로 법 제58조 제5항 후단의 기재는 오기가 아니고 국세징수법 등에 의한 체납처분, 국세징수의 예에 의하여 징수할 수 있는 청구권으로서 그 징수우선순위가 일반 회생채권보다 우선하는 것에 기한 체납처분과 조세채무담보를 위하여 제공된 물건의 처분의 경우에는 이를 취소할 수 없다는 견해도 있다(전대규, 297-298면).

제2항의 청구권[회생계획에서 국세징수법 또는 지방세징수법에 의하여 징수할 수 있는 청구권(국세징수의 예에 의하여 징수할 수 있는 청구권으로서 그 징수우선순위가 일반 회생채권보다 우선하는 것을 포함한다)]에 관하여 징수의 권한을 가진 자의 신청에 의하거나 직권으로 중지한 절차 또는 처분의 속행을 명할 수 있다(법 제58조 제5항). 신청은 관리인이나 조세 등의 청구권에 관하여 징수의 권한을 가진 자만이 할 수 있으므로, 일반 회생채권자와 회생담보권자는 이러한 신청을 할 자격이 없다.

속행의 효과는 조세 등의 청구권에 기한 체납처분과 다른 절차 사이에 차이가 있다. 조세 등의 청구권에 기한 체납처분이나 조세채무를 위한 담보물건의 처분을 속행하는 경우에는 목적재산을 환가하여 얻은 금전은 그대로 조세 등의 청구권의 만족에 충당할 수 있고, 체납처분에 의한 압류를 당한 채무자의 채권(압류의 효력이 미치는 채권을 포함한다)에 관하여 그 체납처분의 중지 중에 제3채무자가 징수의 권한을 가진 자에게 임의로 이행한 경우에도 마찬가지이다. 그러나 이와 달리 일반 회생채권, 회생담보권에 의한 강제집행이나 경매절차를 속행하는 경우에는 회생채권 등에 대한 회생절차에 의하지 아니한 변제가 금지되므로 이에 의하여 얻은 금전이 있더라도 법원의 허가를 받지 아니하는 한 그 채권에 충당할 수 없다(법 제131조). 따라서 회생계획에서 그 회생채권, 회생담보권의 권리변경과 변제방법을 정할 때에 그 금전의 처리방법도 함께 정하게 된다.

법 제58조 제5항에 의하여 속행된 절차 또는 처분에 관한 채무자에 대한 비용청구권은 공익채권으로 된다(법 제58조 제6항).

법원은 파산절차의 속행을 명할 수 없다(법 제58조 제5항 단서).

한편, 법 제58조 제5항 본문에 따른 법원의 속행명령에 대하여는 즉시항고를 할 수 없다(법 제13조 제1항).

(2) 취소명령

법원은 회생을 위하여 필요하다고 인정하는 때에는 관리인의 신청에 의하거나 직권으로 담보를 제공하게 하거나 제공하게 하지 아니하고 중지한 절차 또는 처분의 취소를 명할 수 있다(법 제58조 제5항 후단).[180)

회생을 위하여 필요하다고 인정하는 때란, 회생계획인가 전에 그 절차의 대상이 된 재산을 관리인이 환가하여 운전자금으로 사용하거나 집행관이 점유하는 동산을 사업의 계속을 위하여 채무자에게 가지고 올 필요가 있는 경우 등이다. 취소명령이 있으면 그 대상이 되었던 절차는 소급하여 효력을 잃고, 압류 등의 효력도 소멸한다.

법원은 파산절차의 취소를 명할 수 없다(법 제58조 제5항 단서).

한편, 법 제58조 제5항 본문에 따른 법원의 취소명령에 대하여는 즉시항고를 할 수 없다(법 제13조 제1항).

4. 회생절차에서의 채권 확정(채권조사확정 등)

가. 회생절차에서의 회생채권 및 회생담보권의 조사

(1) 개   요

회생절차는 재정적 어려움으로 파탄에 직면한 채무자에 대하여 이해관계인의 법률관계를 조정하여 채무자 또는 그 사업의 효율적인 회생을 도모하는 것을 목적으로 하므로, 변제대상이 될 다수의 채무를 신속하게 확정하는 것이 필요하다. 이에 법은 관리인에 의한 채권자 목록 제출 제도와 채권조사확정재판이라는 간이한 재판절차를 도입하여, 법원은 회생절차개시결정과 동시에 목록 제출기간, 신고기간, 조사기간을 정하도록 하고, 목록에 기재되어 있거나 신고된 채권을 회생채권 등으로 인정할 것인지 여부에 관한 채권조사절차를 진행한 후, 시·부인에 다툼이 생길 경우에는 채권조사확정재판 또는 소송수계(이미 소송이 계속 중인 경우) 등을 통하여 채권을 확정하도록 하

---

180) 중지 중인 체납처분, 조세채무를 위한 담보물건의 처분을 취소함에 있어서도 그 징수권자의 동의를 얻거나 사전에 의견을 들을 필요가 없기 때문에 조세의 징수에 큰 영향이 있을 수 있어 법 제140조 제2항과의 균형상 최소한 징수의 권한을 가진 자의 의견을 들어야 한다는 견해가 있다.

고 있다.

(2) 조사의 의의·주체·대상 등

(가) 조사의 의의

회생채권 등에 대한 조사는 목록에 기재되거나 신고된 회생채권·회생담
보권에 관하여 그 존부, 내용과 원인, 의결권액 등의 진실 여부를 검토·확정
하는 과정이다. 관리인이 목록에 기재하여 제출한 회생채권 등이나 또는 법
원이 개시결정시에 정한 신고기간 내에 신고된 회생채권 등에 대하여는 회
생채권 등에 대한 조사기일을 열지 않고 기일 외에서 관리인 또는 이해관계
인이 이의를 제기하는 방법으로 조사를 하고(법 제161조),181) 신고기간이 경
과한 뒤에 추후 보완신고된 회생채권 등에 대하여는 특별조사기일을 열어
조사하게 된다(법 제162조).182)

(나) 조사의 주체

회생채권 등의 조사에 참가하는 자는 관리인, 채무자,183) 목록에 기재되
거나 신고된 회생채권자·회생담보권자·주주·지분권자이다(법 제161조 제1
항).184) 법 제156조 제1항에 따라 벌금·과료·형사소송비용·추징금 및 과태

---

181) 실무상 관리인은 조사기간 말일까지 목록에 기재되거나 신고된 회생채권 등에 대해
    시인하거나 부인하는 내용의 시·부인표를 작성하여 법원에 제출하고 있다. 법문상
    용어는 '이의'이나 실무상 '부인'이라고 표현하는 경우가 많다.
182) 실무상 특별조사기일은 통상 회생계획안의 심리를 위한 관계인집회 등과 병합하여
    진행하고 있다.
183) 법률적으로는 회생계획인가 전에 회생절차가 폐지되는 경우에도(법 제286조, 제287
    조) 확정된 회생채권 또는 회생담보권에 관하여는 회생채권자표 등의 기재가 "채무
    자"에 대하여 확정판결과 동일한 효력을 갖는 것이지만(법 제292조 제1항 본문), 채
    무자가 조사기간 또는 특별조사기일에 이의를 한 때에는 예외가 인정되므로(법 제
    292조 제1항 단서), 채무자에게 이의를 할 수 있는 기회를 부여할 필요가 있다.
184) 목록에 기재되거나 신고된 회생채권자·회생담보권자·주주·지분권자는 다른 회생
    채권 등에 관하여 조사기간 안에 서면으로 법원에 이의를 제출할 수 있고(법 제161조
    제1항 제3호), 본인 또는 대리인이 특별조사기일에 출석하여 다른 회생채권 등에 관
    하여 이의를 진술할 수 있다(법 제164조 제2항). 다만, 위 회생채권자 등이 이의를 하
    는 경우 채권조사확정재판에 응소해야 하는 부담이 있고, 위 회생채권자 등은 다른

료의 청구권(법 제140조 제1항), 조세 등 청구권(법 제140조 제2항)을 신고한 자, 주주·지분권자(채무자의 부채총액이 자산총액을 초과하여 의결권이 없는 경우도 포함)는 자신의 권리가 조사의 대상은 아니지만 다른 회생채권 또는 회생담보권에 대하여 이의를 할 수 있다. 한편, 채무자의 이의는 관리인, 회생채권자 등의 이의와 달리 회생채권, 회생담보권의 확정을 막지 못한다(법 제166조).

㈐ 조사의 대상

회생채권·회생담보권 등이 조사의 대상으로 되며, 조사의 내용은 목록에 기재되거나 신고된 회생채권 등의 신고서에 기재되어 있는 사항(권리의 존부·내용·원인·의결권의 액, 일반 우선권이 있는지 여부, 담보권의 목적, 그 가액 등)에 관한 진실 여부이다.

관리인이 목록에 기재한 회생채권·회생담보권에 관하여 당해 회생채권자·회생담보권자가 신고를 하는 경우에는 회생채권자·회생담보권자의 의사에 기하여 이루어진 신고가 목록에 기재된 내용에 우선한다고 보는 것이 합리적이므로, 회생채권자·회생담보권자가 신고한 내용만이 조사의 대상이 되고, 종전에 관리인이 제출한 목록의 기재는 조사의 대상이 되지 않게 된다.

회생절차개시결정 전의 벌금·과료·형사소송비용·추징금과 과태료, 국세징수법 또는 지방세징수법에 의하여 징수할 수 있는 청구권(국세징수의 예에 의하여 징수할 수 있는 청구권으로서 그 징수우선순위가 일반 회생채권보다 우선하는 것을 포함한다) 등은 조사의 대상이 되지 않으며, 이러한 청구권에 대하여는 관리인이 채무자가 할 수 있는 방법, 즉 행정심판이나 행정소송, 형사소송법상의 불복방법 등으로 불복을 신청해야 한다(법 제157조 제1항).

국세징수의 예에 의하여 징수할 수 있는 청구권으로서 일반 회생채권보다 우선하지 아니하는 것은 법 제156조, 제157조의 규정대상에서 누락되어 있으나, 그것 역시 행정처분에 의하여 발생한 청구권으로서 그 부과처분이 취소되지 아니하는 한 공정력을 갖고 있으므로 신고가 있으면 일응 진정한

회생채권 등에 관한 자료를 갖고 있지 않은 경우가 많으므로 실제로 다른 회생채권자 등에 대하여 이의를 하는 경우는 많지 않다.

채권으로 인정하여 채권조사의 대상이 되지 않는 것으로 보아야 하며, 관리인이 채무자가 할 수 있는 방법으로 불복할 수 있다고 보아야 할 것이다.

주주·지분권자의 권리는 조사의 대상이 되지 않는다.

(3) 조사 이후의 후속조치

㈎ 이의통지 및 이의철회

조사기간 내에 또는 특별조사기일에서 회생채권·회생담보권에 관하여 이의가 있는 때에는 법원은 이를 그 권리자에게 통지하여야 한다(법 제169조).

관리인이 시간 부족, 증빙미비 등의 이유로 일단 이의를 하였다가 다시 조사한 결과 그 채권을 시인할 필요가 있을 때에는 이의 대상인 권리가 확정될 때까지 이의를 철회할 수 있다.[185] 여기서 '이의의 대상인 권리가 확정될 때까지'란 관리인이 이의를 진술한 이후 상대방으로부터 권리의 확정을 위한 채권조사확정재판의 신청이 제기되지 않았을 경우에는 조사기간의 말일 또는 특별조사기일로부터 1월이 경과하기 전까지, 상대방으로부터 권리의 확정을 위한 채권조사확정재판의 신청이 제기되었을 경우에는 채권조사확정재판과 이에 대한 이의의 소가 확정적으로 종료되기 전까지를 의미한다. 그러나 회생절차가 종결된 경우에는 채권조사확정재판이나 이에 대한 이의의 소에서 화해 또는 조정에 응할 수 있음은 별론으로 하더라도 이의철회는 할 수 없다.[186]

㈏ 회생채권자표 등에의 기재

법원사무관 등[187]은 회생채권과 회생담보권에 대한 조사결과와 채무자가 제출한 이의를 회생채권자표와 회생담보권자표에 기재하여야 하는데(법

---

185) 이의의 철회는 특별조사기일에서 진술하거나 법정 외에서 법원에 대하여 그 취지를 서면으로 제출하는 방식으로 하면 된다. 실무에서는 관리인이 이의를 철회하는 경우 법원의 허가를 얻도록 하고 있으며, 법원은 이 경우 이의철회의 대상이 된 회생채권 등을 갖고 있는 자에게 그 취지를 통지하여야 한다(규칙 제62조).

186) 회생사건실무(상), 591면.

187) 법원사무관 등은 법원서기관·법원사무관·법원주사 또는 법원주사보를 의미한다 (법 제8조 제5항).

제167조 제1항), 그 기재의 효력에 관하여는 후술한다.

(4) 회생채권 등의 확정

목록에 기재되어 있거나 신고된 회생채권 등은 ① 관리인이나 다른 회생채권자 등으로부터 조사기간 내에 또는 특별조사기일에서 이의가 제기되지 않은 경우, ② 조사기간 내에 또는 특별조사기일에서 이의가 있었으나 후에 이의자가 이의를 철회한 경우, ③ 이의를 진술한 다른 회생채권자 등이 자기의 권리신고를 철회한 경우, ④ 이의를 진술한 관리인 등이 채무자가 할 수 있는 소송절차 등을 통해 다투지 아니하는 경우,[188] ⑤ 이의가 있은 후에 제기된 회생채권 등의 채권조사확정재판 및 이에 대한 이의의 소 등의 결과에 의하여 그 이의가 제거된 경우에 확정된다.

회사정리법에 의한 채권의 조사확정절차가 지나치게 많은 시간과 비용이 소요되는 점을 감안하여, 법은 목록에 기재되어 있거나 신고된 회생채권 등에 관하여는 조사기간을 두어 기일 외에서 조사를 하도록 하고, 이의가 제기된 채권의 존부 및 범위에 관하여는 변론절차가 아닌 간이·신속한 결정절차인 채권조사확정재판 절차를 통하여 확정하도록 하며, 이에 불복이 있는 경우에 한하여 소송절차인 채권조사확정재판에 대한 이의의 소에서 다투도록 하였다.

단, 회생절차개시 당시 이의채권에 관하여 소송이 계속 중인 경우에는 채권조사확정재판을 제기하는 것이 아니라 소송경제상 권리를 주장하는 자가 이의자 전원을 상대방으로 하여 그 소송절차를 수계하도록 하고 있고(법 제172조), 이의채권 중 집행력 있는 집행권원 또는 종국판결이 있는 것에 대하여는 출소책임을 전환하여 이의자가 채무자가 할 수 있는 소송절차에 의하여서만 이의를 주장하거나, 이러한 소송이 법원에 계속되는 경우에는 이의자가 소

---

188) 집행력 있는 집행권원 또는 종국판결이 있는 채권에 대하여 이의를 한 경우, 이의자는 채무자가 할 수 있는 소송절차에 의하여서만 이의를 주장할 수 있고, 이의채권에 관하여 개시결정 전에 소송이 계속 중이었던 경우에는 이의자가 이의채권 보유자를 상대로 1개월 이내에 중단된 소송절차를 수계하여야 한다(법 제174조).

송절차를 수계하도록 하고 있다는 점(법 제174조)을 유의하여야 한다.

〔채권조사확정재판 등 절차 개요〕

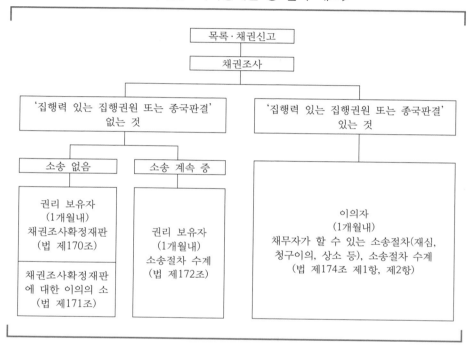

나. 채권조사확정재판

(1) 재판의 당사자

㈎ 신청권자

관리인, 당해 회생채권자·회생담보권자 이외의 회생채권자·회생담보
권자, 주주·지분권자로서 회생채권자 목록에 기재되어 있거나 자신이 직
접 신고를 한 자는 조사기간 내에 서면으로 이의를 제기할 수 있고, 특별조
사기일에서 이의를 진술할 수 있는데(법 제161조 제1항, 제164조 제2항, 제165

조),189) 이의채권은 채권조사 결과에 기한 확정의 효력(법 제166조)이 부여되지 아니하므로, 그 채권의 확정을 위해서는 원칙적으로 회생채권 등이 있다고 주장하는 권리의 보유자가 이의자 전원을 상대로 회생채권 등의 채권조사확정재판을 신청하여야 한다(법 제170조 제1항).

이의채권을 취득한 자는 신고명의를 변경할 수 있고(법 제154조 제1항), 채권조사확정재판 신청기간 내라면 채권조사확정재판을 신청할 수 있으며, 종전 권리자가 신청한 채권조사확정재판에 참가할 수도 있다(법 제33조, 민사소송법 제81조).

회생절차개시결정 전 회생채권에 대한 압류 및 추심명령이 있는 경우 채권조사확정재판은 추심채권자만이 신청할 수 있고, 추심채무자는 채권조사확정재판을 신청할 수 없다. 다만 추심채권자가 압류 및 추심명령 신청을 취하하여 추심권능을 상실하면 추심채무자가 신청권자의 자격을 회복한다.190)

(나) 상 대 방

이의채권을 보유한 권리자가 회생채권 등의 채권조사확정재판을 신청함에 있어서는 이의자 전원을 상대로 하여야 한다(법 제170조 제1항). 즉, ① 관리인만이 이의를 한 경우에는 관리인만을 상대방으로 하여야 하고, ② 관리인과 다른 회생채권자 등이 동시에 이의를 한 경우에는 관리인과 이의를 제기한 회생채권자 등을 공동의 상대방으로 하여야 하며, ③ 관리인 이외의 수인의 회생채권자 등이 이의를 한 경우에는 그 이의자 전원을 상대방으로 하여야 한다. 따라서 이의채권의 보유자가 수인으로부터 이의를 당하였음에도 불구하고 이의를 진술한 자 중 일부만을 상대로 하여 신청한 채권조사확정재판은 부적법하다.

---

189) 채무자도 회생채권자 및 회생담보권에 관하여 이의할 수 있으나(법 제161조 제1항 제2호), 채무자만 이의한 경우 그 회생채권 및 회생담보권은 확정된다(법 제166조 참조).
190) 대법원 2016. 3. 10. 선고 2015다243156 판결 참조.

⒟ **보조참가**

채권조사확정재판의 결과에 이해관계가 있는 자는 보조참가를 할 수 있다(법 제33조, 민사소송법 제71조). 채권조사절차에서 이의를 하지 않은 회생채권자 등도 보조참가를 할 수 있는지 문제되는데 이를 긍정함이 타당하다.191)192)

(2) 신청기간

조사기간의 말일 또는 특별조사기일부터 1월 이내이다(법 제170조 제2항). 회생채권 또는 회생담보권에 관하여 이의가 있는 때에는 법원은 이를 그 권리자에게 통지하여야 하는데(법 제169조), 이의통지를 받은 날부터 1월 이내가 아니라는 점을 유의하여야 한다. 위 기간을 도과하여 채권조사확정재판을 신청한 경우 신청은 부적법하여 각하된다. 만일 이의채권의 보유자가 위 기간 내에 채권조사확정재판을 신청하지 않은 경우에는 실체상 권리가 소멸하는 것은 아니나, 이의채권의 존부 또는 내용을 확정할 수단을 잃게 되어 회생절차에 참가할 수 없으므로, 회생절차에서 자신의 권리를 행사할 수 없게 된다.

다만 회생계획인가 전에 회생절차가 폐지되는 경우에는 그 신청기간을 지키지 못한 이의채권도 실권되지 아니하고, 채무자의 재산에 관한 관리처

---

191) 파산절차에 관한 것이기는 하나, 파산채권조사기일에 이의를 진술하지 않은 파산채권자 등도 채권조사확정재판에 보조참가가 가능하다고 판시한 서울고등법원 2014. 5. 19.자 2013라808 결정(대법원 2014. 9. 24.자 2014마918 결정으로 심리불속행 상고기각 확정), 이의를 진술하지 않은 파산채권자가 보조참가한 조사확정재판에 대하여 원고로서 이의의 소를 제기한 것이 적법하다고 판시한 서울고등법원 2015. 6. 26. 선고 2014나54986 판결[대법원 2015. 11. 12. 선고 2015다45086 판결(미간행) 판결로 심리불속행 상고기각 확정], 파산관재인이 파산재단에 관한 소송을 제기할 때 그 재판의 효력을 받는 채무자는 통상의 보조참가는 물론 공동소송적 보조참가도 할 수 있다고 판시한 대법원 2012. 11. 29. 선고 2011다112018 판결(미간행) 등 참조.

192) 이에 대해 이의를 하지 않은 회생채권자 등은 이의권을 상실하여 재판의 결과에 있어 법률상의 이해관계를 가진다고 할 수 없고, 재판의 결과가 다른 회생채권자 등에 영향을 미치는 것은 사실상의 이익에 지나지 않기 때문에 보조참가를 부정함이 타당하다는 견해가 있다(전대규, 618면).

분권이 관리인에서 채무자로 이전되므로, 이의채권을 보유한 권리자가 채무
자를 상대로 통상의 소 등을 통해 자신의 권리를 행사할 수 있게 된다.

(3) 관할 및 인지

채권조사확정재판의 관할에 관한 규정은 없으나, 회생계속법원에 전속
관할이 있는 것으로 해석된다.[193]

채권조사확정재판 신청서에는 소가에 상관없이 1,000원의 인지를 붙이
면 된다(민사접수서류에 붙일 인지액 및 그 편철방법 등에 관한 예규 제3조).

(4) 심판의 대상

㈎ 채권조사확정재판의 심판의 대상이 되는 것은 목록에 기재되어 있거
나 신고된 것으로서 회생채권은 금전채권의 경우 금전채권의 존부, 금액, 우
선권 유무 등, 비금전채권의 경우 비금전채권의 존부, 급부의 내용 등, 회생
담보권은 피담보채권의 존부, 금액, 담보권의 목적과 그 가액, 순위 등이
다.[194]

실체적 권리가 아닌 회생절차 내의 절차적 권리에 불과한 의결권의 존
부 및 범위는 채권조사확정재판의 대상이 되지 않는다.[195]

---

193) 회생사건실무(상), 598면.
194) 주석 채무자회생법 (Ⅱ), 745면. 한편 회생채권 또는 회생담보권을 보유한 권리자가
     채무자의 주채무로 신고하였는데 관리인이 이를 보증채무로 시인하는 경우가 있다.
     이 경우 채권조사확정재판을 통하여 주채무 또는 보증채무 여부의 확정을 구할 수
     있는지에 관하여, ① 주채무와 보증채무의 구별이 결의를 위한 관계인집회에서 조 분
     류, 회생계획의 변제율 등에 영향을 준다는 이유로 채권조사확정재판의 대상이라는
     견해가 있으나, ② 주채무와 보증채무가 동일한 순위의 회생채권으로서 그 채권자가
     채권액에 비례하여 의결권을 행사하는 등으로 법률상 동일하게 취급되고 있고, 단지
     회생계획에서 형평의 원칙을 적용하여 변제조건에 일정한 차등을 둘 수 있는지에만
     차이가 있다는 점을 근거로, 당해 채권이 주채무인지 또는 보증채무인지 여부는 회생
     계획에서 어떠한 취급을 받는지에 관한 해석의 문제에 불과하므로 이의 및 조사의
     대상이 되지 않는다고 보는 견해가 유력하다. 위 ②견해에 의하면, 관리인이 시인한
     채무의 성질이 주채무인지 보증채무인지 여부를 다투는 채권조사확정재판신청은 부
     적법하다.
195) 대법원 2015. 7. 23. 선고 2013다70903 판결 참조. 법은 의결권에 관하여 이의를 진

추후 보완사유의 존부도 채권조사확정재판의 대상이 아니다.196)

(나) 회생채권자 등이 채권조사확정재판의 신청에 의하여 그 확정을 구할 수 있는 것은 목록에 기재되어 있거나 신고된 채권으로서 조사를 거쳐 회생채권자표 등에 기재된 사항에 한한다(법 제173조). 따라서 목록에 기재되어 있지 않거나 신고하지 아니한 권리, 급부의 내용, 수액, 우선권의 유무 등을 직접 채권조사확정재판에서 확정하는 것은 불가능하며, 이러한 채권조사확정재판 신청은 부적법하다.197)

회생채권자표 등에 기재된 권리 대신에 그와 청구의 기초는 동일하지만, 그 발생원인이 다른 권리의 확정을 구할 수 있는지가 문제된다. 이에 대해 회생채권자표 또는 회생담보권자표에 기재된 권리와 다른 원인으로 생긴 권리의 확정을 구할 수 없다는 견해도 있으나,198) 사실관계 자체가 불명확하여 권리의 내용을 사전에 정확히 확정하기 어려운 경우가 있으므로, ① 회생채권자표 등에 기재된 권리와 급부의 내용이나 수액이 동일할 것, ② 청구의 기초가 동일하고 그 발생원인을 달리하는 채권일 것, ③ 관리인 등의 이의권을 실질적으로 침해하지 않을 것 등과 같은 요건을 충족할 경우에는 허용해야 한다는 견해가 유력하다.199)

술당한 권리자에게 의결권을 행사하게 할 것인지 여부와 의결권을 행사하게 할 액 또는 수를 법원이 '회생계획안 결의를 위한 관계인집회'에서 결정하도록 하고 있으므로(법 제188조 제2항), 의결권의 존부와 그 액수 등은 채권조사확정재판의 대상이 아니라 위 관계인집회에서 결정하여야 한다.

196) 법원이 추완신고가 적법하다고 판단하여 특별조사기일을 열어 추완신고된 채권에 대한 조사절차까지 마친 경우에는, 법에서 정한 신고의 추후 보완 요건을 구비하지 않았다는 것을 사유로 하는 이의는 허용되지 않는다고 봄이 타당하다. 이는 법 제170조에 따른 채권조사확정재판에서도 마찬가지라고 보아야 하므로, 법원이 추완신고가 적법하다고 판단하여 특별조사기일에서 추완신고된 채권에 대한 조사절차까지 마쳤다면, 그 채권조사확정재판에서도 신고의 추후 보완 요건을 구비하지 않았다는 사유를 주장할 수 없다(대법원 2018. 7. 24. 선고 2015다56789 판결).

197) 대법원 2003. 5. 16. 선고 2000다54659 판결, 대법원 1998. 8. 21. 선고 98다20202 판결.

198) 임채홍·백창훈(상), 631면.

199) 대법원 2007. 4. 12. 선고 2004다51542 판결은 파산법상의 파산채권확정소송에 관

㈐ 채권조사확정재판의 심판대상은 이의채권, 즉 이의가 있는 회생채권 및 회생담보권이다. 조사기간 안에 또는 특별조사기일에 이의가 없는 회생채권 또는 회생담보권에 관한 채권조사확정재판신청은 부적법하다. 또한 이의가 철회된 경우에도 이미 신청인이 존부와 내용의 확정을 구하는 이의채권이 회생채권 또는 회생담보권으로 확정되므로 더 이상 채권조사확정재판을 신청할 이익이 없어 부적법하다.

가분채권인 회생채권 또는 회생담보권의 일부에 대하여는 이의가 없고 나머지 부분에 대해서만 이의가 있는 경우 채권조사확정재판이나 그에 대한 이의의 소의 소송물은 관리인 등이 회생채권 또는 회생담보권으로 시인한 금액을 초과하는 채권의 존재 여부이므로,200) 이의가 있는 부분만이 채권조사확정재판의 대상이 된다.201) 또한 처분권주의 원칙상 채권자는 이의채권 중 일부에 대하여 채권조사확정재판을 신청할 수 있고, 이 경우 소송물은 이의채권 중 채권조사확정재판이 신청된 부분에 한정된다.202)

㈑ 공익채권은 채권조사확정재판의 대상이 되지 않는다. 실무상 공익채권임을 확정하여 달라는 채권조사확정재판 신청이 이루어지는 경우가 종종

하여 "파산채권확정절차에서 당초의 신고채권과 발생원인사실부터 별개의 채권으로 보이는 것의 확정을 구하는 것은 허용되지 않지만, 파산채권자표에 기재되어 있는 권리와 급부의 내용이나 수액에 있어서 같고 청구의 기초가 동일하지만 그 발생원인을 달리하는 다른 권리의 확정을 구하는 경우와 같이 비록 법률상의 성격은 다르더라도 사회경제적으로 동일한 채권으로 평가되는 권리로서 그 채권의 확정을 구하는 것이 파산관재인이나 다른 채권자 등의 이의권을 실질적으로 침해하는 것이 아니라면 그러한 채권의 확정을 구하는 것은 허용된다."고 하면서 예금자들이 파산법원에 예금채권으로 신고하였으나 후에 파산채권확정의 소에서 금융기관의 사용자책임으로 인한 손해배상채권의 확정을 구할 수 있다고 판시하였다.

200) 대법원 2012. 6. 28. 선고 2011다17038, 17045(병합) 판결, 대법원 2003. 2. 11. 선고 2002다62586 판결 참조.

201) 신고한 회생채권 중 일부는 시인되고 나머지 부분에 대하여만 이의가 제기되었음에도 채권 전부에 대하여 채권조사확정재판을 신청한 경우, 서울회생법원은 시인되어 확정된 부분에 대하여는 신청 취하를 권유하고, 회생채권자가 이에 응하지 아니할 경우 그 부분에 대하여는 각하결정을 하고 있다.

202) 대법원 2012. 6. 28. 선고 2011다17038, 17045(병합) 판결 참조.

있는데 이는 신청 자체로 부적법하나,[203] 신청취지로 회생채권의 확정을 구하고 심리 결과 공익채권으로 밝혀진 경우에 채권조사확정재판의 주문을 어떻게 내어야 하는지에 관하여는 채권조사확정재판 신청을 각하하여야 한다는 견해, 회생채권이 부존재함을 확정하여야 한다는 견해가 있다.[204] 서울회생법원 다수의 실무례는 채권조사확정재판 신청을 각하하고 있다.

조세 등의 청구권은 신고가 있으면 일응 진정한 채권으로 인정되어 조사의 대상이 아닐 뿐만 아니라, 관리인이 행정심판, 소송 등을 제기하거나 그 절차를 수계하는 등 채무자가 할 수 있는 방법으로 불복할 수 있다고 별도로 규정하고 있으므로(법 제157조), 채권조사확정재판의 대상이 되지 않는다.

(5) 심리의 특칙 및 결정

㈎ 심　　리

채권조사확정재판은 결정절차이지만 일반적인 결정절차와 달리 이의자를 필요적으로 심문하여야 한다(법 제170조 제4항). 이의채권을 보유한 권리자인 신청인은 반드시 심문하여야 하는 것은 아니나, 실무상 채권조사확정재판에서 이의자와 함께 심문하고 있다.

법원은 채권조사확정재판을 구하는 신청에 대하여 화해를 권유하거나 조정에 회부하는 결정을 할 수 있다(규칙 제66조 제2항 전문). 법원이 조정에 회부하는 결정을 한 경우 그 이후의 절차에 관하여는 민사조정법 및 민사조정규칙을 준용한다(규칙 제66조 제2항 후문).[205]

채권조사확정재판은 조서를 작성하지 않아도 된다. 다만, 재판장이 조서의 작성을 명한 때에는 조서를 작성한다(규칙 제5조 제3호).

---

203) 다만, 이 경우에도 회생채권 등이 부존재함을 확정하여야 한다는 견해도 있다.
204) 한편 공익채권으로 명확히 밝혀지지 않는 경우에는 신청취지에 따라 회생채권이 존재함을 확정하여야 한다는 견해도 있다.
205) 실무상 당사자 사이에 합의가 이루어질 경우 관리인이 이의한 채권의 전부 또는 일부에 관하여 법원의 허가를 받아 이의를 철회하고 신청인이 채권조사확정재판 신청을 취하하고 있다. 만일 신청인이 취하하지 않는 경우에는 위 신청을 각하한다.

(나) 결 정

채권조사확정재판에서 확정할 대상은 이의채권의 존부와 그 내용이지 신청의 당부가 아니다(법 제170조 제3항). 따라서 심리 결과 회생채권 등의 존재가 전부 인정되지 아니할 경우에는 그 결정 주문에서 채권조사확정재판을 기각한다고 할 것이 아니라, 회생채권 등이 존재하지 아니한다는 취지의 결정을 하여야 한다.[206]

심리 결과 이의채권 전부가 존재하지 않는다고 인정되는 경우에는 실무상 주문에 "신청인의 채무자에 대한 회생채권은 존재하지 아니함을 확정한다."고 기재한다. 채권조사확정재판의 대상인 이의채권 중 일부만 인정되는 때에는(예컨대 이의 있는 회생채권액 4천만 원 중 3천만 원만 인정되는 경우), "신청인의 채무자에 대한 회생채권은 3천만 원임을 확정한다."고 기재하고, 실무상 나머지 신청을 기각하는 취지의 기재는 하지 않고 있다.[207]

채권조사확정재판은 엄격한 판결 절차에 의하지 않고 간이·신속한 절차에서 당사자의 채권의 존부 및 내용을 신속하게 결정하기 위하여 도입된 제도이므로, 채권조사확정재판의 결론을 뒷받침할 수 있을 정도로 이유의 요지만을 기재할 수 있다(규칙 제66조 제1항).

---

206) 한편 회생담보권은 회생채권 중에서 유치권 등의 담보권에 의하여 담보된 범위의 채권을 의미하므로, 채권조사확정재판 또는 채권조사확정재판에 대한 이의의 소에서 어떠한 채권을 회생담보권으로 확정하는 경우, 동일한 채권을 회생채권으로 확정할 이익은 없다(대법원 2021. 2. 4. 선고 2018다304380, 304397 판결).

207) 신청비용은 채권조사확정재판이 간이한 절차인 점 등을 고려하여 각자 부담하는 주문을 내는 것이 서울회생법원 다수의 실무례이다.

다. 채권조사확정재판에 대한 이의의 소

(1) 당사자적격[208]

(가) 원고적격

채권조사확정재판에 대하여 불복이 있는 경우에는 즉시항고를 하는 대신에 이에 대한 이의의 소를 제기하여야 한다(법 제171조 제1항). 채권조사확정재판에 대하여 이의의 소를 제기할 수 있는 자는 이의채권의 보유자 또는 이의채권에 관하여 이의를 제기하였던 자로서 채권조사확정재판의 당사자이었던 자에 한한다. 따라서 이의채권에 관하여 처음부터 이의하지 아니하였던 채권자로서 채권조사확정재판의 당사자가 되지 아니하였던 자는 원고적격이 없다.

회생채권에 관하여 관리인, 다른 회생채권자 등 수인이 이의를 제기한 경우에 이의채권의 보유자는 이의자 전원을 상대방으로 하여 채권조사확정재판을 신청하여야 하지만, 그 결과에 대하여 이의자가 불복을 하는 경우에는 이의자 전원이 공동으로 이의의 소를 제기할 필요는 없고, 각자 이의의 소를 제기하면 족하다. 일부의 이의자만이 이의의 소를 제기한 경우 다른 이의자는 자신의 이의를 철회한 것으로 볼 수 있으므로 이의의 소를 제기한 이의자에 한하여 회생채권자표 또는 회생담보권자표의 확정이 차단된다.[209]

---

208) 채권조사확정재판이 있은 후에 이의의 소를 제기하고 소장 부본을 송달받기 전에, 채무자의 관리인이 변경되거나, 회생절차가 종결되는 경우와 같이 채권조사확정재판의 당사자와 이의의 소의 당사자가 달라지는 경우, 이의의 소는 채권조사확정재판의 속심이 아니어서 변경된 관리인 또는 채무자가 곧바로 이의의 소의 당사자가 되므로, 이들을 채권조사확정재판 당사자의 소송수계인으로 기재하여서는 안 된다. 채권조사확정재판에서 소송수계가 이루어진 경우에도 마찬가지이다[심태규, "채권조사확정재판에 대한 이의의 소에 관한 실무상 문제점", 사법논집 제66집, 법원도서관(2018), 423면].

209) 주석 채무자회생법 (II), 760면; 김형률, "회생절차에 있어 채권조사확정재판", 한국민사집행법학회지 제3권, 한국사법행정학회(2007), 311면.

(나) 피고적격

이의채권의 보유자가 이의의 소를 제기하는 경우에는 이의자 전원을 필요적으로 공동피고로 하여야 한다. 따라서 이의채권의 보유자가 이의자의 일부만을 피고로 하여 제기한 채권조사확정재판에 대한 이의의 소는 부적법하다.

이의채권에 관하여 이의를 한 자가 이의의 소를 제기하는 경우에는 각자 이의채권의 보유자를 피고로 하여 이의의 소를 제기하면 족하다. 이는 이의자 전원이 필수적 공동소송의 공동원고가 되어 제소할 필요가 없이 각 이의자가 각자 단독으로 소송을 제기할 수 있다는 뜻이다. 다만, 동일한 채권에 관한 이의의 소가 여러 개 계속된 경우에는 합일확정의 필요가 있으므로 변론을 병합하여야 한다(법 제171조 제5항).

(2) 제소기간

이의의 소는 채권조사확정재판의 결정서를 송달받은 날부터 1월 이내에 제기하여야 한다(법 제171조 제1항). 이의의 소가 1월 이내에 제기되지 아니한 경우에는 부적법하므로 각하하여야 하고,[210] 이 경우 채권조사확정재판의 내용은 관리인·회생채권자·회생담보권자의 신청에 의하여 회생채권자표에 기재되고(법 제175조), 이에 따라 회생채권자·회생담보권자·주주·지분권자 전원에 대하여 확정판결과 동일한 효력이 있다(법 제176조 제2항). 법문상 기재는 없으나, 관리인도 이의권자로서 이의를 할 수 있으므로 관리인에 대하여도 확정판결과 동일한 효력이 있다고 보아야 한다.[211]

제소기간의 제한은 이의의 소를 본소로 제기하는 경우뿐만 아니라 반소로 제기하는 경우에도 적용된다.[212]

---

210) 회사정리법 제147조의 규정을 새겨보면, 위 출소기간도과의 효과로서 신고채권자의 정리절차 참가자격이 부정되는데 그치고 그 실체상 권리가 소멸되는 것은 아니나, 그 출소기간 도과후의 제소가 적법하게 되는 것은 아니다(대법원 1989. 4. 11. 선고 89다카4113 판결).

211) 주석 채무자회생법 (Ⅱ), 759면.

212) 주석 채무자회생법 (Ⅱ), 758-759면; 심태규, 앞의 논문, 425면; 北澤純一, 破産債權

위 제소기간은 불변기간이 아니므로 당사자가 책임질 수 없는 사유로 말미암아 그 기간을 지킬 수 없었다고 하더라도 소의 제기를 추후 보완할 수는 없다.213)

(3) 관   할

이의의 소는 복수의 당사자가 관여되는 경우가 있어 복수의 당사자에게 공통되는 관할을 정하여야 하므로, 회생계속법원의 관할에 전속하는 것으로 규정하고 있다(법 제171조 제2항). 여기서 회생계속법원이란 회생사건이 계속 중인 재판부를 포함하는 관서로서의 법원을 가리키고, 따라서 이의의 소의 심리는 법원의 사무분담에 따라 회생재판부 이외의 재판부가 담당할 수도 있다.

(4) 이의의 소의 소장에 첨부할 인지

이의의 소의 소장에 첨부할 인지는 채권조사확정재판의 경우와 달리 일반소송에서와 같이 소송목적의 가액에 따라 결정된다(민사소송 등 인지법 제2조, 민사접수서류에 붙일 인지액 및 그 편철방법 등에 관한 예규 제3조 등 참조).

이의의 소를 제기하는 경우 소송목적의 가액에 따라 인지액이 정해지므로 인지첨부를 위하여 소송목적의 가액을 알아야 할 필요가 있다. 따라서 실

査定異議の訴えに關する覺書(中), 判例タイムズ 1292號(2009), 66면. 서로 불복범위가 다르고 불복하지 않는 부분은 1월의 제소기간이 경과함으로써 확정되며, 이의의 소는 채권조사확정재판의 항소심이 아니어서 소송물이 이심되지 않고 제소기간이 경과된 후에도 반소라는 이유로 허용한다면 신속한 권리확정을 위하여 1월의 제소기간을 둔 입법취지에 반하기 때문이라고 한다.

213) 회사정리법 제147조 제2항이 '정리채권 확정의 소는 그 권리의 조사가 있은 날로부터 1월 이내에 제기하여야 한다'고 규정하고 있는 취지는, 정리회사가 부담하는 채무를 되도록 빨리 확정함으로써 정리계획의 작성 등 회사정리절차를 신속하게 진행하여 권리관계의 빠른 안정을 꾀하는 데 있으므로, 특별한 사정이 없는 한 법원이 그 기간을 늘이거나 줄일 수 없고, 또 이와 같이 정리채권 확정의 소를 제기할 수 있는 기간은 불변기간이 아니므로 당사자가 책임질 수 없는 사유로 말미암아 그 기간을 지킬 수 없었다고 하더라도 소의 제기를 추후 보완할 수 없다(대법원 2003. 2. 11. 선고 2002다56505 판결).

무상 이의의 소가 제기되면 재판장 등의 인지보정명령이 내려지게 되고, 원고는 소송목적의 가액을 확정하기 위하여 회생계속법원에 법 제178조에 기한 소가결정신청을 하여 위 법원이 결정하는 소송목적의 가액에 따라 인지보정을 하게 된다.

(5) 변론 및 심리의 특칙

채권조사확정재판에 대한 이의의 소의 변론은 채권조사확정재판의 결정서를 송달받은 날부터 1개월이 경과한 후가 아니면 개시할 수 없다(법 제171조 제4항). 이는 동일한 회생채권 등에 관하여 복수의 이의의 소가 제기될 수 있고, 그런 경우 소송절차에서의 판단을 합일확정할 필요가 있기 때문에 새로운 이의의 소가 제기될 가능성이 있는 기간까지 변론의 개시시기를 제한한 것이다.

동일한 이의채권에 관하여 여러 개의 소가 계속되어 있는 때에는 법원은 변론을 병합하여야 한다(법 제171조 제5항). 위와 같은 경우로서는 ① 이의채권의 보유자와 이의자 등이 각각 이의의 소를 제기한 경우,[214] ② 여럿의 이의자가 각자 이의채권의 보유자를 상대로 이의의 소를 제기한 경우[215]가 있을 수 있다. 이의의 소의 판결은 회생채권자, 회생담보권자, 주주·지분권자 등 이해관계인 전원에 대하여 효력이 있는 것이어서(법 제176조) 합일확정의 필요성이 있으므로 변론을 병합하여 일체로서 심리·판단하도록 한 것이다. 이에 따라 서로 대립되는 소송의 변론이 병합될 경우에는 각각 원고와 피고의 지위가 겸유될 수 있고, 이러한 경우에는 당사자 표시를 "원고 겸 피고", "원고(피고)" 또는 "원고(반소피고)" 등으로 하게 될 것이다.

---

214) 예컨대, 회생채권 4,000만 원 신고, 관리인 전부 이의, 채권조사확정재판에서 1,000만 원이 인정된 경우, 회생채권자는 인정되지 않은 3,000만 원에 대하여, 관리인은 인정된 1,000만 원에 대하여 이의의 소를 제기할 수 있을 것이다.

215) 예컨대, 회생채권 신고에 대하여, 관리인 및 다른 회생채권자가 이의한 경우를 상정할 수 있다.

(6) 소송절차 및 주장·증명책임

법에 특칙이 있는 경우 외에는 민사소송법을 준용하므로(법 제33조), 당사자주의, 처분권주의, 변론주의가 적용되어 법원은 당사자가 신청하지 아니한 사항에 대하여는 판결하지 못하고(민사소송법 제203조), 화해, 청구의 포기·인낙(민사소송법 제220조)을 할 수 있으며, 자백에 관한 법칙도 그대로 적용된다.216)

이의의 소는 채권조사확정재판의 속심절차가 아니어서 채권조사확정재판에서 제출된 서면 및 자료들은 이의의 소의 소송절차에서 소송자료가 되지 않는다. 그러므로 당사자는 주장·증명책임에 따라 필요한 주장과 증거를 다시 제출하여야 한다. 또한 채권조사확정재판 내용에 따라 회생채권 등의 존재 또는 부존재가 추정되거나, 주장·증명책임이 전환되지도 않는다.

관리인 등이 회생채권 또는 회생담보권으로 시인한 금액을 초과하는 회생채권 또는 회생담보권이 존재한다는 것은 이를 주장하는 회생채권자 등이 증명하여야 한다. 특히 회생채권조사확정재판에 대한 이의의 소에서 '원고가 주장하는 회생담보권 채권액이 담보목적물의 가액에서 선순위 담보권의 채권액을 공제한 금액을 초과하지 않는다는 사실'은 회생담보권 발생의 요건사실 중 하나로서 회생담보권자가 이를 주장·증명하여야 한다.217)

(7) 판   결

법원은 이의의 소가 부적법하여 각하하는 경우를 제외하고는 채권조사확정재판의 결정을 인가하거나 변경하는 판결을 하여야 한다(법 제171조 제6항).

법문상 '인가'하거나 '변경'하는 판결을 하도록 하고 있어 채권조사확정재판의 결론을 전부 또는 일부 변경하는 경우, '취소' 주문을 사용할 수 있는

---

216) 임채홍·백창훈(상), 632면.
217) 대법원 2016. 4. 12. 선고 2014다68761 판결, 대법원 2012. 11. 15. 선고 2011다67897 판결 참조.

지 문제되나, 법이 취소 판결을 규정하지 않고 변경하는 판결만을 규정한 것은 채권조사확정재판의 전부 또는 일부가 부당한 경우 이를 취소할 것이 아니라 부당한 부분에 대하여 이의채권의 존부와 내용을 다시 정하여 변경하여야 한다는 취지이므로 법문에 충실하게 변경주문을 사용하는 것이 바람직하다.[218]

또한 채권조사확정재판을 인가하거나 변경하는 경우 전부 또는 일부 청구를 기각한다는 취지의 주문을 기재하여야 하는지도 문제된다.[219] 이에 대해, 이의의 소에서는 원고가 청구취지로 채권조사확정재판의 변경을 구하고 피고가 채권조사확정재판의 인가를 구하는데, 채권조사확정재판을 인가하는 경우 그 인가가 곧 원고의 청구를 기각하는 것으로 되고, 채권조사확정재판을 변경하는 경우 그 심판대상인 채권조사확정재판의 변경 그 자체로써 이의채권의 존부가 전부 판단된다는 점 등을 이유로 기각 주문을 별도로 기재할 필요가 없다는 견해가 있다.[220] 서울회생법원의 최근 실무례는 변경판결을 하는 경우 기각 주문을 기재하지 않고 있다.

이의의 소의 판결의 태양으로는 ① 채권조사확정재판의 결정이 정당하다고 판단되어 채권조사확정재판을 인가하는 경우,[221] ② 회생채권 등의 내용의 일부를 변경하는 경우, ③ 회생채권 등이 부존재한다는 취지의 채권조

---

218) 주석 채무자회생법 (Ⅱ), 763, 764면; 심태규, 앞의 논문, 433, 434면. 다만 주문에 채권조사확정재판을 취소한다고 기재하더라도 이어서 회생채권 또는 회생담보권의 존부를 기재하면 결국 채권조사확정재판을 변경한 것이 되므로 취소한다는 표현 자체를 사용하더라도 부적법하다고 보기는 어려울 것이다. 한편, 유사한 제도인 부인의 청구를 인용하는 결정에 대한 이의의 소(법 제107조), 법인의 이사 등의 책임에 기한 손해배상청구에 관한 조사확정재판에 대한 이의의 소(법 제116조) 등의 경우에는 법문상 그 결정을 인가·변경하는 것 외에도 취소할 수 있도록 되어 있으므로 취소 주문을 사용할 수 있을 것이다.

219) 실무에서는, 채권조사확정재판을 인가하는 경우에는 기각 주문을 기재하지 않는 경우가 많으나, 일부 변경하는 경우에는 나머지 청구 기각 주문을 기재하는 경우와 기재하지 않는 경우가 혼재하고 있는 것으로 보인다.

220) 심태규, 앞의 논문, 440, 441면.

221) 이 경우 판결 주문은 "○○법원 2022. ○. ○.자 2022회확○○호 회생채권조사확정재판을 인가한다."는 형식이 될 것이다.

사확정재판을 변경하고 새로이 회생채권 등의 내용을 인정하는 경우,222) ④
회생채권 등의 내용을 인정한 채권조사확정재판을 변경하고, 새로이 회생채
권이 부존재한다는 취지의 판결을 하는 경우,223) ⑤ 채권조사확정재판 신청
이 부적법하여 채권조사확정재판 신청을 각하하는 취지의 판결을 하는 경
우224) 등이 있다.

라. 이의채권에 대한 소송의 수계

(1) 의   의

회생절차개시 당시 이의채권에 관하여 소송이 계속하는 경우 회생채권
자 또는 회생담보권자가 그 권리의 확정을 구하고자 하는 때에는 이의자 전
원을 그 소송의 상대방으로 하여 소송절차를 수계하여야 한다(법 제172조 제1
항). 이는 회생절차개시 당시에 이미 이의채권에 관하여 소송이 계속 중인
경우에 이의채권을 보유한 권리자로 하여금 다시 소송을 제기하도록 하는
것은 비용과 시간의 측면에서 비경제적이고 종래 소송의 결과를 무시하는
것이 되어 불합리하기 때문이다. 따라서 이의채권을 보유한 권리자가 회생
절차개시 당시 이미 소송이 계속 중이어서 수계신청을 하여야 함에도 불구

---

222) 위 ②, ③의 경우 판결 주문은 "○○법원 2022. ○. ○.자 2022회확○○호 회생채권조
사확정재판을 다음과 같이 변경한다. 원(피)고의 채무자에 대한 회생채권은 ○○원임
을 확정한다."는 형식이 될 것이다.

223) 이 경우 판결 주문은 "○○법원 2022. ○. ○.자 2022회확○○호 회생채권조사확정
재판을 다음과 같이 변경한다. 피고의 채무자에 대한 회생채권은 존재하지 아니함을
확정한다."는 형식이 될 것이다(관리인 등 이의자가 이의의 소를 제기한 경우).

224) 이 경우 판결 주문은 "○○법원 2022. ○. ○.자 2022회확○○호 회생채권조사확정
재판을 다음과 같이 변경한다. ○○의 회생채권조사확정재판 신청을 각하한다(전부
부적법한 경우)." 또는 "○○법원 2022. ○. ○.자 2022회확○○호 회생채권조사확정
재판을 다음과 같이 변경한다. ○○의 회생채권조사확정재판 신청 중 ○○ 부분을 각
하한다. ○○의 채무자에 대한 회생채권은 ○○원임을 확정한다(일부 부적법하고 회
생채권의 존재가 인정되는 경우)." 또는 "○○법원 2022. ○. ○.자 2022회확○○호 회
생채권조사확정재판을 다음과 같이 변경한다. ○○의 회생채권조사확정재판 신청 중
○○ 부분을 각하한다. ○○의 채무자에 대한 회생채권은 존재하지 아니함을 확정한
다(일부 부적법하고 회생채권의 존재가 인정되지 않는 경우)."는 형식이 될 것이다.

하고 법 제170조에 의하여 별도의 채권조사확정재판을 신청하는 것은 권리
보호의 이익이 없어 부적법하다.[225]

  나아가 회생채권자 등이 원래의 소송이 계속 중인 법원에 소송수계신청
을 하지 않고 회생계속법원에 채권조사확정재판을 신청한 후 소송수계신청
기간이 경과한 후에 중단되어 있던 원래의 소를 취하한 경우, 소를 취하할
당시 이미 채권조사확정재판 신청기간이 경과한 이상 채권조사확정재판의
신청이 소급하여 적법하게 된다고도 볼 수 없다.[226]

(2) 수계의 대상이 되는 소송

  ㈎ 수계의 대상이 되는 소송은 회생절차개시 당시 소송이 계속하는 이의
가 있는 회생채권 등을 소송물로 하는 소송이다. 통상 이행소송인 경우가 많
을 것이지만, 적극적 확인소송이나 채무자가 제기한 소극적 확인소송도 포
함된다.[227] 여기에서 '소송이 계속하는 경우'라 함은 소 제기시가 아닌 채무
자에게 소장부본이 송달된 때를 말한다. 따라서 소 제기 후 소장부본이 채무
자에게 송달되기 전에 채무자에 대한 회생절차개시결정이 있는 경우, 소송

---

225) 대법원 2001. 6. 29. 선고 2001다22765 판결, 대법원 1991. 12. 24. 선고 91다22698,
  22704 판결 등 참조. 회사정리법하에서 소송수계를 하여야 할 경우 정리채권확정의
  별소를 제기하는 것은 부적법하다고 본 사례.
226) 대법원은 "정리채권확정을 위한 소송수계신청을 하지 않고 부적법한 정리채권확정
  의 소를 제기하였다가 수계의 대상인 종전 소송을 취하한 경우, 그 시점이 정리채권확
  정의 소 제기기간 경과 후라면 새로운 정리채권확정의 소 제기도 불가능하고, 위 소
  취하로 인하여 기존의 부적법한 정리채권확정의 소의 하자가 치유되어 그 소 제기시
  에 소급하여 적법하게 되는 것도 아니다."라고 판시하였다(대법원 2001. 6. 29. 선고
  2001다22765 판결). 이는 회생채권자 등이 채권조사확정재판을 신청한 후 소송수계
  신청기간이 경과하기 전에 중단되어 있던 원래의 소에 대하여 취하신청을 한 경우에
  도 마찬가지이다. 다만 이에 대하여 당사자 구제의 필요성, 소 취하의 소급효 등을 이
  유로 회생채권자 등의 채권조사확정재판 신청은 적법하게 된다는 반대견해가 있다.
227) 단, 채무부존재확인의 소가 계속 중인 경우에는, 이의채권을 보유한 권리자가 이의
  자 전원을 그 소송의 상대방으로 하여 위 소송을 수계하고 권리확정을 구하는 반소
  를 제기하여야 할 것이나, 이의채권을 보유한 권리자가 위와 같은 방법 대신 채권조
  사확정재판신청을 한 경우에 그 신청을 부적법하다고 할 것인지에 관하여는 견해가
  나뉘고 있다.

이 계속되어 있음을 전제로 한 법 제172조 제1항에 따른 수계신청은 부적법하다.[228]

회생채권 또는 회생담보권에 관한 중재절차도 중단 및 수계의 대상이 되는지에 대하여는 이를 긍정하는 견해가 있으나,[229] 중재절차는 소송절차에 해당하지 않으므로 부정하는 견해가 유력하다.[230]

지급명령이 채무자에게 송달되고 이의기간 내에 채무자가 이의를 제기한 후 채무자에 대한 회생절차개시결정이 있었다면, 민사소송법 제472조 제2항에 따라 지급명령을 신청한 때 소가 제기된 것으로 볼 수 있는바, 이 경우 지급명령신청인이 법 제172조 제1항에 따라 이의자를 상대로 소송수계를 하여야 한다. 그러나 지급명령이 채무자에게 송달된 후 이의신청 기간 내에 채무자에 대하여 회생절차개시결정이 내려진 경우에는 이의신청 기간의 진행이 정지되어 지급명령은 미확정 상태에 있게 되는데,[231] 민사소송법 제

---

228) 대법원은 파산선고 사건에서, 파산선고 전에 채권자가 채무자를 상대로 이행청구의 소를 제기하거나 채무자가 채권자를 상대로 채무부존재 확인의 소를 제기하였더라도, 만약 그 소장부본이 송달되기 전에 채권자나 채무자에 대하여 파산선고가 이루어졌다면, 소장부본이 송달되기 전에 원고 또는 피고가 사망한 경우와 마찬가지로 파산선고된 채무자인 원고 또는 피고의 당사자적격이 없으므로 그 소는 부적한 것으로서 각하되어야 하고(법 제359조) 이 경우 파산선고 당시 법원에 소송이 계속되어 있음을 전제로 한 파산관재인의 소송수계신청 역시 적법하지 않으므로 허용되지 않는다고 판시하였다(대법원 2018. 6. 15. 선고 2017다289828 판결). 이에 대하여 소송경제적인 측면에서나 분쟁의 유형에 따른 재판의 효율성, 소장부본 송달지연이라는 우연한 사정에 따라 수계 여부를 결정할 수 없다는 점 등을 들어 법 제172조 제1항의 '소송이 계속하는 경우'는 소 제기시로 보아야 한다는 반대견해가 있다.

229) 전대규, 629면.

230) 회생사건실무(상), 608면; 이수열, "회생채권조사확정에서 중재합의의 취급", 도산법연구회 제213차 월례발표회(2021. 11. 29. 발표). 이와 관련하여 대한상사중재원은 신청인의 중재신청 이후 상대방에 대한 회생절차개시결정이 있자 신청인이 상대방을 관리인으로 수계한 후 신청취지를 회생채권확정을 구하는 취지로 변경한 사안에서, '회생채권의 확정은 채권조사확정재판에 의하여 또는 그 조사확정재판에 대한 이의의 소에 의하여 확정될 수 있을 뿐이라는 이유로 중재신청의 이익이 없다'고 보아 중재신청을 각하하였다[중재 제12111-0097호, 건설중재판정사례집(2015)].

231) 대법원 2012. 11. 15. 선고 2012다70012 판결 참조. 한편 지급명령이 채무자에게 송달되기 전 채무자에 대하여 회생절차개시결정이 내려진 경우, 개시결정에 따라 채무

472조 제2항에서 채무자가 지급명령에 대하여 적법한 이의신청을 한 경우에 비로소 지급명령을 신청한 때에 소가 제기된 것으로 본다고 규정하고 있을 뿐만 아니라 독촉절차는 소송 전 단계에 해당하여 소송이 계속하는 경우에 해당한다고 볼 수 없으므로, 법 제59조에 따라 수계를 할 수 없고 채권조사절차에서 이의가 있는 경우 이의채권을 보유한 권리자(지급명령신청인)가 법 제170조에 따라 채권조사확정재판을 신청해야 할 것이다.[232]

제1차 회생절차에서의 채권조사확정재판 또는 이에 대한 이의의 소가 계속 중인 상황에서 채무자에 대한 제1차 회생절차가 회생계획인가 후 조기 종결되었다가 제2차 회생절차가 개시되고, 제2차 회생절차에서 위 채권조사확정재판 또는 이에 대한 이의의 소가 계속 중인 채권이 회생채권으로 신고되어 다시 이의가 제기되는 경우, 제1차 회생절차에서의 채권조사확정재판 등이 제2차 회생절차개시 당시 '이의채권에 관하여 소송이 계속하는 경우'에 해당하는지 문제된다. 하급심 중에서는 법 제172조 제1항에서 말하는 회생절차개시 당시 계속 중인 '회생채권에 관한 소송'에는 제1차 회생절차에서 제기되어 계속 중인 회생채권조사확정재판도 포함된다고 보아 이에 대해 수계절차를 거치지 않고 제2차 회생절차에서 새로이 신청한 회생채권조사확정재판은 부적법하다는 취지로 판시한 예가 있다.[233]

자의 재산에 관한 소송에서 관리인만이 당사자적격을 가지므로 위 지급명령은 마치 소장 부본이 송달되기 전에 피고가 사망한 경우와 마찬가지로 아무런 효력이 없으므로 지급명령신청인은 법 제170조에 따라 이의자를 상대로 채권조사확정재판신청을 하여야 하고, 이의기간이 도과되어 지급명령이 확정된 후 채무자에 대한 회생절차개시결정이 있었다면, 이의자는 법 제174조에 따라 지급명령신청인을 상대로 청구이의의 소 등을 제기하여야 한다.

232) 회생사건실무(상), 611면. 다만 이에 대하여, ① 지급명령이 채무자에게 송달되면 소송계속이 발생한다는 전제로 지급명령신청인이 법 제172조 제1항에 따라 지급명령절차를 수계한 후, 이의자 전원에 대하여 다시 지급명령 정본을 송달한 후 이의자의 이의에 따라 소송절차에서 채권확정의 소로 청구를 변경해야 한다는 견해, ② 지급명령이 있는 경우 법 제174조를 유추적용하여 이의자(관리인)가 수계신청 후 지급명령에 대한 이의를 해야 한다는 견해가 있다.

233) 서울회생법원 2019. 9. 18. 선고 2018가합100514 판결(항소 없이 확정), 서울회생법원 2019. 7. 17. 선고 2018가합89 판결(항소 없이 확정). 위 쟁점에 대한 자세한 내용

(나) 법 제172조 제1항의 수계의 신청은 회생채권확정의 일환으로 진행되는 것으로서, 소송수계에서 상대방이 되는 관리인은 회생채권에 대한 이의자로서의 지위에서 당사자가 되는 것이고 당사자는 이의채권이 되지 아니한 상태에서 미리 소송수계신청을 할 수 없으므로 조사기간의 말일 또는 특별조사기간 이전에 한 수계신청은 부적법하다.234) 따라서 개시결정 전에 단순히 당사자를 채무자에서 보전관리인으로 변경한다는 내용의 신청 또는 당사자표시정정신청은 적법한 소송수계신청에 해당하지 아니한다.235)

회생절차개시결정으로 인하여 소송절차가 중단된 후 관리인의 소송수계가 이루어지지 아니한 상태에서 법원이 그대로 소송절차를 진행하여 판결을 선고하였다면, 이는 채무자의 재산에 관하여 관리처분권이 있는 관리인의 관여 없이 행해진 것으로 위법하다.236)

한편 이의채권에 관한 소송의 변론종결 후에 회생절차개시결정이 있는 경우 판결의 선고는 할 수 있으나(법 제33조, 민사소송법 제247조 제1항), 회생절차개시결정으로 인하여 소송절차가 중단되므로 상소기간은 소송수계가 이루어질 때까지 진행되지 않는다(법 제59조 제1항, 제33조, 민사소송법 제247조 제2항). 다만 상고이유서 제출기간 경과 후 회생절차개시결정이 있었다고 하더라도, 상고심의 소송절차가 이와 같은 단계에 이르러 변론 없이 판결을 선고할 때에는 소송절차를 수계하도록 할 필요가 없다.237)

은 심태규, 앞의 논문, 403-406면 참조.

234) 대법원 2016. 12. 27. 선고 2016다35123 판결, 대법원 2015. 10. 15. 선고 2015다1826 판결, 대법원 2013. 5. 24. 선고 2012다31789 판결 등 참조.

235) 대법원 2000. 2. 11. 선고 99다52312 판결, 대법원 1997. 8. 22. 선고 97다17155 판결 등 참조.

236) 대법원 2021. 5. 7. 선고 2020두58137 판결, 대법원 2012. 9. 27. 선고 2012두11546 판결, 대법원 2011. 10. 27. 선고 2011다56057 판결 등 참조.

237) 대법원 2021. 2. 4. 선고 2018다304380, 304397 판결, 대법원 2015. 7. 9. 선고 2013다69866 판결, 대법원 2013. 1. 17. 선고 2011다107399 판결, 대법원 2006. 8. 24. 선고 2004다20807 판결 등 참조.

(3) 수계기간

수계의 신청은 이의가 있는 채권에 관한 조사기간의 말일 또는 특별조사기일부터 1월 이내에 하여야 한다(법 제172조 제2항, 제170조 제2항). 1개월의 기간이 경과한 후에 수계신청을 한 경우에는 그에 따른 채권확정의 소는 부적법하게 된다. 따라서 1개월의 기간이 경과한 후 수계신청을 한 경우 기간경과를 이유로 수계신청을 각하하여서는 아니 되고, 소송을 수계하게 한 후 채권확정의 소를 각하하여야 한다.[238]

(4) 당 사 자

회생채권자·회생담보권자가 수계신청을 하는 경우에는 이의자 전원을 계속 중인 소송의 상대방으로 하여야 한다. 이의자란 회생채권 등의 내용을 인정하지 아니하고 이의를 제기한 회생채권자 등을 말한다. 이의자가 복수인 경우[239] 수계신청은 이의자 전원을 상대방으로 하여야 하는데, 이는 고유필수적 공동소송이므로 이의자 중 일부를 상대방으로 한 수계신청은 부적법하다.[240]

회생채권 및 회생담보권과 무관한 소송의 경우 관리인 또는 상대방이 수계할 수 있다고 규정하고 있으나(법 제59조 제2항), 회생채권 등에 관한 소송은 회생채권자 또는 회생담보권자가 소송절차를 수계하도록 하고 있어(법 제172조 제1항), 관리인은 수계신청을 할 수 없는 것으로 해석될 여지가 있다.

---

238) 대법원 2008. 2. 15. 선고 2006다9545 판결, 대법원 2000. 2. 11. 선고 99다52312 판결, 대법원 1997. 8. 22. 선고 97다17155 판결, 대법원 1989. 4. 11. 선고 89다카 4113 판결 참조. 다만 이에 대하여, 소송절차의 수계기간을 경과한 수계신청의 경우에는 출소기간을 경과한 후 채권확정의 소를 새로 제기한 경우와는 달리 수계신청이 부적법하게 되는 것이지 원래의 소송계속 자체가 부적법하게 되는 것은 아니므로, 수계신청을 각하하고 원래 소송은 중단된 채로 두었다가, 인가 전에 회생절차가 종료되면 채무자가 수계하도록 하고, 회생계획이 인가되면 중단된 소송상의 권리는 확정적으로 소멸하므로 관리인으로 하여금 소송을 수계하게 한 후 권리소멸을 이유로 청구기각 판결을 선고하여야 한다는 견해가 있다[임채홍·백창훈(상), 638면].

239) 예컨대, 관리인 및 제3의 채권자가 이의한 경우 등이다.

240) 条解, 民事再生法, 567면.

그러나 관리인이 수계신청을 하더라도 전체 회생채권자 등의 이익을 해하지 아니하고, 회생채권 등의 조기확정 취지에도 부합할 뿐만 아니라, 민사소송법 제241조가 "소송절차의 수계신청은 상대방도 할 수 있다."고 규정하고 있으므로 채무자의 관리인도 수계신청을 할 수 있다고 보아야 할 것이다.241)

(5) 수계절차

수계절차 자체는 민사소송법과 민사소송규칙의 일반 규정에 따른다. 따라서 소송절차의 수계신청은 중단 당시 소송이 계속된 법원에 서면으로 하여야 하고, 그 신청서에는 소송절차의 중단사유와 수계할 사람의 자격을 소명하는 자료를 첨부하여야 한다(민사소송규칙 제60조 등 참조).242) 이를 위하여 회생채권자 등은 법원사무관 등에게 자신의 권리에 관한 조사결과가 기재된 회생채권자표 등의 초본을 교부받을 수 있다(법 제172조 제2항, 제167조 제3항).

소송의 수계가 회생계속법원 이외의 법원에서 이루어진 경우에는 법 제60조에 의하여 이송을 하지 않는 한 그 법원이 심리·판결을 하면 되고 이를 회생계속법원에 이송하여야 하는 것은 아니다.243)

수계신청을 받은 법원은 직권으로 조사하여 이유가 없으면 결정으로 신청을 기각하고(법 제33조, 민사소송법 제243조 제1항), 부적법하면 결정으로 신청을 각하한다. 수계신청을 허가할 때에는 반드시 허가하는 결정을 하여야 하는 것은 아니다.244)

---

241) 임채홍·백창훈(상), 636면.
242) 다만, 소송수계신청이 있었는지 여부는 그 신청서면의 표제 등 형식을 기준으로 할 것이 아니라 실질을 기준으로 판단하여야 한다(대법원 2014. 11. 27. 선고 2011다113226 판결, 대법원 1980. 10. 14. 선고 80다623, 624 판결 등 참조).
243) 주석 채무자회생법 (Ⅱ), 782면.
244) 임채홍·백창훈(상), 636면.

(6) 수계 후의 소송

(가) 청구취지 등의 변경[245]

회생절차에서의 채권확정소송의 법적 성질은 이의가 있는 사항에 관한
확인소송이라는 것이 통설이다.[246] 따라서 수계 후의 소송은 확인소송의 성
질에 부합하게 청구취지가 변경되거나 반소가 제기되어야 하고 종전의 청구
취지대로 채무의 이행을 명하는 판결을 할 수는 없다.[247] 예컨대 회생채권
자가 원고가 되어 이행의 청구를 하고 있었다면 "원고의 채무자에 대한 회
생채권은 금 ○○○원임을 확정한다."고 청구취지를 변경하여야 하고, 반대
로 채무자가 원고가 되어 회생채권자를 상대로 채무부존재확인 청구소송을
하고 있었다면 회생채권자가 소송의 수계신청을 한 다음 반소로 "반소원고
의 채무자에 대한 회생채권은 금 ○○○원임을 확정한다."는 청구를 하여야
한다.[248]

그러나 소송절차의 수계 후 회생절차가 종결되더라도, 회생채권 또는 회
생담보권 확정소송의 청구취지를 회생채권 또는 회생담보권의 확정을 구하
는 것에서 이행을 구하는 것으로 변경할 수는 없다.[249]

---

245) 회생채권 등의 확정을 구하는 것으로 청구가 변경되었다고 하더라도, 위 소송이 회
     생계속법원의 관할에 전속하는 것이 아니므로 그러한 사정만으로 회생계속법원에 이
     송을 하여서는 아니 된다.
246) 条解 民事再生法, 567, 568면.
247) 소송수계가 이루어진 후 원고가 청구취지를 변경하지 않는 경우, 법원은 원고에게
     회생채권의 확정을 구하는 것으로 청구취지를 변경할 의사가 있는지를 석명하여야
     한다(대법원 2015. 7. 9. 선고 2013다69866 판결 참조).
248) 이에 대하여 이의채권을 보유한 권리자인 피고가 수계신청을 하고 원고의 소송수계
     인인 이의자가 그 청구취지를 이의채권의 부존재 확정을 구하는 것으로 변경하면 된
     다는 견해도 있다(심태규, 앞의 논문, 400면).
249) 회생채권 등의 확정소송이 계속되는 중에 회생절차종결결정이 있었다는 이유로 채
     권자가 회생채권 등의 확정을 구하는 청구취지를 회생채권 등의 이행을 구하는 청구
     취지로 변경하고 그에 따라 법원이 회생채권 등의 이행을 명하는 판결을 선고하였다
     면 이는 회생계획인가결정과 회생절차종결결정의 효력에 반하는 것이므로 위법하다
     (대법원 2014. 1. 23. 선고 2012다84417, 84424, 84431 판결).

(나) 지연손해금

회생채권확정의 소는 금전채무의 전부 또는 일부의 이행을 구하는 소가 아니므로 지연손해금에 관하여는 소송촉진 등에 관한 특례법 제3조 제1항 본문에서 정한 법정이율이 적용되지 않는다.[250]

(다) 소송상태의 승계

수계 후 소송에서 당사자는 종전 소송상태를 승계하므로 종전 소송수행의 결과를 전제로 하여 소송행위를 하여야 한다. 다만, 부인권은 회생절차개시 후에만 행사가능한 공격방어방법이므로 그 행사가 방해되지 아니한다.

(7) 수계사유가 소멸한 경우의 조치

회생절차개시결정으로 중단된 소송이 회생채권·회생담보권에 관한 것이라도 조사기간 내에 또는 특별조사기일에 이의가 없으면 회생채권 등이 확정되고, 그 조사결과를 기재한 회생채권자표 등은 확정판결과 같은 효력이 있으므로 더 이상 소송으로 다툴 필요가 없어 법 제172조에 따른 수계의 문제는 발생하지 않는다. 이 경우 중단된 소송은 소의 이익이 없어 부적법하게 된다.[251]

---

250) 대법원은, 회생채권확정의 소는 금전채무의 전부 또는 일부의 이행을 구하는 소가 아니므로, 회생채권확정의 소에 대한 판결을 선고할 경우 그 지연손해금에 관하여는 소송촉진 등에 관한 특례법 제3조 제1항 본문에 정한 법정이율을 적용해서는 아니 되고, 확정을 구하는 채권이 상사채권인 이상 상법이 정한 연 6%의 법정이율을 적용해야 한다는 취지로 판시하였다(대법원 2013. 1. 16. 선고 2012다32713 판결).

251) 신고된 회생채권에 대하여 이의가 없는 때에는 채권이 신고한 내용대로 확정되고, 확정된 회생채권을 회생채권자표에 기재한 때에는 그 기재는 확정판결과 동일한 효력이 있으므로, 계속 중이던 회생채권에 관한 소송은 소의 이익이 없어 부적법하게 된다(대법원 2020. 3. 2. 선고 2019다243420 판결, 대법원 2014. 6. 26. 선고 2013다17971 판결). 한편 이에 대해 ① 당연히 종료한다는 견해, ② 관리인으로 하여금 수계하도록 한 다음 청구기각 판결을 선고하여야 한다는 견해, ③ 관리인으로 하여금 수계하도록 한 다음 각하하여야 한다는 견해, ④ 수계가 불가능하므로 중단된 상태에서 각하하여야 한다는 견해, ⑤ 소송종료선언이 필요하다는 견해가 있는데, 위 대법원 2013다17971 판결은 ③번 견해와 유사한 입장으로 보인다[회생사건실무(상), 596면;

마. 집행력 있는 집행권원 또는 종국판결이 있는 회생채권 등의 확정소송

(1) 특   칙

이의 등이 있는 회생채권 등에 관하여는 원칙적으로 이의채권의 보유자가 채권조사확정재판을 신청하여야 하나, 집행력 있는 집행권원이 있는 채권은 강제집행에 착수할 수 있는 지위에 있고, 종국판결을 얻은 채권은 권리의 존재에 관하여 고도의 추정력이 있는 재판을 받은 것이므로 일반의 회생채권 등에 비하여 유리한 지위에 있다. 법은 이런 점을 존중하여 이의채권에 관하여 집행력 있는 집행권원이 있거나 종국판결이 있는 경우에는 이의 주장 방법 및 출소책임에 관하여 특별한 규정을 하고 있다.

즉, 회생절차개시결정 당시 아직 소를 제기하지 아니한 경우에는 이의자는 채무자가 할 수 있는 소송절차(재심의 소, 청구이의, 상소 등)에 의하여만 이의를 주장할 수 있고(법 제174조 제1항), 회생절차개시결정 당시 이미 소송계속 중인 경우에는 이의자는 그 회생채권 또는 회생담보권을 보유한 회생채권자 또는 회생담보권자를 상대방으로 하여 소송절차를 수계하여야 한다(법 제174조 제2항).

(2) 집행력 있는 집행권원 및 종국판결

㈎ 집행력 있는 집행권원

집행력 있는 집행권원이란 집행력 있는 정본과 동일한 효력을 가지고 곧 집행을 할 수 있어야 하고, 집행문이 필요한 경우에는 이미 집행문의 부여를 받았어야 한다.[252]

주석 채무자회생법 (Ⅱ), 785면].

252) 대법원 1990. 2. 27.자 89다카14554 결정은 "이의를 받은 정리채권 등이 집행력 있는 채무명의가 있는 것인 때에는 이의자는 회사가 할 수 있는 소송절차에 의하여서만 그 이의를 주장할 수 있다고 규정한 회사정리법 제152조 제1항의 '집행력 있는 채무명의'라 함은 집행력 있는 정본과 같은 뜻으로 집행문을 요하는 경우에는 이미 집행문을 받아 바로 집행할 수 있는 것을 말하는 것이므로 정리채권신고를 한 때는 물론 이의를 한 무렵에도 집행문이 부여되어 있지 않은 약속어음공정증서는 이의 후에

확정된 지급명령에 기한 강제집행 또는 이행권고결정에 기한 강제집행은 집행문을 부여받을 필요 없이 지급명령 정본 또는 이행권고결정서의 정본에 의하여 행한다(민사집행법 제58조 제1항 본문, 소액사건심판법 제5조의8 제1항 본문). 다만 ① 지급명령 또는 이행권고결정의 집행에 조건을 붙인 경우, ② 당사자의 승계인을 위하여 강제집행을 하는 경우, ③ 당사자의 승계인에 대하여 강제집행을 하는 경우에는 집행문을 부여받아야 한다(민사집행법 제58조 제1항 단서, 소액사건심판법 제5조의8 제1항 단서).

지급명령이 송달된 후 이의신청 기간 내에 회생절차개시결정이 있는 경우 위 지급명령은 미확정 상태에 있으므로 이의자가 청구이의의 소 등으로 이를 다툴 수 없다.[253]

집행문의 부여는 채무자 재산에 대한 강제집행(법 제58조 제1항 제2호)이 아니므로 집행문을 부여받아야 하는 경우에도 회생절차개시 당시에 이미 이를 부여받았어야 하는 것은 아니고, 회생절차개시 후에도 할 수 있다.[254]

(나) 종국판결

종국판결은 회생채권·회생담보권의 피담보채무 또는 그것을 담보하는 담보물권의 존재에 관하여 소 또는 상소에 의하여 계속된 사건의 전부 또는 일부를 그 심급으로서 완결하는 판결을 말하고, 소송이 확정되었는지 여부와 이행판결인지 확인판결인지를 불문한다.

확정판결과 동일한 효력이 있는 회생채권자표와 회생담보권자표, 조정조서(확정된 조정에 갈음하는 결정조서 또는 확정된 조정에 갈음하는 결정), 화해조서(확정된 화해권고결정) 등에 관하여는, 공정증서와 마찬가지로 집행문을 부여받아야 한다는 견해가 있으나, 종국판결에 준하는 것으로 보아 집행문을

집행문이 부여되었다 하더라도 이에 해당하지 아니한다."고 판시하였다.

253) 대법원 2012. 11. 15. 선고 2012다70012 판결 참조.

254) 임채홍·백창훈(상), 643면. 한편 집행문을 부여받아야 하는 종기에 관하여는 이의채권을 보유한 권리자가 집행문을 부여받아 그 사본을 조사기간의 말일 또는 특별조사기일 전까지 법원에 제출하면 된다는 견해가 있다(심태규, 앞의 논문, 408면).

요하지 않는다고 보는 견해가 타당하다.[255]

㈐ 목록에의 기재 또는 신고

집행력 있는 집행권원 또는 종국판결이 있는 회생채권·회생담보권이라도 그 취지가 목록에 기재되어 있거나 신고되어야 법 제174조에 의한 출소책임을 이의자에게 지울 수 있다(규칙 제55조 제1항 제3호 참조).[256][257]

---

255) 심태규, 앞의 논문, 408면.

256) 서울고등법원 2005. 9. 2. 선고 2004나81224 판결은 "회사정리법 제147조와 제152조가 집행권원이나 종국판결이 있는 정리채권과 없는 정리채권에 대한 이의의 후속절차에 본질적인 차이를 두고 있는 점을 고려하면, 집행권원이나 종국판결이 있는 정리채권으로 위 법 제152조의 적용을 받으려면 채권자는 정리채권의 신고시 그 취지를 명시하고 증거자료를 제출하든지, 아니면 늦어도 정리채권의 조사기일까지 이를 추완하여야 한다 할 것이고, 채권자가 이를 게을리한 경우에는 … 위 법 제147조에 따라 정리채권자가 정리채권 확정의 소를 제기하여야 한다."고 판시하였다(다만 그 상고심인 대법원 2006. 10. 12. 선고 2005다59307 판결은 원심 판결 이후에 회사정리 절차종결결정이 내려지고 그 무렵 확정되었음을 이유로 소송종료선언을 하였다). 같은 취지로 最高裁判所 昭和 41. 4. 14. 第八三一号 판결.

257) 이에 대하여 집행력 있는 집행권원이 있는 채권은 강제집행에 착수할 수 있는 지위에 있고, 종국판결을 얻은 채권은 권리의 존재에 관하여 고도의 추정력이 있는 재판을 받은 것이라는 점을 존중하여 법에서 특별히 이의자는 채무자가 할 수 있는 소송절차에 의하여만 이의를 주장할 수 있도록 규정하고 있는 것인데, ① 규칙에서 회생채권 등의 신고시 회생채권 또는 회생담보권이 집행력 있는 집행권원 또는 종국판결이 있는 것일 때에는 그 사본을 첨부하여 신고하도록 규정하고 있으나, 법에는 이에 관한 아무런 규정이 없는 점, ② 특별한 사정이 없으면 기존 경영자가 관리인으로 선임되는 현행법 체계 하에서 관리인이 집행력 있는 집행권원 또는 종국판결이 있는 채권인지 여부를 잘 알고 있다는 점 등의 사정을 고려하면, 규칙에서 정한 회생채권 등의 신고방식에 위반하였다는 사정만으로 법에서 이의자에게 지운 출소책임을 다시 전환시켜 권리보유자에게 지우는 것은 부당하다는 유력한 비판이 제기되고 있다. 대전고등법원 2015. 9. 9. 선고 2014나12827 판결(2015. 9. 24. 상고 없이 확정)도 원고가 피고의 회생절차에서 회생채권을 신고하면서 규칙 제55조 제1항 제3호에 따라 '집행력 있는 집행권원 또는 종국판결이 있는 회생채권'이라는 뜻을 함께 신고하여야 함에도 이를 위반하였으므로 피고(관리인)에게 출소책임을 지울 수 없다는 피고의 주장을 배척하면서, "채무자의 관리인이 원고의 채권이 집행력 있는 집행권원 또는 종국판결이 있는 회생채권에 해당한다는 것을 누구보다도 잘 알고 있었다 할 것이어서, 비록 회생채권자인 원고가 위 규칙에서 정한 회생채권의 신고방식을 위반하였다는 사정만으로는 법이 이의자인 피고(관리인)에게 지운 출소책임을 다시 전환시켜 권리

(3) 소송의 수계

집행력 있는 집행권원 또는 종국판결이 있는 이의채권에 관하여 회생절차개시 당시에 이미 소송이 계속 중인 때에는 이의자가 이의채권의 보유자를 상대로 하여 그 소송절차를 수계하여야 한다(법 제174조 제2항).

이와 관련하여, 회생절차개시결정 전에 회생채권자 등이 이의채권에 관하여 소를 제기하여 그 변론이 종결되었고, 회생절차개시결정 이후에 회생채권자 등인 원고가 승소판결을 선고받은 경우, 관리인 내지 이의자의 조치가 문제될 수 있다.[258] 회생절차개시결정이 있는 때에는 채무자의 재산에 관한 소송절차는 중단되고, 소송절차의 중단으로 기간의 진행은 정지되므로(민사소송법 제247조 제2항), 판결선고 후 항소기간은 진행되지 않는다고 할 것이다. 따라서 향후 채권조사결과 위 회생채권 등에 대한 이의가 제기되는 경우 이의자는 법 제174조에 의하여 조사기간 말일로부터 1월 이내에 항소 제기와 소송수계의 방법을 통하여 회생채권 등의 존부·확정을 구하여야 할 것이다.[259] 다만 위와 같이 처리하는 경우에는 본안 사건의 재판부에서 회생절차개시결정이 있었다는 사실을 고지받지 못한 채 항소 제기가 없었다는 이유로 판결확정 처리를 할 우려가 있으므로, 편의상 해당 재판부에 회생절차개시결정 사실을 고지하되, 이 경우에도 회생채권 등에 관하여 이의를 한 관리인은 법상 정해진 위 기간 내에 항소장 제출 등 소송수계를 하여야 한다.

　　　보유자인 원고에게 그 책임을 지울 수는 없다."고 판시하였다.

258) 대법원은, 변론종결 후에 채무자에 대하여 회생절차개시결정이 있었다고 하더라도 채무자에 대한 판결선고는 적법하다고 보고 있다(대법원 2008. 9. 25. 선고 2008다1866 판결).

259) 다만 상고이유서 제출기간이 경과한 후에 회생절차개시결정이 있었다고 하더라도 상고심의 소송절차가 이와 같은 단계에 이르러 변론 없이 판결을 선고할 때에는 그 관리인으로 하여금 소송절차를 수계하도록 할 필요가 없다(대법원 2021. 2. 4. 선고 2018다304380, 304397 판결, 대법원 2015. 7. 9. 선고 2013다69866 판결, 대법원 2013. 1. 17. 선고 2011다107399 판결, 대법원 2006. 8. 24. 선고 2004다20807 판결 등 참조).

또한 소송계속 중 일방 당사자에 대하여 회생절차개시결정이 있었는데, 법원이 그 사실을 알지 못한 채 관리인의 소송수계가 이루어지지 아니한 상태 그대로 소송절차를 진행하여 판결을 선고하였다면, 그 판결은 일방 당사자의 회생절차개시결정으로 소송절차를 수계할 관리인이 법률상 소송행위를 할 수 없는 상태에서 심리되어 선고된 것이므로, 여기에는 마치 대리인에 의하여 적법하게 대리되지 아니하였던 경우와 마찬가지의 잘못이 있다.[260] 이러한 경우 법원이 채무자에게 판결정본을 송달하였다고 하더라도 이는 적법한 수계 전에 행하여진 송달로서 무효이고, 상소기간은 진행되지 아니하므로, 관리인 등 이의자가 소송절차수계신청서와 함께 상소장을 제출하여야 할 것이다.[261]

(4) 이의의 주장 또는 수계를 하여야 하는 기간

집행력 있는 집행권원 또는 종국판결이 있는 회생채권 등에 관하여 이의의 주장을 하거나 소송을 수계하여야 하는 기간은 조사기간의 말일 또는 특별조사기일부터 1월 이내이다(법 제174조 제3항, 제170조 제2항). 위 기간 내에 주장을 하지 않거나 수계신청을 하지 않는 경우에는 이의자가 회생채권자 또는 회생담보권자인 경우에는 이의가 없었던 것으로 보며, 이의자가 관리인인 때에는 이의채권을 인정한 것으로 보므로(법 제174조 제4항)[262] 회생

---

260) 대법원 2021. 5. 7. 선고 2020두58137 판결, 대법원 2012. 9. 27. 선고 2012두11546 판결, 대법원 2011. 10. 27. 선고 2011다56057 판결 등 참조.

261) 대법원 2016. 12. 27. 선고 2016다35123 판결 참조.

262) 회생채권자가 채무자를 상대로 제기한 이행소송에서 일부승소판결이 선고되었고 회생채권자와 채무자가 모두 항소하여 항소심 계속 중에 채무자에 대한 회생절차개시결정이 있는 경우, 일부패소 부분에 관하여는 법 제172조에 따라 회생채권자가 채권조사기간말일로부터 1개월 이내에 소송수계를 하여야 하고, 일부승소 부분에 관하여는 종국판결이 있는 경우에 해당하여 채무자의 관리인이 법 제174조 제2항에 따라 위 기간 내에 소송수계를 하여야 한다. 만약 회생채권자가 1개월이 지난 후 소송수계를 한 경우 패소부분에 관한 소는 부적법하게 되고, 채무자의 관리인이 위 기간이 지난 후 소송수계를 한 경우 법 제174조 제4항에 따라 승소부분에 관하여 이의가 없었던 것이 되어 결국 이 부분 소는 이미 확정된 채권에 관한 소송에 해당하여 소의 이익이 없어 부적법하게 된다[서울고등법원 2014. 12. 12. 선고 2013나2015164 판결

채권 등은 목록에 기재되거나 신고된 대로 확정되며, 회생채권자 등의 표에
기재되면 확정판결과 동일한 효력이 있다.

(5) 변론의 특칙

채무자가 할 수 있는 소송절차나 수계한 소송절차에서의 변론은 이의채
권에 관계되는 조사기간의 말일 또는 특별조사기일부터 1월의 불변기간을
경과한 후가 아니면 개시할 수 없다(법 174조 제3항, 제171조 제4항). 또한 채무
자가 할 수 있는 소송절차나 수계한 소송절차로 인하여 동일한 이의채권에
관하여 여러 개의 소가 계속되어 있는 때에는 법원은 변론을 병합하여야 한
다(법 제174조 제3항, 제171조 제5항).

채무자가 할 수 있는 소송절차나 수계한 소송절차에서 주장하여 확정을
구할 수 있는 사항은 조사절차를 거쳐 회생채권자표 및 회생담보권자표에 기
재된 사항에 한한다(법 제174조 제3항, 제173조). 따라서 목록에 기재되어 있지
않거나 신고하지 아니한 권리, 급부의 내용, 액수, 우선권의 유무 등은 채무
자가 할 수 있는 소송절차나 수계한 소송절차에서 주장하여 확정할 수 없다.
또한 회생채권자표 또는 회생담보권자표에 기재되지 아니한 권리에 관한 소
송이 계속되고 있어도 그 수계신청은 부적법하므로 허용되지 아니한다.263)

회생채권자표 등에 기재된 권리와 청구의 기초는 동일하지만 그 발생원
인이 다른 권리의 확정을 구할 수 있는지와 관련하여서는, ① 회생채권자표
등에 기재된 권리와 급부의 내용이나 수액이 동일할 것, ② 청구의 기초가
동일하고 그 발생원인을 달리하는 채권일 것, ③ 관리인 등의 이의권을 실질
적으로 침해하지 않을 것 등과 같은 요건을 충족할 경우에는 허용해야 한다
는 견해가 유력하다.264)

참조. 대법원 2015. 4. 23. 선고 2015다201473 판결(심리불속행 기각)로 확정].
263) 임채홍·백창훈(상), 631면.
264) 이에 관한 내용은 '제1장, 제3절, 4. 나. (4), (나)항' 참조.

바. 소송목적의 가액 결정(소가결정)

(1) 결정의 주체

회생채권 등의 확정에 관한 소송목적의 가액은 회생계속법원이 이를 정한다(법 제178조).[265] 소가결정의 기준이 되는 '권리자가 회생계획으로 얻을 이익'은 회생계속법원이 아니면 이를 알기 어렵기 때문이다.

(2) 신청의 주체

소가결정신청은 회생채권 등 확정에 관한 소를 제기하는 자가 신청하는 것이 일반적일 것이나, 상대방도 그 소송에서 패소할 경우 소송비용을 부담하게 되므로 소가결정신청을 할 수 있다.

(3) 신청과 결정의 시기

소가결정신청의 시기에는 특별한 제한이 없지만, 소를 제기하기 전에는 사실상 신청하기가 어려울 것이므로 실제로는 소를 제기한 자가 소액의 인지를 첩부하여 소를 제기한 후에 소가결정신청을 통해 소가결정을 받아 인지를 보정하는 것이 보통이다. 소가결정을 하기 위해서는 관련 회생사건에서 회생계획안이 제출되어야 하므로 아직 회생계획안이 제출되지 않은 상태라면 소가결정은 늦어지게 된다. 소가결정이 늦어지는 경우에는 소가결정신청 접수증명을 발급받아 수소법원에 제출하도록 한다.

소가결정신청은 대부분의 경우 소 제기 직후에 신청되지만, 당사자가 제1심 종국판결이 내려진 후에 신청하는 경우도 있고, 심지어는 대법원의 판결로 소송이 종결된 후에 소송비용의 확정을 위해서 소가결정신청을 하는

---

265) 부인의 청구를 인용하는 결정에 대한 이의의 소(법 제107조)에 대하여는 소송목적의 가액에 관한 규정(법 제178조)이 적용되지 아니하고 일반적인 소송목적의 가액의 산정방법을 따른다. 부인의 청구를 인용하는 결정에 대한 이의의 소는 부인권 행사로 채무자에게 회복될 재산에 관한 소송이므로 회생채권 또는 회생담보권의 확정에 관한 소송이 아니고, 회생계획에 따른 권리변경의 결과에 영향을 받는 것이 아니기 때문에 일반적인 소송목적의 가액 산정방법을 따르도록 한 것이다.

경우도 있다. 그러나 어느 경우라도 뒤에서 설명하는 '권리자가 회생계획으로 얻을 이익'을 표준으로 하여 소가를 결정하면 된다.

(4) 소가결정의 대상인 소송

소가결정의 대상이 되는 회생채권 및 회생담보권의 확정에 관한 소송에는 법 제171조에 의한 채권조사확정재판에 대한 이의의 소뿐만 아니라 법 제172조에 의하여 수계한 소송 및 법 제174조에 의하여 이의자가 한 채무자가 할 수 있는 소송절차에서의 소송이나 수계한 소송이 포함된다.266)

회생계획인가결정에 대한 항고 및 재항고 사건은 회생채권 등의 확정에 관한 소송에 해당하지 않으므로 소가결정신청의 대상이 되지 않는다. 채권조사확정재판은 이의의 소와 같은 소송이 아니고 인지도 소가와 무관하게 정액으로 첩부하므로 그 소가결정신청은 신청의 이익이 없어 부적법하다.267)

(5) 소가결정의 기준

소가결정의 기준은 '이의가 있는 회생채권 등의 권리자가 회생계획으로 얻을 이익'을 표준으로 정한다(법 제178조).

관리인이 제출한 회생계획안에는 각 채권자 조, 즉 회생담보권자·금융기관 회생채권자·상거래 회생채권자 등 회생계획상 권리변경 및 변제방법이 다르게 분류되어 있는 각 조별로 회생계획을 통하여 현금으로 변제받을 채권액의 현재가치비율(현가율)이 기재되어 있다. 실무에서는 채권액의 현재가치비율을 표준으로, 회생계획의 변제자금 조달방법의 내용, 회생계획의 기존 수행 정도 및 장래 수행가능성 등을 종합적으로 고려하여 소송목적의 가액을 정하고 있다. 또한 채권액의 현재가치비율 계산의 기준일은 원칙적으로 소가결정일이 되어야 할 것이나, 실무상 소가결정신청이 있을 때마다 이의채권의 현재가치비율을 계산하기가 쉽지 않고 기준일에 따른 소가의 차

---

266) 주석 채무자회생법 (Ⅱ), 812면.
267) 회생사건실무(상), 615면.

이도 크지 않으므로 제출된 회생계획안의 현재가치비율을 그대로 사용하되, 회생계획안의 현재가치비율 산정기준일과 소가결정일 사이의 기간 차이를 보충적 요소로 고려하여 소가결정을 하는 경우가 많다.

한편, 출자전환을 통해 취득하는 주식의 가치 역시 회생계획으로 얻을 이익에 해당하므로 상장회사의 주식 등과 같이 시가가 형성되어 있는 경우에는 원칙적으로 이를 고려하여야 한다. 다만 상장회사를 제외하고 회생절차가 진행 중인 채무자의 주식가치는 거의 없는 경우가 대부분이어서 실제로 그로 인한 이익을 반영하는 경우는 많지 않을 것이다.[268]

(6) 소가결정에 대한 불복

소가결정에 대하여는 즉시항고할 수 있다는 규정이 없으므로 불복할 수 없으나(법 제13조), 민사소송법상의 특별항고는 가능하다(법 제33조, 민사소송법 제449조).

(7) 재도의 소가결정

이미 회생계속법원이 소가결정을 하였는데, 그 본안 판결의 패소자가 항소하면서 종전에 결정된 소가를 감액받을 의도로 재도의 소가결정신청을 하는 경우가 있다. 그러나 소가는 한번 결정된 이상 각 심급마다 소가결정을 따로 할 근거가 없을 뿐 아니라, 소가결정에 대해서는 통상적인 방법의 불복도 허용되지 않으므로 재도의 소가결정신청은 허용되지 않는다. 따라서 일부 승소의 원심판결에 대하여 항소한 경우도 일단 제1심에서 소가가 결정된 이상 다시 소가결정신청을 할 수 없다.[269] 이 경우 항소심은 제1심에서 결정된 소가를 기준으로 항소된 부분의 비율에 상응하는 소가를 계산하여 항소심의 소가로 산정할 수 있을 것이다.

소가결정이 있은 후 회생계획안이 변경되어 회생계획으로 얻을 이익의

---

268) 회생사건실무(상), 616면.
269) 서울지방법원 2003. 12. 17.자 2001회3 결정은 소가결정신청인이 일부 승소의 원심판결에 대하여 항소하면서 한 소가결정신청을 위와 같은 이유로 각하하였다.

예정액이 변동되었다는 사유를 들어 재도의 소가결정 신청이 가능한지 문제
된다. 하급심 중에는 어떤 사건에 관하여 법원이 이미 소를 제기한 때를 기
준으로 소가결정을 하였다면 그 후 회생계획이 변경되어 회생계획으로 얻을
이익의 예정액에 변동사유가 발생하였다고 하더라도 종전에 결정된 소가를
감액받을 의도로 하는 소가결정신청은 허용되지 않는다는 취지로 판시한 예
가 있다.[270]

　　다만, 청구취지가 변경(확장)된 경우에는 변경된 청구에 관하여 소가가
결정된 적이 없는 이상 회생계속법원이 다시 그 소가를 결정해 주어야 한다.
그러나 회생절차개시 당시 계속 중인 소송을 수계한 경우의 청구취지 확장
은 채권신고, 채권조사를 거쳐 이의채권으로 되는 경우에 한하여 허용되고,
채권조사확정재판에 대한 이의의 소의 청구취지 확장은 제소기간과 법 제
173조에 따른 주장의 제한으로 인해 허용되는 경우가 거의 없다. 청구취지
확장이 허용되지 않는 경우에는 다시 소가결정을 하더라도 그에 따른 실익
이 크지 않고 오히려 소송 지연을 초래할 수 있으므로, 이 경우 소가결정은
제한적으로 허용함이 바람직하다.[271]

사. 회생채권 등의 확정에 관한 재판의 효력

(1) 조사결과의 기재 및 기재의 효력

　　법원사무관 등은 회생채권과 회생담보권 조사의 결과를 회생채권자표와
회생담보권자표에 기재하여야 한다. 채무자가 이의를 제출한 때에도 기재한
다(법 제167조 제1항).

　　확정된 회생채권 및 회생담보권을 회생채권자표 및 회생담보권자표에
기재한 때에는 그 기재는 회생채권자, 회생담보권자와 주주·지분권자 전원
에 대하여 확정판결과 동일한 효력이 있는데(법 제168조), 이 확정판결과 동

---

270) 서울고등법원 2016. 9. 2. 선고 2014나53303, 53310(병합), 53327(병합) 판결[대법
　　원 2019. 10. 31. 선고 2016다51538, 51545(병합), 51552(병합) 판결로 상고기각].
271) 회생사건실무(상), 617면.

일한 효력의 의미에 관하여 최근의 판례·학설은 적어도 확정판결의 기판력과 동일한 내용의 효력을 갖는 것으로는 인정하지 아니하고, 그 효력을 회생절차 내 또는 그와 관계있는 범위 내에서 불가쟁의 효력으로 이해하는 데에는 일치하고 있다.272)273)

회생채권자표 등의 기재내용에 잘못된 계산이나 기재, 그 밖에 이와 비슷한 잘못이 있음이 분명한 경우 처리방법이 문제된다. 이에 대해 회생채권자표 등의 작성권자는 법원사무관 등이므로 회생채권자표 등에 명백한 오류가 있는 경우 법원사무관 등이 간이하게 재판서 등의 오자 정정방식에 의해 정정할 수 있다는 견해274)와 회생채권자 등이 신고한 내용 및 관리인이 제출한 목록에 따라 법원사무관 등이 회생채권자표 등에 기재한 사항에 명백한 오류 또는 잘못된 계산이 있는 경우에는 법원사무관 등이 직권으로 정정

---

272) 대법원 1991. 12. 10. 선고 91다4096 판결은 "정리채권과 정리담보권에 관한 정리채권자표와 정리담보권자표의 기재는 정리채권자·정리담보권자와 주주 전원에 대하여 확정판결과 동일한 효력이 있다고 규정한 취지는 정리채권자표와 정리담보권자표에 기재된 정리채권과 정리담보권의 금액은 정리계획안의 작성과 인가에 이르기까지의 정리절차의 진행과정에 있어서 이해관계인의 권리행사의 기준이 되고, 관계인집회에 있어서 의결권 행사의 기준으로 된다는 의미를 가지는 것으로서, 위 법조에서 말하는 확정판결과 동일한 효력이라 함은 기판력이 아닌 확인적 효력을 가지고 정리절차 내부에 있어 불가쟁의 효력이 있다는 의미에 지나지 않는다."고 판시하였다. 대법원 2017. 6. 19. 선고 2017다204131 판결, 대법원 2013. 9. 12. 선고 2013다29035(본소), 29042(반소) 판결은 개인회생채권자표 기재의 '확정판결과 동일한 효력'(법 제603조 제2항)에 관하여도 동일한 취지로 판시하였다.

273) 한편, 법 제286조 또는 제287조의 규정에 의한 인가 전 폐지결정이 확정된 때에는 확정된 회생채권 또는 회생담보권에 관하여는 회생채권자표 또는 회생담보권자표의 기재는 채무자에 대하여 확정판결과 동일한 효력이 있고(다만, 채무자가 회생채권과 회생담보권의 조사기간 또는 특별조사기일에 그 권리에 대하여 이의를 하지 아니한 경우에 한함), 회생채권자 또는 회생담보권자는 회생절차 종료 후 파산절차로 이행하지 않는 한 회생채권자표 또는 회생담보권자표에 기하여 강제집행을 할 수 있다(법 제292조).

274) 위 견해에 의하면, 법원사무관 등은 회생채권자표 등에 명백한 오류나 잘못된 계산이 있는 경우 이를 확인하여 일반적인 문서의 정정방식을 규정한 재판예규에 따라 정정하게 될 것이다(재판예규 제243호 '재판서 기타 법원의 소송서류 중 오자 정정요령' 참조).

하고, 회생채권 등의 조사결과를 회생채권자표 등에 기재한 사항에 명백한 오류나 잘못된 계산이 있는 경우에는 민사소송법의 규정(법 제33조, 민사소송법 제211조)에 따라 법원이 경정결정을 할 수 있다는 견해275)가 대립한다.

대법원은, 이미 소멸된 채권이 이의 없이 확정되어 회생채권자표에 기재되어 있더라도 이로 인하여 채권이 있는 것으로 확정되는 것은 아니므로, 이것이 명백한 오류인 경우에는 법원의 경정결정에 의하여 바로잡을 수 있고, 그렇지 아니한 경우에는 무효확인의 판결을 얻어 이를 바로잡을 수 있다고 판시하였다.276)

다만, 채권조사기일 당시 유효하게 존재하였던 채권에 대하여 관리인 등으로부터의 이의가 없는 채로 회생채권자표가 확정되어 그에 대하여 불가쟁의 효력이 발생한 경우는 관리인으로서는 더 이상 부인권을 행사하여 그 채권의 존재를 다툴 수 없게 되었으므로, 관리인이 사후에 한 그러한 부인권 행사의 적법성을 용인하는 전제에서 이미 확정된 회생채권자표 기재의 효력을 다투어 그 무효확인을 구하는 것 역시 허용될 수 없다.277)

(2) 채권조사확정재판 결과 등의 기재 및 재판의 효력

(가) 소송결과 등의 기재

법원사무관 등은 관리인·회생채권자·회생담보권자의 신청에 의하여 회생채권 또는 회생담보권의 확정에 관한 소송결과를 회생채권자표 및 회생담보권자표에 기재하여야 한다(법 제175조). 여기서 소송결과란 종국판결 외에도 그 소송의 확정적 결론, 즉 화해, 청구의 포기·인낙·조정 등의 결론도 포함한다. 또한 채권조사확정재판에 대한 이의의 소가 제소기간을 지나서 제

---

275) 위 견해에 대하여는 작성권자가 동일함에도 신고사항에 대한 정정과 조사결과에 대한 정정을 달리 취급한다는 비판이 있으나, 조사결과 확정된 회생채권 등을 회생채권자표 등에 기재한 때에는 그 기재는 확정판결과 동일한 효력이 있으므로, 법원이 판결경정에 준해 경정결정에 의해 회생채권자표 등을 정정할 수 있다고 본다.
276) 대법원 2016. 3. 24. 선고 2014다229757 판결, 대법원 1991. 12. 10. 선고 91다4096 판결.
277) 대법원 2003. 5. 30. 선고 2003다18685 판결.

기되었거나 각하된 때에도 그 재판의 내용을 기재하여야 한다. 명문의 규정
은 없으나 채권조사확정재판에 대한 이의의 소가 취하된 때에도 마찬가지이
다.[278]

관리인·회생채권자·회생담보권자는 신청시 재판서의 등본 및 당해 재
판의 확정에 관한 증명서를 제출하여야 하고(규칙 제67조), 법원사무관 등은
소명자료의 첨부 여부와 그 내용을 검토한 후 회생채권자표 및 회생담보권
자표에 소송의 결과를 기재하여야 한다.

회생계획인가결정 후 회생절차가 종결되더라도 채무자는 회생계획에서
정한 대로 채무를 변제하는 등 회생계획을 계속하여 수행할 의무를 부담하
므로, 회생절차가 종결된 후에 회생채권 등의 확정소송을 통하여 채권자의
권리가 확정되면 소송의 결과를 회생채권자표 등에 기재할 수 있다.[279]

확정에 관한 소송의 판결과 채권조사확정재판의 효력에 대하여는 별도
의 규정이 있으므로(법 제176조), 회생채권자표 또는 회생담보권자표에 확정
에 관한 소송결과를 기재하는 것은 단순히 확인적 내지 공증적 의미를 가지
는 것에 그치고, 조사절차에서 확정된 회생채권 또는 회생담보권에 대한 기
재가 그 기재에 의하여 비로소 확정판결과 동일한 효력을 가지게 되는 것(법
제168조)과는 다르다.[280] 다만 확정에 관한 채권조사확정재판의 내용이나 소
송결과가 회생채권자표 또는 회생담보권자표에 기재되면, 회생채권자 및 회
생담보권자는 회생절차 종료 후 회생채권자표 또는 회생담보권자표를 집행
권원(법 제255조 제2항, 제248조, 제292조 제2항, 제293조)으로 하여 채무자의 재
산에 대하여 강제집행을 할 수 있는 실익이 있다.[281]

(나) 재판의 효력 확장

회생채권 등의 확정에 관한 소송에 대한 판결은 소가 부적법하여 각하

---

278) 주석 채무자회생법 (Ⅱ), 801면.
279) 대법원 2014. 1. 23. 선고 2012다84417, 84424, 84431 판결 참조.
280) 임채홍·백창훈(상), 648면.
281) 주석 채무자회생법 (Ⅱ), 802면.

된 경우를 제외하고는 회생채권자, 회생담보권자, 주주·지분권자 전원에 대하여 확정판결과 동일한 효력이 있다(법 제176조 제1항). 회생채권 등의 확정에 관한 소송에 대한 판결이라 함은 회생채권 등에 관한 이의를 해결하기 위한 일체의 소송에 대한 판결이 포함되고, 화해, 청구의 포기·인낙조서(민사소송법 제220조), 확정된 화해권고결정(민사소송법 제231조), 조정을 갈음하는 결정(민사조정법 제30조) 등과 같이 확정판결과 동일한 효력이 있는 결정도 포함된다.282) 법 제176조 제1항에 의하여 확장되는 것은 기판력이고, 기판력의 확장은 판결의 확정시에 생긴다.283)

채권조사확정재판에 대한 이의의 소가 결정서의 송달일부터 1월 이내에 제기되지 아니하거나 각하된 때에는 채권조사확정재판은 회생채권자, 회생담보권자, 주주·지분권자 전원에 대하여 확정판결과 동일한 효력이 있다(법 제176조 제2항). 명문의 규정은 없지만 채권조사확정재판에 대한 이의의 소가 취하된 때에도 동일하게 보아야 할 것이다. 법 제176조 제2항의 '확정판결과 동일한 효력'은 기판력이 아니라 회생절차 내에서의 불가쟁력에 불과하다.284)

원래 확정판결의 효력은 당해 소송의 당사자 등 민사소송법 제218조에 규정된 사람에 대하여만 미치지만, 회생절차와 같은 집단적 채무처리절차에서는 채권조사의 대상이 된 회생채권 등을 모든 이해관계인에 대하여 일률적으로 정할 필요가 있고 소송당사자 이외의 다른 이해관계인은 스스로 이의를 제기하지 않은 이상 채권조사확정재판 또는 채권확정에 관한 재판의 결과를 승인할 의사를 표명하였다고 볼 수 있어 그와 같은 승인을 한 이상 채권조사확정재판결과에 의하여 불이익을 입었다고 볼 수 없기 때문에 법

---

282) 条解(中), 803면; 条解 民事再生法, 577면.

283) 임채홍·백창훈(상), 646면; 전대규, 641면.

284) 대법원은, 개인회생채권조사확정재판에 대한 이의의 소가 제기되지 아니한 경우 그 재판이 가지는 확정판결과 동일한 효력(법 제607조 제2항)에 관하여 '기판력이 아닌 확인적 효력을 가지고 개인회생절차 내부에 있어 불가쟁의 효력'이라고 판시하였다(대법원 2017. 6. 19. 선고 2017다204131 판결).

제176조는 판결효의 일반원칙에 대한 특칙으로서 회생채권자, 회생담보권자 및 주주·지분권자에게 판결효의 확장을 인정하고 있는 것이다. 다만, 회생채권 등의 확정에 관한 소송의 당사자 사이에는 소송의 일반원칙에 따라 회생절차 밖에서도 판결효가 미친다.[285]

판결의 효력이 확정되는 범위에는 회생채권 등에 관하여 이의를 진술하지 않은 회생채권자, 회생담보권자, 주주·지분권자뿐만 아니라 이의를 진술했더라도 필요한 소송절차를 수행하지 않은 회생채권자 등이 포함되고, 법문상 기재는 없으나 관리인도 포함된다.[286]

---

285) 주석 채무자회생법 (Ⅱ), 805면.
286) 임채홍·백창훈(상), 647면.

회생계획인가의 결정이
소송절차 등에 미치는 영향

1. 인가결정의 도산법적 효과 개관

채무자의 효율적 회생을 위한 계획으로서, 이해관계인의 권리변경 및 변제방법, 채무자의 조직변경 등에 관한 사항을 정하여 문서화한 회생계획안이 제출되어 관계인집회 등에서 심리·결의를 거쳐 최종적으로 법원이 인가결정을 하면 그때[287]부터 회생계획의 효력이 발생한다(법 제246조). 회생계획의 인가 여부의 결정에 대하여는 즉시항고를 할 수 있으나(법 제247조 제1항), 회생계획인가의 결정에 대한 항고는 회생계획의 수행에 영향을 미치지 아니한다(법 제247조 제3항 본문).[288]

---

[287] 회생계획인가결정의 효력발생시기에 관하여 법 제246조가 말하는 '인가의 결정이 있은 때'의 의미는, 관계인집회기일에서 인가결정을 선고하는 경우에는 선고 시를 뜻하고, 기일 외에서 법 제244조 제1항에 규정된 권리보호조항을 정하여 인가결정을 하거나(이른바 강제인가) 서면결의를 거쳐 인가결정을 하고 공고를 하는 경우에는 그 인가결정의 공고가 있은 날의 다음 날(법 제9조)을 뜻한다. 주석 채무자회생법 (Ⅲ), 427면.

[288] 회생계획은 기본적으로 채무자 또는 그 사업의 회생을 위한 계획이기 때문에 인부결정의 확정을 기다리다가 그 시기를 놓치면 소기의 목적을 달성할 수 없는 경우가 발생할 수 있을 뿐 아니라, 인가결정 당시 법원에서 그 인가요건을 심사하기 때문에 뒤에 그 인가결정이 취소되는 사례가 매우 적어 인가결정이 있은 때부터 효력이 발생하도록 한 것이다. 다만, 항고가 이유 있다고 인정되고 회생계획의 수행으로 생길

가. 면책 및 권리의 소멸

(1) 회생계획인가의 결정이 있으면, 채무자는 회생계획이나 법의 규정에 의하여 인정된 권리를 제외한 모든 회생채권과 회생담보권에 관하여 그 책임을 면하며, 주주·지분권자의 권리와 채무자의 재산상에 있던 모든 담보권은 소멸한다(법 제251조 본문).[289] 따라서 회생절차 중에 목록에 기재되지 아니하거나 신고하지 않은 권리, 회생계획에서 존속할 것을 정하지 않은 권리는 특별한 사정이 없는 한 모두 실권하게 된다.

반면 회생계획이나 법의 규정에 의하여 인정된 권리는 실권되지 않는다. 이에 해당하는 것으로는, 회생계획에서 주주·지분권자에 대한 권리를 인정한 경우 주식 또는 출자지분의 신고를 하지 않은 주주·지분권자에 대하여도 인정되는 권리(법 제254조)가 있다. 발행된 주식 또는 출자지분의 수액은 이미 주주명부나 사원명부를 통해 쉽게 알 수 있으므로 이를 신고하지 않았더라도 회생계획의 수립이나 수행에 지장을 초래하는 것은 아니기 때문이다.[290]

회복할 수 없는 손해를 예방하기 위하여 긴급한 필요가 있음을 소명한 경우에는 항고법원 또는 회생계속법원은 소정의 요건에 따라 회생계획의 전부나 일부의 수행을 정지하거나 그 밖에 필요한 처분(가처분)을 할 수 있다(법 제247조 제3항 단서). 위 가처분은 특수한 가처분으로서 민사집행법 제300조 이하가 적용되지 않는다는 것에 대해서는 임채홍·백창훈(하), 353면.

289) 대법원 2016. 12. 27. 선고 2016다35123 판결, 대법원 2010. 12. 9. 선고 2007다44354(본소), 44361(반소) 판결 등 참조. 위 2007다44354(본소), 2007다44361(반소) 판결은 '법 제148조, 제251조 등의 규정을 종합하면, 회생절차에 참가하고자 하는 회생채권자는 회생채권의 원인 및 내용을 법원에 신고하여야 하고, 신고하지 아니한 회생채권은 회생계획인가결정이 있는 때에는 실권되는데, 이와 같이 실권된 회생채권은 그 후 회생절차가 폐지되더라도 부활하지 아니하므로 그 확정을 구하는 소는 소의 이익이 없어 부적법하며, 회생채권 확정의 소에서 회생채권의 신고 여부는 소송요건으로서 직권조사사항이다. 그러나 회생계획인가 전에 회생절차가 폐지되거나 회생계획불인가결정이 확정된 경우에는 위와 같이 신고하지 아니한 회생채권이라도 실권되지 아니하며, 그 후부터는 통상의 소송을 제기하거나 계속 중인 회생채권 확정의 소를 통상의 소송으로 변경할 수 있다'라는 취지로 판시하였다.

290) 회생사건실무(하), 111면.

(2) 한편 법 제147조로 관리인의 목록제출의무를 규정한 이후 관리인이 특정 채권의 존재를 알면서도 회생채권자 등 목록에 기재하지 아니하고 그 채권자 역시 회생절차개시의 통지를 받지 못하는 등의 사유로 채권신고를 하지 못한 경우에도 당해 채권이 실권하는 것인지 여부에 관하여는 논의의 여지가 있다.291) 이에 대하여 대법원은 2012. 2. 13.자 2011그256 결정에서 "회생채권자 목록 제도의 취지에 비추어 볼 때, 관리인은 비록 소송절차에서 다투는 등으로 회생절차에 관하여 주장되는 어떠한 회생채권의 존재를 인정하지 아니하는 경우에도, 그 회생채권의 부존재가 객관적으로 명백한 예외적인 경우가 아닌 한 이를 회생채권자 목록에 기재하여야 할 의무가 있다. 그리고 회생절차에서 회생채권자가 회생절차의 개시사실 및 회생채권 등의 신고기간 등에 관하여 개별적인 통지를 받지 못하는 등으로 회생절차에 관하여 알지 못함으로써 회생계획안 심리를 위한 관계인집회가 끝날 때까지 채권신고를 하지 못하고, 관리인이 그 회생채권의 존재 또는 그러한 회생채권이 주장되는 사실을 알고 있거나 이를 쉽게 알 수 있었음에도 회생채권자 목록에 기재하지 아니한 경우, 법 제251조의 규정에 불구하고 회생계획이 인가되더라도 그 회생채권은 실권되지 아니하고, 이때 그 회생채권자는 법 제152조 제3항에 불구하고 회생계획안 심리를 위한 관계인집회가 끝난 후에도 회생절차에 관하여 알게 된 날로부터 1개월 이내에 회생채권의 신고를 보완할 수 있다고 해석하여야 한다. 이와 달리 위와 같은 경우 회생계획의 인가결정에 의하여 회생채권이 실권되고 회생채권의 신고를 보완할 수 없다

---

291) 회사정리법에서 신고하지 않은 채권의 실권을 정당화하는 중요한 근거 중의 하나는 채권자가 신고를 할 수 있었음에도 불구하고 이를 해태하였으므로 그에 따른 불이익 또한 감수하여야 한다는 데 있었는데, 법은 채권자의 실권을 방지하기 위한 목적에서 관리인의 목록제출의무 제도를 새로이 도입하였으므로 관리인의 악의적인 목록제출의무 위반과 채권자의 회생절차개시 사실 부지로 인한 채권 미신고가 결합된 경우까지 당해 채권이 실권되었다고 하는 것은 고의로 의무를 위반한 자를 보호하고 상대방의 정당한 권리를 박탈하는 결과가 되어 부당하며 헌법상 적법절차의 원리에도 반할 뿐 아니라 법이 신설한 목록제출제도를 무력화할 수 있다는 점을 든다. 회생사건실무(하), 107-109면.

고 해석하는 것은, 회생채권자로 하여금 회생절차에 참가하여 자신의 권리의 실권 여부에 관하여 대응할 수 있는 최소한의 절차적 기회를 박탈하는 것으로서 헌법상의 적법절차 원리 및 과잉금지 원칙에 반하여 재산권을 침해하는 것으로 허용될 수 없다."고 설시하면서, 회생계획안 심리를 위한 관계인집회가 끝난 이후에 이루어진 추후 보완신고라는 이유로 법 제152조 제3항 제1호에 의하여 채권신고를 각하한 원심결정을 파기하였다. 이에 따르면, 개별적인 송달이나 통지를 받지 못하여 회생절차에 관하여 알지 못한 채권자가 채권신고를 하지 못하였고, 관리인은 채권자 주장의 회생채권에 관하여 충분히 알았거나 쉽게 알 수 있었음에도 목록에 기재하지 않은 경우에는 회생계획인가결정에 의하여 실권되었다고 볼 수 없고, 회생계획안 심리를 위한 관계인집회 종료 여부와 관계없이 적법하게 신고를 보완할 수 있다. 만약 회생절차가 종료된 경우라면, 위와 같은 채권자는 채무자를 상대로 이행의 소를 제기하는 등의 방법으로 그 권리를 구제받을 수 있게 된다.[292]

또한 회생채권 등의 조사절차 등을 통하여 확정된 권리가 관리인의 잘못 등으로 회생계획의 권리변경 및 변제대상에서 아예 누락되거나 혹은 이미 소멸한 것으로 잘못 기재되어 권리변경 및 변제대상에서 제외되기에 이른 경우에는 특별한 사정이 없는 한 법 제251조의 적용대상이라 할 수 없고, 나아가 위와 같은 경위로 확정된 권리가 권리변경 및 변제대상에서 누락되거나 제외된 회생계획을 가리켜 법 제252조 제1항에 따라 확정된 권리를 변제 없이 소멸시키는 권리변경을 규정한 것이라고 볼 수도 없으므로, 그 경우 확정된 권리가 회생계획의 권리변경 및 변제대상에서 누락되거나 제외된 회

---

[292] 대법원 2020. 9. 3. 선고 2015다236028(본소), 236035(반소) 판결 참조. 또한 대법원은 2020. 8. 20.자 2019그534 결정에서 '회생절차가 종결하면, 추후 보완신고한 채권자는 채무자를 상대로 이행의 소를 제기하는 등으로 그 권리를 구제받을 수 있을 뿐, 더 이상 회생채권 신고 및 조사절차 등 법이 정한 회생절차에 의하여 회생채권을 확정받을 수 없다. 회생절차가 종결되면, 회생채권 추후 보완신고 각하결정에 대하여 더 이상 특별항고로 불복할 이익이 없으므로 특별항고는 부적법하다'고 판시하였다.

생채권자 등은 회생계획인가결정에 대한 불복이 아니라 채무자에 대하여 아직 회생절차가 진행 중인 때에는 회생계획의 경정 등을 통하여, 회생절차가 종결된 때에는 종결 후의 채무자를 상대로 이행의 소를 제기하여 그 권리를 구제받을 수 있다.293)

(3) 면책·소멸의 대상이 되는 권리는 회생계획에 존속 규정이 없거나 법에 특별한 규정이 없는 회생채권, 회생담보권, 주주·지분권자의 권리이고, 회생채권에 해당하는 조세채권도 마찬가지이다.294) 그러나 공익채권295)이나 환취권(법 제70조), 회생절차 개시 전의 벌금, 과료, 형사소송비용, 추징금과 과태료(법 제251조 단서, 제140조 제1항)는 면책되거나 소멸하지 않는다. 법 제251조 단서에 의하여 면책·소멸되지 않는 청구권은 한정적으로 열거된 것으로 보아야 하므로 과징금청구권은 회생계획인가결정으로 면책되는 것으로 해석된다.296)

회생계획에서 존속규정을 두지 않은 담보권은 회생계획인가결정으로 소멸하므로(법 제251조 본문), 채무자 소유의 부동산에 설정된 담보권이 소멸하

---

293) 대법원 2008. 6. 26. 선고 2006다77197 판결 참조.
294) 대법원 2007. 9. 6. 선고 2005다43883 판결에서 대법원은, 조세부과처분은 추상적으로 성립하여 있는 조세채권에 관하여 구체적인 세액을 정하고 체납처분 등의 자력집행권을 수반하는 구체적인 조세채권을 발생시키는 조세행정행위이므로, 비록 회사정리개시결정 전에 조세채권이 추상적으로 성립하여 있었다고 하더라도 장차 부과처분에 의하여 구체적으로 정하여질 조세채권을 정리채권으로 신고하지 아니한 채 정리계획인가결정이 된 경우에는 회사정리법 제241조(현행법 제251조)의 규정에 따라 과세관청이 더 이상 부과권을 행사할 수 없으며, 따라서 그 조세채권에 관하여 정리계획인가결정 후에 한 부과처분은 부과권이 소멸한 뒤에 한 위법한 과세처분으로서 그 하자가 중대하고도 명백하여 당연무효라고 판시하여, 부과처분에 의하여 과세관청이 받은 금액은 부당이득에 해당한다고 하였다.
295) 회생계획에서 공익채권에 관하여 변제기의 유예 또는 채권의 감면 등 공익채권자의 권리에 영향을 미치는 규정을 정할 수는 없고, 설령 회생계획에서 그와 같은 규정을 두었다고 하더라도 그 공익채권자가 이에 대하여 동의하지 않는 한 그 권리변경의 효력은 공익채권자에게 미치지 않는다[대법원 2016. 2. 18. 선고 2015다10868, 10875(병합) 판결, 대법원 2016. 2. 18. 선고 2014다31806 판결, 대법원 2010. 1. 28. 선고 2009다40349 판결, 대법원 2006. 1. 20.자 2005그60 결정 등 참조].
296) 대법원 2013. 6. 27. 선고 2013두5159 판결 참조.

는 경우 법원은 직권으로 그 말소등기를 촉탁하여야 하고(법 제24조 제2항),
만약 회생채무자의 채권을 양도담보로 제공하였다면 담보권자는 제3채무자
로부터 당해 채권을 회수할 수 없으며, 양도담보의 목적으로 이루어진 채권
양도 역시 그 효력을 상실하여 그 채권은 다시 채권양도인인 회생채무자에
게 당연히 이전(복귀)된다.[297)

(4) 법 제251조에 의한 '책임을 면한다'는 의미에 관하여 채무가 절대적
으로 소멸한다는 견해(채무소멸설)와 채무 자체는 존속하지만 채무자에 대하
여 이행을 강제할 수 없는 이른바 자연채무로 남는다는 견해(책임소멸설), 그
리고 종국적으로는 책임만의 소멸이지만 회생절차 중에는 채권의 효력이 정
지되어 마치 채권 자체가 소멸한 것과 같이 보아야 한다는 견해가 있는
데,[298) 대법원 판례는 "채무 자체는 존속하지만 회사에 대하여 이행을 강제
할 수 없다고 봄이 상당하다."고 판시하여 책임소멸설을 취하고 있다.[299)

나. 권리의 변경

회생계획인가의 결정이 있으면 회생채권자, 회생담보권자와 주주·지분
권자의 권리는 그 회생계획의 내용(회생계획안이 가결되지 않은 경우의 인가, 즉
강제인가에 있어서는 권리보호조항의 내용)과 같이 실체적으로 변경되는데(법 제

---

297) 이러한 채권의 이전은 법률의 규정에 의한 것이어서 지명채권양도의 대항요건에 관
한 민법의 규정이 적용되지 않으므로, 이전된 채권의 채무자(제3채무자)로서는 그 채
권의 이전에 관한 채권양수인(담보권자)의 통지 또는 채권양수인의 동의를 얻은 채권
양도인(회생채무자)의 철회의 통지 등의 유무와 관계없이 채권자로서의 지위를 상실
한 채권양수인의 청구를 거부할 수 있다(대법원 2003. 9. 5. 선고 2002다40456 판결).

298) 채무소멸설과 책임소멸설의 실제적인 차이는, 면책된 회생채권·회생담보권에 대한
변제가 향후 파산절차가 개시된 경우에 무상부인(법 제391조 제4호)의 대상으로 되
는가, 부당이득으로 그 반환청구를 할 수 있는가의 문제에서 나타난다.

299) 대법원 2018. 11. 29. 선고 2017다286577 판결, 대법원 2001. 7. 24. 선고 2001다
3122 판결 등 참조. 한편 대법원은 위의 2017다286577 판결을 통하여 법 제251조가
말하는 면책이란 채무 자체는 존속하지만 채무자에 대하여 이행을 강제할 수 없다는
의미인 데 반하여, 법 제252조 제1항이 말하는 권리변경이란 채무와 구별되는 책임
만이 변경되는 것이 아니라 회생계획의 내용대로 권리가 실체적으로 변경된다는 의
미임을 분명히 하였다.

252조 제1항), 법 제251조의 면책과 달리 여기서의 변경은 채무와 구별되는 책임만의 변경을 의미하는 것은 아니다. 따라서 회생채권자 등의 권리300)는 회생계획에 따라 변경되어 채무의 전부 또는 일부 면제의 효과가 생기고, 기한을 유예한 경우에는 그에 따라 채무의 기한이 연장되며, 회생채권이나 회생담보권을 출자전환하는 경우에는 그 권리는 인가결정 시 또는 회생계획에서 정하는 시점에 소멸한다.301)

주식의 질권자는 인가된 회생계획에 따른 권리의 변경으로 주주가 받을 금전 그 밖의 물건, 주식 또는 출자지분, 채권 그 밖의 권리와 주권에 대하여 물상대위(상법 제339조)가 인정되고, 이 경우 등록질의 질권자는 채무자에게 주식에 대한 주권의 교부(상법 제340조 제3항)를 청구할 수 있다(법 제252조 제2 항).

이처럼 인가결정에 의하여 생긴 권리변경의 효과는 그 뒤 회생절차가 폐지되더라도 존속한다(법 제288조 제4항).

다. 회생채권자표 등의 기재와 그 효력

(1) 회생계획인가결정이 확정된 때에는 법원사무관 등은 회생계획에서 인정된 권리를 회생채권자표, 회생담보권자표와 주주·지분권자표에 기재하여야 하고(법 제249조), 이러한 회생채권자표와 회생담보권자표의 기재는 확정판결과 동일한 효력302)이 있으며, 회생절차가 종료된 때에는 집행권원이 된다(법 제255조).

---

300) 회생계획에 의하여 정하여진 회생채권자·회생담보권자의 권리는 확정된 회생채권·회생담보권을 가진 자에 대하여만 인정되므로(법 제253조), 회생계획인가결정 당시 권리확정소송이 계속되는 등으로 그 권리가 확정되지 않은 경우에는 그 권리가 확정된 경우에 인가결정 시로 소급하여 회생계획에 정하여진 권리가 인정된다. 주석 채무자회생법 (Ⅲ), 433면.

301) 대법원 2017. 10. 26. 선고 2015다224469 판결, 대법원 2003. 3. 14. 선고 2002다20964 판결 등 참조

302) 한편 법 제168조도 확정된 회생채권자표 및 회생담보권자표의 기재는 확정판결과 동일한 효력이 있다고 규정하는바, 법 제255조 제1항의 기재가 회생계획인가 후의 권리를 내용으로 한다면 법 제168조의 기재는 회생계획에 의한 권리변경이 생기기 전의 권리를 내용으로 한다는 차이점이 있다. 회생사건실무(하), 122면.

법 제255조 제1항에서 말하는 '확정판결과 동일한 효력'에 기판력이 포함되는가에 대하여 학설의 대체적인 견해는 기판력을 부정하는 입장으로 보이며, 대법원도 이에 관하여 기판력이 아닌 확인적 효력을 갖고 회생절차 내부에서 불가쟁의 효력이 있다는 의미로 보아 기판력을 부정하는 입장이다.303) 따라서 회생절차의 목적을 떠나서 회생절차 종료 후 회생채권자들의 개별집행이 경합되는 경우나 채무자가 파산한 경우 기판력이 인정되지 않는 것으로 보아야 한다.304)

(2) 불가쟁의 효력이 미치는 객관적 범위는 회생계획에 의하여 인정된 권리에 관한 회생채권자표·회생담보권자표의 기재이다. 반면 벌금·조세 등 공법상 청구권은 신고가 있으면 회생채권자표·회생담보권자표에 기재는 되지만(법 제156조 제2항, 제167조 제1항), 관리인은 채무자가 할 수 있는 방법으로 불복신청을 할 수 있을 뿐이므로(법 제157조 제1항), 위와 같은 효력이 미치는 범위에는 포함되지 않는다.305)

(3) 불가쟁의 효력이 미치는 주관적 범위는 채무자, 회생채권자·회생담

---

303) 따라서 존재하지 아니하거나 이미 소멸한 회생채권이나 회생담보권이 이의 없이 확정되어 회생채권자표나 회생담보권자표에 기재되어 있더라도 이로 인하여 권리가 있는 것으로 확정되는 것은 아니므로, 이것이 명백한 오류인 경우에는 회생법원의 경정결정에 의하여 이를 바로잡을 수 있고 그렇지 아니한 경우에는 무효확인의 판결을 얻어 이를 바로잡을 수 있다(대법원 2005. 6. 10. 선고 2005다15482 판결, 대법원 2003. 5. 30. 선고 2003다18685 판결 등 참조).

304) 예를 들면, 회생계획인가의 결정을 받은 채무자에 대하여 회생절차가 폐지되고 파산선고가 된 경우 본조에 의하여 확정판결과 동일한 효력을 갖게 된 회생채권자표에 기재된 채권자의 권리는 법 제466조 제1항 소정의 '집행력 있는 집행권원'을 갖는 채권에 해당하지만, 이러한 경우 그 집행권원에는 기판력이 인정되지 않으므로 청구이의의 소에 의하여 이의를 주장하는 경우에는 민사집행법 제44조 제2항의 변론종결 후의 사유만을 주장하여야 한다는 제한을 받지 않는다. 따라서 회생계획인가결정의 효력이 발생하기 전의 사유라도 청구이의의 소에서 주장할 수 있다. 또한, 회생절차 종료 후 회생채권자들 사이에 채무자의 재산에 대한 개별집행에서 경합한 경우 그 배당이의소송에서는 서로 간에 회생채권자표의 기재에 구속되지 않는다(대법원 2003. 9. 26. 선고 2002다62715 판결 등 참조).

305) 회생사건실무(하) 123면.

보권자·주주·지분권자, 회생을 위하여 채무를 부담하거나 또는 담보를 제 공하는 자, 신회사(합병 또는 분할합병으로 설립되는 신회사를 제외한다)이다(법 제 255조 제1항). 명문의 규정은 없지만, 관리인도 포함된다는 데 대하여 이론이 없다.306) 법 제286조 또는 제287조에 따라 회생계획인가 전에 회생절차폐지 의 결정이 확정된 때와는 달리, 채무자가 이의를 하였는지 여부와 관계없이 채무자에 대하여 그 효력이 미친다(법 제292조 제1항).307)

   (4) 비록 기판력은 아니라고 할지라도, 회생채권자표 등의 기재에 확정판 결과 동일한 효력을 인정하는 이상 여기에 기재된 권리는 단기의 소멸시효 에 해당한 것이라도 10년의 소멸시효기간이 적용된다고 보아야 하며(민법 제 165조 제2항, 제1항),308) 그 기재에 오류가 있는 경우 민사소송법 제211조가 정한 판결경정사유에 해당한다면 이를 준용할 수 있다[자세한 내용은 '제1장 제 3절 4. 사. (1)' 참조].

2. 인가결정이 소송절차에 미치는 영향

가. 인가결정 이후 소송이 제기된 경우의 법률관계

(1) 회생계획에서 인정되지 않은 채권에 기한 소를 제기한 경우

   회생계획인가의 결정 이후 회생계획 또는 법에서 인정되지 않은 회생채 권이나 회생담보권에 기하여 소송을 제기하는 경우309) 그러한 청구권은 면

---

306) 회생사건실무(하) 123면; 전대규, 805면.

307) 임채홍·백창훈(하), 384면.

308) 다만 법 제140조 제2항에 규정된 조세 등 청구권은 회생채권자표나 회생담보권자표 에 기재되더라도 확정판결과 같은 효력이 생기는 것이 아니므로, 시효기간에 영향이 없다. 구 토지구획정리사업법(1999. 2. 8. 법률 제5904호로 개정되기 전의 것)에 의한 토지구획정리사업과 관련한 청산금 징수채권과 같이 체납처분이 가능한 공법상의 채 권이 회사정리법상 정리채권으로 신고되어 정리채권자표에 기재되었다고 하더라도 그 시효기간이 민법 제165조에 의하여 10년으로 연장되는 것으로 볼 수 없다는 취지 의 대법원 2000. 12. 22. 선고 99두11349 판결 등 참조.

309) 이와 달리 공익채권에 기한 청구는 가능하다.

책되어 그 이행을 강제할 수 없으므로, 법원으로서는 그 소를 각하하여야 할 것이다.310)

한편 앞서 본 바와 같이, 관리인이 채권의 존재를 알면서도 회생채권자 목록에 기재하지 아니하고 채권자도 회생절차개시 사실을 통지받지 못하는 등의 사정으로 채권신고를 하지 못한 경우 법 제251조의 실권조항과 관련하여 관리인이 당해 채권의 실권으로 인한 손해배상책임을 부담하는지 여부가 문제된다. 법 제147조의 회생채권자 등 목록 제도의 취지상 관리인은 비록 어떠한 회생채권의 존재를 인정하지 않는 경우에도 그 부존재가 객관적으로 명백한 예외적인 경우가 아닌 한 회생채권자 목록에 이를 기재하여야 할 의무가 있으나, 다른 한편으로 회생채권자는 자신이 책임질 수 없는 사유로 인하여 신고기간 안에 채권신고를 하지 못한 때에는 그 사유가 끝난 후 1월 이내에 신고를 보완할 수 있는바(법 제152조 제1항), 위와 같은 회생채권자는 법 제152조 제3항에 불구하고 회생계획안 심리를 위한 관계인집회가 끝난 후에도 회생절차에 관하여 알게 된 날로부터 1월 이내에 회생채권의 신고를 보완할 수 있는 점에 비추어 보면, 비록 관리인이 회생채권의 존재 등을 쉽게 알 수 있었음에도 회생채권자 목록에 기재하지 않았다 하더라도 회생채권자가 회생절차에 관하여 알게 되어 채권신고를 통해 스스로 권리보호조치를 취할 수 있었는데도 이를 해태함으로써 그 회생채권이 실권된 경우에는 관리인이 회생채권자 목록에 회생채권을 기재하지 않은 잘못과 회생채권의 실권 사이에 상당인과관계가 있다고 할 수 없으므로 관리인의 불법행위책임이 성립한다고 보기 어렵다.311) 다만 일반적 의미에서, 관리인이 법 제82조에 규정된 선량한 관리자의 주의의무를 위반하였고 그로 인하여 이해관계인에게 손해를 입힌 경우라면 손해배상책임이 있음은 물론이다.312)

---

310) 실무상 책임소멸설의 입장에서 각하판결을 하는 것이 다수인 것으로 보이나, 청구기각판결을 하는 사례도 간혹 보인다.

311) 대법원 2014. 9. 4. 선고 2013다29448 판결 참조.

312) 전대규, 564면.

(2) 회생계획에서 인정된 채권에 기한 소를 제기한 경우

회생계획인가의 결정이 있으면 회생채권자 등의 권리는 회생계획에 따라 실체적으로 변경되어 채무의 전부 또는 일부의 면제 등의 효과가 발생하고 회생채권자표 또는 회생담보권자표에 기재되면 확정판결과 동일한 효력이 발생하는데, 회생채권자 등이 변경된 자신의 채권에 기해 새로이 소송을 제기하는 경우 어떻게 처리하여야 할 것인가가 문제된다. 법 제59조 제1항, 제131조, 제252조, 제255조, 제292조 등 관련 규정 내용에 비추어 볼 때 설사 관리인이 회생계획인가결정에서 확정된 대로 회생채권 등을 변제하지 않고 있다 하더라도, 회생절차가 진행 중인 동안에는 회생채권자 등은 회생계획에 정하여진 바에 따라 회생채권 등을 변제받을 수 있을 뿐, 강제집행을 할 수 없음은 물론 회생계획이 인가된 회생채권 등의 이행이나 그 확인을 청구할 소의 이익도 없다고 할 것이므로 그러한 소는 부적법한 것으로 각하하여야 할 것이다.313)314)

(3) 채권자가 보증인 등을 상대로 소송을 제기한 경우

회생계획은 회생채권자 또는 회생담보권자가 회생절차가 개시된 채무자의 보증인 그 밖에 회생절차가 개시된 채무자와 함께 채무를 부담하는 자315)에 대하여 가지는 권리와 채무자 외의 자가 회생채권자 또는 회생담보권자를 위하여 제공한 담보에 영향을 미치지 아니한다(법 제250조 제2

---

313) 대법원 1991. 4. 9. 선고 91다63 판결 참조.

314) 한편 회생계획인가 이후 회생절차가 종결(혹은 인가 후 폐지)되었다면 채권자에 의한 소 제기가 가능한가에 관해 의문이 있을 수 있는데, 회생채권자표 등의 기재에 확정판결과 같은 효력이 있고 금전의 지급 그 밖의 이행의 청구를 내용으로 하는 권리를 가진 자는 회생절차종료 후 채무자와 회생을 위하여 채무를 부담한 자에 대하여 회생채권자표 등에 의하여 강제집행을 할 수 있다는 점(법 제255조 제1, 2항, 제293조) 등에 비추어 볼 때 그러한 소송 역시 소의 이익이 없다고 보아야 할 것이다. 다만 시효중단의 필요 등 특별한 사정이 있는 경우에 한해 예외적으로 소의 이익을 인정할 여지는 있다고 생각된다.

315) 이에는 일반적인 보증인, 연대보증인뿐만 아니라 어음법, 수표법상의 합동채무자도 포함된다.

항).316) 이는 회생계획에 의하여 주채무자의 채무가 면책되거나 변경되더라
도, 회생채권자 등이 가지는 보증인이나 물상보증인 등에 대한 권리는 영향
을 받지 않는다는 것이므로, 회생채권자 등은 채무자의 보증인, 물상보증인
등에 대하여는 회생절차와 관계없이 언제라도 권리를 행사할 수 있다.317)

또한 회생채권자·회생담보권자 등의 권리가 목록에 기재되지 아니하거
나 신고되지 아니하는 등으로 실권된 경우에도, 이들 회생채권자·회생담보
권자는 보증인이나 물상보증인에 대하여 권리를 행사할 수 있다는 것이 통
설, 판례318)이고, 회생절차에서 제3자가 주채무를 면책적으로 인수하는 내

---

316) 민사법의 일반원칙에 의하면 주채무자에 대한 채무의 감면 등은 절대적 효력을 가
지는 것으로서 보증인이나 물상보증인에게도 그 효력이 미치게 되겠지만, 회생절차
에서는 채권자의 의사에 반하여 회생계획안이 가결되는 경우도 많고, 채무자의 회생
을 위한 채권자의 희생은 최소한에 그쳐야 하기 때문에 회생계획은 보증인이나 물상
보증인 등에게 그 효력이 미치지 않는다는 특별한 규정을 한 것이고, 대법원 1995.
10. 13. 선고 94다57800 판결에서는 이러한 규정(법 제250조 제2항과 같은 취지의 회
사정리법 제240조 제2항)이 헌법에 반하지 않는다고 판시하였다.

317) 그러나 중소기업진흥에 관한 법률 제74조의2, 신용보증기금법 제30조의3, 기술보증
기금법 제37조의3은, 재정적 어려움에 빠진 중소기업의 실효성 있는 회생과 함께 주
채무를 연대보증한 대표자 등의 재기를 도모하기 위해, 채권자가 중소벤처기업진흥
공단, 신용보증기금, 기술보증기금인 경우에는 주채무가 감면될 경우 연대보증채무
도 동일한 비율로 감면되도록 규정하고 있다.

318) 대법원 2017. 11. 23. 선고 2015다47327 판결, 대법원 2003. 5. 30. 선고 2003다
18685 판결, 대법원 2001. 6. 12. 선고 99다1949 판결 등 참조. 대법원은 위의 2003다
18685 판결에서, "신탁자가 자기 소유의 부동산에 대하여 수탁자와 부동산관리신탁
계약을 체결하고 수탁자 앞으로 신탁을 원인으로 한 소유권이전등기를 경료해 주어
대내외적으로 신탁부동산에 관한 소유권을 수탁자에게 완전히 이전한 다음 수탁자로
하여금 신탁부동산에 관하여 다시 신탁자의 채권자의 채권을 위하여 근저당권설정등
기를 경료하도록 하였다면, 수탁자는 결국 신탁자를 위한 물상보증인과 같은 지위를
갖게 되었다고 할 것이고 그 후 신탁자에 대한 회사정리절차가 개시된 경우 채권자
가 신탁부동산에 대하여 갖는 근저당권 등 담보권은 회사정리법 제240조 제2항에서
말하는 '정리회사 이외의 자가 정리채권자 또는 정리담보권자를 위하여 제공한 담보'
에 해당하여 정리계획이 여기에 영향을 미칠 수 없다고 할 것일 뿐만 아니라 채권자
가 정리채권 신고기간 내에 신고를 하지 아니함으로써 정리계획에 변제의 대상으로
규정되지 않았다 하더라도, 이로써 실권되는 권리는 채권자가 신탁자에 대하여 가지
는 정리채권 또는 정리담보권에 한하고, 수탁자에 대하여 가지는 신탁부동산에 관한

용의 회생계획이 인가·확정되었다고 하더라도 그 채무인수 자체에 의하여 채권에 대한 실질적인 만족을 얻은 것으로는 볼 수 없으므로 보증인의 책임 범위에는 아무런 영향이 없고, 면책적 채무인수에 있어 보증책임의 소멸을 규정하고 있는 민법 제459조는 이 경우 그 적용이 배제되며319) 또한 보증인의 책임을 면제하는 것과 같은 내용은 회생계획으로 정할 수 있는 성질의 것이 아니고 설사 그와 같은 내용을 회생계획에 규정했다고 하더라도 그 부분은 회생계획으로서의 효력이 없다320)는 것이 대법원 판례이다.

이와 같이 민법상 보증채무 및 담보물권의 부종성의 원칙에 대한 예외가 인정되는 결과 보증인 등이 채권자에게 채무를 모두 이행하여 채무자에 대한 구상권을 취득하거나 변제자대위에 의하여 채권자의 권리를 대위행사하게 되더라도,321) 보증인 등은 회생계획에 따라 각각 감축·변경된 범위 내에서만 구상권에 기하여 변제를 받게 되거나 채권자의 권리를 대위할 수 있게 될 뿐이다.322)

한편 회생계획에 의한 출자전환과 관련하여, 그 출자전환의 효력발생 시에 그 채권액만큼 회생채권·회생담보권이 절대적으로 소멸하는지 여부가

담보권과 그 피담보채권에는 아무런 영향이 없다."고 판시하였다.
319) 대법원 2005. 10. 28. 선고 2005다28273 판결 참조.
320) 대법원 2005. 11. 10. 선고 2005다48482 판결 참조(나아가 이 판결에서 대법원은, 회사정리법하에서 정리채권자 또는 정리담보권자가 정리계획안에 대하여 동의 또는 부동의하였다고 하더라도 특별한 사정이 없는 한 일반적으로 정리계획안에 기재된 개개의 내용에 대하여 사법상 법률효과의 발생을 의도하는 의사표시를 한 것으로 볼 수는 없다는 이유를 들어, 정리담보권자가 관계인집회에서 보증면제조항이 포함된 정리계획안에 대하여 동의하였다는 사정만으로는 보증인에 대하여 보증채무를 면제한다는 개별적인 의사표시를 하였다고 볼 수 없다는 원심의 판단을 수긍하였다).
321) 한편, 자신의 구상권을 회생채권으로 신고하지 아니하여 법 제251조에 따라 실권되었다고 하더라도 회생채권자가 채무자에 대하여 이행을 강제할 수 없을 뿐 구상권 자체는 그대로 존속한다고 봄이 타당하므로, 회생채권자가 민법 제481조, 제482조 제1항의 규정에 의한 변제자대위에 의하여 채권자를 대위하여 채권자의 채권 및 그 담보에 관한 권리를 행사하는 데에는 영향이 없다(대법원 2015. 11. 12. 선고 2013다 214970 판결 참조).
322) 전대규, 797면.

문제된다. 종래 출자전환에 의한 채무변제의 시기 및 범위에 관하여는 여러 견해의 대립이 있었으나, 판례323)는 회생계획에서 신주를 발행하는 방식의 출자전환으로 회생채권이나 회생담보권의 전부 또는 일부의 변제에 갈음하기로 한 경우에는 신주발행의 효력발생일 당시를 기준으로 하여 회생채권자 또는 회생담보권자가 인수한 신주의 시가324)를 평가하여 회생계획에 따라 변제에 갈음하기로 한 액수를 한도로 그 평가액에 상당하는 채권액이 변제된 것으로 보아야 하므로, 보증채무도 그만큼 소멸하는 것으로 보아야 한다는 입장을 취하고 있다.

이에 반해 회생계획에서 회생채권·회생담보권의 변제에 갈음하여 전환사채를 발행하는 경우에는 회생채권자 또는 회생담보권자는 여전히 채권자의 지위를 유지하고 있고 단지 채권액을 감액하고 유통성을 높이고자 유가증권의 형식을 갖춘 것에 불과하다는 점에 비추어, 전환권이 실제로 행사된 때에 그 주식의 시가 상당액의 보증채무가 소멸하는 것으로 봄은 별론으로 하고, 그 행사 이전에는 달리 특별한 사정이 없는 한 전환사채를 취득하였다 하여 이를 취득한 시점에 그 평가액만큼 주채무가 실질적으로 만족을 얻은 것으로 볼 수는 없고, 따라서 그 평가액만큼 보증채무가 소멸한다고 할 수는 없다.325)

나. 인가결정 당시 소송계속 중인 경우의 법률관계

회생계획에 의하여 정하여진 회생채권자 또는 회생담보권자의 권리는 확정된 회생채권 또는 회생담보권을 가진 자에 대하여만 인정되므로(법 제

---

323) 대법원 2017. 4. 7. 선고 2016다269148 판결, 대법원 2014. 1. 23. 선고 2011다70121 판결, 대법원 2005. 1. 27. 선고 2004다27143 판결, 대법원 2003. 1. 10. 선고 2002다 12703, 12710 판결.

324) 한편 회생절차가 개시된 채무자의 보증인의 보증채무의 소멸 범위를 확정하기 위하여 출자전환주식의 가치를 평가하는 경우, 채무자의 기업가치나 그 출자전환주식의 주당 가치에 관한 주장·증명책임은 그 출자전환에 의하여 보증채무가 소멸하였음을 주장하는 당사자에게 있다(대법원 2010. 3. 25. 선고 2009다85830 판결 등 참조).

325) 대법원 2005. 1. 27. 선고 2004다27143 판결 참조.

253조), 인가결정 당시 권리확정소송이 계속 중인 회생채권자, 회생담보권자에 대하여는 바로 회생계획의 효력이 미친다고 할 수 없으며, 그 권리가 확정된 경우에 인가결정 시로 소급하여 회생계획에 정하여진 권리326)가 인정된다.

회생절차의 개시로 소송절차가 중단된 후 수계를 하지 않은 상태에서 회생계획이 인가되거나 혹은 소송절차가 중단된 사실을 간과하고 소송을 진행하던 중에 회생계획이 인가된 경우에는, 그 청구권이 목록에 기재되지 아니하거나 신고하지 않은 권리, 회생계획에서 존속할 것을 정하지 않은 권리라면 모두 실권되므로 앞서 살펴본 바와 같이[가(1)항 참조] 각하하여야 할 것이다. 이러한 경우 실권된 채권에 관하여는 회생채권확정의 일환으로 진행되는 소송절차 수계(법 제172조)의 여지는 없게 되었고, 법 제59조 제2항327)에 따라 관리인 또는 상대방이 수계할 수 있으므로,328) 소송계속 중인 법원으로서는 적법한 소송수계인329)으로 하여금 소송절차를 수계하게 한 다음 소를 각하하여야 한다.

---

326) 법 제197조에 의하면, 이의있는 회생채권 또는 회생담보권으로서 그 확정절차가 종결되지 아니한 것이 있는 때에는 그 권리확정의 가능성을 고려하여 회생계획에 이에 대한 적당한 조치를 정하여야 하며, 법 제109조 제2항(채무자의 행위가 회생계획안 심리를 위한 관계인집회가 끝난 후 또는 제240조의 규정에 의한 서면결의에 부치는 결정이 있은 후에 부인된 때에는 제152조 제3항의 규정에 불구하고 상대방은 부인된 날부터 1월 이내에 신고를 추후 보완할 수 있다)에 의하여 신고할 수 있는 채권에 관하여도 적당한 조치를 정하도록 하고 있다.

327) (회생절차개시결정에 따라) 제1항의 규정에 의하여 중단한 소송절차 중 회생채권 또는 회생담보권과 관계없는 것은 관리인 또는 상대방이 이를 수계할 수 있다.

328) 대법원 2016. 12. 27. 선고 2016다35123 판결.

329) 회생절차 종료 여부에 따라 회생절차가 진행 중인 때에는 관리인이, 회생절차가 종료한 때에는 채무자가 적법한 소송수계인이 될 것이고(법 제59조 제2 내지 4항 참조), 회생절차개시결정 이후 중단된 소송절차의 수계가 있기 전에 회생절차가 종료한 때에는 채무자는 당연히 소송절차를 수계한다(같은 법조 제2항).

3. 인가결정이 집행절차에 미치는 영향

가. 중지 중인 절차의 실효

회생계획인가의 결정이 있으면 회생절차개시결정에 따라 중지된 파산절차, 강제집행, 가압류, 가처분, 담보권실행 등을 위한 경매절차는 그 효력을 잃는다(법 제256조 제1항 본문).[330] 다만 법 제58조 제5항의 규정에 의하여 속행된 절차 또는 처분은 실효되지 아니한다(법 제256조 제1항 단서).[331] 절차가 그 효력을 잃는다는 의미는 단지 앞으로의 속행을 허용하지 않는다는 뜻이 아니라, 소급하여 그 절차가 효력을 잃는다는 것이다. 따라서 원칙적으로 위와 같은 절차는 법원의 별도 재판이 없이도 그 효력을 잃는다. 다만, 강제집행, 가압류, 가처분, 담보권실행 등을 위한 경매절차 등은 이미 진행되어 있는 절차의 외형을 제거하기 위한 형식적인 절차가 필요하므로, 실무상 관리인이 직접 신청법원이나 집행법원에 말소촉탁을 신청하고 있다.[332]

한편 회생채권 또는 회생담보권에 기한 채무자의 재산에 대한 국세징수법 또는 지방세징수법에 의한 체납처분, 국세징수의 예에 의하여 징수할 수 있는 청구권으로서 그 징수우선순위가 일반 회생채권보다 우선하는 것에 기한 체납처분과 조세채무담보를 위하여 제공된 물건의 처분절차는 인가결정

---

330) 이러한 절차들의 효력을 상실시키는 것은 회생계획에 따라 채무자는 이미 파산상태를 벗어났고 회생채권 등은 회생계획의 내용에 따라 실체적으로 변경되어 이에 따라 변제가 이루어져야 하는 이상 위와 같은 절차를 유지할 실익이 없기 때문이다.

331) 속행된 절차 등은 채무자 재산의 환가의 수단으로 행하여지는 것이므로 강제집행 등을 신청한 채권자가 우선적으로 배당을 받아가는 것은 아니고 그 결과로 얻어지는 금전 등은 운전자금에 충당되거나 회생계획의 기초(변제재원)가 되기 때문이다. 전대규, 801면.

332) 이때 관리인은 해당 법원에 신청서와 함께 인가결정등본 및 말소촉탁의 대상이 되는 재산의 목록을 첨부하여 제출하여야 하고, 이 경우 신청법원이나 집행법원은 회생채권에 기한 것임을 확인하여 절차의 외형을 제거하기 위한 집행해제 등의 조치를 해 주어야 할 것이다.

에 의하여 효력이 상실되지 아니한다.333) 위와 같은 절차는 법 제58조 제3항에 의하여 회생절차개시결정이 있는 날부터 회생계획인가가 있는 날이나 회생절차가 종료되는 날까지 또는 회생절차개시결정이 있는 날부터 2년이 되는 날까지 중지되지만, 법 제256조 제1항에서 실효되는 절차에는 포함되지 않으므로 인가결정과 동시에 그 절차의 속행이 가능하게 된다. 다만 회생계획에는 이러한 조세채권 등에 대한 권리변경과 변제방법을 따로 정하기 때문에 그 변제기가 도래할 때까지 종전의 체납처분 등의 절차를 진행할 수는 없고, 채무자가 회생계획에서 정한 변제기에 이행을 하지 않을 경우에 종전에 중지된 절차를 속행할 수 있게 될 뿐이다.334)

절차의 실효의 효과는 인가결정과 동시에 발생하는데, 만약 그 인가결정이 뒤에 취소되는 경우에 종전에 소멸하였던 절차가 다시 회복되는지 여부의 문제가 있다. 이러한 경우 파산절차는 당연히 그 효력을 회복하지만, 다른 절차는 그 효력이 바로 회복되지는 않으며, 따라서 후자의 경우에는 채권자가 다시 새로운 신청을 하여야 한다고 해석된다.335)

나. 인가결정 이후의 집행 문제

회생계획에 의하여 회생채권자와 회생담보권자에게 인정된 권리가 금전의 지급 기타 이행의 청구를 내용으로 하는 때에는 그 권리에 관한 회생채권자표와 회생담보권자표의 기재는 집행력을 갖고, 인정된 권리자는 회생절차

---

333) 법 제256조 제1항 본문 및 단서는 국세징수의 예에 의하여 징수할 수 있는 청구권으로서 그 징수우선순위가 일반 회생채권보다 우선하지 아니한 것에 기한 체납처분이 회생계획인가결정에 의하여 효력을 상실하는지 여부에 관하여는 규정을 하지 않고 있는바, 효력 상실에 관한 명백한 규정이 없는 이상 이러한 체납처분은 실효되지 않고, 다만 법 제58조 제5항에 의하여 취소할 수 있다고 해석된다. 회생사건실무(하) 118-119면.

334) 이에 반해, 회생담보권과 일반 회생채권의 경우에는 회생계획상 변제기에 그 채무의 이행이 되지 않더라도 회생절차가 종료(종결 또는 폐지)되지 않는 한 강제집행이나 담보권실행을 위한 경매 등 개별적 권리행사를 할 수 없다고 해석된다.

335) 임채홍·백창훈(하), 380면.

종료 후336)에 채무자와 회생을 위하여 채무를 부담한 자에 대하여 회생채권
자표와 회생담보권자표에 의하여 강제집행을 할 수 있다(법 제255조 제2항, 제
293조). 집행력을 갖는 것은 회생계획에 의하여 인정된 이행청구권에 관한
회생채권자표 또는 회생담보권자표의 기재에 한정되므로, 회생채권자나 회
생담보권자가 채무자로부터 신주인수권이나 출자인수권 또는 사채인수권을
취득하는 경우는 이에 해당하지 않으며, 조세채권 등 공법상의 청구권에 관
한 기재는 확정판결과 같은 효력이 없으므로337) 집행력도 없다.

　　만약 회생채권과 회생담보권에 관하여 회생절차개시 이전부터 집행권원
이 존재하는 경우 양 집행권원이 병존할 수 있는지가 문제될 수 있는바, 이
를 긍정하는 입장338)도 있으나, 회생계획인가결정 후에는 법 제252조, 제
255조에 의하여 모든 권리가 변경·확정된다고 보아야 하므로, 회생채권자
표와 회생담보권자표의 기재만이 집행권원이 된다고 보아야 한다.339)

　　한편 법 제6조 제1항에 규정된 이른바 견련파산의 경우 그 이전의 회생
절차에서 인가된 회생계획에 의하여 인정된 회생채권자표·회생담보권자표
의 기재와 파산절차에서 작성될 확정채권에 관한 파산채권자표의 기재(법 제
459조, 제460조, 제535조 참조) 사이에서도 양 집행권원의 병존 여부가 문제되
는바, 회생계획인가결정으로 회생채권자 등의 권리가 회생계획에 따라 실체

---

336) 법 제293조에 의하여 제255조 제2항 및 제3항의 규정은 제288조 제1항의 규정에
　　의한 회생절차폐지의 결정이 확정된 경우에도 준용되므로, 회생절차가 종결된 경우
　　뿐만이 아니라 인가 후 폐지의 경우에도 회생채권자표 또는 회생담보권자표에 의하
　　여 강제집행을 할 수 있다.

337) 조세채권 등 공법상의 청구권은 신고가 있으면 회생채권자표나 회생담보권자표에
　　기재는 되지만(법 제156조 제2항, 제167조 제1항), 관리인은 채무자가 할 수 있는 방
　　법으로 불복신청을 할 수 있을 뿐이므로(법 제157조 제1항), 확정판결과 동일한 효력
　　이 생기는 기재에서도 제외된다.

338) 이에 의하면, 채권자가 종래 집행권원으로 강제집행을 하는 경우 채무자는 청구이
　　의의 소를 제기하여 종전 집행권원에 표시된 청구권이 회생계획에 의하여 실체적으
　　로 변경된 사실을 주장하여 변경된 한도 내에서 집행의 배제를 구하여야 한다고 설
　　명하고 있다.

339) 대법원 2017. 5. 23.자 2016마1256 결정.

적으로 변경되는 효력은 회생절차가 폐지되더라도 영향을 받지 않으므로(법 제288조 제4항) 파산채권자표 기재와 집행권원으로 병존할 수 있으며,340) 이 때 채권자가 집행권원이 두 개임을 기화로 정당한 채권액 이상으로 집행하려 할 경우 청구이의의 소로 다툴 수 있게 된다.341)

회생채권자표와 회생담보권자표의 기재에 의한 강제집행은 회생절차 종료 후에 한하여 허용된다. 회생절차 중에는 비록 회생계획에 정해진 변제기에 변제가 되지 않더라도 강제집행은 허용되지 않으며,342) 회생계획에 담보권실행 조항이 없는 한 담보권의 실행도 할 수 없다고 해석된다. 다만, 회생채권자와 회생담보권자가 회생절차 밖에서 종전부터 가지는 보증인 등에 대한 권리에 따라 행하는 강제집행이나 담보권의 실행은 허용되며, 징수우선순위가 일반 회생채권보다 우선하는 조세채권은 회생계획에 정해진 변제기에 변제되지 않을 때 회생절차가 진행 중이더라도 체납처분이나 담보물건의 처분을 할 수 있다.343)

---

340) 따라서 견련파산이 선고되어 파산채권 조사확정절차가 진행된다는 사정만으로는 종전 회생채권 조사확정절차를 통해 회생채권의 존부와 범위를 확정할 법률상 이익이 소멸한다고 단정할 수는 없으므로, 법 제6조 제1항에 따라 파산이 선고되어 파산채권자표 작성이 예정되어 있음에도 불구하고 회생채권 조사확정재판에 대한 이의의 소의 당사자가 회생채권자표의 확정을 구하면서 동시에 파산채권자표의 확정을 구하는 내용의 청구취지를 추가하고자 한다면, 허용되어야 한다. 나아가 이때 파산절차에서의 파산채권 또는 별제권의 존재 여부와 범위는, 채권자의 권리가 종전 회생절차에서 회생채권과 회생담보권으로 확정된 다음 인가된 회생계획에 따라 변경되고 파산선고 당시까지 변제되는 등의 사정을 모두 반영하여 정해져야 한다(대법원 2021. 1. 28. 선고 2018다286994 판결, 대법원 2020. 12. 10. 선고 2016다254467, 254474 판결 등 참조).
341) 홍승면, "회생채권 조사확정재판에 대한 이의의 소 진행 도중 견련파산이 이루어진 경우 청구의 변경", 판례공보스터디 민사판례해설(Ⅱ), 서울고등법원 판례공보스터디(2021), 267면.
342) 대법원 1991. 4. 9. 선고 91다63 판결 참조.
343) 징수우선순위가 일반 회생채권보다 우선하는 조세 등 청구권에 기한 체납처분으로서, 법 제58조 제3항에 따라 회생절차개시결정에 의하여 중지된 체납처분 등은 회생계획인가결정으로 실효되지 않고 오히려 절차의 속행이 가능하며, 회생계획인가결정 이후에는 체납처분이나 처분이 중지되거나 금지되지 않기 때문이다. 전대규, 806면 참조.

회생절차의 종결 및 폐지결정이 소송절차 등에 미치는 영향

1. 개   관

가. 회생절차 종료 사유

일단 개시된 회생절차가 종료되는 사유는 ① 회생절차의 종결결정(법 제283조), ② 회생절차의 폐지결정의 확정(법 제286조, 제287조, 제288조), ③ 법원에 의한 회생계획불인가결정의 확정(법 제242조), ④ 항고법원·재항고법원에서의 회생계획인가결정에 대한 취소결정 및 불인가결정의 확정(법 제247조), ⑤ 회생절차개시결정의 취소결정 및 회생절차개시신청 기각결정의 확정(법 제54조, 제42조) 등이 있다.

회생절차의 종결은 회생계획이 이미 수행되었거나 앞으로 회생계획의 수행에 지장이 있다고 인정되지 않아 회생절차의 목적을 달성할 수 있다고 판단되는 경우에 법원이 관리인 또는 이해관계인의 신청이나 직권으로 회생절차를 종료시키는 것을 말하고, 회생절차의 폐지는 회생절차개시 후에 당해 회생절차가 그 목적을 달성하지 못한 채 법원이 그 절차를 중도에 종료시키는 것을 말한다.

회생절차의 폐지는 크게 ① 회생계획인가 전의 폐지와 ② 회생계획인가 후의 폐지로 나누어 볼 수 있고, 회생계획인가 전의 폐지는 그 사유에 따라

(ⅰ) 회생계획안이 제출되지 않았거나 제출된 회생계획안이 가결되지 않았음을 사유로 하는 폐지(법 제286조 제1항), (ⅱ) 회생계획안 제출 전 또는 그 후에 채무자의 청산가치가 계속기업가치보다 크다는 것이 명백하게 밝혀졌음을 사유로 하는 폐지(법 제286조 제2항), (ⅲ) 채무자가 목록에 기재되어 있거나 신고된 회생채권 등을 모두 변제할 수 있다는 것을 사유로 하는 폐지(법 제287조)로 나눌 수 있다.

나. 효력발생시기

회생절차종결결정은 관보에 게재된 날의 다음 날 또는 규칙이 정하는 방법에 의한 공고가 있는 날의 다음 날에 그 효력이 발생하고(법 제9조 제2항), 이에 대하여는 즉시항고가 인정되지 아니하므로(법 제13조 제1항 참조)[344] 효력발생과 동시에 확정된다. 그러나 폐지결정에 대하여는 즉시항고 및 재항고를 제기할 수 있으므로 폐지결정이 확정된 때에 효력이 발생한다.

다. 종결 및 폐지의 일반적 효과

(1) 관리인의 권한 소멸과 채무자의 권한 회복

종결결정 또는 폐지결정의 효력이 발생하면 관리인 또는 관리인으로 간주된 채무자의 대표자에게 회생절차에 기하여 인정된 권한은 소멸하고, 채무자의 업무수행권 및 재산의 관리처분권은 채무자에게 회복된다.

(2) 채무자에 대한 절차적 구속의 소멸

회생절차가 개시된 후부터 그 종료 시까지 법인인 채무자는 회생절차에 의하지 아니하고 ① 자본 또는 출자액의 감소, ② 지분권자의 가입, 신주 또는 사채의 발행, ③ 자본 또는 출자액의 증가, ④ 주식의 포괄적 교환 또는 주식의 포괄적 이전, ⑤ 합병·분할·분할합병 또는 조직변경, ⑥ 해산 또는

---

344) 다만, 불복을 신청할 수 없는 결정에 대하여는 재판에 영향을 미친 헌법 또는 법률의 위반이 있음을 이유로 하는 때에 한하여 공고일부터 1주일 이내에 대법원에 특별항고를 제기할 수 있다(법 제33조, 민사소송법 제449조).

회사의 계속, ⑦ 이익 또는 이자의 배당, ⑧ 정관 변경345) 등을 할 수 없으나 (법 제55조), 회생절차가 종결되면 이러한 구속을 받지 아니한다.

(3) 개별적 권리행사 제약의 해소

회생절차 중에는 회생채권자는 회생절차에 의하지 아니하고는 채무자로부터 채무의 변제를 받을 수 없으므로(법 제131조), 개별적으로 가압류 등의 보전처분을 하거나 강제집행을 할 수 없다. 그러나 회생절차가 종결 또는 폐지되면 회생채권자는 기한이 도래한 회생채권에 기하여 개별적으로 소구하거나 강제집행을 할 수 있게 된다. 다만, 인가 후 폐지결정이 확정된 채무자에게 파산의 원인이 있는 때에는 법원은 직권으로 파산선고를 하여야 하는 바(법 제6조), 이러한 경우에는 권리자는 파산절차에 의하여 구제를 받을 수밖에 없다.

회생절차가 종결된 경우 채무자는 회생계획에서 정한 대로 채무를 변제하는 등 회생계획을 계속하여 수행할 의무를 부담하게 된다. 하지만 회생절차 중에 이미 실권된 채권이나 회생계획에서 보호되지 않은 권리는 회생절차가 종결되거나, 폐지되더라도 부활하지 않는다.

(4) 폐지결정 시 효과의 소급 여부

회생절차의 폐지는 회생절차개시결정의 취소의 경우와 달리 원칙적으로 기존에 발생한 효과를 소급적으로 소멸시키지 않는다.

회생계획인가 전에 회생절차가 폐지되는 경우 회생절차개시 후에 관리인이 행한 행위의 효과는 소멸하지 않고 회생채권 등의 확정의 효과도 소멸하지 않는다. 이사 등에 대한 책임 추급의 효과 등도 그 효력이 유지된다. 다만 회생계획인가 전에는 실권(법 제251조), 권리의 변경(법 제252조) 등의 실질

---

345) 법 제55조 제2항에 따라 법원의 허가를 얻어서 할 수 있는 정관변경은 회생절차와 관계없는 사항에 국한된다. 정관변경이 회생절차의 일환으로서 필요한 경우에는 회생계획에 의하여 이루어져야 한다(법 제193조 제2항 제2호, 제262조, 제202조). 자세한 내용은 회생사건실무(상), 225면 참조.

적인 권리변동이 없다.346)

　　회생계획인가 후에 회생절차가 폐지되는 경우에는 그동안의 회생계획
의 수행이나 법률의 규정에 의하여 생긴 효력에 영향을 미치지 아니한다
(법 제288조 제4항). 즉 관리인의 업무수행이나 재산관리에 따른 종전 행위
의 효력은 그대로 유지되며, 법 제251조에 의한 면책의 효력과 제252조에
의한 권리변경의 효력은 회생절차가 폐지되더라도 그대로 유지된다.347)

2. 회생절차의 종결이 소송절차 등에 미치는 영향

　　회생절차종결결정의 효력이 발생함과 동시에 채무자는 업무수행권과 재
산의 관리처분권을 회복하고 관리인의 권한은 소멸한다.348) 관리인이 진행
하던 회생채권·회생담보권과 관계없는 채무자의 재산에 대한 소송(법 제59조
제2항)은 당연 중단되고 채무자가 이를 수계한다.349) 회생채권 등의 확정을
구하는 소송의 계속 중에 회생절차종결결정이 있는 경우 그 회생채권 등의
확정을 구하는 청구취지를 회생채권 등의 이행을 구하는 청구취지로 변경할
필요는 없다.350) 다만 법인의 이사 등에 대한 손해배상청구권 등에 관한 조

---

346) 대법원 1998. 8. 21. 선고 98다20202 판결은 "정리계획인가 전에 정리절차가 폐지된
　　경우에는 위와 같이 신고하지 아니한 정리채권이라도 실권되지 아니한다."고 판시하
　　고 있다.
347) 대법원 1998. 8. 21. 선고 98다20202 판결은 "신고하지 아니한 정리채권은 정리계획
　　인가결정이 있는 때에는 실권되고, 이와 같이 실권된 정리채권은 그 후 정리절차가
　　폐지되더라도 부활하지 아니한다."고 판시하고 있다.
348) 대법원 2019. 10. 17. 선고 2014다46778 판결.
349) 주석 채무자회생법 (Ⅲ), 683면 참조.
350) 대법원은 2014. 1. 23. 선고 2012다84417, 84424, 84431 판결에서 "회생계획인가의
　　결정이 있는 때에는 회생채권자 등의 권리는 회생계획에 따라 변경되고 회생계획이
　　나 법의 규정에 의하여 인정된 권리를 제외하고는 모든 회생채권과 회생담보권에 관
　　하여 면책의 효력이 발생하며(법 제251조, 제252조), 회생계획인가결정 후 회생절차
　　종결결정이 있더라도 채무자는 회생계획에서 정한 대로 채무를 변제하는 등 회생계
　　획을 계속하여 수행할 의무를 부담하게 되므로, 회생채권 등의 확정을 구하는 소송의
　　계속 중에 회생절차종결결정이 있는 경우 그 회생채권 등의 확정을 구하는 청구취지

사확정절차(조사확정결정이 있는 경우를 제외한다)는 종료한다(법 제115조 제8항).351)

부인권은 회생절차개시결정 이전에 부당하게 처분된 회사재산을 회복함으로써 회사사업을 유지·갱생시키고자 인정된 채무자회생법상 특유한 제도로서 회생절차의 진행을 전제로 관리인만이 행사할 수 있는 권리이므로 회생절차의 종결에 의하여 소멸하고, 비록 회생절차 진행 중에 부인권이 행사되었다고 하더라도 이에 기하여 채무자에게로 재산이 회복되기 이전에 회생절차가 종료한 때에는 부인권 행사의 효과로서 상대방에 대하여 재산의 반환을 구하거나 또는 그 가액의 상환을 구하는 권리 또한 소멸한다고 보아야 할 것이므로, 부인의 소 또는 부인권의 행사에 기한 청구의 계속 중에 회생절차종결결정이 확정된 경우에는 관리인의 자격이 소멸함과 동시에 당해 소송에 관계된 권리 또한 절대적으로 소멸하고 어느 누구도 이를 승계할 수 없다(대법원 2007. 2. 22. 선고 2006다20429 판결). 관리인이 항변의 방법으로 부인권을 행사한 후 그 소송절차 등의 계속 중에 회생절차가 종결된 경우에는 부인의 항변은 받아들일 수 없게 된다(대법원 2016. 4. 12. 선고 2014다68761 판결).352)

회생절차 중에는 회생채권자 등은 회생절차에 의하지 아니하고는 채무자로부터 채무의 변제를 받을 수 없으므로(법 제131조), 회생채권자가 회생채권자표를 집행권원으로 하여 강제집행을 하거나 회생담보권자가 임의경매절차를 진행할 수 없다. 그러나 회생절차가 종결되면, 회생담보권자 및 회

를 회생채권 등의 이행을 구하는 청구취지로 변경할 필요는 없고, 회생절차가 종결된 후에 회생채권 등의 확정소송을 통하여 채권자의 권리가 확정되면 그 소송의 결과를 회생채권자표 등에 기재하여(법 제175조), 미확정 회생채권 등에 대한 회생계획의 규정에 따라 처리하면 된다. 따라서 회생채권 등의 확정소송이 계속되는 중에 회생절차 종결결정이 있었다는 이유로 채권자가 회생채권 등의 확정을 구하는 청구취지를 회생채권 등의 이행을 구하는 청구취지로 변경하고 그에 따라 법원이 회생채권 등의 이행을 명하는 판결을 선고하였다면 이는 회생계획인가결정과 회생절차종결결정의 효력에 반하는 것으로 위법하다."고 판시하였다.

351) 전대규, 934면 참조.
352) 실무상 채무자가 회생절차종결 이후에도 부인권을 계속 행사하기 위해서는 회생절차 종결 이전에 채무자를 분할하여 부인권 소송 수행을 위한 승계회사를 신설하고 있다.

생채권자는 채무자의 회생계획 미수행부분에 대하여 강제집행을 할 수 있다.[353]

3. 회생절차의 폐지가 소송절차 등에 미치는 영향

가. 회생절차폐지 후 파산이 선고되지 않은 경우

(1) 회생계획인가 전 폐지의 경우

㈎ 채권조사확정재판이 계속 중인 경우

회생계획인가 전에 회생절차가 폐지된 경우에 채권조사확정재판의 절차가 계속 중인 경우에는 당해 채권조사확정재판은 변론을 거치는 소송이 아니고 회생절차 내에서 회생채권 등의 조속한 확정을 위하여 심문을 거쳐서 하는 간이한 절차이므로 채권조사확정재판에 대한 이의의 소와 달리 통상의 소송으로 변경되지 않고 종료된다. 따라서 이러한 경우에 채권 존부 및 범위에 관한 다툼의 해결을 위하여서는 새로이 소를 제기하여야 한다.

㈏ 채권조사확정재판에 대한 이의의 소가 계속 중인 경우

채권조사확정재판에 대한 이의의 소가 계속 중인 경우에는 당사자가 누구인가에 따라 다르다.

① 회생채권 또는 회생담보권을 보유한 권리자가 이의한 관리인을 상대로 한 이의의 소가 계속 중인 경우에는 소송경제의 관점에서 이를 종료하여 무위에 돌리는 것보다는 계속 진행하는 것이 타당하므로, 회생절차폐지결정이 확정되면 이의의 소 소송절차는 중단되고, 채무자가 관리인의 소송절차를 수계하여야 하며 권리자는 청구를 채권조사확정재판의 변경을 구하는 것에서 채권의 이행 내지 확인을 구하는 것으로 변경하여야 한다. ② 회생채권 또는 회생담보권을 보유한 권리자가 이의한 다른 회생채권자 또는 회생담보권자, 주주, 지분권자를 상대로 한 이의의 소가 계속 중인 경우에는 그 이의

---

353) 주석 채무자회생법 (Ⅲ), 684면 참조.

의 소는 회생절차 내에서의 회생채권 또는 회생담보권의 확정을 위하여만 의미가 있는 것이고, 그 이의의 소를 통상의 소송으로 변경할 필요도 없고 그 소송의 당사자 사이의 판결의 효력이 채무자에게 미치지도 않으므로, 그 소송절차는 종료된다. ③ 회생채권 또는 회생담보권을 보유한 권리자가 이의한 관리인 및 다른 회생채권자 등 여럿을 상대로 한 이의의 소가 계속 중인 경우에는 그 이의의 소는 주관적 공동소송의 형태이고 관리인을 상대로 한 소송 부분은 위 ①의 경우와 같이 중단되고 채무자가 그 소송절차를 수계하여야 하며, 다른 회생채권자 등을 상대로 한 소송 부분은 위 ②의 경우와 같이 종료된다.

(2) 회생계획인가 후 폐지의 경우

회생계획인가 후에 회생절차가 폐지된 경우[354]에는 회생절차가 종결된 경우와 마찬가지로 종전의 면책이나 권리변경의 효력이 그대로 존속하므로 여전히 권리확정의 필요가 있다.

㈎ 채권조사확정재판이 계속 중인 경우

회생계획인가 후에 회생절차가 폐지되었는데 채권조사확정재판의 절차가 진행 중인 경우에는 당해 채권조사확정재판 및 그에 대한 이의의 소를 통하여 권리확정을 시켜야 하는지 아니면 그 채권조사확정재판의 절차나 채권조사확정재판에 대한 이의의 소의 소송절차는 종료하거나 부적법한 것으로 보고 권리자가 채권의 이행을 구하는 소를 새로이 제기하는 등 통상의 소송에 의하여야 하는 것인지에 관하여 견해의 대립이 있을 수 있다. 그러나 회생절차가 폐지되더라도 회생계획인가결정의 효력으로 발생한 면책이나 권리변경의 효력이 존속하므로 채권조사확정절차는 필요한 것이고, 그러한 필요성이 있다면 보다 간이한 심리방식인 채권조사확정재판을 유지할 필요성

---

354) 회생계획인가가 있은 후 회생절차폐지의 결정이 확정된 경우 법원은 그 채무자에게 파산의 원인이 되는 사실이 있다고 인정하는 때에는 직권으로 필요적으로 파산선고를 하여야 하므로(법 제6조 제1항), 회생계획인가 후 폐지의 경우 파산선고가 되지 않는 경우는 제한적일 수밖에 없다.

이 있는 점, 기존에 심리된 절차를 통하여 간이하게 권리관계를 확정하면 당사자들에게도 이익이 되는 점, 기존의 절차를 무용으로 돌리는 것은 절차의 경제성에 비추어 가급적 피하여야 한다는 점에 비추어 채권조사확정재판을 유지시키는 것이 타당하다.355) 이 경우 관리인이 당사자인 경우에는 당해 채권조사확정재판절차는 중단되어 채무자가 채권조사확정재판을 수계하여야 하고, 회생채권자, 회생담보권자, 주주 등이 당사자인 경우에는 당해 채권조사확정재판절차는 중단되지 않고 계속 진행된다.356)

㈐ 채권조사확정재판에 대한 이의의 소가 계속 중인 경우

회생계획인가 후에 회생절차가 폐지되었는데 채권조사확정재판에 대한 이의의 소가 계속 중인 경우에도 그 소송절차는 당연히 종료되거나 부적법하게 되는 것은 아니다. 이 경우 관리인이 당사자인 그 소송절차는 중단되어 채무자가 그 소송절차를 수계하여야 하고, 회생채권자, 회생담보권자, 주주 등이 당사자인 그 소송절차는 중단되지 않고 계속 진행된다.

(3) 부인의 청구, 부인의 소 및 부인의 청구를 인용한 결정에 대한 이의의 소 등이 계속되고 있었던 경우

부인권은 회생절차의 진행을 전제로 관리인만이 행사할 수 있는 권리이므로 회생절차의 폐지로 소멸하고, 관련 소송절차는 종료된다. 다만 회생절차개시결정 당시 사해행위취소소송이 계속되어 관리인이 수계한 경우에는 회생절차폐지로 다시 채권자가 수계한다(법 제113조 제2항, 제59조 제4항). 관리인이 항변의 방법으로 부인권을 행사한 후 그 소송절차 등의 계속 중에 회생

---

355) 일본 회사갱생법 제163조 제1항 후단은 갱생절차가 종료할 당시 계속하는 갱생채권 등 사정신청절차는 갱생계획인가결정 후 갱생절차가 종료한 때에도 계속한다고 규정하고 있다.

356) 일본 회사갱생법 제163조 제2항은 갱생계획인가결정 후에 갱생절차가 종료된 경우의 관재인을 당사자로 하는 갱생채권 등 사정신청절차에 관하여, 갱생절차가 종료한 때에 관재인을 당사자로 하는 갱생회사의 재산관계에 관한 소송절차의 중단 및 그 중단한 소송절차의 수계에 관하여 규정한 같은 법 제52조 제4항 및 제5항을 준용하고 있다.

절차가 폐지된 때에는 부인권 행사의 효과는 소멸되므로 부인권 행사의 효과가 유지됨을 전제로 하는 항변도 받아들일 수 없게 된다.

나. 회생절차폐지 후 파산이 선고된 경우[357)]

(1) 회생계획인가 전 폐지의 경우

㈎ 채권조사확정재판의 절차가 진행 중인 경우

회생계획인가 전에 회생절차가 폐지되어 법원이 법 제6조 제2항의 규정에 의하여 파산선고를 하였는데 회생절차폐지 당시 채권조사확정재판의 절차가 진행 중인 경우에는, 법 제6조 제5항 본문이 법 제3편(파산절차)의 규정을 적용함에 있어서 법 제2편(회생절차)에 의한 회생채권의 신고, 이의와 조사 또는 확정은 파산절차에서 행하여진 파산채권의 신고, 이의와 조사 또는 확정으로 본다고 규정하고 있으므로, 회생절차폐지 후 파산이 선고되지 않은 경우와는 달리 회생절차폐지 당시 관리인을 당사자로 하여 진행 중인 채권조사확정재판의 절차가 당연히 종료된다고 할 수 없다. 이 경우 관리인이 당사자인 채권조사확정재판의 절차는 중단되어 파산관재인이 그 절차를 수계하여야 하고, 채권자는 신청을 회생채권의 확정을 구하는 것에서 파산채권의 확정을 구하는 것으로 변경하여야 한다.[358)]

---

357) 아래의 설명은 회생절차폐지 후 법원이 법 제6조 제1항 또는 제2항, 제8항의 규정에 의하여 파산선고를 한 이른바 '견련파산'에 해당하는 경우를 전제로 하는데, 회생계획불인가결정 등이 확정되어 법원이 위 규정에 의하여 파산선고를 한 경우와 법 제7조 제1항에 의하여 파산선고를 받은 채무자에 대하여 회생계획인가 전 회생절차폐지 결정 등이 확정되어 파산절차가 속행되는 경우에도 동일하게 해석할 수 있을 것이다. 그러나 견련파산이 아닌 법 제3편(파산절차)의 규정에 의한 파산선고가 된 경우에는 그렇지 아니하다고 보아야 한다.

358) 회생절차에서 채권조사확정재판을 신청한 채권자가 파산선고 후 그 신청을 회생채권의 확정을 구하는 것에서 파산채권의 확정을 구하는 것으로 변경하지 않더라도, 파산채권의 존부를 확정하는 주문의 재판을 하는 실무례도 있다. 이에 대하여 채권자는 파산선고 후 파산채권의 확정을 구하는 것으로 신청을 변경하지 않아도 되고 법원이 회생채권의 존부를 확정하는 재판을 하면 될 뿐이며, 그에 따라 확정된 회생채권을 법 제6조 제5항의 규정에 의하여 파산절차에서 확정된 파산채권으로 취급하면 충분하다는 견해도 있다.

다만, 법 제6조 제5항 단서는 법 제134조 내지 제138조의 규정에 의한 채권의 이의, 조사 및 확정에 관하여는 그러하지 아니하다고 규정하고 있어 회생절차에서 신고된 회생채권이 법 제134조 내지 제138조의 규정에 의한 채권359)인 경우 그 이의, 조사 및 확정은 파산절차에서 행하여진 파산채권의 이의와 조사 또는 확정으로 볼 수 없다. 법 제6조 제5항 단서의 규정상 그 채권은 파산절차에서 파산채권으로서 새로이 조사되어야 하므로, 회생절차폐지 당시 진행 중인 그 채권에 관한 채권조사확정재판의 절차는 견련파산의 경우에도 종료된다.

한편 회생절차가 폐지되어 법원이 법 제6조 제2항의 규정에 의하여 파산선고를 한 견련파산이 아닌, 회생절차폐지결정이 확정된 후 법 제3편(파산절차)의 규정에 의한 파산선고가 된 경우에는 법 제6조 제5항의 규정이 적용되지 아니하므로, 회생절차폐지 당시 진행 중인 채권조사확정재판의 절차는 종료된다고 보아야 한다.

(내) 채권조사확정재판에 대한 이의의 소가 계속 중인 경우

회생절차폐지 당시 채권조사확정재판에 대한 이의의 소가 계속 중인 경우에는, 위에서 본 바와 같이 법 제6조 제5항 본문의 규정상 회생절차폐지 당시 계속 중인 회생채권조사확정재판에 대한 이의의 소는 파산채권조사확정재판에 대한 이의의 소로 취급되어야 하므로, 이 경우 관리인이 당사자인 그 소송절차는 중단되어 파산관재인이 그 소송절차를 수계하여야 하고, 청구가 변경되어야 한다.360)

---

359) 이자 없는 기한부채권, 정기금채권, 이자 없는 불확정기한채권, 비금전채권, 조건부채권, 장래의 청구권 등을 말한다.

360) 관리인이 회생채권이 존재함을 확정한 채권조사확정재판에 불복하여 이의의 소를 제기한 것이라면 파산관재인은 청구를 채권조사확정재판의 변경과 파산채권이 존재하지 아니함의 확정을 구하는 것으로 변경하여야 하고, 채권자가 회생채권이 존재하지 아니함을 확정한 채권조사확정재판에 불복하여 이의의 소를 제기한 것이라면 채권자는 청구를 채권조사확정재판의 변경과 파산채권이 존재함의 확정을 구하는 것으로 변경하여야 할 것이다. 이에 대하여 파산관재인이나 채권자는 파산선고 후 그 청구를 변경하지 않아도 되고 법원은 회생채권의 존부를 확정한 채권조사확정재판을

(2) 회생계획인가 후 폐지의 경우

㈎ 채권조사확정재판의 절차가 진행 중인 경우

회생계획인가 후에 회생절차가 폐지되어 법원이 제6조 제1항 또는 제8항의 규정에 의하여 파산선고를 하였는데 회생절차폐지 당시 채권조사확정재판의 절차가 진행 중인 경우에는, 법 제6조 제5항과 같은 규정이 없어 파산절차에서 새로이 파산채권의 신고, 이의와 조사 또는 확정의 절차를 거쳐야 하기에, 회생절차폐지 당시 진행 중인 채권조사확정재판의 절차를 어떻게 취급할지에 관하여 견해의 대립이 있다.

이에 관하여는, ① 파산절차에서 새로이 파산채권으로서의 신고 등의 절차를 거쳐야 하므로 회생절차폐지 당시 진행 중인 회생채권조사확정재판의 절차는 종료된다고 보고, 파산절차에서 진행되는 파산채권조사확정재판의 절차를 통해 파산채권으로 확정하면 충분하다는 견해,[361] ② 회생절차폐지 당시 관리인을 당사자로 하여 진행 중인 회생채권조사확정재판의 절차는 중단되어 파산관재인이 그 절차를 수계하여야 하고 채권자는 신청을 회생채권의 확정을 구하는 것에서 파산채권의 확정을 구하는 것으로 변경하여야 한다는 견해,[362] ③ 회생절차폐지 당시 관리인을 당사자로 하여 진행 중인 회생채권조사확정재판의 절차는 중단되어 파산관재인이 그 절차를 수계하여야 하나, 회생절차가 폐지되어 파산절차로 이행된 견련파산의 경우에도 인가된 회생계획에 따라 권리가 변경되기 위한 전제로서 여전히 회생채권으로

그대로 인가하거나 변경하는 판결을 할 수도 있다는 견해도 있다. 다만 회생절차에서 신고된 회생채권이 법 제134조 내지 제138조의 규정에 의한 채권인 경우 법 제6조 제5항 단서의 규정상 그 채권에 관한 채권조사확정재판에 대한 이의의 소의 소송절차가 견련파산의 경우 당연히 종료되는지와 그 취급에 관하여는 견해의 대립이 있다.

361) 전대규, 939면은 그 논거로 "회생계획인가 후 폐지의 경우는 법 제6조 제1항에 따라 직권으로 파산선고를 한 것인데, 이 경우에는 법 제6조 제5항이 적용되지 아니하므로 파산절차에서 새로이 파산채권의 신고, 이의와 조사 또는 확정의 절차를 거쳐야 하기 때문"이라고 한다.

362) 김정만, 정문경, 문성호, 남준우, "법인파산실무의 주요논점", 저스티스 통권 제124호, 한국법학원(2011), 479면 참조.

서의 권리확정절차가 필요하므로 채권자는 그 신청을 변경하여서는 아니 되고, 파산절차에서 새로이 파산채권으로서의 신고, 조사 또는 확정의 절차를 거치더라도 그 절차는 회생절차에서 회생채권으로서의 확정과 인가된 회생계획에 따른 권리변경을 전제로 하는 별개의 절차이므로 회생채권조사확정절차로서 계속되어야 한다는 견해363)가 있다.

　　대법원은 2021. 1. 28. 선고 2018다286994 판결에서 "법 제6조 제1항에 의하여 파산이 선고된 경우에 그 파산절차에서의 파산채권 또는 별제권의 존재 여부와 범위는, 채권자의 권리가 종전 회생절차에서 회생채권과 회생담보권 등으로 확정된 다음 인가된 회생계획에 따라 변경되고 파산선고 당시까지 변제되는 등의 사정을 모두 반영하여 정해져야 한다. 회생계획인가의 결정이 있는 때에는 회생채권자 등의 권리는 회생계획에 따라 실체적으로 변경되고 회생계획인가결정의 효력은 회생절차가 폐지되더라도 영향을 받지 않기 때문이다(법 제252조 제1항, 제288조 제4항). 따라서 회생계획인가결정이 있은 후에 회생절차가 폐지되었다는 사정만으로 회생채권 또는 회생담보권의 조사확정절차를 통해 그 채권의 존재 여부와 범위를 확정할 법률상 이익이 소멸한다고 단정할 수 없다."고 판시하였다.

㈏ 채권조사확정재판에 대한 이의의 소가 계속 중인 경우

　　회생절차폐지 당시 회생채권조사확정재판에 대한 이의의 소가 계속 중인 경우에도 그 소송절차를 어떻게 취급할지에 관하여 견해의 대립이 있다.

　　이에 관하여는, ① 회생절차폐지 당시 관리인을 당사자로 하여 계속 중인 회생채권조사확정재판에 대한 이의의 소의 소송절차는 중단되어 파산관재인이 그 소송절차를 수계하여야 하고, 청구가 변경되어야 한다는 견해,364) ② 회생절차폐지 당시 관리인을 당사자로 하여 계속 중인 회생채권조사확정재판에 대한 이의의 소의 소송절차는 중단되어 파산관재인이 그 소송절차를

---

363) 최두호, "법인파산절차에서의 몇 가지 쟁점", 도산법연구 제1권 제1호, 사단법인 도산법연구회(2010. 1), 228면 참조.
364) 전대규, 939면 참조.

수계하여야 하는 것은 같으나, 그 청구를 변경하여서는 아니 되고, 법원은 회생채권의 존부를 확정한 회생채권조사확정재판을 그대로 인가하거나 변경하는 판결을 하면 충분하며, 파산절차에서 새로이 파산채권으로서의 신고, 조사 또는 확정의 절차를 거치더라도 이는 회생채권의 확정을 전제로 하는 것이어서 회생채권확정절차와는 별개의 절차라는 견해가 있다.365)

   대법원은 2020. 12. 10. 선고 2016다254467, 254474 판결에서 "파산절차에서 신고된 파산채권에 관하여 파산관재인 등으로부터 이의가 있는 경우 파산채권자는 그 내용의 확정을 위해 이의자 전원을 상대방으로 하여 법원에 채권조사확정재판을 신청함이 원칙이지만(법 제462조 제1항), 파산선고 당시에 그 파산채권에 대하여 이미 소송이 계속 중인 경우라면 법 제464조에 의하여 이의채권에 관하여 이의자 전원을 그 소송의 상대방으로 하여 소송을 수계하여야 한다. 이처럼 파산채권에 대해 이미 소송이 계속 중인 경우에 조사확정재판을 신청하는 대신에 계속 중인 소송을 수계하도록 한 것은, 신소 제기에 따른 비용과 시간의 낭비를 방지하고 소송절차의 번잡을 피하기 위한 공익적인 목적을 위한 것이므로, 법 제464조에 의한 소송수계를 할 수 있는 경우에 법 제462조 제1항에 의한 파산채권조사확정의 소를 제기하는 것은 권리보호이익이 없어 부적법하다. 이는 법 제6조 제1항에 의하여 파산선고를 받지 아니한 채무자에 대하여 회생계획인가가 있은 후 회생절차폐지의 결정이 확정된 경우 법원이 그 채무자에게 파산의 원인이 되는 사실이 있다고 인정하여 직권으로 파산을 선고함에 따라 파산절차가 진행된 때에도 마찬가지이므로, 법 제464조에서 말하는 '이의채권에 관한 소송'에는 종전 회생절차에서 제기되어 진행 중인 회생채권조사확정재판에 대한 이의의 소도 포함된다고 해석함이 상당하다. … 법 제6조 제1항에 의한 파산선고 당시

---

365) 이 경우 채권자가 회생절차폐지 당시 계속 중인 회생채권조사확정재판에 대한 이의의 소에서 그 존부 및 범위가 다투어지고 있는 회생채권을, 파산절차에서 새로이 파산채권으로서 신고한 때에, 위 이의의 소를 법 제464조가 규정한 이의가 있는 파산채권에 관하여 파산선고 당시 계속되어 있는 소송에 해당한다고 볼 수 있는지에 관하여는 견해의 대립이 있을 수 있다.

에 계속 중이던 회생채권의 조사확정재판에 대한 이의의 소에서 법 제464조에 의한 수계가 이루어진 후에, 그 당사자가 청구취지를 회생채권자표의 확정을 구하는 것에서 파산채권자표의 확정을 구하는 것으로 변경한다면, 특별한 사정이 없는 이상 법원으로서는 그에 따라 판단하면 족하다. 그러나 한편, … 법 제6조 제1항에 의하여 파산이 선고되어 파산채권의 조사확정절차가 진행된다는 사정만으로는 종전 회생채권조사확정절차를 통해 회생채권의 존부와 범위를 확정할 법률상 이익이 소멸한다고 단정할 수는 없으므로, 법 제6조 제1항에 따라 파산이 선고되어 파산채권자표 작성이 예정되어 있음에도 불구하고 회생채권조사확정재판에 대한 이의의 소의 당사자가 회생채권자표의 확정을 구하면서 파산채권자표의 확정을 구하는 내용의 청구취지를 추가하고자 한다면, 이는 허용되어야 한다.”고 판시하였다.

(3) 부인의 청구, 부인의 소 및 부인의 청구를 인용한 결정에 대한 이의의
    소 등이 계속되고 있었던 경우

채무자에 대한 회생계획인가가 있은 후 회생절차폐지의 결정이 확정되더라도 법 제6조 제1항에 의한 직권 파산선고에 의하여 파산절차로 이행된 때에는, 법 제6조 제6항에 의하여 파산관재인은 종전의 회생절차에서 관리인이 수행 중이던 부인권 행사에 기한 소송절차를 수계할 수 있고, 이러한 경우 부인권 행사에 기한 소송은 종료되지 않는다(대법원 2015. 5. 29. 선고 2012다87751 판결 참조). 관리인이 항변의 방법으로 부인권을 행사한 후 그 소송절차 등의 계속 중에 회생절차가 종료된 경우에는 파산관재인은 소송절차 등을 수계한 후 부인의 항변을 다시 하여야 한다.366)

위에서 살펴본, 회생절차폐지가 채권조사확정재판의 절차와 채권조사확정재판에 대한 이의의 소의 소송절차 등 권리확정절차에 미치는 영향을 정리하면 아래 표와 같다.

---

366) 주석 채무자회생법 (Ⅰ), 176-177면 참조.

구분		채권조사확정재판의 절차	이의의 소 소송절차
회생절차 폐지 후 파산이 선고 되지 않은 경우	인가 전 폐지	종료	① 채권자 → 관리인: 중단되어 채무자가 수계, 채권자는 청 구 변경 ② 채권자 → 다른 회생채권자 등: 종료 ③ 채권자 → 관리인 및 다른 회 생채권자 등: 관리인에 대한 부분만 중단되어 채무자가 수계, 채권자는 청구 변경/다 른 회생채권자에 대한 부분 은 종료
	인가 후 폐지	① 관리인이 당사자: 중단되어 채무자가 수계 ② 관리인 외의 자가 당사자: 계속 진행(채권조사확정재판 또 는 이의의 소로 계속됨)	
회생절차 폐지 후 파 산이 선고 된 경우(견 련파산)	인가 전 폐지	채권자 → 관리인: 중단되어 파산관재인이 수계, 채권자는 신청 변경(신청 변경의 필요 여부에 관하여는 견해의 대 립 있음. 단, 법 제134조 내지 제138조의 규정에 의한 채권 에 관한 채권조사확정재판의 절차는 종료함)	채권자 → 관리인: 중단되어 파 산관재인이 수계, 청구 변경(청 구 변경의 필요 여부에 관하여 는 견해의 대립 있음. 단, 법 제 134조 내지 제138조의 규정에 의한 채권의 조사확정재판에 대 한 이의의 소는 종료 여부 등에 관하여 견해의 대립 있음)
	인가 후 폐지	견해의 대립 (채권자 → 관리인: 1설은 종 료, 2설은 중단되어 파산관재 인이 수계, 채권자는 신청 변 경 필요, 3설은 중단되어 파 산관재인이 수계, 채권자의 신청 변경 없이 법원은 회생 채권으로서 존부 확정, 2018 다286994 판결은 3설로 볼 여지 있음)	견해의 대립 (채권자 → 관리인: 1설은 중단 되어 파산관재인이 수계, 청구 변경 필요, 2설은 중단되어 파산 관재인이 수계, 청구 변경 없이 법원은 회생채권조사확정재판의 인가·변경 판결, 2016다254467, 254474 판결은 2설과 유사함)

※ 회생절차종결이 권리확정절차에 미치는 영향은 회생계획인가 후 회생절차가 폐지되었으나 파 산이 선고되지 않은 경우 권리확정절차에 미치는 영향과 동일하게 볼 수 있음

다. 부적법한 권리확정소송의 하자 치유 여부

회생절차에 참가하고자 하는 회생채권자는 회생채권을 신고하여야 하고, 신고된 회생채권에 대하여 이의가 있는 때에는 원칙적으로 1개월 이내에 이의자를 상대로 조사확정재판을 신청하거나, 회생절차개시결정 당시 소송이 계속 중인 경우 1개월 이내에 중단된 소송을 수계하여야 하는데,[367] 신고하지 아니한 회생채권은 회생계획인가결정이 있은 때에는 실권되고(법 제251조),[368] 실권된 회생채권은 그 후 회생절차가 폐지되더라도 부활하지 아니하므로, 그 확정을 구하는 재판은 소의 이익이 없어 부적법하고, 회생채권의 신고 여부는 소송요건으로 직권조사사항이다.[369]

그러나 회생계획인가 전에 회생절차가 폐지된 경우는 신고하지 아니한 회생채권이라도 실권되지 아니하며, 그 후부터는 통상의 소송을 제기하거나 소송이 계속 중인 회생채권확정 관련 소송(개시결정 당시 소송계속 중이던 통상의 소를 개시결정 후 회생채권확정의 소로 변경한 경우, 채권조사확정재판에 관한 이의의 소가 계속 중인 경우 등이 있을 수 있다)을 통상의 소송으로 변경할 수 있다고 할 것이므로,[370] 회생계획인가 전에 회생절차가 폐지된 경우는 회생채권의 미신고의 하자는 치유되고,[371] 제소기간·수계기간 미준수의 하자도 역시

---

367) 집행력 있는 집행권원 또는 종국판결이 있는 경우에는 제소책임이 전환된다(법 제174조 제1항, 제2항).

368) 회생채권자가 회생절차의 개시사실 및 회생채권 등의 신고기간 등에 관하여 개별적인 통지를 받지 못하는 등으로 회생절차에 관하여 알지 못함으로써 회생계획안 심리를 위한 관계인집회가 끝날 때까지 채권신고를 하지 못하였고 관리인이 그 회생채권의 존재 등을 쉽게 알 수 있었음에도 회생채권자 목록에 기재하지 아니한 경우에 그 회생채권은 실권되지 아니한다. 자세한 내용은 제4절 1. 가. (2) 참조.

369) 대법원 2010. 12. 9. 선고 2007다44354(본소), 44361(반소) 판결 참조.

370) 대법원 2010. 12. 9. 선고 2007다44354(본소), 44361(반소) 판결 참조.

371) 대법원 1998. 8. 21. 선고 98다20202 판결은 회사정리법 사건에서, "정리계획인가 전에 정리절차가 폐지된 경우에는 신고하지 아니한 정리채권이라도 실권되지 아니하며, 그 후부터는 통상의 소송을 제기하거나 계속 중인 정리채권확정의 소를 통상의 소송으로 변경할 수 있다고 할 것이고, 신고하지 아니한 정리채권에 대한 정리채권확

치유된다고 보아야 할 것이다.[372][373]

라. 회생절차폐지가 집행절차에 미치는 영향

채무자 재산에 대한 파산절차, 회생채권 또는 회생담보권에 기한 강제집행 등, 국세징수의 예에 의하여 징수할 수 있는 청구권으로서 그 징수우선순위가 일반 회생채권보다 우선하지 아니한 것에 기한 체납처분은 회생절차개시결정으로 인하여 중지되고(법 제58조 제2항), 위 절차 중 체납처분을 제외한 다른 절차는 회생계획인가결정으로 인하여 실효된다(법 제256조). 따라서 회생계획인가결정 전에 회생절차폐지의 결정이 확정된 경우에는 중지된 절차들이 다시 속행되지만, 회생계획인가결정 후에 회생절차폐지의 결정이 확

정의 소의 상고심 계류 중 정리계획인가결정 없이 정리절차가 폐지된 경우, 정리채권의 신고 여부는 소송요건으로서 직권조사사항이므로 상고심에서도 그 하자의 치유를 인정하여야 한다."는 취지로 판시하였다.

372) 다만, 앞서 본 바와 같이 회생계획인가 전 폐지의 경우 채권조사확정재판은 회생절차가 견련 파산절차로 이행하지 않는 한 당연히 종료된다.

373) 법 제59조 제1항은 회생절차개시결정이 있는 때에는 채무자의 재산에 관한 소송절차는 중단되는 것으로 규정하고, 같은 조 제2항은 중단된 소송절차 중 회생채권 또는 회생담보권과 관계없는 것은 관리인 또는 상대방이 이를 수계할 수 있도록 하면서, 같은 조 제3항에서 제2항의 규정에 의한 수계가 있기 전에 회생절차가 종료한 때에는 채무자는 당연히 소송절차를 수계한다고 규정하고 있는바, 여기서 '채무자는 당연히 소송절차를 수계한다'는 의미는 회생절차개시결정으로 인하여 관리인에게 전속되는 업무수행권한과 재산의 관리처분권이 회생절차가 종료됨에 따라 채무자에게 당연히 복귀되므로, 회생절차개시로 인하여 중단된 소송을 관리인이 수계하지 아니한 상태에서 회생절차가 종료되었다면, 채무자는 별도의 조치 없이 기존의 소송을 계속 진행할 수 있게 된다는 의미로 볼 것이다.

회생채권 또는 회생담보권과 관계된 소송이 계속 중인 경우에는, 회생절차개시결정으로 인하여 소송절차가 중단되고, 채권자는 회생절차에서 채권을 신고한 후 채권조사절차에서 이의가 있는 경우 1개월 안에 중단된 소송을 수계하여야 한다. 이를 어길 경우 위 소송은 부적법하여 각하될 것이나, 만일 당사자들이 아무런 조치도 취하지 않고 있던 중 회생절차가 회생계획인가 전에 폐지되었다면, 채무자는 업무수행권한과 재산의 관리처분권을 회복하고, 본문에서 본 바와 같이 채권미신고, 수계기간 미준수의 하자는 치유된다고 볼 것이므로 채무자 혹은 채권자는 중단되었던 소송을 그대로 진행하면 될 것이다.

정된 경우에는 절차 속행의 문제가 발생하지 않는다. 이 경우에는 다시 파산
선고, 강제집행, 가압류, 가처분, 담보권실행 등을 위한 경매절차를 신청하여
야 한다.

　한편 국세징수법 또는 지방세징수법에 의한 체납처분, 국세징수의 예에
의하여 징수할 수 있는 청구권으로서 그 징수 우선순위가 일반 회생채권보
다 우선하는 것에 기한 체납처분은 회생절차개시결정으로 일정기간 동안 중
지되고(법 제58조 제3항), 회생계획인가결정으로 실효되지 않고 속행된다.

4. 파산절차 등으로 이행된 경우의 소송절차 등에 미치는 영향

가. 파산절차로의 이행

　파산선고를 받지 아니한 채무자에 대하여 회생계획인가가 있은 후 회생
절차폐지 또는 간이회생절차폐지의 결정이 확정된 경우 법원은 그 채무자에
게 파산의 원인이 되는 사실이 있다고 인정하는 때에는 직권으로 파산을 선
고하여야 한다(법 제6조 제1항).

　한편 파산선고를 받지 아니한 채무자에 대하여 ① 회생절차개시신청 또
는 간이회생절차개시신청의 기각결정(법 제293조의5 제2항 제2호 가목의 회생절
차개시결정이 있는 경우는 제외한다), ② 회생계획인가 전 회생절차폐지결정 또
는 간이회생절차폐지결정(법 제293조의5 제3항에 따른 간이회생절차폐지결정 시
같은 조 제4항에 따라 회생절차가 속행된 경우는 제외한다), ③ 회생계획불인가결
정 중 어느 하나에 해당하는 결정이 확정된 경우 법원은 그 채무자에게 파산
의 원인이 되는 사실이 있다고 인정하는 때에는 채무자 또는 관리인의 신청
에 의하거나 직권으로 파산을 선고할 수 있다(법 제6조 제2항).374)

---

374) 서울회생법원은 이 경우 채무자 또는 관리인 등의 신청이 없는 이상 파산선고를 하
　　지 않는 것을 원칙으로 하고 있다. 또한, 채무자 등의 신청에 따라 파산선고를 할 경
　　우에도 위 결정들이 확정되기 이전에 신청이 있는 경우에만 견련파산으로 처리하고,
　　위 결정들이 확정된 이후에 신청이 있는 경우에는 법 제3편의 규정에 따른 파산절차
　　로 처리하고 있다.

나. 소송절차의 중단과 수계

법 제6조 제1항 또는 제2항의 규정에 의한 파산선고가 있는 때에는 관리인 또는 보전관리인이 수행하는 소송절차는 중단되고, 이 경우 파산관재인 또는 그 상대방이 이를 수계할 수 있다(법 제6조 제6항). 이는 법 제6조 제8항의 규정에 의한 파산선고가 있는 때에 준용된다(법 제6조 제10항). 그런데 관리인 또는 보전관리인이 수행하던 소송절차는 파산재단에 속하는 재산과 관련된 것이 통상적인데, 법 제3편(파산절차)에는 이미 "파산재단에 속하는 재산에 관하여 파산선고 당시 법원에 계속되어 있는 소송은 파산관재인 또는 상대방이 이를 수계할 수 있다."고 규정(법 제347조 제1항)하고 있어 큰 의미는 없다.

〈 제 2 장 〉

개인회생절차가 소송절차 및 집행절차에 미치는 영향

개인회생절차의 개관

1. 개   요

　자연인인 개인채무자는 경제적 파탄에 빠지더라도 법인채무자와 달리 도산절차를 통해 법인격을 소멸시킬 수 없고, 본인 및 가족의 인간다운 삶을 위해 필수적으로 지출해야 하는 비용이 발생한다. 개인채무자의 특징을 고려하고, 개인채무자가 과중한 채무를 부담함으로써 발생할 수 있는 문제를 최소화하기 위해 법은 제4편에서 개인회생절차를 규정하고 있다.[1]

　개인회생절차란, 파산의 원인인 사실이 있거나 그러한 사실이 생길 염려가 있는 개인채무자로서 담보부채무액 15억 원 이하, 무담보채무액 10억 원 이하인 급여소득자 또는 영업소득자가 일정 기간 동안 채무 중 일부를 변제하면 나머지 채무에 대하여 면책을 받을 수 있는 절차이다(개인회생절차의 채무액 한도기준은 담보부채무액 10억 원 이하, 무담보채무액 5억 원 이하였다가 2021. 4. 20. 채무자회생법이 개정·시행되면서 위와 같이 상향되었다[2]).

---

[1] 개인회생절차의 입법례, 필요성과 정당성에 관하여는, 개인파산·회생실무, 394-398면, 주석 채무자회생법 (Ⅵ), 3-6면 및 9-14면, 서경환, "파산면책의 정당화 근거 및 개인도산제도 활성화를 위한 개선방안", 법조 제68권 제5호(2019. 10), 240-280면 참조.

[2] 개정규정은 2021. 4. 20. 개정된 법 시행 이후 개인회생절차개시신청을 한 개인채무자부터 적용한다(부칙 제2조).

변제계획에서 정하는 변제기간은 원칙적으로 3년을 초과할 수 없다(법 제611조 제5항). 이 변제기간 동안 채무자의 수입에서 생계에 필요하다고 인정되는 비용을 제외한 나머지 금액으로 채무를 변제한다.

앞서 본 한도기준을 초과하는 금액의 채무를 부담하는 개인채무자의 경우 회생절차는 이용할 수 있으나 개인회생절차는 이용할 수 없다(한편, 개인회생절차를 이용할 수 있는 채무자는 회생절차를 선택하여 이용할 수도 있다). 개인회생절차와 회생절차는 다음과 같은 점 등에서 차이가 있다.

개인회생절차가 개시되어도 채무자는 여전히 개인회생재단에 대한 관리처분권을 가지고, 이미 계속 중인 소송의 절차도 중단되지 않는다. 이와 달리 회생절차가 개시되면 채무자의 재산에 대한 관리처분권은 관리인에게 이전되고, 계속 중인 소송의 절차는 관리인이 수계할 때까지 중단된다. 또한, 개인회생절차에서는 변제계획안에 대한 채권자의 결의절차가 없고 법원은 법에 규정된 인가요건을 갖춘 변제계획안을 인가하여야 하는 반면, 회생절차에서는 채권자들의 결의절차를 거쳐 회생계획이 인가된다. 그리고 개인회생절차에서는 변제계획안이 인가되어도 개인회생채권에 대한 권리변경의 효력이 없고 변제계획에 따른 변제가 완료된 후 법원의 면책결정에 따라 나머지 채무에 대한 책임을 면하게 되는데, 회생절차에서는 회생계획안이 인가되면 채권자들의 권리가 회생계획에 정해진 대로 변경된다.

2. 절차의 단계별 설명

가. 개인회생절차개시신청

개인회생절차를 이용하려는 채무자는 관할법원에 개인회생절차개시신청서를 제출하여야 한다(법 제589조).

신청서에는 ① 채무자의 성명·주민등록번호 및 주소, ② 신청의 취지 및 원인, ③ 채무자의 재산 및 채무를 기재하여야 한다(법 제589조 제1항). 또, 첨부서류로 개인회생채권자목록, 재산목록 등 법 제589조 제2항과 규칙이 정하는 서류를 제출하여야 한다.

개인회생절차의 신청만으로 다른 절차에 영향을 미치지는 아니한다. 다만, 법원은 개시신청 이후 개시결정 전까지 사이에 필요한 경우 보전처분이나 중지·금지명령, 포괄적 금지명령을 할 수 있다.

나. 개시결정

법 제595조에 해당하는 기각사유가 없다고 판단되면 법원은 원칙적으로 신청일부터 1월 이내에 개인회생절차의 개시를 결정한다(법 제596조 제1항). 결정을 하는 때에는 결정서에 결정의 연·월·일·시를 기재하여야 하고, 이 결정의 효력은 그 결정시부터 발생한다(법 제596조 제4항, 제5항).

법원은 개인회생절차개시결정과 동시에 ① 개인회생채권에 관한 이의기간(이 기간은 개인회생절차 개시결정일부터 2주 이상 2월 이하로 한다) 및 ② 개인회생채권자집회의 기일(이 기일과 위 이의기간의 말일 사이에는 2주 이상 1월 이하의 기간이 있어야 한다)을 정하여야 한다(법 제596조 제2항).

개시결정이 있으면 채무자에 대한 회생절차 또는 파산절차, 개인회생채권에 기하여 개인회생재단에 속하는 재산에 대하여 한 강제집행·가압류·가처분, 개인회생재단에 속하는 재산에 대한 담보권의 실행 등을 위한 경매 등의 절차, 개인회생채권자목록에 기재된 개인회생채권에 대한 변제나 변제요구행위가 중지 또는 금지된다.

다. 개인회생채권의 확정

개인회생채권자목록을 법원으로부터 송달받은 개인회생채권자 중에서 그 목록상의 기재, 특히 채권액 등에 잘못이 있다고 생각하는 개인회생채권자는 개시결정에서 정한 이의기간 내에 이의를 제기하여야 한다.

이와 같은 이의의 방법은 개인회생채권조사확정재판을 신청하는 것이다(법 제604조). 채무자가 이의내용을 인정하는 때에는 법원의 허가를 받아 개인회생채권자목록을 변경할 수 있다. 이 경우 법원은 조사확정재판신청에 대한 결정을 하지 아니할 수 있다(법 제604조 제1항).

개인회생절차 개시 당시 이미 소송이 계속 중인 권리에 대하여 이의가 있는 경우에는 별도로 조사확정재판을 신청할 수 없고 이미 계속 중인 소송의 내용을 개인회생채권확정의 소로 변경하여야 한다(법 제604조 제2항).

위와 같이 개인회생채권 확정절차에는 채권자의 신고 및 채무자의 시·부인 절차가 별도로 마련되어 있지 않고, 목록을 송달받은 채권자가 바로 조사확정재판을 신청하되 채무자가 채권자의 이의내용을 인정하는 때에는 조사확정재판을 거치지 않고 법원의 허가를 얻어 채권자목록을 변경할 수 있도록 되어 있다. 이와 달리 회생절차에서는 관리인이 회생채권자 등의 목록을 제출하고, 회생채권자 등 이해관계인이 회생채권 등을 신고한 후 관리인이 목록에 기재되거나 신고된 회생채권 등에 대하여 시인 또는 부인하는 절차를 거치게 되며, 부인된 회생채권 등의 권리자는 조사확정재판을 신청하여야 한다.

라. 변제계획안의 인가

법원은 변제계획안에 대한 채권자의 결의를 거치지 아니한 채 변제계획을 인가하게 된다. 법은 변제계획의 인가요건으로 청산가치보장, 가용소득 전부투입, 최저변제액 제공의 요건을 둠으로써 채권자들에게 최소한의 변제를 보장하고 있다.

개인회생채권자집회에서 개인회생채권자 또는 회생위원의 이의가 없는 경우에는 법 제614조 제1항이 정하는 4가지 요건, 즉 ① 변제계획이 법률의 규정에 적합할 것, ② 변제계획이 공정하고 형평에 맞으며 수행가능할 것, ③ 변제계획 인가 전에 납부되어야 할 비용·수수료 그 밖의 금액이 납부되었을 것, ④ 변제계획의 인가결정일을 기준일로 하여 평가한 개인회생채권에 대한 총변제액이 채무자가 파산하는 때에 배당받을 총액보다 적지 아니할 것이라는 요건이 충족되면, 법원은 필요적으로 변제계획 인가결정을 하여야 한다.

개인회생채권자집회에서 개인회생채권자 또는 회생위원의 이의가 있는 경우에는 위의 4가지 요건 외에 추가로 법 제614조 제2항이 정한 가용소득 전부투입, 최저변제액 제공 등의 요건이 충족되는 경우에 한하여 변제계획 인가결정을 할 수 있다.

법원이 변제계획 인가결정을 선고할 때에는 그 주문, 이유의 요지와 변제계획의 요지를 공고하여야 한다(법 제614조 제3항). 위 변제계획은 인가결정이 있는 때부터 효력이 생긴다. 다만, 변제계획이 인가됨으로써 곧바로 채권의 내용이 변제계획대로 변경되는 것은 아니고, 변제계획 수행 후 면책결정이 확정되면 비로소 변제계획에 따라 권리가 변경되어(법 제615조 제1항) 후술하는 바와 같이 잔존채권이 면책된다.

마. 절차의 수행과 면책

채무자는 인가된 변제계획에 따라 개인회생채권자에게 변제할 금원을 회생위원에게 임치하여야 하고, 개인회생채권자는 그와 같이 임치된 금원을 변제계획에 따라 회생위원으로부터 지급받아야 한다.

정해진 변제기간 동안 채무자가 변제계획에 따른 변제를 완료한 때에는, 법원은 당사자의 신청에 의하거나 직권으로 면책결정을 하여야 한다(법 제624조 제1항). 법원의 면책결정이 내려지면 변제계획에 따른 변제액 외의 나머지 개인회생채무 전액에 관하여 원칙적으로 책임이 면제된다. 다만, 벌금, 고의로 가한 불법행위로 인한 손해배상 등 일부의 채무는 면책되지 않는다(법 제625조 제2항).

개인회생절차개시신청 단계에서 개인회생절차가 소송절차 등에 미치는 영향

1. 개인회생채권자목록 제출의 효과

개인회생절차개시신청서에는 개인회생채권자목록(채권자의 성명 및 주소와 채권의 원인 및 금액이 기재된 것)을 첨부하여야 한다(법 제589조 제2항 제1호).

개인회생채권자목록의 제출에는 시효중단의 효력이 있고(법 제32조 제3호),[3] 그 시효중단의 효력은 특별한 사정이 없는 한 개인회생절차가 진행되는 동안에는 그대로 유지된다.[4] 개인회생절차에서 변제계획인가결정이 있더라도 면책결정이 확정되기 전에는 변제계획에 따른 권리의 변경이 생기지 않으므로(법 제615조 제1항), 변제계획인가결정만으로는 시효중단의 효력에 영향이 없다.[5]

---

[3] 한편, 채무자가 개인회생채권자목록에 이미 소멸시효기간이 완성된 채권을 기재한 경우, 이는 시효중단의 효력 발생 문제가 아니라 시효이익 포기 여부 문제로서, 그러한 사정만으로 채무자에게 소멸시효 이익의 포기 의사표시가 있었다고 단정할 수 없다(대법원 2017. 7. 11. 선고 2014다32458 판결 참조).

[4] 따라서 개인회생채권자목록에 기재된 개인회생채권에 대하여는 소멸시효의 중단을 위한 소송행위를 허용하는 예외를 인정할 필요가 없다. 이러한 법리는 개인회생채권자목록에 기재된 개인회생채권에 관하여 개인회생절차개시결정 전에 이미 확정판결이 있는 경우에도 마찬가지로 적용된다(대법원 2013. 9. 12. 선고 2013다42878 판결 참조).

[5] 대법원 2019. 8. 30. 선고 2019다235528 판결 참조.

개인회생채권자목록에 기재된 채권에 관하여는 변제계획에 의하지 아니하고는 이를 소멸하게 하는 행위(면제를 제외한다)를 하지 못한다(법 제582조). 개인회생절차의 개시로 인하여 개별적 집행이 중지되는 채권은 개인회생채권자목록에 기재된 채권에 한하고(법 제600조 제1항 단서), 개인회생채권자목록에 기재된 채권에 대하여 이의기간 내에 개인회생채권조사확정재판이 신청되지 않은 경우 해당 채권은 목록에 기재된 바와 같이 확정된다(법 제603조 제1항 제1호). 면책결정이 확정되더라도 개인회생채권자목록에 기재되지 아니한 개인회생채권은 면책되지 않는다(법 제625조).

개인회생채권자목록에 기재된 개인회생채권에 관한 소가 개인회생절차개시결정 당시 이미 제기되어 있는 경우에는 개인회생절차개시결정 후에도 그 소에 관한 소송행위를 할 수 있다. 하지만 개인회생채권자목록에 기재된 개인회생채권에 기한 이행의 소를 개인회생절차개시결정 후에 제기하는 것은 허용되지 않는다.[6]

2. 보전처분이 소송절차 등에 미치는 영향

가. 보전처분의 의의

법원은 개인회생절차개시결정 전에 이해관계인의 신청에 의하거나 직권으로 채무자의 재산에 관하여 가압류, 가처분 그 밖의 필요한 보전처분을 할 수 있다(제592조 제1항). 이는 개시 여부를 심리하고 있는 단계에서 채무자가 모든 채권자들을 위한 채권의 담보이자 회생의 기초인 재산을 은닉 또는 처분하거나 이해관계인에 의한 권리행사가 쇄도하는 등 혼란과 이해관계인간의 불공평이 발생하여 영업의 계속이 곤란하게 되고 회생의 목적을 달성할 수 없는 사태가 발생하는 것을 방지하기 위한 것이다.

---

6) 대법원 2013. 9. 12. 선고 2013다42878 판결 참조.

나. 내   용

(1) 보전처분의 대상

보전처분은 개인회생절차가 개시된다면 개인회생재단에 속하게 될 일체의 재산을 그 대상으로 하고 채무자가 아닌 제3자의 재산은 그 대상이 될 수 없다. 현재 제3자 명의의 재산인 이상 향후 부인권 행사를 통하여 채무자 명의로 회복될 수 있는 재산이라고 하여도 장래 부인권 행사의 결과를 전제로 한 보전처분신청을 할 수는 없다.

(2) 보전처분의 내용

보전처분의 내용은 '가압류, 가처분 그 밖에 필요한 보전처분'이다. 그 예로는 유체동산·부동산·채권 등에 대한 가압류·가처분, 상업장부의 열람, 보관의 가처분이나 처분금지, 차재금지, 변제금지 등 채무자에게 일반적 부작위를 명하는 가처분 등을 들 수 있으나 법원이 보전의 필요성에 따라 그 내용을 정할 수 있다.

다. 보전처분의 효력

채무자가 보전처분에 반하는 행위를 한 경우 상대방이 악의인 경우에는 개인회생절차와의 관계에서 그 행위는 무효이다. 처분금지의 보전처분이 등기·등록에 의하여 공시된 이후에는 개인회생절차에 있어서 양수인이 그 재산의 취득으로 대항할 수 없다.

보전처분에 의하여 금지된 행위라도 법원의 허가를 받았을 때에는 이를 할 수 있다.

보전처분의 효력이 언제까지 존속하는지를 명시적으로 정하고 있는 규정은 없으나, 개인회생절차 개시 여부에 대한 결정이 있을 때까지 효력이 존속한다고 보는 것이 상당하다. 법 제592조 제1항에서 보전처분을 할 수 있는 시기를 개인회생절차개시결정 전으로 제한하고 있고, 법 제598조 제2항에서 개인회생절차개시신청을 기각하는 결정에 대하여 즉시항고가 있는 경우 보전처분에 관한 규정인 법 제592조를 준용한다고 규정하고 있는 점 등이 그 근거이다.

3. 중지·금지명령이 소송절차 등에 미치는 영향

가. 의   의

개인회생절차개시신청이 있는 경우 법원은 필요하다고 인정하는 때에는 이해관계인의 신청에 의하여 또는 직권으로 개인회생절차개시신청에 대한 결정시까지 ① 채무자에 대한 회생절차 또는 파산절차, ② 개인회생채권에 기하여 채무자의 업무 및 재산에 대하여 한 강제집행, 가압류 또는 가처분, ③ 채무자의 업무 및 재산에 대한 담보권의 설정 또는 담보권의 실행 등을 위한 경매, ④ 소송행위를 제외7)하고 개인회생채권을 변제받거나 변제를 요구하는 일체의 행위, ⑤ 국세징수법 또는 지방세징수법에 의한 체납처분, 국세징수의 예(국세 또는 지방세체납처분의 예를 포함)에 의한 체납처분 또는 조세채무담보를 위하여 제공된 물건의 처분의 중지 또는 금지를 명할 수 있다(법 제593조 제1항). ⑤의 경우는 징수권한을 가진 자의 의견을 들어야 한다.

나. 중지 또는 금지할 수 있는 절차 또는 행위

(1) 회생절차 또는 파산절차(법 제593조 제1항 제1호)

법은 입법적 결단으로 개인회생절차를 다른 도산절차보다 절차적으로 우선하는 것으로 규정하고 있다(법 제600조 제1항 제1호). 개인회생절차개시신청 후 개시결정 전 단계에서도 그 취지를 구현할 수 있도록 한 것이다.

---

7) 따라서 소송절차가 개인회생절차의 중지·금지명령에 의해 직접 영향을 받는 것은 없다.

(2) 강제집행, 가압류, 가처분, 담보권의 설정 또는 담보권의 실행 등을 위한 경매절차(법 제593조 제1항 제2호, 제3호)

개인회생채권에 기하여 채무자의 업무 및 재산에 대하여 행하여진 강제집행, 가압류, 가처분과 채무자의 업무 및 재산에 대한 담보권의 설정 또는 담보권실행 등을 위한 경매절차를 중지할 수 있고, 새로이 할 위 절차를 금지할 수 있다. 환취권에 기한 것이거나 개인회생재단채권으로 될 채권에 기한 절차는 중지 또는 금지할 수 없다. 중지명령의 대상은 강제집행 등이 개인회생절차개시신청 전에 행하여졌는지 그 후에 행하여졌는지를 불문한다.

개인회생절차개시결정이 있어도 담보권자의 권리행사는 제약을 받지 않는 것이 원칙이나, 담보권의 실행에 의하여 생활의 기반이 되는 자산이나 영업의 계속에 필수적인 자산이 환가된다면 개인회생절차의 진행에 지장이 초래되고 채무자의 회생이 곤란하게 될 수도 있으므로, 법원은 담보권실행 등을 위한 경매절차도 중지 또는 금지할 수 있다. 이는 채무자가 담보권자와 사이에 변제방법, 담보물건의 처분시기나 방법 등에 관하여 교섭할 기회를 주고 채무자의 영업 재건을 실효 있게 하기 위하여도 필요하다.

개인회생절차의 특성상 주로 중지·금지명령의 대상이 되는 절차는 채무자의 장래 급여채권에 대한 채권압류·추심·전부명령이다. 그런데 중지·금지명령이 있기 전에 채무자의 장래 급여채권에 대하여 이미 유효한 전부명령이 발하여져 확정된 경우에는 그 전부채권자가 채무자의 장래 급여채권을 이전받음으로 인하여 개인회생절차의 진행에 곤란을 초래할 수 있다. 이러한 문제점을 해결하기 위하여 법 제616조는 전부명령에 대한 특칙을 규정하고 있다. 즉, 변제계획 인가결정이 있는 때에는 채무자의 급료·연금·봉급·상여금, 그 밖에 이와 비슷한 성질을 가진 급여채권에 관하여 개인회생절차개시 전에 확정된 전부명령은 변제계획 인가결정 후에 제공한 노무로 인한 부분에 대하여는 그 효력이 상실되고(법 제616조 제1항), 변제계획 인가결정으로 인하여 전부채권자가 변제받지 못하게 되는 채권액은 개인회생채권으로 한다(법 제616조 제2항).

(3) 변제 또는 변제요구행위(법 제593조 제1항 제4호)

개인회생절차가 개시된다면 개인회생채권으로 될 채권을 변제받거나 변제를 요구하는 일체의 행위를 중지 또는 금지할 수 있다. 다만, 소송행위는 중지 또는 금지할 수 없다.

(4) 국세징수법 또는 지방세징수법에 의한 체납처분, 국세징수의 예(국세 또는 지방세 체납처분의 예를 포함한다)에 의한 체납처분 또는 조세채무담보를 위하여 제공된 물건의 처분(법 제593조 제1항 제5호)

이 경우 징수권한을 가진 자의 의견을 들어야 한다(법 제593조 제1항 제5호). 의견을 듣는 것으로 족하고 동의를 얻어야 하는 것은 아니므로 징수권자가 반대하더라도 법원이 필요하다고 인정하면 중지·금지명령을 내릴 수 있다. 의견을 진술할 기회를 주었는데 징수권자가 의견을 진술하지 아니한 경우에도 중지·금지명령을 내릴 수 있다. 징수권자에게 의견제출의 기회를 부여하지 않고 중지·금지명령을 발령하더라도 그 명령이 무효인 것은 아니다.[8] 이 규정에 의한 처분의 중지기간 중에는 시효는 진행하지 아니한다(법 제593조 제2항).

(5) 중지·금지명령의 대상

중지명령은 이미 행하여지고 있는 개별적인 절차나 행위를 그 대상으로 함에 반하여, 금지명령은 채무자의 특정 재산에 대하여 장래에 행하여질 가능성이 있는 일정한 절차나 행위를 그 대상으로 한다.

다. 중지·금지명령의 송달범위

중지명령 또는 금지명령은 채무자뿐만 아니라 개인회생채권자들에게도 송달하여야 한다. 다만, 제3채무자에게는 송달할 필요가 없다.

---

8) 개인파산·회생실무, 472면, 주석 채무자회생법 (Ⅵ), 237면.

강제집행 등에 대한 중지명령의 경우에는 신청인이 그 강제집행 등을 신청한 개인회생채권자를 상대방으로 표시하여 중지 대상 강제집행 절차를 특정하여야 하므로, 법원은 상대방으로 기재된 개인회생채권자에게 송달한다. 금지명령의 경우에는 법원은 개인회생채권자목록에 기재된 모든 개인회생채권자들에게 송달을 실시한다.

라. 중지·금지명령의 효력

(1) 효력 일반

'중지'를 명한 경우에는 명령의 대상인 절차는 현재의 상태에서 동결되어 그 이상 진행할 수 없게 된다. '중지'는 구체적인 절차를 계속하여 진행하려는 것을 중단시키는 효력밖에 없으므로 새로이 동종 절차의 개시를 신청하는 것은 상관없다. 그 절차를 중지하려면 새로운 중지명령을 얻어야 한다.

이에 반하여 '금지'를 명한 경우에는 새로이 명령의 대상인 절차를 신청하거나 행위를 하는 것이 금지된다.

중지·금지명령에 반하여 진행된 절차는 무효이다. 무효인 집행행위의 외형이 남아 있을 경우 이를 제거하기 위해 즉시항고(민사집행법 제15조), 집행에 관한 이의신청, 가압류·가처분에 대한 이의·취소신청 등을 제기할 수 있다. 다만, 위와 같은 외형이 제거되지 않았다고 하여 중지·금지명령에 반하여 진행된 절차의 효력이 인정되는 것이 아님은 물론이다.

중지를 명한 경우에는 당해 절차를 더 이상 진행시키지 않는다는 효력이 있을 뿐이므로, 이미 진행된 절차의 효력을 소급하여 무효로 만드는 것은 아니다. 따라서 기왕에 집행된 압류 등의 효력은 그대로 유지된다.

채무자는 개인회생절차개시결정이 있기 전에는 자유롭게 개인회생절차 개시신청을 취하할 수 있으나, 중지·금지명령을 받은 후에는 법원의 허가를 받아야 신청을 취하할 수 있다(법 제594조).

한편, 앞서 본 바와 같이, 소송행위는 중지·금지명령의 대상이 아니므로, 소송절차는 개인회생절차의 중지·금지명령에 의해 직접 영향을 받지 않는다.

(2) 중지·금지명령이 민사집행절차에 미치는 영향

(가) 중지명령

중지명령의 결정은 민사집행법 제49조 제2호가 정하는 '강제집행의 일시정지를 명한 취지를 적은 재판의 정본'에 해당하므로 이를 집행기관에 제출하고 집행의 정지를 구하면 된다. 중지명령 정본이 집행기관에 제출되면 집행기관은 그 이후 집행행위를 하지 않고 현상을 유지하면 된다. 만약 중지명령 정본이 제출되었음에도 불구하고 집행기관이 집행을 정지하지 아니하고 집행처분을 한 경우 그 절차는 무효이므로, 이해관계인은 집행에 관한 이의신청 또는 즉시항고에 의하여 취소를 구할 수 있다.

그러나 집행이 이미 종료된 이후에 중지명령 정본이 제출된 경우에는 중지명령은 그 목적을 달성할 수 없고 이미 이루어진 집행행위는 그대로 효력을 유지하게 된다.

(나) 금지명령

금지명령의 결정은 민사집행법 제49조 제1호가 정하는 '강제집행의 정지를 명하는 취지를 적은 집행력 있는 재판의 정본'에 해당한다고 보아야 할 것이다.[9]

그런데 명령의 대상인 절차 또는 행위의 금지를 명한 금지명령의 경우에는 중지를 명한 경우와 달리 새로이 명령의 대상인 절차를 신청하거나 행위를 하는 것이 금지되므로, 금지명령의 효력발생시기가 문제된다.

이에 관하여 채무자에게 금지명령의 결정서가 송달된 때부터 효력을 발생한다는 견해도 있을 수 있지만, 포괄적 금지명령이 채무자에게 결정서가 송달된 때부터 효력을 발생한다고 규정(법 제46조 제2항)하고 있는 것과 달리 금지명령에 대하여는 그 효력발생시기에 관한 아무런 규정이 없는 점, 결정과 명령은 고지에 의하여 효력을 발생하는 것이 원칙인 점(법 제33

---

9) 반대견해가 있다[주석 채무자회생법 (Ⅵ), 242면].

조, 민사소송법 제221조 제1항) 등에 비추어보면, 금지명령은 개인회생채권자에게 송달된 때에 당해 개인회생채권자에 대하여 효력이 발생된다고 봄이 상당하다. 따라서 개인회생채권자에 대한 송달시기가 달라질 경우 강제집행 등의 금지의 효력발생시기가 각 개인회생채권자별로 다르게 된다고 할 것이다.

금지명령 정본이 제출되면 집행기관은 금지명령 주문에 기재된 금지대상과 당해 개인회생채권자에 대한 효력발생일 등을 확인한 다음 집행절차가 개시되기 전이라면 집행절차의 개시신청을 부적법한 것으로서 각하 또는 기각하여야 한다. 금지명령의 효력발생 이후 특정 개인회생채권자에 의하여 강제집행이 새로 개시된 경우에는 이미 실시한 집행처분을 취소하여야 한다. 채무자는 금지명령의 효력발생시기를 소명하기 위하여 집행기관에 금지명령 정본과 함께 금지명령의 송달증명원을 제출하여야 한다.

㈐ 부동산 강제경매 · 임의경매 관련 실무상 유의사항[10]

매각기일 이후 매각결정기일 이전 단계에서 중지명령이 제출된 경우, 일단 예정된 매각결정기일은 진행하되 매각불허가결정을 한다.

매각대금이 모두 납부된 이후 중지명령이 제출된 경우, 배당절차를 계속 진행하되 중지명령의 상대방에 대한 배당액은 공탁한다.

㈑ 추심명령 · 전부명령 관련 실무상 유의사항[11]

추심명령 · 전부명령 발령에 따른 송달이 이루어지기 전에 중지명령이 제출된 경우 집행법원은 추심명령 · 전부명령을 송달하여서는 안 된다. 그럼에도 불구하고 추심명령 · 전부명령이 송달된 경우 그 송달행위는 무효이다.

추심명령에 대해 즉시항고가 제기되어 항고심 계속 중 중지명령이 제출된 경우 항고법원은 항고에 관한 재판을 정지할 필요가 없고, 채권압류 및 추심명령 발령 이후 중지명령을 받았다는 사유 자체는 채권압류 및 추심명

---

10) 주석 채무자회생법 (Ⅵ), 244-245면 참조.
11) 주석 채무자회생법 (Ⅵ), 245-247면 참조.

령에 대한 적법한 항고 사유가 될 수 없다.12) 중지명령 이후의 강제집행절차
는 정지되고, 그 후 개인회생절차가 진행되어 변제계획 인가결정이 발령되
면 집행법원은 추심명령을 취소한다.

　　전부명령은 확정되어야 효력이 있으므로, 전부명령에 대해 즉시항고가
제기되어 항고심 계속 중 중지명령이 제출된 경우 항고법원은 다른 이유로
전부명령을 취소하는 경우를 제외하고는 항고에 관한 재판을 정지하였다가
추후 개인회생절차 진행 경과에 따라 사건을 처리한다. 개인회생절차에서
변제계획이 인가되면 항고법원은 전부명령을 취소하고 전부명령신청을 기
각하여야 한다.13) 한편, 전부명령에 대한 재항고심 계속 중 중지명령이 제출
된 경우 재항고법원은 청구채권이 개인회생절차의 채권자목록에 기재된 개
인회생채권에 해당하는지 여부 등을 심리하게 하기 위해 원심재판을 파기환
송할 수 있다.14)

(3) 존속기간

　　중지·금지명령이 효력을 가지는 것은 개인회생절차개시신청에 관한
결정이 있을 때까지이다. 개인회생절차개시결정이 있으면 강제집행 등의
절차는 당연히 중지 또는 금지된다. 개인회생절차개시신청이 기각되면 중
지·금지명령은 당연히 실효되고 중지된 절차는 다시 진행하게 된다(법 제
593조 제3항). 이를 저지하기 위해서는 개시신청을 기각하는 결정에 대하여
즉시항고를 하고 항고심에서 다시 중지·금지명령을 얻어야 한다(법 제598조
제2항). 개인회생절차개시신청 취하에 대한 법원의 허가가 있는 경우에도 중
지·금지명령은 실효된다.

　　그런데 중지·금지명령, 개인회생절차개시결정은 개인회생채권자들에
게도 송달되나(개시결정은 공고도 이루어진다), 개인회생절차개시신청 기각결정
은 개인회생채권자들에게도 반드시 송달되어야 하는 것은 아니고 공고되지

---

12) 강제집행정지결정에 관한 대법원 2005. 11. 8.자 2005마992 결정 참조.
13) 대법원 2014. 1. 17.자 2013마2252 결정 등.
14) 대법원 2017. 10. 12.자 2016마999 결정 등.

도 않는다. 따라서 개인회생채권자가 중지·금지명령을 송달받은 이후 그 효력의 존속 여부를 확인하기 위해서는 개시신청 기각 여부 등 진행상황을 확인해 볼 필요가 있다.

(4) 시효의 부진행

중지명령이 있어도 당해 절차에 관하여 그때까지 행하여진 행위를 소급하여 무효로 하는 것은 아니므로 회생절차 참가, 파산절차 참가, 강제집행, 경매 등에 의하여 이미 발생한 시효중단의 효력은 중지명령 후에도 계속된다. 법 제593조 제2항은 동조 제1항 제5호의 중지기간 중에는 시효가 진행되지 않는다고 규정하고 있으나, 이는 조세채권 담보를 위하여 제공된 물건의 처분에도 시효중단의 효력이 있음을 확인하는 데 의미가 있을 뿐 체납처분 부분에 관하여는 주의적 규정에 지나지 않는다.

강제집행 등에 의한 시효중단의 효력이 발생하기 전에 금지를 내용으로 하는 금지명령이 발하여진 경우 시효중단의 효력이 있다고 볼 것인지가 문제이나, 법 제600조 제4항을 유추적용하여 금지된 기간 중에는 시효가 진행하지 않는 것으로 봄이 상당하다. 한편 포괄적 금지명령이 있는 때에는 그 명령이 효력을 상실한 날의 다음날부터 2월이 경과하는 날까지 개인회생채권에 대한 시효는 완성되지 아니한다는 시효의 정지규정이 있는바(법 제593조 제5항, 제45조 제8항), 입법론적으로는 시효에 관한 규정을 통일적으로 정비하는 것이 필요하다.

마. 중지·금지명령의 취소, 변경 및 불복

법원은 상당한 이유가 있는 때에는 이해관계인의 신청에 의하거나 직권으로 중지 또는 금지명령을 취소하거나 변경할 수 있다(법 제593조 제4항 참조). 이 경우 법원은 담보를 제공하게 할 수 있다.

한편, 중지 또는 금지명령에 대하여는 즉시항고에 의한 불복이 인정되지 않는다(법 제13조 제1항 참조).

4. 포괄적 금지명령이 소송절차 등에 미치는 영향

법 제593조 제5항은 회생절차의 포괄적 금지명령에 관한 규정인 법 제 45조 내지 제47조를 개인회생절차에도 준용하고 있다. 따라서 법원은 개인 회생절차개시신청이 있는 경우 법 제593조 제1항의 규정에 의한 중지·금지 명령에 의하여는 개인회생절차의 목적을 충분히 달성하지 못할 우려가 있다 고 인정할 만한 특별한 사정이 있는 때에는 이해관계인의 신청에 의하거나 직권으로 개인회생절차개시신청에 대한 결정이 있을 때까지 모든 개인회생 채권자에 대하여 개인회생채권에 기한 강제집행, 가압류, 가처분 또는 담보 권실행을 위한 경매절차의 금지를 명할 수 있다. 이러한 금지명령을 포괄적 금지명령이라 한다.

현재 개인회생절차 실무상 포괄적 금지명령이 발령되는 사례는 찾기 힘 들다(포괄적 금지명령이 소송절차 등에 미치는 영향에 대한 자세한 사항은 '제1장 제2 절 4. 다. 포괄적 금지명령'을 참조).

개인회생절차개시결정으로부터 변제계획인가 시까지의 개인회생절차가 소송절차 등에 미치는 영향

1. 개시결정의 효과

가. 채무자의 지위

개인회생절차개시결정[15]이 내려져도 파산절차의 경우와 달리 채무자는 여전히 개인회생재단을 관리하고 처분할 권한을 가진다(법 제580조 제2항 본문). 다만 인가된 변제계획에서 다르게 정한 때에는 그러하지 아니하다(법 제580조 제2항 단서).[16]

이와 같은 채무자의 법적 지위로 인하여 개시결정이 있다 하더라도 소송행위는 중지·금지되지 않는다(법 제600조 제1항 제3호 단서 참조).[17]

---

15) 결정 시부터 효력이 발생한다(법 제596조 제5항).

16) 즉, 개인회생재단의 관리처분권을 채무자가 아닌 다른 권리주체에게 귀속시킬 수 있다(관리처분권 행사주체의 문제). 한편, 법에서는 개인회생재단에 속한 재산을 변제계획 또는 변제계획인가결정으로 채무자가 아닌 다른 권리주체에게 귀속시키는 것도 가능하도록 규정하고 있다(소유권 귀속의 문제, 법 제615조 제2항).

17) 따라서 개시결정이 있을 당시 개인회생채권자목록에 기재된 개인회생채권이 소송물인 소송이 계속 중이었어도 소송절차는 중단되지 않으나, 개인회생채권조사확정의 소로 변경되어야 한다(법 제604조 제2항).

나. 회생절차 또는 파산절차의 중지·금지

개인회생절차개시결정이 있는 때에는 채무자에 대하여 이미 속행 중인 회생절차 또는 파산절차는 중지되고, 새로이 회생절차 또는 파산절차를 개시하는 것도 금지된다(법 제600조 제1항 제1호). 이후 변제계획 인가결정이 있는 때에는 중지된 회생절차 또는 파산절차는 그 효력을 잃는다(법 제615조 제3항). 이는 개인회생절차의 간이·신속성, 저렴한 절차비용 등을 고려하여, 다른 도산절차보다 절차적 우위에 둔다는 의미이다.

다. 강제집행·가압류·가처분의 중지·금지

개인회생절차개시결정이 있는 때에는 개인회생채권자목록에 기재된 개인회생채권에 기하여 개인회생재단에 속하는 재산에 대하여 이미 계속 중인 강제집행·가압류 또는 가처분은 중지되고, 새로이 강제집행·가압류 또는 가처분을 하는 것은 금지된다(법 제600조 제1항 제2호).

(1) 중지·금지의 대상

중지·금지되는 절차는 개인회생채권, 즉 채무자에 대하여 개인회생절차개시결정 전의 원인으로 생긴 재산상의 청구권(법 제581조 제1항)에 기한 것에 한한다. 따라서 개인회생채권이 아닌 개인회생재단채권(법 제583조), 환취권(법 제585조)에 기한 강제집행·가압류 또는 가처분은 허용된다.

또, 개인회생채권 중에서도 '개인회생채권자목록에 기재된 개인회생채권'에 기한 절차만이 중지·금지되는 것이므로, 채무자가 개인회생채권자목록에 누락한 채권자는 개시결정 후에도 자유롭게 강제집행 등을 행할 수 있다. 개시결정 당시에는 개인회생채권자목록에 기재되지 않았는데 개시결정 이후 개인회생채권이 추가된 경우에도(법 제589조의2 제2항), 중지·금지의 효력이 미친다고 봄이 타당하다.[18][19]

---

18) 주석 채무자회생법 (Ⅵ), 322면.

그리고 '개인회생재단에 속하는 재산'에 대하여 행하는 강제집행 등만 중지·금지되는 것이므로, 연대채무자, 보증인, 물상보증인 등 제3자의 재산에 대하여 행하는 것은 중지·금지되지 않는다.

한편, 면제재산의 경우는 개인회생재단에서 제외되므로(법 제580조 제3항, 제383조), 개인회생절차의 폐지결정 또는 면책결정이 확정될 때까지 개인회생채권(개인회생채권자목록에 기재된 것으로 국한되지 않는다)에 기한 강제집행·가압류 또는 가처분을 할 수 없다(법 제580조 제4항).

(2) 중지·금지의 효과

먼저, 절차의 중지라 함은 진행되던 강제집행 등 절차가 그 시점에서 동결되고 그 속행이 허용되지 아니함을 뜻하고 그 이상의 효력은 없다. 소급적 효력이 없으므로 이미 행하여진 절차가 소급하여 무효로 되거나 취소되는 것은 아니다. 따라서 가압류·가처분 등 보전처분의 경우 이에 기한 본집행으로 진행하는 것은 허용되지 아니하나, 보전처분 자체가 실효되는 것은 아니다. 변제계획 인가결정이 있으면 비로소 중지된 강제집행·가압류 또는 가처분이 효력을 상실하게 된다(법 제615조 제3항).

그리고 새로이 강제집행 등 절차를 신청하는 것은 금지되므로, 이러한 절차가 새로이 신청된 경우에는 각하 또는 기각하여야 하고, 이에 위반되어 개시된 절차는 무효이다.

(3) 중지·금지의 효력의 존속기간

개시결정에 의하여 중지된 강제집행·가압류 또는 가처분은, 그 후에 변제계획 인가결정이 있는 때에는 그 효력을 상실하게 되고(법 제615조 제3항 본문),[20] 변제계획불인가결정이나 인가 전 개인회생절차 폐지결정이 확정되는

---

19) 그 효력이 발생하는 시점에 대해서는 개시결정 당시로 소급적으로 효력을 인정하는 것은 부당하며, 수정된 개인회생채권자목록에 대하여 공고와 송달을 모두 하여야 하는 점을 고려하여(법 제589조의2 제4항), 공고가 된 때 중지·금지의 효력이 발생한다고 보는 견해가 있다. 이에 대하여는 주석 채무자회생법 (Ⅵ), 322, 323면 참조.
20) 다만 인가된 변제계획 또는 변제계획인가결정에서 다르게 정한 때에는 그러하지 아

때에는 그 중지된 강제집행·가압류 또는 가처분을 속행할 수 있다. 따라서 위와 같은 중지의 효과는 변제계획이 인가되는 때 또는 변제계획불인가결정이나 인가 전 개인회생절차 폐지결정이 확정되는 때 중 먼저 도래하는 시점까지 존속한다. 한편 변제계획인가결정에 따라 중지되었던 강제집행 등 절차가 이미 실효되었다면, 그 후 인가 후 개인회생절차폐지결정이 확정되더라도 위 결정에는 소급효가 없으므로 실효된 절차가 부활하지는 않는다.

이에 반하여, 개시결정에 의하여 강제집행·가압류 또는 가처분을 금지하는 효과는 개인회생절차의 종료 시[21])까지 존속한다고 보아야 한다. 개인회생절차는, 각 개인회생채권이 변제계획에 의해서만 변제를 받는 것을 전제로 한 절차이기 때문이다.

(4) 개시결정에 따른 집행법원의 처리방법

개인회생채권자목록에 기재된 개인회생채권에 기한 강제집행 등 절차가 중지·금지되는 것이므로, 집행법원으로서는 채무자에게 개시결정문과 개인회생채권자목록을 함께 제출하라는 보정명령을 할 필요가 있다.

① 개인회생절차의 개시는 집행장애사유에 해당하여,[22]) 새로이 강제집행, 가압류 또는 가처분을 하는 것이 금지되므로, 집행법원은 집행개시 전에 개인회생절차가 개시된 경우에는 집행의 신청을 각하 또는 기각하여야 한다.[23])

② 집행법원이 채무자에 대하여 개인회생절차개시결정이 있은 사실을 발견한 때에는 개시결정 정본의 제출 등을 기다릴 필요 없이 직권으로 이미 집행되고 있는 집행절차를 정지하여야 한다.[24])

니하다(법 제615조 제3항 단서).

21) 여기서 종료 시란 면책결정 또는 개인회생절차 폐지결정의 확정 등으로 개인회생절차가 종국적으로 마쳐지는 것을 의미한다.

22) 집행장애사유의 존재는 집행법원의 직권조사사항이다.

23) 대법원 2000. 10. 2.자 2000마5221 결정 참조.

24) 매각허가에 대한 이의사유(민사집행법 제121조 제1호)에 해당한다(다만 개인회생채권의 경우 채권자목록에 기재된 경우에 한한다).

③ 집행장애사유가 존재함에도 간과하고 집행절차를 개시한 다음 이를 발견한 때에는 이미 한 집행절차를 직권으로 취소하여야 한다(무효인 해당 집행행위의 외관을 제거).25)26)

④ 집행정지사유가 있음에도 불구하고 집행법원이 집행을 정지하지 아니하고 집행처분을 한 경우에는 이해관계인은 집행에 관한 이의신청, 즉시항고 또는 가압류, 가처분 결정에 대한 이의신청 등에 의하여 그 취소를 구할 수 있다.

이상의 내용을 표로 정리하면 다음과 같다.

개시결정의 시기	집행법원의 조치
집행개시 전 개시결정	집행신청 각하 또는 기각
집행 중 개시결정	집행절차 직권 정지
개시결정 후 집행개시	집행절차 직권 취소 (무효인 집행행위 외관 제거)
※ 이해관계인은 집행에 관한 이의신청, 즉시항고 또는 가압류, 가처분 결정에 대한 이의신청 등으로 다툴 수 있음	

⑤ 개인회생절차가 개시된 이후에 압류·전부명령이 내려진 경우 그 압류·전부명령은 무효27)이므로 집행법원은 이를 제3채무자나 채무자에게 송달하여서는 아니 되고, 집행법원이 개인회생절차가 개시된 사실을 간과하고 압류·전부명령을 제3채무자 및 채무자에 대하여 송달하여 항고기간이 도과한 경우라고 하더라도 그 효력이 발생할 수는 없다. 집행법원이 압류·전부

---

25) 대법원 2000. 10. 2.자 2000마5221 결정, 대법원 2016. 9. 28. 선고 2016다205915 판결.

26) 개인회생절차개시결정 이후 이를 간과하고 배당이 실시된 경우에는 그 배당의 실시는 무효의 집행행위가 되므로, 배당금을 수령한 자는 그 금원을 채무자에게 반환하여야 한다.

27) 전부명령 자체가 무효인 경우에는 이러한 즉시항고를 제기하지 않아 전부명령이 형식적으로 확정되었다 하더라도 전부명령의 효력을 다툴 수 없는 것은 아니고, 채무자나 제3채무자는 여전히 그 전부명령의 무효를 주장할 수 있다(대법원 2000. 7. 4. 선고 2000다21048 판결, 대법원 2016. 12. 29. 선고 2016다22837 판결).

명령을 발한 이후에 개인회생절차가 개시된 경우에도 위와 같이 집행법원은 이를 송달하여서는 아니 되고 설사 송달이 시행된다고 하더라도 이는 무효이므로 효력을 발생할 수 없다고 보아야 한다(따라서 즉시항고기간도 진행되지 않는다).[28]

압류·전부명령이 제3채무자 및 채무자에 대하여 송달이 된 후에 개인회생절차가 개시되었다면 개인회생절차개시결정에 의하여 강제집행 등이 중지된다고 하더라도 이미 행하여진 집행절차가 소급하여 무효가 되는 것은 아니나, 개시결정 이후의 모든 절차 또는 행위는 중지·금지된다.[29] 중지의

---

28) 채권자목록에 기재된 개인회생채권에 기하여 개인회생재단에 속하는 재산에 대하여 이미 계속중인 강제집행·가압류 또는 가처분절차는 개인회생절차가 개시되면 일시적으로 중지되었다가, 변제계획이 인가되면 변제계획 또는 변제계획인가결정에서 다르게 정하지 아니하는 한 그 효력을 잃는다(법 제600조 제1항, 제615조 제3항). 그런데 전부명령은 확정되어야 효력을 가지므로(민사집행법 제229조 제7항), 채권자목록에 기재된 개인회생채권에 기하여 개인회생재단에 속하는 채권에 관하여 내려진 전부명령이 확정되지 아니하여 아직 효력이 없는 상태에서, 채무자에 대하여 개인회생절차가 개시되고 이를 이유로 위 전부명령에 대하여 즉시항고가 제기되었다면, 항고법원은 다른 이유로 전부명령을 취소하는 경우를 제외하고는 항고에 관한 재판을 정지하였다가(민사집행법 제229조 제8항 참조) 변제계획이 인가된 경우 전부명령의 효력이 발생하지 않게 되었음을 이유로 전부명령을 취소하고 전부명령신청을 기각하여야 한다(대법원 2008. 1. 31.자 2007마1679 결정). 그리고 애초에 신청한 개인회생절차가 채무자의 개인회생신청 취하 등을 이유로 폐지되었다고 하더라도, 그 압류 및 전부명령에 대한 항고재판 진행중에 채무자가 새롭게 신청한 개인회생절차가 다시 개시되었다면 변제계획의 인가시까지 그 항고재판을 정지하여야 하는 것은 마찬가지이다(대법원 2009. 9. 24.자 2009마1300 결정). 이 경우 항고법원은 즉시항고의 대상이 된 채권압류 및 추심·전부명령의 청구채권이 개인회생절차의 개인회생채권자목록에 기재된 개인회생채권에 해당하는지 여부 등을 심리하여야 하는데(대법원 2013. 4. 12.자 2013마408 결정 참조), 실무상 채무자가 개인회생절차가 개시되었다는 취지의 서면만을 제출하는 경우가 많으므로 채무자에게 개인회생 사건에서의 개인회생채권자목록을 제출하도록 보정을 명하는 등으로 보완하도록 하여야 한다.

29) 전부명령의 경우 확정됨으로써 제3채무자에게 송달된 때에 피전부채권이 권면액 범위 내에서 압류채권자(전부권자)에게 이전하고 집행채권이 소멸되며, 그것으로 현금화절차가 완결되므로(민사집행법 제229조 제7항, 제231조), 전부명령이 확정된 이후 개시결정이 있다 하더라도 이미 전부명령의 효력이 발생된 이상, 그 효력이 변경되지는 않는다. 다만, 피전부채권 중 채무자의 장래 급여채권에 관하여 개인회생절차개시

효력에 의하여 항고기간의 진행이 정지되는 것이 아니어서 전부명령의 확정을 차단할 수 없으므로, 채무자는 즉시항고를 함께 제기하여야 할 것이다.

라. 변제의 금지

개인회생절차개시결정이 있는 때에는 개인회생채권자목록에 기재된 개인회생채권을 변제받거나 변제를 요구하는 일체의 행위가 금지된다(법 제600조 제1항 제3호). 중지·금지는 채무자에 대한 관계에 한정된다고 해석된다. 따라서 제3자가 채권자에게 변제를 하거나 채권자가 제3자에 대하여 변제요구행위를 하는 경우는 법 제600조 제1항 제3호 위반행위는 아니나, 실질적으로 변제재원을 채무자가 출연하는 등에 해당하는 때에는 위 조항 위반이라고 볼 수 있고, 법 제612조의 '채무자가 제3자의 명의로 변제계획에 의하지 아니하고 일부 개인회생채권자에게 특별한 이익을 주는 행위'에 해당한다고 보아 무효라고 본다.

개인회생채권자목록에 기재된 개인회생채권에 관하여는 변제계획에 의하지 아니하고는 변제하거나 변제받는 등 이를 소멸하게 하는 행위(면제를 제외한다)를 하지 못하므로(법 제582조), 개인회생채권자목록에 기재된 개인회생채권자들은 개인회생절차가 개시되면 개별적인 채권실행이 금지되고, 개인회생절차 내에서 변제계획에 의하여만 채권을 변제받아야 한다. 변제금지의 대상이 되는 것은 '개인회생채권자목록에 기재된 개인회생채권'에 한하며, 개인회생재단채권은 개인회생절차에 의하지 아니하고 수시로 변제한다(법 제583조 제2항, 제475조).

위에서 본 바와 같이 개인회생절차개시결정이 있는 때에는 개인회생채권의 변제를 요구하는 일체의 행위가 중지·금지되지만, 소송행위는 중지·금지 대상에서 제외된다(법 제600조 제1항 제3호 단서).

전에 확정된 전부명령은 변제계획인가결정이 있는 때에 변제계획인가결정 후에 제공한 노무로 인한 부분에 대하여는 그 효력이 상실된다(법 제616조 제1항).

마. 체납처분 등의 중지·금지

개인회생절차개시결정이 있는 때에는 개인회생채권자목록에 기재된 개인회생채권에 의한 국세징수법 또는 지방세징수법에 의한 체납처분, 국세징수의 예(국세 또는 지방세체납처분의 예를 포함한다. 이하 같다)에 의한 체납처분 또는 조세채무담보를 위하여 제공된 물건의 처분은 중지되고, 새로이 체납처분을 하는 것은 금지된다(법 제600조 제1항 제4호). 중지되거나 금지되는 처분은 개인회생채권자목록에 기재된 일반 우선권 있는 개인회생채권인 조세 등의 청구권에 기한 것이므로 개인회생채권자목록에 기재되지 않은 조세 등이나 개인회생재단채권인 조세 등의 청구권에 기한 처분은 중지·금지의 대상이 아니다.

바. 담보권설정·담보권실행경매의 중지·금지

개인회생절차개시결정이 있는 때에는 변제계획의 인가결정일 또는 개인회생절차 폐지결정의 확정일 중 먼저 도래하는 날까지 개인회생재단에 속하는 재산에 대한 담보권의 설정 또는 담보권의 실행 등을 위한 경매는 중지 또는 금지된다(법 제600조 제2항). 피담보채권이 개인회생채권자목록에 기재되어 있는지를 묻지 않고, 개인회생채권에 해당하지 않아도 마찬가지이다. 다만 물상보증인과 같은 제3자의 재산에 대한 담보권 설정이나 임의경매는 중지·금지되지 않는다.

개인회생절차에서 담보권은 별제권으로 인정되기 때문에 개인회생절차에 의하지 아니하고 행사할 수 있지만(법 제586조, 제412조), 담보권의 실행으로 채무자의 영업이나 생계를 위하여 필수적인 재산이 상실될 수 있으므로, 적어도 개인회생절차 진행 중에는 이를 중지시키겠다는 것이 그 입법취지이다.

사. 중지된 절차 또는 처분의 속행 또는 취소

법원은 상당한 이유가 있는 때에는 이해관계인[30]의 신청에 의하거나 직권으로 법 제600조 제1항 또는 제2항의 규정에 의하여 중지된 절차 또는 처분(회생절차 및 파산절차, 강제집행·가압류·가처분, 변제 및 변제요구행위, 체납처분·조세채무담보제공물건의 처분, 담보권설정·담보권실행경매)의 속행 또는 취소를 명할 수 있다. 다만, 처분의 취소의 경우에는 담보를 제공하게 할 수 있다(법 제600조 제3항).

회생절차 및 파산절차에 관하여는 위 문언에 불구하고 그 성질상 속행 또는 취소를 명할 수 없다고 보아야 한다(법 제58조 제5항 단서 참조).

아. 기타 효과

법 제600조 제1항 또는 제2항의 규정에 의하여 처분을 할 수 없거나 중지된 기간 중에는 시효는 진행되지 아니한다(법 제600조 제4항).[31]

채무자는 개인회생절차개시결정이 있은 후에는 개시신청을 취하할 수 없다(법 제594조). 다만, 개인회생절차개시결정이 있은 후 변제계획이 인가되지 않고 절차가 폐지되더라도 채무자는 아무런 제한 없이 다시 개인회생절차를 신청할 수 있다.

2. 개인회생절차개시결정이 소송절차에 미치는 영향

가. 개인회생절차와 관련한 소송행위 유형별 검토

① 개인회생재단채권, 환취권에 기한 소송행위, ② 개인회생채권자목록에 기재되지 않은 개인회생채권에 기한 소송행위의 경우, 개시결정에 따른

---

30) 채무자가 포함된다고 해석된다.
31) 한편 법 제32조 제3호, 제589조 제2항은 개인회생채권자목록의 제출에 대하여 시효 중단의 효력이 있다고 규정하고 있다.

효력이 미치지 않으므로 개시결정 여부와 관계없이 소송이 진행된다.

그러나 ③ 개인회생채권자목록에 기재된 개인회생채권에 기한 소송행위의 경우에는, 개시결정 이후 소송이 제기된 때와 개시결정 당시 이미 소송계속 중[32])인 때를 구별하여 검토할 필요가 있다.

나. 개시결정 이후 소송이 제기된 경우(조사확정재판으로의 집중)

파산절차나 회생절차 등 통상의 도산절차는 채권을 확정하는 절차를 도산절차 내로 집중하여 원칙적으로 별개의 소송이 불가능하도록 하는 입법을 하고 있다. 그러나 법 제600조 제1항 제3호는 개시결정으로 중지되거나 금지되는 행위에서 "개인회생채권에 관한 소송행위"를 제외하고 있고, 법 제606조 제3호는 "조사확정재판이나 이의소송 이외의 채권의 확정에 관한 소송의 결과"를 채권자표에 기재하도록 규정하고 있어 개인회생절차가 진행되는 경우 채권의 조사확정을 하나의 절차로 집중시키지 않고 별도의 소송이 가능하도록 규정하고 있는 것인지 하는 의문이 있다.

그러나 개인회생절차의 안정적 진행의 필요성과 조사확정재판제도의 취지 등을 고려해 볼 때, 적어도 개인회생채권자목록에 기재된 채권과 동일한 소송물에 속하는 채권인 이상 별도의 소송이 불가능하고 오로지 조사확정재판 및 그 이의소송으로 집중시키고 있는 것으로 해석함이 상당하다.

이에 관해 대법원[33])은 " … 이러한 규정 내용과 집단적 채무처리절차인 개인회생절차의 성격, 개인회생채권조사확정재판 제도의 취지 등에 비추어 보면, 법 제600조 제1항 제3호 단서가 개인회생절차개시의 결정에 따라 중지 또는 금지되는 행위에서 소송행위를 제외하고 있다고 하여도 이는 개인회생절차개시의 결정 당시 개인회생채권자목록에 기재된 개인회생채권에 관한 소가 이미 제기되어 있는 경우에는 그에 관한 소송행위를 할 수 있다는

---

32) 민사소송의 경우, 소송계속의 발생 시기는 소장 부본이 상대방에게 송달된 때로 본다(대법원 1994. 11. 25. 선고 94다12517, 12524 판결).

33) 대법원 2013. 9. 12. 선고 2013다42878 판결.

취지로 보아야 하고 개인회생절차개시의 결정이 내려진 후에 새로이 개인회
생채권자목록에 기재된 개인회생채권에 기하여 이행의 소를 제기하는 것은
허용되지 아니한다."라고 하여 개인회생채권자목록에 기재된 개인회생채권
으로 개인회생절차개시결정 후에 별도로 이행의 소를 제기할 수 없음을 명
백히 하고, 이를 위반하여 제기된 소가 부적법하다고 각하한 원심 판단34)을
유지하였다.

따라서 개인회생채권자목록에 기재된 채권에 대하여 이의기간35)이 도
과되면 그 채권은 확정판결과 동일한 효력 즉 절차 내에서의 불가쟁 효력을
갖게 되고,36) 당해 채권자로서는 적어도 그 확정된 채권과 동일한 소송물에
속하는 채권인 한 그 채권의 존부나 내용에 다툼이 있다 하더라도 더 이상

---

34) 서울고등법원 2013. 5. 14. 선고 2012나11459 판결.

35) 이의기간은 재정기간(裁定期間)으로서 그 기간을 늘일 수 있다(법 제596조 제3항,
제2항). 다만 기간을 늘이는 결정은 당초에 정한 이의기간이 도과하기 전에 하여야
하는 것이 원칙이다. 한편 위 이의기간은 재정기간이므로 불변기간에 적용되는 추완
은 허용되지 않는다고 해석된다. 나아가 채무자가 면책결정을 받게 되면 개인회생채
권자목록에 기재된 개인회생채권과 동일한 소송물에 속하는 채권 전부에 대하여 면
책의 효과가 미치게 될 것이다.

36) 대법원 2017. 6. 19. 선고 2017다204131 판결에서는 다음과 같이 설시하고 있다. [1]
법 제603조 제3항은 확정된 개인회생채권을 개인회생채권자표에 기재한 경우 그 기
재는 개인회생채권자 전원에 대하여 확정판결과 동일한 효력을 가진다고 규정하고
있다. 여기에서 '확정판결과 동일한 효력'은 기판력이 아닌 확인적 효력을 가지고 개
인회생절차 내부에 있어 불가쟁의 효력이 있다는 의미에 지나지 않는다. 따라서 애당
초 존재하지 않는 채권이 확정되어 개인회생채권자표에 기재되어 있더라도 이로 인
하여 채권이 있는 것으로 확정되는 것이 아니므로 채무자로서는 별개의 소송절차에
서 채권의 존재를 다툴 수 있다. 이는 개인회생채권자목록의 내용에 관하여 이의가
있어 개인회생채권조사확정재판이 신청되고 개인회생채권조사확정재판이 있었으나,
개인회생채권조사확정재판에 대한 이의의 소가 제소기간 안에 제기되지 아니하여 채
무자회생법 제607조 제2항에 의해 재판이 개인회생채권자 전원에 대하여 확정판결
과 동일한 효력을 갖게 된 경우에도 마찬가지이다. [2] 확정된 개인회생채권에 관한
개인회생채권자표의 기재에 기판력이 없는 이상 그에 대한 청구이의의 소에서도 기
판력의 시간적 한계에 따른 제한이 적용되지 않는다. 그러므로 청구이의의 소송심리
에서는 개인회생채권 확정 후에 발생한 사유뿐만 아니라 개인회생채권 확정 전에 발
생한 청구권의 불성립이나 소멸 등의 사유도 심리·판단하여야 한다.

별개의 이행소송이나 확인소송을 제기할 수 없다고 보아야 할 것이다. 이에 위반하여 제기된 소송에 대하여 법원은 '이 사건 소를 각하한다.'는 주문을 선고하면 될 것이다.[37]

다. 개시결정 당시 이미 소송이 계속 중인 경우의 법률관계

(1) 소송수계 불필요

개인회생채권자목록에 기재된 개인회생채권자가 이미 별도의 소송을 진행하고 있는 경우 법은 파산관재인이나 관리인과 같이 채무자가 아닌 관리처분권자를 별도로 두지 않고, 채무자에게 곧바로 관리처분권을 인정하고 있기 때문에(법 제580조 제2항 본문) 소송중단이 있을 수 없고 소송수계도 불필요하다.

(2) 이의기간 내 이의가 없는 경우

개인회생절차에서는 개인회생채권자가 채권신고를 하는 절차가 별도로 마련되어 있지 않고 채무자가 제출하는 개인회생채권자목록에 기재된 채권에 대하여 이의기간[38]의 도과로 개인회생채권의 존부나 내용에 관하여 채권확정의 효과가 발생하므로, 개인회생채권자목록에 기재된 개인회생채권의 존부나 내용에 대하여 이의기간 내에 이의가 없어 그대로 확정된 경우에는, 이와 동일한 소송물에 속하는 채권에 관하여 이미 계속 중인 소송은 소로써 다툴 이익이 없어 부적법하다고 봄이 상당하다.

---

37) 위 대법원 2013. 9. 12. 선고 2013다42878 판결 및 그 원심인 서울고등법원 2013. 5. 14. 선고 2012나11459 판결 참조.
38) 앞서 보았듯, 개인회생채권에 관한 이의기간은 ① 개인회생절차개시결정과 동시에 정하여지는 것으로, 그 기간은 개인회생절차개시결정일부터 2주 이상 2월 이하이다. 이외에 이의기간으로, 개시결정 이후 개인회생채권자목록이 수정허가되어 새로이 이의기간으로 부여된 기간(법 제589조의2 제4항) 또는 개인회생채권자의 서면 이의신청(조사확정재판신청) 후 채무자가 이의내용을 인정하여 제출한 개인회생채권자목록이 수정허가되어 새로이 이의기간으로 부여된 기간(법 제604조 제1항)이 있다.

(3) 이의기간 내 이의가 있는 경우

이의기간 내 이의[39]가 있는 경우, 개인회생절차 개시 당시 이미 소송이 계속 중인 권리의 존부나 내용에 대하여 다툼이 있는 경우 당해 개인회생채권자는 별도로 조사확정재판을 신청할 수 없고, 이미 계속 중인 소송의 내용을 개인회생채권조사확정의 소로 변경하여야 한다(법 제604조 제2항). 따라서 개인회생채권에 관하여 이미 이행소송이 계속 중인 경우 채권자는 그 청구취지를 개인회생채권의 존부와 내용의 확정을 구하는 형태로 변경하여야 할 것이고, 이 경우 법 제603조 제1항의 규정에 불구하고 개인회생채권자목록 중 그 부분에 대하여는 확정력을 부여하지 않는 것으로 해석된다. 이 때 소 변경에 대하여 기간 제한은 없는 것으로 해석되나, 개인회생절차를 안정적이고 신속히 진행하기 위하여 조기에 소 변경 절차가 이행될 필요가 있다.[40]

청구취지를 변경할 경우 변경된 청구취지는 "원고의 피고에 대한 개인회생채권은 ○○○원 및 이에 대한 2021. x. x.부터 2021. x. x.까지 연 ○○%의 비율에 의한 금원의 일반개인회생채권과 위 ○○○원에 대한 2021.

---

39) 법 제604조 제1항은 '개인회생채권자목록의 내용에 관하여 이의가 있는 개인회생채권자는 법 제589조의2 제4항 또는 제596조 제2항 제1호에 따른 이의기간 안에 서면으로 이의를 신청할 수 있다.'고 규정하고 있어, 서면에 의한 이의신청 제도를 도입하고 있다. 이에 위 제도와 개인회생채권조사확정재판과의 관계가 문제된다. 실무는 법이 개인회생채권조사확정재판의 신청을 '서면으로' 하라고 되어 있을 뿐이지 일정한 양식의 신청서로 할 것으로 요구하지 않고 있다는 점을 고려하여, 채권자가 통상적으로 제출하는 '이의신청서'에 내용상 채권자목록의 내용에 관한 이의라고 보이면 일단 개인회생채권조사확정재판의 신청서로 보되, 다만 채무자가 이의내용을 인정하여 법원의 허가를 받아 개인회생채권자목록을 변경하는지 여부를 기다린 후 그에 따라 처리하고 있다. 즉 채무자가 이의내용대로 개인회생채권자목록을 변경하면 새로이 이의기간을 정해 공고하고 그 목록을 이의한 개인회생채권자 등에게 송달한 후 개인회생채권조사확정재판의 신청에 대한 결정을 하지 않는다(법 제604조 제1항 후문). 그러나 채무자가 이의내용을 인정하지 않는 경우, 이의신청한 개인회생채권자에게 절차비용을 미리 납부하고 신청취지를 보정하라는 명령을 한 후 보정이 완료되면 사건번호(2021개확100000)를 부여하고 심문 및 결정을 한다(서울회생법원 회생위원 직무편람, 208면).

40) 주석 채무자회생법 (Ⅵ), 400면.

x. x.부터 완제일까지 연 ○○%의 비율에 의한 금원의 후순위개인회생채권임을 확정한다."는 등의 내용이 된다.

(4) 개인회생채권자목록에 추가되는 채권에 기한 소송의 경우

개인회생절차개시결정의 효력은 개인회생채권자목록에 기재된 개인회생채권에 한하여 미치므로 개인회생채권자목록에 기재되지 않은 채권에 기해서는 강제집행은 물론이고 본안소송도 제기할 수 있다. 다만 채무자가 목록에서 누락된 개인회생채권이 있는 것을 뒤늦게 발견한 경우에는 변제계획인가 전까지 법원의 허가를 얻어 개인회생채권자목록을 수정할 수 있으므로 누락된 채권이 다시 목록에 기재된 경우에는 본안소송이 계속 중인 경우와 마찬가지 방법으로 처리되어야 할 것이다.

라. 채권자에게 이미 집행력 있는 집행권원이나 종국판결이 있는 경우

채권자에게 이미 집행력 있는 집행권원이나 종국판결이 있는 경우 회생절차나 파산절차에서는 이의가 있는 자는 채무자가 할 수 있는 소송절차에 의하여만 이의를 주장할 수 있는 반면에(법 제174조 제1항, 제466조 제1항), 개인회생절차에서는 법문상 아무런 제한이 없으므로 채권자에게 이미 집행력 있는 집행권원이나 종국판결이 있더라도 이의가 있는 자는 개인회생채권조사확정재판을 신청할 수 있는지가 문제된다.

조문의 규정형식이나 실무상의 필요로 볼 때 집행력 있는 집행권원이나 종국판결이 있는 경우라도 개인회생채권조사확정재판을 신청할 수 있다고 보는 견해도 있으나,[41] 채권자가 이미 집행력 있는 집행권원이나 종국판결

---

41) 개인회생절차는 채권신고제도를 채택하지 않고 있으므로, ① 집행권원 또는 종국판결이 있는 경우 채무자가 채권자목록에 일부 금액만을 기재하더라도(채권의 동일성이 인정되는 한 면책의 효력도 미친다) 당해 채권자가 이를 다툴 수 없는 불합리가 있고, ② 만일 이를 시정하기 위하여 집행권원 또는 종국판결이 있는 경우 채무자로 하여금 전액을 채권자목록에 기재하도록 한 후 추후 채무자로 하여금 청구이의의 소 등으로 불복하도록 한 경우에는 채무자가 청구이의의 소를 제기할 실익이 없는 문제가 있다(채무자로서는 원칙적으로 가용소득만을 변제에 제공하면 되므로

을 받았음에도 그 채권에 대하여 제3채권자나 채무자가 조사확정재판으로
다투도록 하는 것은 부당하므로 회생절차나 파산절차의 규정을 유추적용하
여 집행력 있는 집행권원이나 확정된 종국판결이 있는 경우에는 채무자가
다툴 수 있는 절차인 청구이의의 소나 재심의 소 등으로만 다툴 수 있다고
해석하는 것이 민사소송절차와의 체계에 비추어 합리적이고,[42] 종국판결이
있지만 상급심에 계속 중인 경우에는 그 소송의 내용을 앞서 본 바와 같이
개인회생채권확정의 소로 변경하여 다투어야 할 것이다.

    한편, 확정판결에 대하여 재심의 소가 제기되거나 가집행선고가 붙은 판
결에 대하여 상소를 제기하면서 집행정지결정을 받은 경우, 집행채무자에
대한 개인회생절차의 개시는 집행장애사유가 되지만 집행문을 내어주는 데
에는 장애가 되지 않는다고 본다.

마. 추심금 소송

    (1) 시기적으로 개시결정이 있은 후에 뒤늦게 채권압류 및 추심명령을
받아 추심금 소송을 제기한 경우에는 그러한 채권압류 및 추심명령은 효력
이 없으므로 추심금 소송은 이유 없어 기각되어야 한다(개시결정→추심명령→
추심금 소송).

    (2) 개시결정으로 이미 추심채권자가 채권압류 및 추심명령으로 취득한
추심권능이 소멸되거나 무효가 되는 것은 아니고 소송행위가 개시결정에 따
른 중지·금지의 효력 범위에서 제외되고 있으므로(법 제600조 제1항 제3호 단
서), 추심채권자가 제3채무자를 상대로 추심금 소송을 제기하거나 추심채권

        채권자의 채권의 인정 여부는 채권자들 사이의 분배 몫에 변화를 가져올 뿐 채무자
        의 총변제액에는 영향이 없다). 이를 해결하기 위한 방법으로 집행권원 또는 종국판
        결이 있는 경우라도 이의를 할 수 있도록 하자는 것이나, 이는 같은 도산절차인 회
        생절차나 파산절차의 채권확정절차와 불일치할 뿐만 아니라 민사소송 체계와 충돌
        하는 문제가 있다.
    42) 앞서 본 서울고등법원 2013. 5. 14. 선고 2012나11459 판결은, '채권자에게 이미 집
        행력 있는 집행권원이나 종국판결이 있는 경우에는 이를 다시 다투는 것은 부당하므
        로 채권자와 채무자 모두 조사확정재판을 신청할 수는 없(다).'고 설시하고 있다.

자가 이미 제기한 추심금 소송의 속행이 불가능하지는 않다(추심명령→개시결정→추심금 소송 또는 추심명령→추심금 소송→개시결정).

그러나 개인회생절차개시결정이나 그 전의 중지명령으로 강제집행절차가 정지되는 효과가 발생할 경우 추심채권자가 제기한 추심금 소송을 속행하여 이행판결을 선고하는 것에 관하여는 견해가 대립할 수 있다.

추심채권자가 취득한 추심권능이 개시결정이나 그 전의 중지명령으로 인하여 소멸하는 것은 아니고, 추심채권자가 추심소송에 의하여 채무명의를 얻더라도 그에 기하여 제3채무자를 상대로 강제집행을 할 수도 없는 이상 추심금 소송이 속행되더라도 개인회생절차가 방해를 받을 염려는 없으며, 법 제600조 제1항 제3호가 소송행위를 중지명령의 대상에서 제외하고 있는 점, 개시결정이 있은 후에도 인가결정을 얻지 못하고 폐지되는 경우도 있는 점 등에 비추어 보면 추심금 소송을 속행할 수도 있다고 할 것이다.

그러나 추심채권자가 추심금 소송을 제기하여 추심금의 지급을 구하는 것은 법 제600조 제1항 제2호에서 중지·금지된 개인회생재단에 속하는 재산에 대한 강제집행의 일환으로 볼 수 있는 점, 중지·금지의 효력에 따라 강제집행절차는 그 시점에서 동결되고 속행이 허용될 수 없으므로 채권자는 추심행위를 계속하여서는 아니 되는 점, 변제계획 인가결정이 있게 되면 일시 정지된 추심명령은 그 효력을 잃게 되므로 추심금 소송은 기각 대상이 될 것인 점 등을 고려한다면 추심금 소송은 일응 변제계획 인가결정이나 폐지결정 등이 있기까지는 변론기일을 추정하여 그 결과에 따라 처리하는 것이 바람직하다고 여겨진다. 이에 따르면, 변제계획인가결정이 내려지는 경우 변제계획 또는 변제계획인가결정에서 달리 정하지 않는 한 중지되어 있던 채권압류 및 추심명령이 실효되므로(법 제615조 제3항), 추심금 청구의 소는 당사자적격이 없는 자에 의하여 제기된 것으로 각하되어야 한다. 반면, 개인회생절차 폐지결정이 확정되면 추심채권자의 추심권능이 유지되므로, 추심금 소송은 속행되어야 한다.

바. 전부금 소송

채권자가 개인회생채무자의 제3채무자에 대한 채권에 관하여 압류 및 전부명령을 받아 전부금의 지급을 구하는 경우 전부명령에 따라 전부채권자의 개인회생채무자에 대한 채권은 소멸하고 개인회생채무자의 제3채무자에 대한 채권은 제3채무자에 대한 송달시로 소급하여 압류전부채권자에게 이전하므로(민사집행법 제231조), 채권압류 및 전부명령이 확정된 이후 개시결정이 있었던 경우에는, 개인회생채무자에 대한 개인회생절차의 진행은 전부금 소송의 진행에 아무런 영향이 없다(전부명령 확정→개시결정→전부금 소송 또는 전부명령 확정→전부금 소송→개시결정).

다만 법 제616조에서는 급여 등 채권에 대한 전부명령의 효력은 개인회생절차의 인가결정에 의하여 실효되는 것으로 정하였으므로 이 경우는 달리 취급되어야 한다. 채무자가 근무하는 회사를 제3채무자로 하여 전부명령을 받은 후 제3채무자를 상대로 전부금 소송이 제기된 경우 채무자가 개인회생절차의 개시를 신청하면 그 자체로는 전부금 소송의 진행에 아무런 영향이 없다. 또한 개시결정을 받더라도 차이는 없다.

그러나 변제계획의 인가결정을 받게 되면 변제계획 인가결정 후에 제공한 노무로 인한 부분은 전부명령의 효력이 상실되므로 본안소송에서는 변제계획 인가결정을 기준으로 하여 인가결정일[43]까지의 급여 등만을 전부의 대상으로 삼아서 판단하여야 하고 나머지 부분은 청구를 기각함이 상당하다.

사. 채권자취소소송

(1) 판례는 개인회생절차개시결정 이후에는 개인회생채권자가 채권자취

---

43) 변제계획인가결정일 포함 여부에 대하여, 법 제616조 제1항이 '변제계획인가결정 후에 제공된 노무로 인한 부분'에 대하여 실효됨을 명시하고 있고, 법 제616조 제1항은 그 취지상 확정된 전부명령에도 불구하고 사후적인 채무자의 개인회생절차의 진행 여부에 따라 전부명령의 효력을 일부 실효시키는 취지의 특별규정인 점 등을 고려하여, 포함하여야 한다는 견해가 있다[주석 채무자회생법 (VI), 343면].

소소송을 제기할 수 없다고 한다.

즉, 법 제584조, 제347조 제1항, 제406조에 의하면 개인회생절차개시결정이 내려진 후에는 채무자가 부인권을 행사하고, 법원은 채권자 또는 회생위원의 신청에 의하거나 직권으로 채무자에게 부인권의 행사를 명할 수 있으며, 개인회생채권자가 제기한 채권자취소소송이 개인회생절차개시결정 당시에 계속되어 있는 때에는 그 소송절차는 수계 또는 개인회생절차의 종료에 이르기까지 중단된다.

이러한 규정 취지와 집단적 채무처리절차인 개인회생절차의 성격, 부인권의 목적 등에 비추어 보면, 개인회생절차개시결정이 내려진 후에는 채무자가 총채권자에 대한 평등변제를 목적으로 하는 부인권을 행사하여야 하고, 개인회생채권자목록에 기재된 개인회생채권을 변제받거나 변제를 요구하는 일체의 행위를 할 수 없는 개인회생채권자가 개별적 강제집행을 전제로 하여 개개의 채권에 대한 책임재산의 보전을 목적으로 하는 채권자취소소송을 제기할 수는 없다.[44]

(2) 개인회생채권자가 제기한 채권자취소소송이 개인회생절차개시결정 당시 법원에 계속되어 있는 때에는 그 소송절차는 수계 또는 개인회생절차의 종료에 이르기까지 중단되고, 이 경우에는 채무자가 그 소송절차를 수계한다(제584조 제1항, 제2항, 제406조 제1항).[45][46] 채권자취소소송의 계속 중 채무자에 대하여 개인회생절차개시결정이 있었는데, 법원이 그 개인회생절차개시결정사실을 알지 못한 채 채무자의 소송수계가 이루어지지 아니한 상태 그대로 소송절차를 진행하여 판결을 선고하였다면, 그 판결은 채무자의 개인회생절차개시결정으로 소송절차를 수계할 채무자가 법률상 소송행위를

---

44) 대법원 2010. 9. 9. 선고 2010다37141 판결.
45) 대법원 2016. 8. 30. 선고 2015다243538 판결.
46) 수계하는 경우, 원고 당사자표시는 '○○○(채권자)의 소송수계인 □□□(개인회생채무자)'가 될 것이고, 채권자가 보조참가한 경우에는 원고보조참가인 ○○○ 또한 표시하여야 할 것이다(대법원 2016. 6. 9. 선고 2016다7692 판결의 파기환송심 대전지방법원 2017. 6. 23. 선고 2016나5137 판결 참조).

할 수 없는 상태에서 심리되어 선고된 것이므로 여기에는 마치 대리인에 의하여 적법하게 대리되지 아니하였던 경우와 마찬가지의 위법이 있다고 할 것이다.47) 따라서 확정 전이면 상소로, 확정 이후이면 재심으로 그 취소를 구할 수 있다.48)

이에 따르면, 개인회생절차개시결정 당시에 이미 채권자취소소송이 계속되어 있는 때에는 적법한 수계적격이 있는 채무자가 소송을 수계하여야 하고,49) 채권자취소소송이 중단되고, 채무자가 소송절차를 수계한다는 결론은 부인권 행사의 주체가 채무자이므로 불가피한 것이나(법 제584조 제2항), 부인의 대상이 된 사해행위를 한 채무자로 하여금 이를 번복하고 부인하도록 한 것이 타당한지에 대한 문제가 제기되고 있고, 회생위원 등 제3자가 부인권 행사 주체로 규정되어야 한다는 입법론적 대안이 제시되고 있다.

소송을 수계한 채무자는 기존의 채권자취소소송을 부인의 소로 변경하여야 한다. 채무자가 부인의 소로 변경한 경우, 부인권은 개인회생계속법원의 전속관할에 해당하므로(법 제584조 제1항, 제396조 제4항, 제107조 제3항) 위 사건은 개인회생계속법원으로 이송되어야 한다.50) 채무자가 변론종결일까지 법원의 보정명령 또는 석명에도 불구하고 부인의 소로 변경하지 않으면, 채권자취소소송은 부적법하여 각하된다.51) 개인회생채권자로서는 부인권행

---

47) 대법원 2014. 5. 29. 선고 2013다73780 판결.
48) 대법원 2020. 6. 25. 선고 2019다246399 판결 참조.
49) 실무적으로 법 제33조, 민사소송법 제244조에 따른 속행명령을 통하여 채무자가 채권자취소소송을 수계한 효과를 발생시키고 있다.
50) 주석 채무자회생법 (Ⅵ), 401면. 만약 채무자에 대한 이행소송과 수익자에 대한 사해행위취소소송이 함께 진행되고 있을 때, 채무자가 채권자의 지위를 수계하여 수익자에 대한 소를 부인의 소로 변경한 경우, 법원은 부인의 소를 이행소송과 분리하여 개인회생계속법원으로 이송하여야 한다. 이후, 채권자는 이행소송을 개인회생채권조사확정의 소로 변경하여 이미 계속 중인 법원에서 소송을 계속 진행한다.
51) 대법원 2016. 8. 30. 선고 2015다243538 판결의 파기환송심 의정부지방법원 2017. 5. 25. 선고 2016나56879 판결 및 대법원 2020. 5. 14. 선고 2020다204025 판결의 파기환송심 부산고등법원 2021. 6. 30. 선고 2020나52590 판결 등 참조.

사명령52)의 발동을 촉구하거나 수계된 소송에 보조참가하여 의견을 제시할 수 있을 뿐이다.

(3) 채무자가 수계한 후, 개인회생절차가 종료되었다면 채권자가 수계한다고 볼 것이다(법 제113조 제2항의 유추적용 또는 법 제33조, 민사소송법 제240조의 유추적용).53)

아. 채권자대위소송

채권자취소소송과는 달리 개인회생절차에서는 개시결정이 있다고 하더라도 개인회생채권자에 의한 채권자대위소송은 인정되어야 한다는 견해가 있다.54) 채권자대위소송의 소송물이 채무자의 제3채무자에 대한 채권(피대위권리)이고, 이는 채무자의 개인회생재단에 속하는 권리이므로 개시결정 여부와 관계없이 채무자가 소송행위를 통하여 권리를 행사할 수 있다는 점 등을 근거로 한다(법 제600조 제1항 제3호 단서). 다만 제3채무자가 채무자의 개인회생채권자에게 직접 이행하는 주문이 선고될 경우, 개인회생채권자가 제3채무자에 대한 강제집행에 착수하여 편파변제를 받는 결과가 초래될 수 있으므로, 제3채무자가 직접 대위채권자에게 이행하도록 하는 것은 제한되어야 한다고 본다.55)

---

52) 채무자가 부인권행사명령(법 제584조 제3항)에 불응하는 경우에도 이를 강제할 수 단이 없어 법원의 부인권행사명령은 실효성이 높지 않다. 이 때문에 개인회생계속법 원의 실무는 부인권행사명령을 발령하는 대신 채무자를 심문하여 부인대상행위의 경 위를 심사하여 청산가치 추가 및 이에 따른 변제계획안 수정가능성을 검토하는 방식 을 취하기도 한다.

53) 전대규, 1605면.

54) 주석 채무자회생법 (Ⅵ), 348면.

55) 따라서 개인회생채권자가 직접 자신에게 이행할 것을 명하는 청구취지를 기재한 경 우, 법원은 그 의사에 채무자에게 이행하도록 하는 내용 또한 포함된 것인지 명확히 한 다음, 제3채무자로 하여금 채무자에게 이행하도록 하는 주문을 선고하면서, 개인 회생채권자의 청구를 일부 기각하는 질적 일부인용 판결을 하면 될 것이다[주석 채 무자회생법 (Ⅵ), 348면].

자. 배당이의소송

(1) 채권자취소소송과 배당이의소송이 객관적으로 병합된 경우에는, 앞서 본 채권자취소소송에 관한 법리를 따르면 될 것이다.56) 따라서 개시결정 이후 채권자취소소송과 병합된 배당이의의 소가 제기되었다면, 부적법하여 각하하고,57) 채권자취소소송과 병합된 배당이의소송 계속 중 개시결정이 있다면 소송절차는 중단되고(심리의 공통), 채무자가 이를 수계하여야 한다.

(2) 채권자취소소송과 병합된 배당이의소송이 아니라 일반적 배당이의소송의 경우는 다음과 같이 경우를 나누어 살펴본다.58)

① 개시결정 이후 배당이의소송이 제기되는 경우,59) 속행되는 경매절차의 배당절차에서, ㉠ 별제권자는 채권최고액 범위 내에서 우선 배당되지 않았다며 배당이의를 할 수 있고, ㉡ 개인회생재단채권자도 과소 배당을 이유로 배당이의를 할 수 있으나, ㉢ 개인회생채권자는 배당수령권이 없으므로 배당이의를 제기할 수 없다. 개인회생채권자에 대한 배당은 '채무자'에게 이루어지기 때문이다. 별제권자의 경우도 채권최고액 범위를 초과하는 부분에 대해서는 개인회생채권자로서 권리를 행사할 수 있을 뿐이어서(법 제586조, 제413조 본문), 초과부분은 채무자에게 배당하여야 하고, 초과부분에 대하여도 우선 배당받아야 한다며 다른 개인회생채권자 등을 상대로 배당이의를

---

56) 주석 채무자회생법 (VI), 349면.
57) 한편, 배당이의의 소 제기 후 개시결정이 있었고, 그 뒤 사해행위취소의 소를 제기하여 위 배당이의소송과 사해행위취소소송이 병합된 경우, '원고가 사해행위취소의 소를 개인회생절차개시결정 이후인 2014. 10. 8. 제기한 사실은 기록상 명백하므로, 개인회생절차개시결정이 있은 후에 개인회생채권자인 원고가 별도로 제기한 사해행위취소의 소는 부적법하고, 개인회생절차개시결정 이전에 제기한 배당이의의 소와 병합된 경우라고 하여 달리 볼 수는 없다.'는 하급심 판결[울산지방법원 2016. 4. 28. 선고 2014가합3579, 7854(병합) 판결]이 있다.
58) 주석 채무자회생법 (VI), 349-351면.
59) 이러한 상황은 개시결정에 따라 중지된 경매가 법 제600조 제3항에 의하여 속행되는 경우 또는 개시결정에 따라 중지된 임의경매가 인가결정 이후에 속행되는 경우에 발생한다.

할 수는 없다.60)

② 배당이의소송 계속 중 개시결정이 내려졌다면, 개인회생채권자들 간 배당이의소송이든, 개인회생채권자와 채무자 간 배당이의소송이든 개시결정에 의하여 중단된다고 보지 않는다. 다만 후자의 경우 소송결과에 따라 채무자의 청산가치가 변동할 수 있으므로 변제계획안이 수정되어야 할 필요가 있을 수 있다.

차. 조사확정재판에 대한 이의소송

(1) 관련 조문 및 원고적격 등

채권자가 개인회생채권조사확정재판에 대하여 불복을 하는 경우에 그 결정서를 송달받은 날부터 1개월61) 이내에 이의의 소를 제기할 수 있고(법 제605조 제1항), 이의의 소는 개인회생계속법원의 관할에 전속하므로(법 제605조 제1항),62) 만약 개인회생채권조사확정재판에 대하여 항고장(또는 항소장)이 제출되었더라도 이를 접수한 법원은 이의의 소를 제기한 것으로 보아 관할 법원으로 이송함이 타당하다.63) 이의의 소의 변론은 결정서를 송달받은 날부터 1월을 경과한 후가 아니면 개시할 수 없으며, 동일한 채권에 관하여 여러 개의 소가 계속되어 있는 때에는 법원은 변론을 병합할 수 있다(법 제605조 제2항).

개인회생채권의 확정에 관한 소송에 대한 판결은 개인회생채권자 전원

---

60) 부적법한 배당이의의 소에 해당한다고 보아 각하한 하급심 판결로 서울서부지방법원 2019. 7. 5. 선고 2019나30789 판결(확정) 등 참조.
61) 불변기간이 아니다. 이의의 소가 제소기간 내에 제기되지 아니한 경우 소는 부적법하다.
62) 여기서의 개인회생계속법원은 개인회생사건이 계속 중인 재판부를 포함하는 조직법상의 회생법원(회생법원이 설치되지 아니한 지역은 회생법원이 설치될 때까지 관할 지방법원 또는 지방법원 본원을 회생법원으로 본다(법 부칙〈제14472호, 2016. 12. 27.〉 제2조 참조))을 가리키는 것으로 일반 민사소송과 같이 민사사건 번호가 부여되어 민사재판부에서 처리하고 있다.
63) 서울고등법원 2011. 10. 7.자 2011라490 결정 참조.

에 대하여 그 효력이 있고(법 제607조 제1항), 개인회생채권조사확정재판에 대한 이의의 소가 정해진 기간 안에 제기되지 아니하거나 각하된 때에는 그 재판은 개인회생채권자 전원에 대하여 확정판결과 동일한 효력이 있다(법 제607조 제2항).

법 제605조 제1항은 "개인회생채권조사확정재판에 대하여 불복하는 자"라고 하여 특별히 원고적격을 규정하지 않고 있는데, 조사확정재판의 당사자였던 채권자나 채무자 등이 원고적격을 갖는 것은 분명하나 그 외에 그 확정재판의 당사자가 아니었던 다른 채권자에 대하여도 원고적격을 인정할 것인지 문제된다.

그러나 개인회생채권조사확정재판은 그 당사자에게만 송달하게 되어 있는 점(법 제604조 제6항), 다른 채권자에 대해서도 원고적격을 인정하는 경우에 당사자 관계가 지나치게 복잡해질 수 있고 이들에게는 보조참가로서 참가할 기회가 있다는 점 등을 참작하여 보면 소극적으로 해석하여야 할 것이다.

(2) 피고적격 및 변론병합의 구조 문제

위에서 본 바와 같이 채권조사확정재판의 당사자였던 자로서 그 채권조사확정재판에 대하여 불복이 있는 자는 모두 원고적격이 있다고 해석되는데 과연 이들이 원고로서 소를 제기할 경우에 누구를 피고로 삼아야 하는지가 문제된다.[64]

이의의 소에 있어서의 당사자는, ① 개인회생채권자가 '채무자'를 상대로 개인회생채권조사확정재판을 신청하였는데, 그 결정에 불복이 있는 경우, 불복이 있는 자(개인회생채권자 또는 채무자)는 상대방(채무자 또는 개인회생채권자)을 피고로 하여 이의의 소를 제기할 수 있다고 할 것이고[65] ② 이의채권

---

64) 한편, 개인회생채권조사확정재판의 경우에는, ① 개인회생채권자가 자신의 개인회생채권의 내용에 관하여 개인회생채권조사확정재판을 신청할 때는 채무자를 상대방으로, ② 개인회생채권자가 다른 개인회생채권자의 채권내용에 관하여 개인회생채권조사확정재판을 신청할 때는 '다른 개인회생채권자와 채무자'를 상대방으로 한다(법 제604조 제3항).

65) 주석 채무자회생법 (Ⅵ), 405면.

자가 '이의채권 보유자 및 채무자'를 상대로 개인회생채권조사확정재판을 신청하였는데(법 제604조 제3항), 그 결정에 불복하는 경우, ㉠ 이의의 소를 제기하는 자가 이의채권 보유자인 때에는 '이의채권자와 채무자 모두를 피고로'[66] 하고, ㉡ 이의의 소를 제기하는 자가 이의채권자인 경우에는 이의채권 보유자와 채무자를 피고로' 하여야 하는 구조가 가장 타당한 해석이라고 할 것이며,[67] ㉢ 이의의 소를 제기하는 자가 채무자인 경우에는, 피고적격에 대하여 여러 견해가 나뉘는데[68] 실무적으로 채무자가 이의의 소를 제기하는 경우는 거의 없다고 할 것이어서 논의의 실익은 적다.

이상의 내용을 표로 정리하면 다음과 같다(해당 표는 214면 최상단에 삽입되어 있다).

하나의 채권에 대하여 계속 중인 이의의 소에서 각자 다른 내용의 판결을 하는 것은 부당하므로 복잡한 다면소송의 문제만 생기지 않는다면 병합하여 진행하는 것이 바람직하다. 따라서 법은 이의의 소에서 변론을 병합할 수 있다고 규정하고 있다(법 제605조 제2항).

(3) 소송비용의 상환 및 소송목적의 값

채무자의 재산이 개인회생채권의 확정에 관한 소송으로 이익을 받은 때에는 소를 제기한 개인회생채권자는 받은 이익의 한도 안에서 개인회생재단 채권자로서 소송비용의 상환을 청구할 수 있다(법 제608조).

---

66) 대법원 2009. 4. 9. 선고 2008다91586 판결(법 제604조에 따라 개인회생채권자가 다른 개인회생채권자의 채권 내용에 관하여 이의가 있어서 채무자와 다른 개인회생채권자를 상대로 개인회생채권조사확정재판을 신청하여 재판을 받은 경우에, 다른 개인회생채권자가 위 재판에 불복하여 같은 법 제605조에 따라 개인회생채권조사확정재판에 대한 이의의 소를 제기하는 때에는 채무자와 개인회생채권조사확정재판을 신청한 개인회생채권자 모두를 피고로 하여야 한다). 이에 따라 위 판결은 채무자를 공동피고로 삼지 않고 제기된 이 사건 이의의 소는 당사자적격을 갖추지 못하여 부적법하다고 판시하였다.
67) 주석 채무자회생법 (Ⅵ), 405-406면.
68) 주석 채무자회생법 (Ⅵ), 407면 참조.

조사확정재판	이의의 소
채권자 → 채무자	① 채무자 → 채권자 ② 채권자 → 채무자
이의채권자 → 이의채권 보유자 및 채무자	① 이의채권 보유자 → 이의채권자 및 채무자 ② 이의채권자 → 이의채권 보유자 및 채무자 ③ 채무자 → 견해대립 (논의실익 적음)

다만 이의의 소에서 채무자가 패소한 경우에 그 소송비용을 재단채권으로 볼 수 있는지에 관하여는 명백한 규정이 없는데 법 제583조 제6호(채무자를 위하여 지출하여야 하는 부득이한 비용)를 유추적용하여 재단채권으로 봄이 상당할 것이나 다른 견해도 있다.

개인회생채권의 확정에 관한 소송의 목적의 가액은 변제계획으로 얻을 이익의 예정액을 표준으로 하여 개인회생계속법원이 정한다(법 제609조). 변제계획에서 채권자가 변제받게 될 채권액의 현재가치를 기준으로 소가를 정하여야 할 것인데 구체적으로는 미확정 개인회생채권이 확정될 경우 변제받는 조건에 따라 산출된 변제금액의 현가를 표준으로 정하여야 할 것이다.

그러나 이 소가결정이 이의의 소의 사물관할결정 및 사건배당에 영향을 미치지는 않는다. 즉 파산절차에서의 채권조사확정재판에 대한 이의의 소의 실무례와 같이 사물관할결정 및 사건배당에 있어서는 원래의 채권액이 기준이 되는 것이고, 절차상으로도 개인회생계속법원의 소가결정은 그러한 사물관할결정 및 사건배당 후에 이루어질 수밖에 없다.

(4) 관련문제

㈎ 기록관리 및 당사자 표시 방법

조사확정재판에 대한 이의의 소는 일반 민사소송의 하나이므로 이러한 이의의 소가 제기되면 일반 민사사건번호가 부여되어 기록이 관리된다. 당사자 표시 역시 통상의 민사소송에서와 마찬가지로 원고·피고로 표시될 것인데 대립되는 소송이 서로 병합될 경우에는 원고와 피고의 지위가 겸유될 수 있고, 이러한 경우에는 당사자 표시를 "원고 겸 피고", "원고(피고)" 또는 "원고(반소피고)" 등으로 하게 될 것이다.

㈏ 변론, 판결주문 및 청구취지 표시 문제

이의의 소는 채권조사확정재판의 속심절차가 아니므로, 이의의 소의 당사자는 이의채권에 관한 주장·증명책임에 따라 필요한 주장과 증거를 새로이 제출하여야 한다. 채권조사확정재판 결정의 내용에 의해 파산채권의 존재 또는 부존재에 관하여 추정력이 생기거나 주장·증명책임이 전환되지 않는다.

개인회생채권조사확정재판에 대한 이의의 소는 부적법 각하를 제외하고는 분쟁의 대상인 개인회생채권의 존부·내용을 정하는 재판이므로, 기각과 취소의 주문을 사용하지 않고 그 재판을 인가하거나 변경한다.69)

(1) 조사확정재판 전체에 대해 다툼이 있는 경우에는 별다른 문제가 없으나 조사확정재판에서 인정된 채권금액 일부에 대하여만 불복이 있는 경우에는 이의의 소 제소기간이 도과됨으로써 모든 당사자에 있어서 다툼이 없게

---

69) 실무적으로 주문은 ① 채권조사확정재판의 결론이 옳은 경우, '서울회생법원 ○○○○. ○○. ○○.자 ○○○○개확○○ 채권조사확정재판을 인가한다.', ② 채권조사확정재판의 내용을 변경하는 경우, '서울회생법원 ○○○○. ○○. ○○.자 ○○○○개확○○ 채권조사확정재판을 다음과 같이 변경한다. 원고의 피고에 대한 개인회생채권은 ○원임을 확정한다.'라고 기재한다.

되는 부분을 어떻게 처리할 것인지가 문제될 수 있다. 이의의 소의 판결이유에서는 일부 금액에 대하여 다툼이 없다는 취지를 기재하되, 판결주문에서는 당해 채권 전체를 판단대상으로 보아 과연 그 채권이 있는지 없는지, 있다면 얼마만큼 있는지를 판단하여 당초의 조사확정재판을 인가할 것인지, 변경할 것인지를 주문에 표시하는 것이 무난한 실무처리방법이라고 할 것이다.

(2) 이의의 소의 청구취지는 적극적으로든 소극적으로든 당초의 조사확정재판의 변경을 구하는 형태로 표시될 것이나, 판결의 주문은 당초의 조사확정재판의 결론이 옳으면 재판을 인가하고, 그와 다른 경우에는 조사확정재판을 변경하여 채권의 존부와 내용을 확정하는 형태로 표시되어야 할 것이다.

항소심 판결 역시 조사확정재판의 변경 또는 인가를 선고하여야 할 것이나 1심에서 이미 변경 또는 인가주문이 선고되었으므로 항소심에서는 약간 표현을 달리하여 "원심판결 중 아래에서 변경하는 조사확정재판에 해당하는 원고(항소인) 패소부분을 취소한다. 원고와 피고 사이의 서울회생법원 2021. ○. ○.자 2021개확1호 채권조사확정재판을 변경하여, 원고의 피고에 대한 개인회생채권은 … 임을 확정한다."는 정도로 표시하면 무방할 것이다.

㈐ 개인회생절차 종료와의 관계

이의의 소가 계속된 상태에서 개인회생절차개시결정이 취소되거나 폐지결정이 확정된 경우, 이의의 소 당사자는 개인회생채권의 존부를 주장하는 이행소송이나 확인소송으로 청구를 변경할 필요가 있다. 다만, 이의채권자가 채무자 및 이의채권 보유자를 상대로 이의의 소를 제기한 경우에는 계속하여 개인회생채권의 확정을 구할 실익(소의 이익)이 없으므로, 부적법하다고 보아야 할 것이다. 반면 이의의 소 계속 중에 채무자가 인가된 변제계획안을 제대로 수행하여 면책됨으로써 개인회생절차가 종료된 경우에는 변제계획안에 미확정 채권의 처리방법이 예정되어 있을 것이므로, 계속하여 개인회생채권의 확정여부를 판단해주어야 한다.

인가결정과 면책결정이 소송절차 등에 미치는 영향

1. 인가결정의 효과

가. 권리변경 효력의 불발생

변제계획 인가결정이 있고, 그 변제계획에서 개인회생채권의 일부에 관하여만 변제하기로 하는 내용이 포함되어 있다 하더라도 변제계획 인가의 효력에 의하여 그 변제계획에서 정하여진 변제방법 및 변제 예정액의 범위 내로 이행기가 유예되거나 권리감면의 효력이 생기는 것은 아니다. 법 제615조 제1항 단서는 "변제계획에 의한 권리의 변경은 면책결정이 확정되기까지는 생기지 아니한다."고 규정하여 이를 명백히 하고 있다. 따라서 이 점에서 회생계획의 인가에 의하여 "일반적인 권리변경의 효력"이 발생하는 회생절차와는 명백히 구별된다.[70]

따라서 개인회생절차의 변제계획은 그 자체로 권리변경의 효력을 발생시키는 "형성적 효력"을 갖는 것이 아니라 단지 변제계획에서 정하여진 변제기간 동안 정해진 변제율과 변제방법에 따라 변제를 완료하면 추후 면책신청절차를 통하여 면책결정을 받아 나머지 채무를 모두 면책받을 수 있

---

70) 따라서 변제계획인가결정만으로는 개인회생절차 시효중단의 효력에 영향이 없다(대법원 2019. 8. 30. 선고 2019다235528 판결).

다는 취지를 개인회생채권자들에게 명백히 알리는 "예고"로서의 성격을 갖는다.

나. 실권의 효력 불발생

개인회생절차에서는 개인회생채권자들에게 신고의무를 부여하고 있지 않기 때문에 개인회생채권자에게 신고의무가 있음을 전제로 하는 실권제도가 존재하지 아니한다. 채무자는 개인회생절차를 신청할 당시 채권자의 성명 및 주소와 채권의 원인 및 금액이 기재된 개인회생채권자목록을 제출하여야 할 의무가 있고(법 제589조 제2항 제1호), 채무자가 위 개인회생채권자목록에 기재하지 아니하는 채권은 변제계획에 의하지 아니하고서도 변제를 받고 나아가 강제집행 등을 할 수 있는 권리를 계속 보유할 뿐만 아니라(법 제582조) 면책결정의 효력도 미치지 않기 때문에(법 제625조 제2항 제1호), 오히려 개인회생채권자목록에 기재된 개인회생채권자들보다 더욱 강력한 지위를 보유하게 된다.

위와 같은 점은 회생절차에서 채무자에 대한 권리자들에게 신고의무가 있음을 전제로 하여 관리인이 제출한 회생채권자등 목록에 기재되지 아니하고 신고의무도 게을리 함으로써 회생계획의 규정에서 존속하는 것으로 정해지지 아니한 권리가 모두 실권되는 점과 뚜렷이 대조된다.

다. 중지 중인 절차의 실효

(1) 실효의 대상

변제계획 인가결정이 있으면 법 제600조의 규정에 의하여 중지된 파산절차 및 회생절차, 개인회생채권에 기한 강제집행·가압류·가처분은 변제계획 또는 변제계획 인가결정에서 다르게 정한 경우를 제외하고는 그 효력을 잃는다(법 제615조 제3항).

그러나 담보권실행을 위한 경매절차는 인가결정에 의하여 효력이 상실되는 것이 아니라 오히려 변제계획 인가의 효력에 의하여 속행할 수 있게 된다.71) 이는 법 제600조 제2항에서 "개인회생절차 개시의 결정이 있는 때에는 변제계획의 인가결정일 또는 개인회생절차폐지결정일의 확정일 중 먼저 도래하는 날까지 개인회생재단에 속하는 재산에 대한 담보권의 설정 또는 담보권의 실행 등을 위한 경매는 중지 또는 금지된다."고 규정하고 있기 때문이다.

또 개인회생절차개시결정으로 중지된 국세징수법 또는 지방세징수법에 의한 체납처분, 국세징수의 예(국세 또는 지방세 체납처분의 예를 포함)에 의한 체납처분 또는 조세채무담보를 위하여 제공된 물건의 처분은 인가결정이 있더라도 실효되지 않는다. 채무자가 이러한 처분의 근거가 되는 조세채무를 변제계획에 따라 변제하지 않을 경우에는 개인회생절차가 폐지될 것이고 그 결과로 위 처분의 속행이 가능하게 된다.

채권압류 및 전부명령의 경우 ① 개인회생절차개시 전에 채권압류 및 전부명령이 확정되지 않은 상태에서 변제계획이 인가되면 위 채권압류 및 전부명령은 효력이 발생하지 않게 되는데 반하여, ② 개인회생절차개시 전에 이미 채권압류 및 전부명령이 확정된 경우에는 압류 및 전부명령의 대상이 채무자의 장래의 급여채권 등인 경우에 한하여 변제계획인가결정 이후에 제공된 노무로 인한 부분에 대하여 그 효력을 상실하게 될 뿐이다(법 제616조).72)

(2) 실효의 효과

절차가 그 효력을 잃는다는 의미는 앞으로의 속행을 허용하지 않는다는 뜻이 아니라 소급하여 그 절차가 효력을 잃는다는 것이다. 따라서 원칙적으로 위와 같은 절차는 법원의 별도의 재판이 없이도 그 효력을 잃는다.

---

71) 그와 같은 이유 등으로 인하여 담보권이 설정된 부동산을 소유한 채무자가 개인회생절차를 이용할 경우 부동산 소유권을 상실하게 되는 경우가 많은데, 사건에 따라 채무자가 거주하고 있는 주택의 소유권을 상실하는 결과가 개인회생제도의 취지와 상충하는 측면이 있을 수 있다. 이를 고려하여 서울회생법원은, 채무자가 희망하고 일정한 요건을 갖춘 경우 개인회생절차 도중에 신용회복위원회의 주택담보대출 채무 재조정 프로그램을 활용할 수 있는 기회를 부여하고 있다.

72) 주석 채무자회생법 (VI), 517면.

다만, 강제집행, 가압류, 가처분 등은 이미 진행되어 있는 절차의 외형을 제거하기 위한 형식적인 절차가 필요하다. 그러나 이러한 절차에 관하여 법률은 별도의 규정을 두고 있지 아니할 뿐만 아니라 회생법원으로서는 어느 재산에 관하여 어느 법원에서 어떤 절차가 진행되고 있는지 직접 확인하기 곤란하고 그 절차의 기록도 보관하고 있지 않으므로, 채무자가 해당 집행법원에 말소등기촉탁신청서와 함께 인가결정등본 및 말소촉탁의 대상이 되는 재산의 목록을 첨부하여 집행취소 신청을 하여야 한다. 이 경우 집행기관은 개인회생채권에 기한 것임을 확인하여 절차의 외형을 제거하기 위한 말소등기촉탁, 제3채무자에 대한 통지, 압류해제 등 집행해제 조치를 해주어야 하고, 별도로 집행처분취소결정을 할 필요는 없다.[73)]

위와 같은 절차의 실효의 효과는 인가결정과 동시에 발생하는데(법 제615조 제3항) 만약 그 인가결정이 뒤에 취소되는 경우에 종전에 실효되었던 절차가 다시 부활하는지 여부의 문제가 있다. 이러한 경우 파산절차는 인가결정취소의 소급효에 의하여 당연히 그 효력을 회복하지만 다른 절차는 그 효력이 회복되지는 않고 채권자가 다시 새로운 신청을 하여야 한다고 해석된다.[74)] 이는 파산절차의 경우 시간적 간격 없이 절차를 진행할 필요성이 인정됨에 반하여 다른 절차는 집행대상 재산이 존재하는 한 집행착수의 시기가 크게 문제되지 아니하고 오히려 집행의 착수를 개개의 채권자의 판단에 맡기는 것이 타당한 점, 집단적 채무처리절차 사이의 속행은 용이하게 인정될 수 있으나 일단 실효된 개개의 집행절차를 다시 회복시킬 경우 법률관계

---

73) 민사집행(V), 42면.

74) 대법원 2006. 10. 12. 선고 2005다45995 판결[구 화의법(2005. 3. 31. 법률 제7428호 채무자 회생 및 파산에 관한 법률 부칙 제2조로 폐지) 제40조 제2항, 제62조의 규정에 따라, 화의개시결정 전에 개시된 화의채권에 기한 강제집행, 가압류·가처분 중 화의개시결정 당시까지 종료하지 않은 것은 화의절차가 종료할 때까지 그 절차의 속행이 금지되고, 그 후 화의인가결정의 확정으로 법률상 당연히 소급하여 그 절차가 취소되어 당해 절차가 종료하며, 이와 같이 화의인가결정의 확정으로 실효된 가압류 등은 같은 법 제68조 제2항에 의한 화의취소결정이 확정되더라도 부활하지 않는다].

를 복잡하게 만들 우려가 있는 점 등을 근거로 한다.[75] 다만 회생계획인가
취소의 등기를 할 경우 회생계획인가등기시 말소된 파산등기를 회복하도록
하는 법 제25조 제3항과 같은 규정이 개인회생절차에서는 존재하지 않는다
는 점을 들어 파산절차도 다른 절차와 마찬가지로 효력이 회복되지 않는다
고 하는 반대설이 있다.[76]

(3) "변제계획 또는 변제계획 인가결정에서 다르게 정한 때"의 의미

위와 같이 변제계획 인가결정이 있으면 법 제600조 제1항의 규정에 의
하여 중지된 파산절차, 강제집행, 가압류, 가처분 등은 그 효력을 상실하는
것이 원칙이라 할 것이지만 이를 "변제계획 또는 변제계획인가결정"에서 다
르게 정할 수도 있다.[77]

변제계획에서 다르게 정할 경우로는 ① 채무자가 당해 가압류, 가처분이
이루어진 재산을 변제에 제공하지 않는 내용의 변제계획안을 제출하고 있
고, 채무자의 성실성이 의심되는 전후 사정에 비추어 강제집행, 가압류, 가
처분을 실효시킨다면 채무자가 향후 이를 임의 처분한 후 변제계획까지 이
행하지 아니함으로써 개인회생채권자들에게 손해를 입힐 우려가 있는 경우,
② 변제에 제공되지 않는 채무자의 재산에 대하여 순차로 가압류 등기와 담
보권 설정등기가 마쳐져 있어 인가결정 이전에 강제집행절차에서는 담보권
자와 동순위로 안분배당을 받을 수 있는 지위에 있었는데 채무자가 변제계
획을 정상적으로 수행할 것이 의심되는 사정이 있어 인가결정 이후 채무자
의 변제계획 불수행 등으로 개인회생절차 폐지 시 위 가압류권자가 강제집
행절차에서 위 담보권보다 후순위로 취급되어 원래 배당받을 수 있었던 금

---

75) 三ケ月章 등, 條解 會社更生法(下), 弘文堂, 1999, 793면.
76) 개인파산·회생실무, 644면.
77) 실무상 변제계획에 "○○법원 ○○○호 가압류결정에 의하여 ○○○ 부동산에 관하
여 ○○○○. ○○. ○○.자로 마쳐진 채권자 ○○○의 가압류는 채무자회생법 제615
조 제3항에도 불구하고 채무자가 변제계획에 정한 변제기간 동안 회생위원의 계좌로
총 변제예정액을 완납한 때에 그 효력을 상실한다."는 식으로 기재하는 것이 일반적
이다.

액을 받지 못하게 되는 손해를 입을 우려가 있는 경우78) 등을 들 수 있다.
이 경우 변제계획에서는 당해 재산의 강제집행, 가압류, 가처분을 변제계획
기간 중의 일정시점이나 혹은 변제계획 기간 종료 시까지 계속 중지, 존속시
키거나 혹은 속행한다는 내용의 규정을 두게 될 것이다.

따라서 채무자가 집행취소 신청을 하는 경우 집행법원으로서는 변제계
획 인가결정이 있었다고 하여 무조건 강제집행 등이 실효된 것으로 속단하
여서는 아니 되고 변제계획 인가결정의 주문과 변제계획을 내용까지 검토하
여 강제집행 등에 관한 별도의 규정이 있는지를 검토하여야 한다.

라. 변제계획 불인가의 효력

변제계획이 인가요건을 갖추지 못하여 불인가결정 및 개인회생절차폐지
결정이 확정되면 개인회생절차는 종료된다. 불인가결정 및 개인회생절차폐
지결정이 있다 하더라도 개인회생절차 중에 생긴 법률효과는 소급하여 무효
로 되지 않고 원칙적으로 유효하다.

변제계획의 불인가결정 및 개인회생절차폐지결정이 확정되면, 개인회생
채권자는 더 이상 개인회생절차의 제약을 받지 아니하고 채권을 추심하고
강제집행, 가압류, 가처분을 할 수 있게 된다.

2. 면책결정의 효과

가. 면책의 의미

면책이란 채무에 관하여 '책임이 면제된다'는 것을 의미한다(법 제625조
제2항). '책임의 면제'는 '채무의 소멸'과는 다른 개념이다. 채무가 소멸된다
는 것은 글자 그대로 그 채무가 없어진다는 것인 데 반하여 책임이 면제된다
는 것은 채무 자체는 존속하지만 채무자에 대하여 이행을 강제할 수 없다는
의미이다. 즉, 면책된 개인회생채권은 통상의 채권이 가지는 소 제기 권능을

---

78) 주석 채무자회생법 (VI), 한국사법행정학회(2020), 519면.

상실하게 되므로,[79] 채무의 이행을 구하는 소송을 제기하는 것이나 채무의 이행을 확보하기 위하여 재산에 가압류를 하는 것, 채무를 강제로 실현하기 위하여 재산에 대하여 강제집행을 실시하는 것 등이 불가능하게 된다. 나아가 면책된 채무에 대한 채무부존재확인의 소는 면책된 채권의 존부나 효력이 다투어지고 그것이 채무자의 해당 채권자에 대한 법률상 지위에 영향을 미칠 수 있는 특별한 사정이 없는 한 확인의 이익이 없어 부적법하다.[80] 이와 같은 경우를 '자연채무'라고 하는데 자연채무의 효력에 관하여는 일반적으로 채무자가 이를 임의로 이행한다면 이는 유효한 채무의 변제가 되어 부당이득으로 돌려달라고는 할 수 없게 되고, 또 상계의 자동채권으로 하거나 경개 또는 준소비대차의 기초로 삼을 수 있으며 보증이나 담보도 유효하게 성립한다고 본다.

나. 면책결정의 효력 발생 시점

면책결정은 확정된 후가 아니면 그 효력이 생기지 아니한다(법 제625조 제1항). 아무런 항고가 제기되지 않고 즉시항고기간이 도과하거나 항고가 제기되었다면 항고가 기각되는 때에 면책의 결정이 확정된다.[81]

---

79) 대법원 2019. 7. 25.자 2018마6313 결정.

80) 대법원 2019. 6. 13. 선고 2017다277986, 277993 판결, 대법원 2019. 3. 14. 선고 2018다281159 판결 등 참조.

81) 변제계획 인가결정이 즉시항고 기간의 도과로 확정된 후 확정된 변제계획에 따라 변제가 완료된 이상 개인회생채권자는 그 후의 면책재판에서 이미 확정된 인가결정의 위법성을 더 이상 다툴 수 없고, 변경 인가결정에 따라 변경된 변제계획의 경우에도 마찬가지이다(대법원 2019. 8. 20.자 2018마7459 결정). 한편 개인회생절차에서 변제계획 변경 인가결정에 대하여 즉시항고가 있어 항고심이나 재항고심에 계속 중이더라도 채무자가 인가된 변제계획에 따른 변제를 완료하면, 법원은 면책결정을 하여야 하고, 면책결정이 확정되면 개인회생절차는 종료하므로, 항고인이나 재항고인으로서는 변제계획 변경 인가결정에 대하여 더 이상 즉시항고나 재항고로 불복할 이익이 없으므로 즉시항고나 재항고는 부적법하다(대법원 2019. 7. 25.자 2018마6313 결정). 따라서 변제계획 인가결정에 대한 항고인은 항고심 계속 중에 내려진 면책결정에 대하여도 항고를 제기하여 면책결정이 확정되지 않도록 유의해야 한다.

다. 보증이나 담보에 미치는 효력

면책은 개인회생채권자가 채무자의 보증인 그 밖에 채무자와 더불어 채무를 부담하는 자에 대하여 가지는 권리와 개인회생채권자를 위하여 제공한 담보에 영향을 미치지 아니한다(법 제625조 제3항).

위에서 설명한 바와 같이 면책이란 채무 자체를 소멸시키는 것이 아니라 책임을 면제한다는 것, 즉 채무의 이행을 법적으로 강요할 수 없다는 것이다. 그리하여 채권자는 채무자의 재산에 대하여 강제집행을 할 수 없게 되지만 여전히 채무는 존재한다. 만일 채무의 이행을 확보하기 위한 수단으로 따로 제공된 보증(인적 책임)이나 담보(물적 책임)가 있다면 이러한 보증이나 담보는 면책의 영향을 받지 않게 되는데, 법 제625조 제3항은 이 점을 분명히 하기 위하여 규정된 조항이다. 따라서 채권자는 채무자에 대한 면책결정에도 불구하고 보증인이나 연대채무자에 대하여 그 채무의 이행을 요구할 수 있고, 제3자가 제공한 담보물이 있을 경우에는 그 물건에 대한 담보권을 행사할 수 있다.

채무자가 제공한 담보물이 있을 경우 그 물건에 대한 담보권을 행사할 수 있음은 법 제625조 제3항과 관계없이 별제권의 법리상 당연하다.

다만 채권자가 중소벤처기업진흥공단, 신용보증기금, 기술보증기금인 경우에는 중소기업[82])이 면책결정을 받은 시점에 주채무가 감경 또는 면제될 경우 연대보증채무도 동일한 비율로 감경 또는 면제된다(중소기업진흥에 관한 법률 제74조의2, 신용보증기금법 제30조의3, 기술보증기금법 제37조의3 등 참조).[83])

---

82) 기업이란 사업을 하는 개인 및 법인과 이들의 단체를 의미하는데(신용보증기금법 제2조 제1호, 기술보증기금법 제2조 제2호), 법인은 개인회생제도를 이용할 수가 없으므로 여기서는 개인만을 의미한다. 전대규, 1584면.

83) 이는 입법자가 결단하여 특별한 예외를 정한 것이므로, 채권자가 지역신용보증재단인 경우 위 조항들과 같은 규정을 유추적용하여 주채무가 감면될 때 연대보증채무도 동일한 비율로 감면되는 것은 아니다(대법원 2020. 4. 29. 선고 2019다226135 판결).

라. 면책에서 제외되는 채권

(1) 면책의 효력 범위

면책의 효력은 개인회생채권자목록에 기재되고 이에 대한 개인회생채권
조사확정재판 없이 이의기간을 경과하여 확정된 개인회생채권, 개인회생채
권조사확정재판을 통하여 확정되었거나 개인회생채권조사확정재판에 대한
이의의 소를 거쳐 확정된 채권 중 변제계획에 따라 변제되지 않고 남은 부분
에 미친다.

(2) 면책제외채권

다음의 각 청구권은 면책의 효력을 받는 대상에서 제외된다(법 제625조
제2항 단서).

① 개인회생채권자목록에 기재되지 아니한 청구권[84]

② 법 제583조 제1항 제2호의 규정에 의한 조세 등의 청구권

③ 벌금·과료·형사소송비용·추징금 및 과태료

④ 채무자가 고의로 가한 불법행위로 인한 손해배상

⑤ 채무자가 중대한 과실로 타인의 생명 또는 신체를 침해한 불법행위로
인하여 발생한 손해배상

⑥ 채무자의 근로자의 임금·퇴직금 및 재해보상금

⑦ 채무자의 근로자의 임치금 및 신원보증금

⑧ 채무자가 양육자 또는 부양의무자로서 부담하여야 할 비용

한편 별제권은 법 제625조 제2항에 열거되어 있지 않으나, 면책의 효력
이 미치지 않음은 별제권의 법리상 당연하다. 또한, 주택임차인의 임대차보
증금반환채권 중 법 제586조, 법 제415조 제1항에 의하여 인정된 우선변제

---

84) 개인파산절차에서는 채무자가 악의로 채권자목록에 기재하지 아니한 경우만 면책대
상에서 제외되는 것(법 제566조 제7호)과 달리, 개인회생절차에서는 채권자목록 미
기재에 대한 채무자의 악의나 과실 유무를 불문하고 면책대상에서 제외된다. 이에 대
한 입법론적 비판으로는, 전대규, 1586-1587면.

권의 한도 내 금액에도 면책의 효력이 미치지 않는다.[85]

3. 개인회생절차 폐지의 효과

가. 절차의 종료

개인회생절차의 폐지가 확정되면 개인회생절차가 이로써 종료하게 되고,[86] 개인회생채권은 절차의 구속에서 해방되어 개인회생채권에 관하여 변제계획에 의하지 아니하고는 변제나 변제의 수령 등 채권소멸행위를 하지 못하도록 한 금지(법 제582조)가 풀리게 된다.

회생절차와 달리 변제계획의 인가에는 권리변경의 효력이 없기 때문에 변제계획에서 정한 개인회생채권의 변제기간, 변제방법, 변제액수는 개인회생절차폐지가 확정되면 효력을 잃게 되어 채권자는 원래의 채권의 내용대로 채권을 행사하고 집행할 수 있게 된다. 이 경우 별도의 집행권원이 없더라도 개인회생채권자는 채무자에 대하여 개인회생채권자표에 기하여 강제집행을 할 수 있다(법 제603조 제4항). 이 경우 개인회생채권자표에 관한 청구이의의 소, 집행문부여의 소, 집행문부여에 대한 이의의 소는 개인회생계속법원의 관할에 전속한다(제603조 제5항, 제255조 제3항).

---

85) 대법원 2017. 1. 12. 선고 2014다32014 판결.
86) 법 제621조 제1항은 개인회생절차에서 변제계획인가 후 채무자가 인가된 변제계획을 이행할 수 없음이 명백한 때 등의 사유가 있는 때에는 법원은 개인회생절차를 폐지하여야 한다고 규정하고 있다. 개인회생절차에서 개인회생채권자는 변제계획에 의하지 아니하고는 변제하거나 변제받는 등 이를 소멸하게 하는 행위를 하지 못하는데(법 제582조), 개인회생채권자는 개인회생절차폐지결정이 확정된 때에는 채무자에 대하여 개인회생채권자표에 기하여 강제집행을 할 수 있어(법 제603조 제4항) 개인회생채권자가 개인회생절차폐지결정의 확정으로 절차적 구속에서 벗어나는 점 등에 비추어 보면, 개인회생절차폐지결정이 확정된 경우에 개인회생절차는 종료한다고 봄이 타당하다. 규칙 제96조가 "법 제624조의 면책결정이 확정되면 개인회생절차는 종료한다."고 규정하고 있으나 이는 면책결정이 확정된 경우 개인회생절차의 종료사유에 관한 것이므로 개인회생절차폐지결정이 확정된 경우에도 개인회생절차가 종료한다고 판단하는 데 장애사유가 되지 아니한다(대법원 2012. 7. 12.자 2012마811 결정).

나. 인가 전 개인회생절차폐지의 효력

개인회생절차개시결정으로 인하여 개인회생절차폐지결정의 확정일까지 중지 또는 금지되었던 개인회생재단에 속한 재산에 대한 담보권의 설정 또는 담보권 실행을 위한 경매는 그 중지 또는 금지에서 풀려 속행되거나 가능하게 된다(법 제600조 제2항의 반대해석).

개인회생절차개시결정으로 인하여 중지 또는 금지되었던 채무자에 대한 회생절차 또는 파산절차, 개인회생채권자목록에 기재된 개인회생채권에 기한 개인회생재단에 속하는 재산에 대하여 한 강제집행·가압류 또는 가처분, 개인회생채권자목록에 기재된 개인회생채권을 변제받거나 변제를 요구하는 일체의 행위(소송행위 제외), 국세징수법 또는 지방세징수법에 의한 체납처분 등도 그 중지 또는 금지에서 풀려 속행되거나 가능하게 된다.

법은 인가 전 개인회생절차폐지의 경우에는 법 제621조 제2항과 같은 규정을 두고 있지 않으나 개인회생채권자목록 제출에 따른 시효중단의 효력(법 제32조 제3호)은 인가 전 개인회생절차 폐지의 경우에도 인정된다고 본다.

다. 인가 후 개인회생절차폐지의 효력

변제계획이 인가된 후 변제계획에 따라 이미 변제를 행한 경우에는 개인회생절차가 폐지되더라도 그 변제한 만큼의 채무를 소멸시킨 효과가 부인되는 것은 아니다(법 제621조 제2항). 이미 행한 변제가 유효하다는 것은 그것이 비채변제가 되어 반환을 구할 수 있는 것으로 되지 않는다는 의미이다.

그런데 변제계획인가에 의해 개인회생채권자의 채권의 내용에 변경이 생기는 것은 아니므로 개인회생절차가 폐지되면 이미 행한 변제 부분은 당초의 채권의 원금, 이자, 지연손해금 등에 어떻게 충당되는지에 관한 문제가 발생하게 된다. 법은 이와 같은 충당문제에 대비한 규정을 두고 있지 않으므로 민법의 규정에 따른 법정충당의 방법으로 처리할 수밖에 없다.

또 법 제621조 제2항은 변제계획인가 후 개인회생절차의 폐지는 개인회생절차의 규정에 의하여 생긴 효력에는 영향을 미치지 않는다고 정하고 있다. 따라서 예컨대 개인회생채권자목록의 제출 또는 개인회생절차참가에 대하여 부여되는 시효중단의 효력(법 제32조 제3호)은 그대로 유지되고, 변제계획 인가결정에 의한 회생절차·파산절차, 강제집행절차, 가압류·가처분 등의 실효(법 제615조 제3항), 변제계획 인가결정 후에 제공한 노무로 인한 부분에 대한 전부명령의 실효(법 제616조 제1항)도 번복되지 않는다.

개인회생채권자목록의 제출 또는 개인회생절차참가에 의하여 중단된 시효는 폐지 시부터 새로(즉 남은 시효기간만 진행되면 되는 것이 아니라 처음부터 다시) 진행된다.

〈 제 3 장 〉

파산절차가 소송절차 및 집행절차에 미치는 영향

제 1 절
파산절차의 개관

1. 개   요

파산절차는 파산원인이 있는 채무자에 대하여 파산선고를 하고 채무자의 재산을 환가하며, 필요한 경우 채권조사절차를 통하여 채권자의 권리를 확정한 다음 권리의 우선순위와 채권액에 따라 환가한 금원을 분배하는 과정이다. 파산절차는 파산선고로 개시되고 원칙적으로 폐지결정 또는 종결결정으로 종료된다. 아래에서는 파산절차의 개요를 설명한다.

가. 파산선고

채권자 또는 채무자의 신청이 있고 채무자가 지급불능 또는 채무초과[1] 상태에 있다고 인정되면 파산선고를 한다. 회생절차폐지의 결정이 확정된 경우 직권으로 파산선고를 하는 경우도 있다. 법원은 채무자 등이 제출한 자료나 심문을 통하여 신청인의 자격, 파산원인의 존부를 심리한다.

나. 파산관재인

파산사건의 구체적 절차를 수행하기 위하여 필수적이고 가장 중요한 기

---

1) 일반적으로 개인과 법인의 보통파산원인은 지급불능이다(법 제305조 제1항). 존립 중인 합명회사 및 합자회사를 제외한 법인에 대해서는 지급불능 이외에 채무초과도 파산원인이 되고(법 제306조), 상속재산파산은 채무초과만이 파산원인이 된다(법 제307조).

관이 파산관재인이다. 파산관재인은 파산선고와 동시에 선임되고, 법원(감사위원이 설치된 경우에는 감사위원)의 감독을 받으며 파산재단을 관리하고 처분할 권한을 가진다.

서울회생법원의 경우 2년마다 파산관재인 후보자 명부를 작성하고, 후보자 중에서 파산관재인을 선임하고 있다. 후보자 명단에 등재될 수 있는 사람은 서울지방변호사회 소속 변호사로서 법조경력 3년 이상인 자이다(서울회생법원 실무준칙 제301호).

파산관재인은 취임 직후 채무자의 재산을 점유·관리하고, 필요한 경우 봉인을 하며, 채무자로부터 장부·등기권리증 등을 인도받아 검토하고, 재산목록 및 재무상태표 등을 작성한다. 파산관재인은 채무자로부터 필요한 설명을 듣거나, 채권자와 면담을 하거나, 채무자의 우편물을 관리하는 등의 방법으로 파산관재 업무에 필요한 정보를 얻는다.

다. 제1회 채권자집회

파산선고일로부터 4개월 이내에 제1회 채권자집회를 개최하여 파산관재인의 업무보고를 받고, 영업의 폐지 또는 계속, 고가품의 보관방법에 관하여 결의를 할 수 있다.

라. 채권조사

장래 배당의 기초로 될 채권액을 확정하는 절차이다. 채권조사기일 내에 신고된 채권 및 그 이후 신고된 것이라도 채권조사기일에서 함께 조사하는 데 이의가 없는 채권은 모두 채권조사의 일반기일에서 조사하고, 일반기일 이후 신고된 채권은 특별기일을 정하여 조사한다.

조사기일에서 파산관재인 또는 채권자가 이의를 하면 채권은 확정되지 않고 별도의 확정절차를 거쳐야 하지만, 이의를 하지 않으면 채권은 즉시 확정되고 파산채권자표에 그 결과가 기재됨으로써 파산채권자 전원에 대하여 확정판결과 동일한 효력을 가진다.

마. 환   가

파산관재인은 파산재단의 현황을 파악한 후 즉시 파산재단 소속 재산의 환가에 착수하여야 한다. 환가는 일반적으로 임의매각, 매각공고2) 등의 방법에 의한다. 동산은 산일 또는 가격 하락의 우려가 있으므로 신속히 매각하여야 한다. 부동산은 대부분 담보가 설정되어 있으므로 담보권자와 협의하여 임의매각을 시도하기도 한다.

한편, 환가가 불가능하거나 환가비용을 공제하면 남는 것이 없는 경우에는 파산재단으로부터 포기하는 것도 가능하다.

바. 배   당

환가와 채권조사를 마치면 환가 대금을 채권자에게 배당한다.

사. 종결 및 폐지

최후배당을 마치면 채권자집회를 열어 계산보고를 하고, 이 집회에서 채권자의 이의가 없으면 법원이 파산종결 결정을 한다. 법인은 종결에 의하여 소멸한다.

한편 배당에 적당한 재원이 확보되지 아니하고 파산재단으로 절차비용을 충당하기에도 부족한 경우와 채권자의 동의가 있는 경우에는 파산폐지 결정을 한다.

파산선고와 동시에 폐지결정이 되면 그것으로 파산절차는 종료한다.

아. 면   책

개인인 채무자의 경제적 재기를 돕기 위하여 파산채무에 관하여 책임을 면제하는 절차가 면책절차이다.

---

2) 대한민국 법원 홈페이지(www.scourt.go.kr)의 '대국민서비스' 중 '공고'란 아래 '회생·파산 자산매각 안내'를 주로 이용한다.

2. 파산절차 흐름도

[법인파산절차 흐름도]

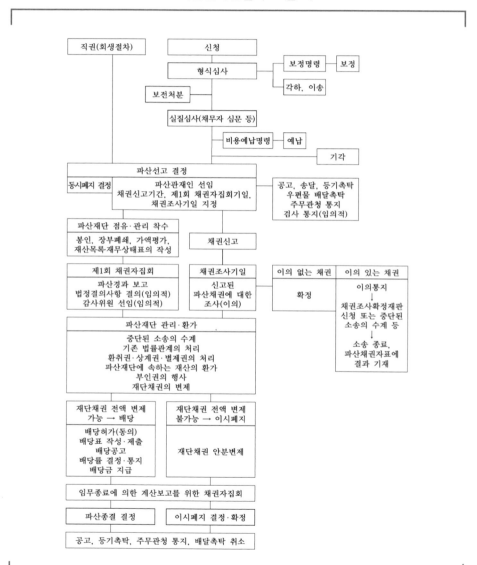

〔개인파산·면책절차 흐름도〕

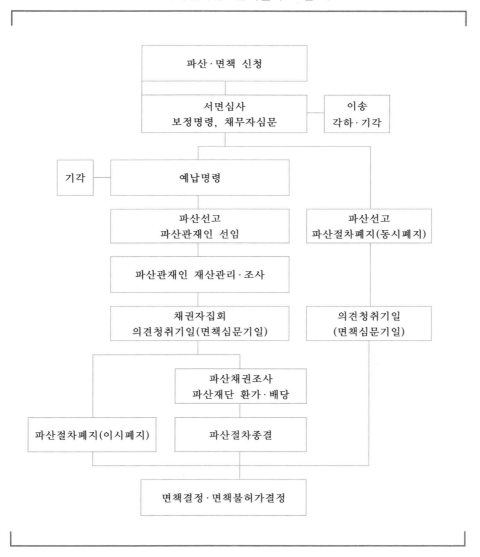

파산신청 단계에서의 파산절차가
소송절차 등에 미치는 영향

1. 개   요

채무자에 대한 파산신청이 있는 것만으로 채무자의 재산상태가 도산상태에 이르렀음이 사실상 대외적으로 공표되는 경우가 있지만, 법적으로는 파산은 선고를 한 때부터 그 효력이 생긴다(법 제311조). 따라서 파산선고의 효과로서 채무자에 대한 인적구속(법 제319조), 재산관리처분권의 파산관재인에 전속(법 제384조) 등은 모두 파산선고 시를 기준으로 발생한다.

그런데 파산신청 이후 파산선고 전까지 상당한 시일이 걸릴 수 있고, 그 사이 채무자가 재산을 은닉, 멸실, 훼손하거나 채권자에게 편파변제 등을 할 수 있으며, 채권자는 채무자에게 변제 또는 담보의 제공을 요구하거나 강제집행 등으로 개별적인 채권 추심을 시도할 수도 있다.

위와 같은 상황을 방치할 경우 채권자들 사이의 평등을 저해하고, 파산재단이 일탈하게 되어 파산제도의 목적을 달성할 수 없게 되므로, 법 제323조 제1항은 "법원은 파산선고 전이라도 이해관계인의 신청에 의하거나 직권으로 채무자의 재산에 관하여 가압류·가처분 그 밖에 필요한 보전처분을 명할 수 있다."고 규정하여 파산절차의 실효성이 담보될 수 있도록 하고 있다.

아래에서는 현행법상 파산 보전처분이 소송절차, 강제집행절차에 미치

는 영향에 관하여 검토한다. 아울러 개인파산 사건에서 파산선고 전 면제재
산신청이 강제집행절차에 미치는 영향에 대해서도 살펴본다.

2. 보전처분이 소송절차, 강제집행절차에 미치는 영향

가. 회생절차와의 비교

회생절차개시의 신청이 있는 때 법원은 회생절차개시신청에 대한 결정
이 있을 때까지 채무자의 업무 및 재산에 관하여 가압류·가처분 그 밖에 필
요한 보전처분을 명할 수 있고(보전처분, 법 제43조 제1항), 회생채권 또는 회생
담보권에 기한 강제집행, 가압류, 가처분 또는 담보권실행을 위한 경매절차,
채무자 재산에 대한 소송절차 등의 중지를 명할 수 있으며(중지명령, 법 제44
조 제1항), 이에 더하여 모든 회생채권자 및 회생담보권자에 대하여 회생채권
또는 회생담보권에 기한 강제집행 등의 포괄적인 금지·중지를 명할 수 있다
(포괄적 금지명령, 법 제45조 제1항, 제3항).

이에 반하여 파산절차의 경우 법 제323조 제1항에서 ① 채무자의 재산
에 관한 가압류·가처분, ② 그 밖에 필요한 보전처분만을 인정하고 있는바,
법원이 파산절차에서도 회생절차와 마찬가지로 채무자의 재산에 관한 소송
절차, 파산채권에 기한 강제집행, 가압류·가처분, 담보권 실행을 위한 경매
절차의 중지를 명할 수 있는 것인지, 이에 더하여 포괄적 금지명령을 내용
으로 하는 보전처분까지 인정할 수 있는지 문제된다. 이는 결국 법 제323
조 제1항의 '그 밖에 필요한 보전처분'의 내용, 범위에 관한 해석으로 귀결
된다.

나. 채무자의 재산에 관한 가압류, 가처분

현금, 부동산, 채권, 지식재산권 등 채무자의 모든 개별 재산에 대한 가
압류, 점유이전금지가처분, 처분금지가처분 등으로서 가장 흔히 할 수 있는
보전처분이다. 다만, 파산이 선고되더라도 파산재단에 속하지 아니하는 압

류금지재산 등에 대하여는 보전처분을 할 수 없다.3)

이러한 보전처분은 채무자의 행위만 제한할 뿐 파산채권자의 채무자에 대한 강제집행, 가압류·가처분에는 영향을 미치지 않는다. 이를 막기 위해서는 후술하는 바와 같이 강제집행 등의 중지 또는 금지를 명하는 내용의 보전처분이 발령되어야 한다.4)

한편 채무자 소유 개개의 재산이 아닌 채무자의 모든 재산에 대한 가압류·가처분을 허용할 수 있는지 문제되나, 이 보전처분은 모든 채권자를 위한 포괄집행을 보전하기 위한 것이기 때문에 채무자의 모든 재산에 대해 일반적·포괄적인 처분금지를 명할 수 있다고 보는 것이 타당하다.5)

다. 그 밖에 필요한 보전처분

(1) 강제집행절차의 중지를 명하는 보전처분

㈎ 법 제323조 제1항에서 정한 '그 밖에 필요한 보전처분'에 파산채권에 기한 강제집행절차 등을 파산선고 시까지 중지하는 내용의 보전처분이 포함된다고 볼 수 있을지 문제된다. 파산선고에 의하여 강제집행은 실효하고 파산선고 직전의 집행행위는 부인의 대상으로 되는 점, 파산이라고 하는 포괄집행의 직전에 이러한 개별집행을 인정하는 것은 총채권자의 공평이라는 견지에서 타당하지 않은 점 등을 고려하면, 파산채권자가 신청한 강제집행절차를 중지하는 내용의 보전처분은 허용된다고 보는 것이 일반적이다.6)

위와 같은 보전처분이 발령되면 보전처분 신청인 등 이해관계인은 그 결정문 정본(강제집행의 일시정지를 명한 취지를 적은 재판의 정본)을 집행법원에

---

3) 주석 채무자회생법 (IV), 157면.
4) 법인파산실무, 52면.
5) 법인파산실무, 51면; 이진만, "파산선고 전의 보전처분", 재판자료 제82집, 150면.
6) 법인파산실무, 52-53면. 한편 일본의 파산법은 이를 구체화하여 '채무자의 재산에 대해 이미 행해지고 있는 강제집행, 가압류, 가처분, 일반의 선취특권의 실행 또는 유치권(상법, 회사법 규정에 의한 것은 제외) 실행으로서의 경매절차의 중지를 명할 수 있다'고 규정하고 있다(제24조 제1항).

제출함으로써 채무자 보유 재산에 관한 강제집행절차를 파산선고 시까지 정지시킬 수 있다(민사집행법 제49조 제2호). 다만, 파산선고 전에 즉시항고가 인용되어 위와 같은 보전처분 결정이 취소되는 경우에는 집행절차가 속행된다.

강제집행절차의 중지를 명하는 보전처분에 반하여 진행된 절차는 무효이지만, 집행 또는 집행행위의 외형을 제거하기 위해서 이해관계인은 집행에 관한 이의신청 또는 즉시항고 등을 제기하여야 한다. 다만 강제집행절차의 중지를 명하는 보전처분은 이미 진행된 절차의 효력을 소급하여 무효로 만드는 것은 아니므로 기왕에 집행된 압류 등의 효력은 그대로 유지된다.7)

그러나 집행이 완료된 이후에 그 강제집행절차의 중지를 명하는 보전처분이 제출된 경우에는 보전처분은 그 목적을 달성할 수 없게 되며 이미 이루어진 집행행위는 그대로 효력을 유지한다. 또한 강제집행절차의 중지를 명하는 보전처분은 구체적인 절차를 계속하여 진행하려는 것을 중지시키는 효력밖에 없으므로 채권자가 새로 같은 절차의 개시를 신청하는 것은 가능하다. 그 절차를 중지하려면 새로운 보전처분을 받아야 한다.8)

(나) 임금채권 등 재단채권에 기한 강제집행절차 역시 그 중지를 명하는 보전처분의 대상이 될 수 있을지 문제된다. 재단채권은 파산채권에 앞서 수시로 변제되는 것이지만, 재단부족의 경우에는 법 제477조에서 정한 순서에 따라 변제를 받게 되고, 동 순위 재단채권 사이에서는 각 채권액에 안분하여 변제를 받게 된다. 결국 재단채권에 대해서도 개별적 강제집행이 허용될 수 없음을 고려하면, 파산채권에 기한 강제집행의 경우와 마찬가지로 재단채권에 기한 강제집행절차 역시 그 중지를 명하는 보전처분의 대상이 된다고 할 수 있다.

(다) 한편 저당권 등 담보권을 보유한 자는 별제권자로서 파산절차와는 무관하게 그 권리를 행사할 수 있으므로(법 제412조), 보전처분으로 그 담보권 실행의 중지나 금지를 명할 수는 없다.

---

7) 법인파산실무, 53면.
8) 법인파산실무, 53-54면.

제3자가 환취권을 행사하는 경우도 중지를 명하는 보전처분의 대상이 될 수 없다.9)

아울러 파산선고 전에 파산재단에 속하는 재산에 대하여 국세징수법 또는 지방세징수법에 의하여 징수할 수 있는 청구권(국세징수의 예에 의하여 징수할 수 있는 청구권으로서 그 징수우선순위가 일반 파산채권보다 우선하는 것을 포함한다)에 기한 체납처분을 한 때에는 파산선고는 그 처분의 속행을 방해하지 않으므로(법 제349조 제1항), 회생절차와는 달리 체납처분의 중지나 금지를 명하는 보전처분도 허용되지 않는다.

(2) 강제집행절차의 금지를 명하는 보전처분

법 제323조 제1항에서 정한 '그 밖의 보전처분'으로 아직 개시되어 있지 아니한 장래의 강제집행을 파산절차에서 일반적으로 금지할 수 있는지 문제된다.

회생절차에서는 법 제45조 제1항에 의하여 모든 회생채권자 및 회생담보권자에 대하여 강제집행 등의 금지를 명할 수 있으나 파산절차에서는 그와 같은 규정이 없으므로 이 역시 해석에 의해 해결할 수밖에 없다. 채권자가 채무자의 재산을 압류하는 것만으로는 파산재단에 아무런 불이익이 없을 뿐만 아니라 오히려 파산재단의 산일 방지를 위하여 도움이 될 수도 있으므로 압류까지 금지하는 보전처분을 허용할 수는 없을 것이다. 그러나 채권자가 압류에 그치지 아니하고 더 나아가 환가·추심절차까지 진행하는 것은 개별적인 채권 만족을 목적으로 한 것으로서, 총채권자의 공평을 저해할 우려가 있으므로 이를 금지하는 보전처분은 허용되어야 한다.10)

따라서 장래의 강제집행절차의 금지를 명하는 보전처분이 발령된 경우

---

9) 주석 채무자회생법 (IV), 159면.

10) 일본 파산법 제25조는 중지명령에 의해서는 파산절차의 목적을 충분히 달성하지 못할 우려가 있다고 인정할 만한 특별한 사정이 있는 때에는 이해관계인의 신청에 의하거나 직권으로 파산절차개시신청에 관한 결정이 있을 때까지 모든 채권자에 대하여 채무자의 재산에 대한 강제집행 등의 금지를 명할 수 있다고 규정하고 있다.

이에 위반한 경매신청 또는 추심명령·전부명령 신청은 부적법하므로 이를 각하하고, 보전처분을 간과한 집행은 무효로 보아야 한다.

(3) 소송절차의 중지·금지를 명하는 보전처분

강제집행절차 이외에 이미 진행 중인 소송절차를 중지시키거나 향후 제기될 소송절차를 금지하는 내용의 가처분이 허용될 수 있을지가 문제되나, 파산채권자가 파산신청 시부터 파산선고 시까지 사이에 소송절차를 통해 개별적으로 채권의 만족을 얻을 가능성이 희박하고, 집행중지·집행금지를 명하는 보전처분으로도 목적을 달성할 수 있는 점을 고려하면 별도로 이를 인정할 실익이 크지는 않다.[11]

다만 파산선고 시 중단되는 파산재단에 관한 소송절차(민사소송법 제239조) 및 채권자취소소송의 소송절차(채무자회생법 제406조 제1항), 채권자대위소송, 주주대표소송의 소송절차 등은 그 소송의 결과가 채무자의 재산과 향후 파산절차의 진행에 큰 영향을 미치므로 그 소송절차의 중지를 명하는 보전처분을 허용할 실익이 있다. 특히 실무상 채무자의 소극재산에 관한 소송인 채권자가 채무자를 상대로 제기한 이행소송 또는 확인소송에서 채무자가 적극적으로 응소하지 아니하는 등의 사정으로 실제로는 존재하지 않는 채권이 존재하는 것으로 판결 등이 확정되고, 파산이 선고된 후 파산관재인의 부인권 행사도 인정되지 아니하여 파산관재인이나 다른 채권자가 그 채권의 존부 및 범위를 다투지 못하는 경우가 드물지 않으므로 그와 같은 소송절차의 중지를 명하는 보전처분을 허용할 현실적인 필요성도 있다.[12]

다만, 소송절차의 중지 또는 금지를 명하는 보전처분을 허용한다고 하더라도 이혼 기타 신분관계 소송, 법인인 채무자의 조직법상 소송 등 파산재단과 관계없는 소송은 파산선고가 있어도 채무자가 여전히 당사자로 되고 소송절차가 중단되지 않으므로 그 소송에 대한 중지 또는 금지를 명하는 보전

---

11) 한편, 일본 파산법 제24조 제1항 제3호는 채무자의 재산관계에 관한 소송절차도 중지명령의 대상이 된다고 규정하고 있다.

12) 주석 채무자회생법 (Ⅳ), 162면.

처분은 허용되지 않는다.13)

(4) 변제금지를 명하는 보전처분

회생절차에서는 채무자의 재산 이외에 업무에 관한 가압류·가처분 그 밖에 필요한 보전처분을 허용하고 있는 반면(법 제43조 제1항), 파산절차에서는 채무자의 재산에 관한 가압류·가처분, 그 밖에 필요한 보전처분만을 인정하고 있어서 재산에 관한 보전처분 이외에 변제금지를 명하는 보전처분과 같은 '업무'에 관한 보전처분을 인정할 수 있을지 문제되나, 파산절차에서도 채무자의 편파변제를 방지하여 파산재단을 보전할 필요성이 있는 점을 고려하면 허용하는 것이 타당하다.

파산신청 후 채무자 또는 이해관계인의 신청에 의하여 채무자를 상대방으로 한 변제금지를 명하는 보전처분이 발령되어도 이는 채무자에 의한 임의변제를 금지하는 취지의 부작위 명령에 지나지 않으므로, 채권자의 회수권을 박탈하는 것은 아니다. 즉, 채무자에 대한 변제금지를 명하는 보전처분이 내려진 후에도 그 대상이 되는 채권에 관한 이행소송의 제기 및 집행권원에 기한 강제집행은 지장을 받지 않는다.14) 채권자에 의한 상계도 허용된다.15)

다만 채무자가 변제를 할 수 없다는 보전처분의 구속을 받게 될 경우, 채권자가 채무자의 이행지체를 이유로 계약을 해제할 수 있을 것인지 문제된다. 이에 대하여 대법원은 화의절차에서 보전처분으로 채무자에 대하여 채권자에 대한 채무의 변제를 금지하였다 하더라도 그 처분의 효력은 원칙적으로 채무자에게만 미치는 것이므로 채무자가 채권자에게 임의로 변제하는 것이 금지될 뿐이고, 채무자의 채권자가 이행지체에 따른 해지권을 행사하는 것까지 금지되는 것은 아니라고 판시하였다.16)

---

13) 주석 채무자회생법 (IV), 162면.

14) 앞에서 본 바와 같이 보전처분을 통해 강제집행을 중지시킬 수 있음은 물론이다.

15) 회사정리법 하에서 정리절차개시결정 전 보전처분으로 변제금지를 명한 경우에 회사 채권자의 상계가 허용된다고 판시한 대법원 1993. 9. 14. 선고 92다12728 판결 참조.

16) 대법원 2007. 5. 10. 선고 2007다9856 판결. 반면 일본 최고재판소는 회사갱생절차 개시신청을 한 주식회사에 대하여 이른바 구채무 변제금지의 보전처분이 내려진 때

변제금지를 명하는 보전처분에 위반하여 행하여진 변제의 효력은 채권자가 선의인 경우에만 유효하고, 악의인 경우에는 무효라고 보는 것이 일반적이다. 채권자가 악의임을 증명할 책임은 변제 등의 무효를 주장하는 쪽에 있고, 파산관재인은 파산절차와의 관계에서 변제 등의 효력을 주장할 수 없는 채권자에 대하여 변제 등을 받은 금액을 부당이득반환 청구할 수 있다. 한편 변제금지를 명하는 보전처분을 위반하여 행해진 변제 등이 유효하더라도 부인권 행사의 대상이 될 수 있다.[17]

(5) 자금의 차입금지를 명하는 보전처분

채무자의 재산상태가 악화하는 것을 방지하기 위한 보전처분이다. 실효성에 의문을 표시하면서도 보전처분을 할 수 있다는 견해와 공시방법이 없어 무효라는 견해, 파산재단으로 될 채무자의 재산 이탈방지라는 보전처분의 목적과 한계에 비추어 그 한계를 넘어서는 것으로 허용되지 않는다는 견해가 있다.[18]

라. 제3자 명의의 재산에 대한 보전처분

장차 파산절차가 개시된 후 파산관재인이 부인권을 행사할 것을 전제로 제3자가 소유하는 재산에 대하여 처분금지의 보전처분을 명할 수 있는가에 대하여 견해가 대립된다.

부인권은 파산선고의 효과로 발생하여 파산관재인이 행사하는 것이므로, 부인할 수 있는 행위에 의하여 채무자의 재산에서 유출된 재산이 파산선

에는 회사는 그 채무를 변제할 수 없다는 취지의 구속을 받는 것이므로 그 후에 회사가 부담하는 계약상 의무에 관하여 변제기가 도래하여도 채권자는 회사의 이행지체를 이유로 계약을 해제할 수 없다고 해석하는 것이 상당하다고 판시하였다{日本 最高裁判所 1978. 3. 30. 昭和 53年(才) 319号 판결}.

17) 주석 채무자회생법 (IV), 164-168면; 이진만, "파산선고 전의 보전처분", 재판자료 제82집 159면.

18) 주석 채무자회생법 (IV), 165면; 이진만, "파산선고 전의 보전처분", 재판자료 제82집 160-161면.

고 전에 수익자 등의 처분 등에 의하여 제3자에게 이전될 우려가 있는 경우라도 채권자 등 이해관계인은 부인권 행사에 의한 원상회복청구권을 피보전권리로 하여 민사집행법상의 보전처분을 신청할 수 없고, 부인권 행사에 의하여 회복될 재산은 부인권이 행사되기 전까지는 채무자의 재산이 아니기 때문이다.19)

① 적극설은 보전처분이 장래 파산재단을 구성하게 될 채무자 재산의 보전, 확보를 목적으로 하는 한 제3자를 명의인으로 하는 보전처분도 허용된다고 보아야 할 것이라고 주장하고, ② 소극설은 법상 파산선고 전의 보전처분은 원칙적으로 채무자의 재산만을 그 대상으로 하고 있으며 제3자 명의의 재산에 대한 보전처분을 인정한다면 보전처분의 상대방이 매우 불안한 지위에 놓이게 되므로 특별한 규정이 없는 이상 채무자 이외의 제3자의 재산을 대상으로 하는 보전처분은 허용될 수 없다고 주장한다.20)

다만 이 문제는 개별채권자가 민사집행법에 따라 채권자취소권에 기한 원상회복청구권 등을 피보전권리로 하는 보전처분을 하는 것이나 파산선고 후 파산관재인이 부인권 행사를 전제로 민사집행법상의 보전처분을 하는 것과는 별개의 문제이다.21)

마. 책임제한절차의 정지명령

법원은 파산신청이 있는 경우 필요하다고 인정하는 때에는 이해관계인의 신청에 의하거나 직권으로 파산신청에 대한 결정이 있을 때까지 상법 제5편(해상) 및 「선박소유자 등의 책임제한절차에 관한 법률」에 의한 책임제한

---

19) 주석 채무자회생법 (IV), 162면.

20) 법인파산실무, 55면. 한편 종래 일본의 판례와 다수설은 소극설을 따르고 있었으나, 일본 파산법 제171조는 재판소는 파산절차 개시신청이 있는 때부터 당해 신청에 관한 결정이 있기까지의 사이에 부인권을 보전하기 위하여 필요하다고 인정하는 때에는 이해관계인의 신청에 의하여 또는 직권으로 가압류, 가처분 그 밖에 필요한 보전처분을 명할 수 있다고 규정하여 입법적으로 해결하였다.

21) 주석 채무자회생법 (IV), 162면.

절차의 정지를 명할 수 있다(법 제324조 제1항 본문). 다만 책임제한절차개시의 결정이 있는 경우에는 정지를 명할 수 없다(법 제324조 제1항 단서).

　책임제한절차는 채무자의 재산 일부에 대한 파산절차로서 개시결정이 내려질 경우 전체 파산재단 중 일부가 이탈됨으로써 제한채권자 이외의 다른 모든 파산채권자들의 이익을 해칠 우려가 있고, 책임제한절차가 개시되기 전에 그 채무자에게 파산이 선고되면 책임제한절차 개시신청 역시 각하되는 점을 고려하면, 이해관계인으로서는 책임제한절차의 재원으로 사용될 재산을 전체 채권자를 위한 파산재단으로 사용하기 위해 보전처분의 일종인 책임제한절차 정지명령제도를 활용할 실익이 있다.[22]

3. 면제재산신청이 강제집행절차에 미치는 영향

　채무자가 파산선고 당시에 가진 모든 재산은 원칙적으로 파산재단을 구성하게 되나(법 제382조 제1항), 예외적으로 개인인 채무자는 재산 중 법 제383조 제2항 각호에서 정한 일정 부분의 재산을 파산재단에서 제외해 줄 것을 신청할 수 있는데, 법원의 결정에 의하여 파산재단에 속하는 것을 면제받아 자유재산으로 변경된 재산을 면제재산이라고 한다.

　법원은 파산선고 전에 면제신청이 있는 경우에 채무자의 신청 또는 직권으로 파산선고가 있을 때까지 면제신청이 있는 재산에 대하여 파산채권에 기한 강제집행, 가압류 또는 가처분의 중지 또는 금지를 명할 수 있고(법 제383조 제8항), 면제재산 결정이 확정된 때에는 위와 같이 중지한 절차는 그 효력을 잃는다(법 제383조 제9항). 파산신청이 취하, 각하 또는 기각된 때에는 발령된 중지·금지명령은 별도의 취소결정 없이 당연히 효력을 잃는다.

　한편, 면제신청 재산에 대한 '재단채권에 기한' 강제집행, 가압류 또는 가처분은 중지 또는 금지 대상에서 제외된다.

---

22) 자세한 내용은 주석 채무자회생법 (IV), 170-176면 참조.

파산선고가 소송절차 등에 미치는 영향

1. 개   요

  파산이 선고되면 파산선고 당시 채무자가 가진 국내외의 모든 재산은 파산재단을 구성한다(법 제382조 제1항). 채무자는 파산재단에 관한 관리처분권을 잃고, 이 관리처분권은 파산관재인에게 전속한다(법 제384조). 한편 파산이 선고되면 위임계약 등이 당연히 종료하는 등(민법 제690조) 기존의 법률관계에 큰 영향을 미치게 된다. 파산재단의 관리처분권이 파산관재인에게 이전되는 결과 파산재단에 관한 소송에 관하여는 파산관재인이 당사자가 되고 파산선고 전의 소송절차 중 파산재단에 속하는 재산에 관하여 계속 중인 소송절차는 중단되며, 원칙적으로 파산관재인이 이를 수계한다(법 제347조). 또한 파산선고에 의하여 파산채권자의 개별적 권리행사가 금지되어 파산채권자는 파산절차에 참가하여서만 그 채권의 만족을 얻을 수 있으므로(법 제424조)23) 파산선고 전에 파산채권에 기하여 파산재단 소속의 재산에 대하여

---

23) 파산채권자는 그 채권을 파산법원이 정한 일정기간 내에 파산법원에 신고한 후, 채권조사기일에서의 조사를 거쳐 확정된 액 및 순위에 따라 배당을 받아야 하고, 파산선고를 받은 채무자의 자유재산에 대하여 강제집행을 할 수도 없다. 파산채권에 기하여 가압류를 신청하는 경우에는 그 신청을 각하하여야 한다. 그러나 채무자의 보증인 또는 물상보증인에 대하여는 파산선고의 효력이 미치지 않으므로, 이들에 대한 추심 또는 집행에는 아무런 영향이 없다.

한 강제집행, 보전처분은 파산재단에 대하여 그 효력을 잃는다(법 제348조).

2. 파산선고가 소송절차에 미치는 영향

가. 의   의

　　채무자에게 파산이 선고된 경우 파산재단에 대한 관리처분권은 채무자에게서 파산관재인에게로 강제적으로 이전되므로(법 제384조), 파산재단에 관한 소송에서는 파산관재인이 당사자가 된다(법 제359조). 법 제347조 제1항은 "파산재단에 속하는 재산에 관하여 파산선고 당시 법원에 계속되어 있는 소송은 파산관재인 또는 상대방이 이를 수계할 수 있다."고 규정하고 있는바, 이하에서는 민사소송법과 법 규정을 통해 파산선고가 소송절차에 미치는 영향, 특히 파산선고 전 채무자가 일방 당사자가 되어 법원에 계속 중인 소송이 파산선고로 인하여 어떠한 영향을 받게 되는지 여부에 관하여 살펴보기로 한다.

　　다만, 법 제317조는 파산재단으로 파산절차의 비용을 충당하기에 부족하다고 인정되는 때에는 파산선고와 동시에 파산폐지의 결정을 하여야 한다고 규정하고 있는바, 동시폐지결정이 있는 경우에는 파산선고와 동시에 파산절차가 종료되어 파산재단 자체가 성립하지 않고, 파산재단의 관리처분권을 가진 파산관재인 또한 선임되지 않으므로 파산선고 당시 법원에 계속되어 있는 소송의 중단 및 수계문제는 발생하지 않는다. 그러므로 아래의 논의는 동시폐지가 되지 않은 파산사건에 대하여만 진행될 수 있는 것이다. 그러나 동시폐지결정이 있었다 해도 그 후 파산폐지결정이 취소되어 파산관재인이 선임되면 아래의 논의가 그대로 적용된다.

● **동시폐지**

가. 동시폐지의 요건

파산선고 후에 채무자 재산의 환가·배당이라는 파산제도 본래의 목적을 달성하지 않은 채 파산절차를 장래를 향하여 중지하는 것을 파산의 폐지라고 하고, 그 중 파산선고와 동시에 파산절차를 폐지하는 것을 동시파산폐지(또는 동시폐지)라고 한다. 동시폐지는 예상되는 파산재단이 파산절차의 비용조차 조달할 수 없을 것으로 인정되는 경우에 한다(법 제317조 제1항).

법인의 경우 자산의 파악이나 부인대상 행위 유무의 확인이 쉽지 않고, 동시폐지 후 재산이 발견되면 청산인의 선임이 필요하게 되는 등 절차가 번잡해지며, 청산인에게 고액의 보수가 지급될 경우 이해관계인에게 중대한 영향을 미치게 되므로, 동시폐지는 신중히 하여야 한다.[24]

개인의 경우 종래 동시폐지를 원칙으로 하였으나, 2012. 2.부터 새로운 개인파산 실무 방식을 도입하여 원칙적으로 모든 사건에 파산관재인을 선임하고 있다.[25]

나. 동시폐지의 절차

법원은 파산결정의 주문과 함께 동시폐지결정의 주문 및 이유의 요지를 공고하고(법 제317조 제2항), 채권자들에게 통지하며(법 제313조 제2항 유추), 법인의 설립 또는 목적사업에 관하여 행정청의 허가가 있는 경우에는 주무관청에 통지한다(법 제314조 제2항). 법원사무관 등은 동시폐지결정이 있으면 등기소에 등기촉탁을 한다(법 제23조 제1항 제5호, 제24조 제5항, 제3항, 제27조)(동시폐지에 대한 즉시항고는 집행정지의 효력이 없고, 회생절차폐지의 경우에는 제23조 제1항 제3호가 그 확정시에 등기촉탁을 하도록 하고 있음에 반하여, 파산폐지의 경우에는 같은 항 제5호가 그 확정을 요하지 않고 단지 '파산폐지결정이 있는 경우'라고만 규정하고 있으므로 동시폐지결정이 확정되지 아니하였더라도 등기촉탁을 한다).

---

24) 서울회생법원은 법인에 대하여는 유동화전문회사 등 극히 일부의 경우를 제외하고는 원칙적으로 동시폐지를 하지 않고 파산관재인을 선임하여 파산절차를 진행하고 있다.

25) 비용을 부담할 자력이 부족한 개인채무자에 대하여는 송달료, 파산관재인 보수 등 기본적인 절차비용에 관한 소송구조가 가능하여 비용부족으로 인한 동시폐지의 필요성은 적다.

다. 동시폐지의 효과

법인에 대하여 동시파산폐지의 결정이 확정되면, 법인은 잔여재산이 없는 한 법인격이 소멸하게 된다. 파산폐지의 법적 성질에 비추어 그 결정만으로는 잔여재산의 유무에 대한 판단이 내려지지 않은 것으로 보아야 한다.

잔여재산이 남아 있는 한 법인격은 소멸하지 않고, 청산의 목적 범위 내에서 존속하게 되지만 이 경우 누가 청산인으로 되어야 하는가에 관하여, 근소한 잔여재산 처리를 위해 새롭게 청산인을 선임하는 것은 불합리하다는 이유로 종전의 이사가 당연히 청산인이 된다는 견해26)와, 회사가 파산하면 회사와 이사와의 위임계약이 종료하므로 종전의 이사가 당연히 청산인으로 되는 것은 아니고, 정관에 미리 정함이 있거나 주주총회에서 청산인을 선임한 경우가 아니면 이해관계인의 신청에 의하여 법원이 청산인을 선임하여야 한다는 견해 등이 주장되고 있다.27) 이 경우에 파산채권자는 청산인을 대표자로 하는 청산법인을 상대로 잔여재산에 대한 강제집행, 가압류, 가처분을 할 수 있고 동일한 파산채권에 기하여 다시 파산신청을 할 수는 없다.

파산선고와 동시에 동시폐지 결정이 있는 경우 파산재단 자체가 처음부터 성립하지 않으므로 제347조, 제348조는 적용되지 않는다. 즉 파산선고 당시 채무자와 관련하여 법원에 계속되어 있는 소송은 중단되지 아니하며, 파산선고 전에 채무자 소유 재산에 관하여 진행 중이던 강제집행, 가압류, 가처분 절차는 실효되지 않는다.28) 다만 개인파산의 경우 파산선고 후 면책결정 확정시까지 그 절차 진행이 중지되고 새로이 강제집행, 가압류, 가처분을 할 수 없다(법 제557조 제1항).29)

---

26) 注解 破産法(下), 755면.

27) 후자의 견해가 일본 실무의 입장이다. 日本 最高裁判所 1968. 3. 15. 昭和 42年(オ) 124号 판결.

28) 日本 大阪地方裁判所 1983. 9. 16. 판결은 동시폐지의 경우 파산관재인에 의한 일반적 강제집행절차를 기대할 수 없기 때문에 각 채권자들이 개별적으로 권리를 행사할 수밖에 없다는 이유로, 파산과 동시에 파산폐지를 하여야 할 사정이 있다면 파산선고 전 강제집행정지의 가처분 신청을 받아들일 수 없다고 판시하였다.

29) 채무자가 파산신청을 한 경우에는 반대의 의사표시를 한 경우를 제외하고 동시에 면책신청을 한 것으로 보고 있으나(제556조 제3항), 채권자가 파산신청을 한 경우에는 채무자가 별도로 면책신청을 하지 않고 있는 상태에서 동시폐지결정이 확정되면 그 확정시로부터 면책신청 사이의 기간 동안에 강제집행 등의 속행 내지 개시가 가능할 것이다.

나. 파산선고 이후 소송이 제기된 경우의 법률관계

(1) 소송요건

앞서 살펴본 바와 같이 파산선고 후에는 파산재단에 관한 소송에서는 채무자가 아닌 파산관재인이 당사자가 되므로(법 제359조), 파산선고 후에 제기되는 파산재단에 관한 새로운 소송에서는 파산관재인이 원고 또는 피고로서의 당사자적격을 가지게 된다. 따라서 파산재단과 관련하여 소를 제기하고자 하는 자는 파산관재인을 피고로 소를 제기하여야 한다. 파산관재인이 수인인 경우에는 필수적 공동소송이 되므로 파산관재인 전원이 당사자가 되어야 한다.[30] 파산선고 후 채무자가 원고가 되어 제기한 소는 부적법하고, 소장부본 송달 이전에 피고에 대하여 파산이 선고된 경우도 마찬가지로 부적법한 소가 된다.[31]

파산채권은 파산절차에 의하지 아니하고는 행사할 수 없으므로(법 제424조), 파산선고 후 제기된 파산채권에 관한 소송은 부적법하다. 반면에 재단채권자는 파산절차에 의하지 아니하고 파산재단으로부터 수시로 변제를 받을 수 있으므로, 재단채권에 관한 소송은 채권신고에 의한 확정절차와 무관하

---

30) 대법원 2009. 9. 10. 선고 2008다62533 판결은 "파산재단에 속하는 재산의 관리처분권은 파산자로부터 이탈하여 파산관재인에게 전속하게 되고, 파산관재인이 여럿인 경우에는 법원의 허가를 얻어 직무를 분장하였다는 등의 특별한 사정이 없는 한 그 여럿의 파산관재인 전원이 파산재단의 관리처분권이 있기 때문에 파산관재인 전원이 소송당사자가 되어야 하므로 그 소송은 필수적 공동소송에 해당한다. 따라서 파산관재인이 여럿임에도 파산관재인 중 일부만이 당사자로 된 판결은 당사자적격을 간과한 것으로서 파산재단에 대하여 효력이 미치지 아니한다."고 판시하였다. 또한 대법원 2008. 4. 24. 선고 2006다14363 판결은 "민사소송법 제54조가 여러 선정당사자 가운데 죽거나 그 자격을 잃은 사람이 있는 경우에는 다른 당사자가 모두를 위하여 소송행위를 한다고 규정하고 있음에 비추어 볼 때, 공동파산관재인 중 일부가 파산관재인의 자격을 상실한 때에는 남아 있는 파산관재인에게 관리처분권이 귀속되고 소송절차는 중단되지 아니하므로, 남아 있는 파산관재인은 자격을 상실한 파산관재인을 수계하기 위한 절차를 따로 거칠 필요가 없이 혼자서 소송행위를 할 수 있다."고 판시하였다.
31) 대법원 2018. 6. 15. 선고 2017다289828 판결.

게 본안을 심리하여야 한다. 한편 채권자가 재단채권임을 주장하면서 파산
관재인을 상대로 재단채권의 이행을 구하는 소를 제기하였으나, 심리 결과
재단채권이 아닌 파산채권으로 밝혀진 경우 그 이행의 소는 부적법하다.[32]

(2) 가집행선고

가집행선고는 미확정의 종국판결에 집행력을 부여하는 형성적 재판으로
서 판결이 확정되기 전에 승소자의 신속한 권리실현에 이바지하기 위한 것
으로 원칙적으로 협의의 집행력을 낳는 이행판결에 한하여 붙이는 것인바,
앞서 살펴본 바와 같이 파산선고 후에는 파산채권자의 개별적인 권리행사가
금지되므로 이행판결을 선고할 수 없고, 재단채권자 또한 특별한 사정이 없
는 한 재단채권에 기하여 파산선고 후 강제집행을 할 수 없으므로,[33] 채무자
에 대한 가집행선고는 부당하다. 민사소송법 제213조 제1항은 재산권의 청
구에 관한 판결은 가집행의 선고를 붙이지 아니할 상당한 이유가 없는 한 당
사자의 신청 유무를 불문하고 가집행선고를 붙여야 하는 것으로 규정하고
있는바, 채무자에 대한 파산선고는 '가집행의 선고를 붙이지 아니할 상당한
이유'가 된다고 할 것이다.[34]

---

32) 대법원 2015. 1. 29. 선고 2013다219623 판결, 임금채권은 대표적인 재단채권이다.
   이 중 임금채권 원금과 파산선고 후 발생한 지연손해금은 재단채권이고, 파산선고 전
   발생한 지연손해금은 파산채권이다(위 판결 및 대법원 2014. 11. 20. 선고 2013다
   64908 전원합의체 판결 참조). 또한 위 파산선고 후 발생한 지연손해금의 이율은 근
   로기준법 제37조 제1항, 같은 법 시행령 제17조에 따른 연 20%가 아니라, 근로기준
   법 제37조 제2항, 같은 법 시행령 제18조 제2호에 따라 민법 또는 상법이 적용됨을
   주의하여야 한다.
33) 대법원 2007. 7. 12.자 2006마1277 결정.
34) 한편 채무자가 파산선고 전에 제1심에서 가집행선고부 판결을 받아 파산채권자에게
   가지급을 한 후 파산이 선고된 경우 채권확정의 소로 변경되어 진행되는 항소심에서
   가지급물 반환신청의 처리가 문제되는바, 회생절차에 관한 것이나, 대법원 2011. 8.
   25. 선고 2011다25145 판결은 "당초의 소가 채권확정의 소로 교환적으로 변경되어
   취하된 것으로 되는 경우 항소심 절차에서 가지급물의 반환을 구할 수 있고, 채권확
   정의 소에서 확정받은 채권액 부분이 있다 하더라도 그 부분을 가지급물 반환 대상
   에서 제외할 것은 아니다."라고 판시하였다.

(3) 채무자를 상대로 한 소송의 처리

채무자에 대한 파산선고 후에 원고가 채무자의 파산사실을 간과하거나 관련 규정의 미숙지로 인해 파산관재인이 아닌 채무자를 상대로 소를 제기한 경우(또는 채무자를 상대로 소 제기 후 소장부본 송달 전에 채무자에 대한 파산선고가 있는 경우)에 송달의 적법 및 그로 인한 소송계속의 발생이 문제된다.[35]

우선, 수소법원이 소장부본을 파산관재인에게 송달한 경우에는 채무자에 대한 소송계속은 물론, 파산관재인에 대한 소송계속도 발생하지 아니한다. 피고는 파산관재인이 아니라 채무자이기 때문이다. 이에 따라 소송계속에 의한 소송법적 효과가 발생하지 아니하고, 그 결과 절차의 중단 또는 수계가 문제될 여지가 없다. 다만, 원고가 파산재단에 관한 소를 제기하면서 채무자에 대한 파산선고 사실을 알지 못하여 파산관재인이 아닌 채무자를 상대로 소를 제기한 경우에는 파산관재인으로의 당사자 표시정정이 허용되고, 이러한 경우 법원은 파산관재인을 상대로 소를 제기한 것으로 보고 원고에게 파산관재인으로 피고 표시를 정정하라는 취지의 보정명령을 하여야 한다.[36]

다음으로, 법원이 피고인 채무자에게 소장부본을 송달한 경우, 파산선고로 인하여 채무자가 당사자능력 및 소송능력을 상실하지 않고 채무자에 대한 송달도 민사소송법상 특별히 문제가 되지 않는 점(민사소송법 제179조는 소송무능력자에 대한 송달만을 규정하고 있다)에 비추어 원고와 채무자 사이에 소송계속이 발생할 것이나, 원고의 소가 파산재단에 관한 소일 경우에는 채무자인 피고는 당사자적격이 없어 소각하판결을 받게 될 것이다.

(4) 개별적인 소송에 관한 검토

㈎ 채권자취소소송

법 제391조, 제396조에 의하면, 채무자가 파산선고를 받은 후에는 파산선고 전에 채무자가 한 사해행위는 파산관재인에 의한 부인권 행사의 대상

---

35) 김용진, "도산법과 민사소송법의 관계", 인권과정의(2009. 5), 137-138면 참조.
36) 회생절차 개시결정에 관한 것이나, 대법원 2013. 8. 22. 선고 2012다68279 판결 참조.

이 되므로 파산채권자뿐만 아니라 파산관재인도 새롭게 민법 제406조의 채권자취소소송을 제기할 수 없다. 따라서 파산선고 후에 제기된 채권자취소소송은 각하되어야 할 것이다.[37] 그러나 파산관재인은 이러한 소송을 수계한 다음 청구변경의 방법으로 부인권을 행사할 수 있고, 법원은 파산관재인이 수계한 소송이 부적법한 것이었다는 이유만으로 소송수계 후 교환적으로 변경된 부인의 소마저 부적법하다고 보아서는 안 된다.[38] 또한, 파산채권자는 파산관재인이 제기한 부인소송에 보조참가를 하는 것은 가능하고, 파산절차가 해지된 후에는 채무자가 면책결정을 받은 경우가 아니라면 채권자취소소송을 제기할 수 있다.[39]

(나) 채권자대위소송

채권자대위소송과 관련하여 판례는 파산채권자가 채무자에 대한 채권을

---

37) 대법원 2010. 9. 9. 선고 2010다37141 판결은 개인회생절차개시결정이 내려진 이후에는 개인회생채권자가 채권자취소소송을 제기할 수 없다고 판시하면서 채무자에 대한 개인회생절차개시결정이 내려진 후에 개인회생채권자인 원고가 제기한 채권자취소소송을 부적법하다고 판단한 원심의 판단을 수긍하였다(법 제584조, 제347조 제1항, 제406조에 의하면, 개인회생절차개시결정이 내려진 후에는 채무자가 부인권을 행사하고, 법원은 채권자 또는 회생위원의 신청에 의하거나 직권으로 채무자에게 부인권의 행사를 명할 수 있으며, 개인회생채권자가 제기한 채권자취소소송이 개인회생절차개시결정 당시에 계속되어 있는 때에는 그 소송절차는 수계 또는 개인회생절차의 종료에 이르기까지 중단된다. 이러한 규정 취지와 집단적 채무처리절차인 개인회생절차의 성격, 부인권의 목적 등에 비추어 보면, 개인회생절차개시결정이 내려진 후에는 채무자가 총채권자에 대한 평등변제를 목적으로 하는 부인권을 행사하여야 하고, 개인회생채권자목록에 기재된 개인회생채권을 변제받거나 변제를 요구하는 일체의 행위를 할 수 없는 개인회생채권자가 개별적 강제집행을 전제로 하여 개개의 채권에 대한 책임재산의 보전을 목적으로 하는 채권자취소소송을 제기할 수는 없다고 할 것이다).
38) 대법원 2018. 6. 15. 선고 2017다265129 판결 참조.
39) 대법원 2008. 6. 26. 선고 2008다25978 판결은 "채권자취소권은 채무자의 책임재산을 보전하기 위한 제도로서 채무자에 대하여 채권을 행사할 수 있음이 전제되어야 할 것인바, 채무자가 파산절차에서 면책결정을 받은 때에는 파산채권을 피보전채권으로 하여 채권자취소권을 행사하는 것은 그 채권이 채무자 회생 및 파산에 관한 법률 제566조 단서의 예외사유(비면책채권 ― 필자 주)에 해당하지 않는 한 허용되지 않는다."고 판시하였다.

보전하기 위하여 파산재단에 관하여 파산관재인에 속하는 권리를 대위하여 행사하는 것은 법률상 허용되지 않으므로 파산선고 후에 제기한 채권자대위소송은 부적법하여 각하되어야 한다고 판시하였다.40)

(다) 주주의 대표소송

파산선고 후에 주주가 이사 등의 책임을 추궁하기 위한 대표소송(상법 제403조, 제415조)을 제기할 수 있는지 여부가 문제되나, 판례41)는 "상법 제399조, 제414조에 따라 회사가 이사 또는 감사에 대하여 그들이 선량한 관리자의 주의의무를 다하지 못하였음을 이유로 손해배상책임을 구하는 소는 회사의 재산관계에 관한 소로서 회사에 대한 파산선고가 있으면 파산관재인이 당사자적격을 가진다고 할 것이고(파산법 제152조), 파산절차에 있어서 회사의 재산을 관리·처분하는 권리는 파산관재인에게 속하며(파산법 제7조), 파산관재인은 법원의 감독 하에 선량한 관리자의 주의로써 그 직무를 수행할 책무를 부담하고 그러한 주의를 해태한 경우에는 이해관계인에 대하여 책임을 부담하게 되기 때문에(파산법 제154조) 이사 또는 감사에 대한 책임을 추궁하는 소에 있어서도 이를 제기할 것인지의 여부는 파산관재인의 판단에 위임되어 있다고 해석하여야 할 것이고, 따라서 회사가 이사 또는 감사에 대한 책임추궁을 게을리할 것을 예상하여 마련된 주주의 대표소송의 제도는 파산절차가 진행 중인 경우에는 그 적용이 없고, 주주가 파산관재인에 대하여 이사 또는 감사에 대한 책임을 추궁할 것을 청구하였는데 파산관재인이 이를 거부하였다고 하더라도 주주가 상법 제403조, 제415조에 근거하여 대표소송으로서 이사 또는 감사의 책임을 추궁하는 소를 제기할 수 없다고 보아야 할 것이며, 이러한 이치는 주주가 회사에 대하여 책임추궁의 소의 제기를 청구하였지만 회사가 소를 제기하지 않고 있는 사이에 회사에 대하여 파산선고가 있은 경우에도 마찬가지이다."라고 판시하였다.

---

40) 대법원 2000. 12. 22. 선고 2000다39780 판결.
41) 대법원 2002. 7. 12. 선고 2001다2617 판결.

따라서 파산선고 후에 주주가 대표소송을 제기한 경우 당해 주주들은 당사자적격이 없으므로 위 대표소송은 부적법하여 각하되어야 한다.

(5) 파산관재인이 소송을 제기한 경우

법은 파산관재인이 소를 제기하고자 하는 경우[42]에는 법원의 허가(감사위원이 설치되어 있는 때에는 감사위원의 동의)를 받도록 규정하고 있다(법 제492조 제10호, 가처분 및 가압류의 신청을 제외한다). 따라서 법원의 허가 또는 감사위원의 동의는 소제기의 적법요건이므로 허가 또는 동의 없는 파산관재인의 소는 부적법하여 각하된다.[43] 따라서 수소법원으로서는 파산관재인이 소송을 제기한 경우 파산법원의 허가를 받았는지 여부를 조사하여 파산법원의 허가서 등을 확인할 수 없는 경우에는 이에 대한 보정을 명해야 할 것이고, 만일 파산관재인이 변론종결시까지도 소제기에 대한 법원의 허가를 받지 못하였다면 수소법원은 파산관재인의 소가 부적법함을 이유로 각하하여야 한다.

한편, 수소법원이 파산관재인의 소제기에 파산법원의 허가가 없었음을 알지 못한 채 본안판결을 한 경우 그 판결이 당연무효인지가 문제될 수 있는데, 이러한 판결은 소송행위에 필요한 수권에 흠결이 있는 것으로서 당연무효라고 할 수는 없으므로 그 판결이 확정 전인 경우에는 상소(민사소송법 제424조 제1항 제4호)에 의하여, 확정된 이후에는 재심(민사소송법 제451조 제1항 제3호)에 의하여 다툴 수밖에 없다.[44]

---

42) 법 제492조 제10호의 소에는 지급명령신청, 반소, 소송참가, 파산신청도 포함된다.
43) 대법원 1990. 11. 13. 선고 88다카26987 판결은 "파산법 제187조, 제188조는 파산관재인의 직무행위 중 특히 중요한 사항에 대하여 부정행위를 막고 파산재단에 불이익이 없도록 감독을 확실히 하기 위하여 둔 규정이므로, 위 각 규정에 의한 감사위원의 동의나 법원의 허가 또는 채권자집회의 결의는 같은 법 제187조 소정의 파산관재인의 행위의 효력발생 요건으로서 이에 위반한 행위는 원칙적으로 무효가 되고, 특히 파산관재인이 같은 조 제10호에 의하여 소를 제기하거나 같은 조 제11호에 의한 재판상 화해를 함에 있어서는 위 법원의 허가 등은 민사소송법 제47조 소정의 소송행위에 필요한 수권에 해당하여 제소의 적법요건이 된다고 보아야 한다."고 판시하였다.
44) 위 대법원 88다카26987 판결은 "파산법이 파산관재인에게 파산재단에 관한 소에 있어 원고 또는 피고가 된다고 한 것은 소송법상의 법기술적인 요청에서 당사자적격을

다. 파산선고 당시 이미 소송이 계속 중인 경우의 법률관계

(1) 소송절차의 중단

㈎ 관련규정

민사소송법 제239조는 "당사자가 파산선고를 받은 때에 파산재단에 관한 소송절차는 중단된다. 이 경우 「채무자 회생 및 파산에 관한 법률」에 따른 수계가 이루어지기 전에 파산절차가 해지되면 파산선고를 받은 자가 당연히 소송절차를 수계한다"고 규정하고 있고, 법 제6조 제6항은 "제1항 또는 제2항45)에 의한 파산선고가 있는 때에는 관리인 또는 보전관리인이 수행하는 소송절차는 중단된다. 이 경우 파산관재인 또는 그 상대방이 이를 수계할 수 있다."고 규정하고 있으며, 법 제406조 제1항은 "「민법」 제406조(채권자취소권)의 규정에 의하여 파산채권자가 제기한 소송이 파산선고 당시 법원에 계속되어 있는 때에는 그 소송절차는 수계 또는 파산절차의 종료에 이르기까지 중단된다."고 규정하면서 같은 조 제2항에서 "제347조의 규정은 제1항의 경우에 관하여 준용한다."고 규정하고 있다(법 제350조는 행정사건에 대하여

인정한 것뿐이지, 자기의 이름으로 소송행위를 한다고 하여도 파산관재인 스스로 실체법상이나 소송법상의 효과를 받은 것은 아니고 어디까지나 타인의 권리를 기초로 하여 실질적으로는 이것을 대리 내지 대표하는 것에 지나지 않는 것인바, 파산관재인이 건물명도단행가처분신청을 하였다가 재판상 화해를 함에 있어 법원에 허가신청을 하였으나 그 신청이 불허가되었음에도 불구하고 감사위원의 동의나 채권자집회의 결의도 없이 피신청인과의 사이에 재판상 화해를 하였다면 이는 소송행위를 함에 필요한 수권의 흠결이 있는 것으로서 민사소송법 제422조 제1항 제3호 소정의 재심사유에 해당한다."고 판시하였다.

45) 법 제6조 ① 파산선고를 받지 아니한 채무자에 대하여 회생계획인가가 있은 후 회생절차폐지의 결정이 확정된 경우 법원은 그 채무자에게 파산의 원인이 되는 사실이 있다고 인정하는 때에는 직권으로 파산을 선고하여야 한다.
　② 파산선고를 받지 아니한 채무자에 대하여 다음 각 호의 어느 하나에 해당하는 결정이 확정된 경우 법원은 그 채무자에게 파산의 원인이 되는 사실이 있다고 인정하는 때에는 채무자 또는 관리인의 신청에 의하거나 직권으로 파산을 선고할 수 있다.
　1. 회생절차개시신청의 기각결정
　2. 회생계획인가 전 회생절차폐지결정
　3. 회생계획불인가결정

동일한 내용을 규정하고 있다).

파산선고가 있으면 파산선고결정이 확정되지 않았다고 하더라도[46] 파산선고 당시 계속 중이던 파산재단에 관한 소송은 파산선고에 의하여 중단된다. 민사소송의 수소법원이나 당사자의 인식 여부와는 무관하다. 민사소송법이 규정한 다른 소송절차 중단사유와 달리 소송대리인이 있는 경우에도 소송절차는 중단된다(민사소송법 제238조). 왜냐하면 위임은 당사자 일방의 사망 또는 파산으로 인하여 종료하고(민법 제690조), 위임계약에 기하여 수임자에게 대리권이 수여되어 있는 경우에는 위임계약의 종료로 인해 그 대리권도 소멸하기 때문이다(민법 제128조).

(나) 중단되는 소송의 범위

1) 파산재단과 관계없는 소송

파산선고가 있더라도 채무자가 소송능력 자체를 상실하는 것은 아니다. 그러므로 파산재단과 관계없는 소송, 예컨대 ① 개인파산의 경우 이혼 기타 신분관계에 관한 소송, 자유재산[47]에 관한 소송, ② 법인파산의 경우[48] 회사설립무효의 소, 주주총회 결의의 효력에 관한 소, 회사해산의 소, 합병무효

---

46) 법 제311조는 "파산은 선고를 한 때부터 그 효력이 생긴다."고 규정하고 있고, 법 제316조 제1항은 "파산신청에 관한 재판에 대하여는 즉시항고를 할 수 있다."고 규정하고 있으나 같은 조 제3항은 "제1항의 규정에 의한 즉시항고는 집행정지의 효력이 없다."고 규정하고 있기 때문이다.

47) 자유재산의 개념에 관하여는 260면 참조.

48) 법인이 파산선고를 받게 되면 파산법인은 파산재단에 속하게 된 자신의 재산에 관하여 관리처분권을 상실하고(다만, 소유권은 여전히 파산법인에게 속함) 파산관재인이 그 관리, 환가, 배당 등에 관하여 전권을 행사함으로써 파산절차는 그 개시부터 종료에 이르기까지 파산관재인을 통하여 이루어지지만, 회사의 비재산적 활동범위에 속하는 사항, 즉 회사의 조직법적 사단활동에 관한 권한은 여전히 법인에게 있다. 따라서 파산법인의 대표이사는 파산재단 이외의 관계에 있어서의 업무를 집행할 이사를 선임하여 신임이사의 취임등기를 신청할 수 있고, 한편 파산법인과 파산재단은 법인격상 동일하지 않으므로 파산재단의 사무실 이전을 파산법인의 본점이전으로 보아 등기할 수 없으며, 파산법인의 본점이전은 비재산적 활동범위에 속하므로 일반절차에 따라 대표이사가 변경등기를 신청할 수 있다[등기선례 5-303(2002. 4. 16. 등기3402-232 질의회답); 등기선례 200303-15(2003. 3. 12. 공탁법인3402-68 질의회신) 참조].

의 소, 채무자에 대한 주주 지위 확인의 소, 주식의 명의개서청구의 소 등 조
직법상의 다툼은 파산선고가 있어도 채무자가 여전히 당사자로 되는 것이므
로 소송절차가 중단되지 않고, 자유재산에 관한 소송도 채무자가 그 관리처
분권을 잃지 않으므로 중단되지 않는다.[49]

2) 소의 객관적 또는 주관적 병합이 있는 경우

소의 객관적 병합이 있는 경우 또는 본소에 대한 반소가 제기되어 있는
경우에는, 파산재단에 관한 소송에 한하여 소송절차가 중단된다. 소의 주관
적 병합의 경우에는, 공동소송인 중 파산선고를 받은 자의 소송절차만 중단
된다. 다만, 필수적 공동소송에서 공동소송인 가운데 한 사람에게 파산이 선
고되어 소송절차를 중단하여야 할 사유가 있는 경우 그 중단은 모두에게 효
력이 미치므로(민사소송법 제67조 제3항), 공동소송인 전원에 대하여 소송절차
가 중단된다.

3) 상소심 및 다른 재판절차

소송은 1심뿐만 아니라 항소심 및 상고심도 포함한다. 다만 상고심절차
에서 상고이유서 제출기간이 경과한 후에 소송당사자가 파산선고를 받은 경
우, 수계절차를 거칠 필요가 없다는 것이 판례이다.[50]

또한 소송절차와 같은 대립적 구조를 취하는 다른 재판절차에도 민사소
송법 제239조를 준용하여 그 절차가 중단된다고 보아야 할 것이다. 즉 독촉
절차,[51] 조정절차, 항고심절차, 가압류·가처분절차, 재산분할청구 등 가사비

---

49) 법인에게는 자연인과는 달리 그 재산 자체와는 구별되는 육체와 같이 가동력(稼動力)
을 보유하고 있다고 볼 수 없으므로, 영업계속 등에 의해 파산선고 이후에 얻는 수익도
재단재산에서 파생하는 재산으로서 파산재단에 속하는 것으로 해석된다. 또한 압류금
지재산 역시 생활유지라는 취지에서 일반적으로 법인에게는 해당하지 않는 것으로 해
석된다. 다만 파산관재인이 파산재단에 속하는 재산으로부터 포기할 가능성도 있는
것이고, 포기된 재산은 자유재산으로 해석할 수밖에 없다. 따라서 법인에게도 자유재
산은 인정되는 것이지만 이는 원칙적으로 재산적 가치가 미미한 것이고 극히 예외적
인 범위에서 인정되는 것이다[山本和彦외 4인, 倒産法槪説(第2版), 2010, 369면].
50) 대법원 2001. 6. 26. 선고 2000다44928, 44935 판결.
51) 대법원 2012. 11. 15. 선고 2012다70012 판결은 "지급명령이 송달된 후 이의신청 기

송 등에 대하여도 원칙적으로 준용된다. 다만, 파산채권에 기하여 파산재단
에 속하는 재산에 대하여 한 가압류·가처분의 신청절차 및 그 항고심절차는
파산선고의 효력에 의해 당해 보전처분이 그 효력을 잃게 되므로(법 제348조
제1항), 따로 보전처분에 대한 이의 또는 취소절차가 진행될 여지는 거의 없
을 것이다.

㈐ '파산재단'의 의미

소송절차의 중단과 관련하여 민사소송법 제239조는 '파산재단에 관한
소송'이라는 표현을 사용하고 있는바, 이는 법 제359조의 '파산재단에 관한
소송'과 동의어이고, 법 제347조 제1항의 '파산재단에 속하는 재산에 관한
소송'보다는 넓은 개념이다. '파산재단에 관한 소송'에는 '파산재단에 속하는
재산에 관한 소송' 즉 적극재산에 관한 소송과 '파산채권에 관한 소송' 및
'재단채권에 관한 소송' 등 소극재산에 관한 소송이 포함된다.[52] 이와 관련
하여 파산재단(또는 파산재단에 속하는 재산)의 의미를 살펴보기로 한다.

1) 법 규정

법 제382조는 "채무자가 파산선고 당시에 가진 모든 재산은 파산재단에
속한다. 채무자가 파산선고 전에 생긴 원인으로 장래에 행사할 청구권은 파
산재단에 속한다."고 규정하고 있고, 법 제383조는 압류할 수 없는 재산 및
개인채무자의 신청에 의해 법원이 결정한 면제재산은 파산재단에 속하지 아
니함을 규정하고 있다.

2) 파산재단의 성립[53]

파산재단은 파산선고 당시에 채무자에 속한 적극재산으로서 압류가 가
능한 것으로 구성된다. 파산법에서 규정하고 있던 속지주의가 폐지되었으므
로 재산이 대한민국 내에 소재하고 있을 것을 요하지 않는다. 압류금지재산,

간 내에 회생절차개시결정 등과 같은 소송중단 사유가 생긴 경우에는 민사소송법 제
247조 제2항이 준용되어 그 이의신청 기간의 진행이 정지된다."라고 판시하였다.
52) 정준영, 앞의 논문, 312면.
53) 법인파산실무, 76-79면.

면제재산, 개인채무자가 파산선고 후에 새로이 취득한 신득재산은 파산재단
에 속하지 않는 재산으로서 자유재산이라고 한다. 법인의 경우에도 파산관
재인이 법원의 허가를 얻어 권리를 포기하는 경우에는 자유재산의 개념을
인정하는 것이 실무이다.[54]

3) 소송절차 중단과 관련된 '파산재단' 또는 '파산재단에 속하는 재산'의 의미

소송절차의 중단과 관련된 파산재단의 개념은 파산재단에 속하는 재
산 즉 적극재산뿐만 아니라 소극재산을 포함하는 개념으로 이해하여야
한다.

따라서 파산선고로 인하여 중단되는 소송은 파산재단에 속하는 재산에
관한 소송과 파산채권에 관한 소송의 양자를 모두 포함한다. 전자는 그 소송
의 승패가 직접 파산재단의 증감에 영향을 미치는 소송이고,[55] 후자는 파산
절차에 의하여 배당을 받을 채무자의 채무에 관한 소송을 말한다. 파산절차
는 파산재단에 속하는 재산을 환가하여 파산채권자에게 배당하는 절차이므
로 결국 파산절차에 관계되는 소송 전반이 중단되게 된다(재단채권에 관한 소
송도 중단된다).

한편 위 파산재단에 속하는 재산에는 법률적으로 파산재단에 속하지 아
니하는 재산이라 하더라도 파산관재인이 사실상 파산재단 소속 재산으로 인
정하여 점유하고 있는 재산을 포함한다(이 경우 실체적 권리자가 환취권을 행사
할 수 있고, 환취권행사에 의한 소송, 즉 소유권에 기한 인도청구소송 등은 결국 파산

---

54) 서울행정법원 2005. 7. 7. 선고 2005구합6904 판결(항소심 진행 중 피고가 직권으로
부과처분을 취소하였다)은 파산재단을 구성하는 재산이라도 포기에 의하여 자유재산
이 되고, 법인파산에 있어서도 재단재산의 포기를 인정하는 것이 옳다고 판시하여 파
산법인의 경우에도 자유재산의 개념을 인정하고 있다.

55) 대법원 2019. 3. 6.자 2017마5292 결정은 파산재단의 증감에 영향이 없는 소송은 파
산선고로 중단되지 않는다는 점을 전제로 '채무자 재산에 관한 부동산경매절차 진행
중 작성된 배당표에 대해 채권자들 사이에서 이의가 제기되어 배당이의 소송이 계속
중 채무자에 대하여 파산이 선고된 경우, 위 배당이의 소송의 결과가 파산재단의 증
감에 영향을 미치지 않으므로, 파산관재인이 위 소송을 수계할 수는 없다'고 판시하
였다.

재단에 관한 소송에 포함된다).

소송절차 중단의 근거는 두 가지 관점에서 설명되는 것이 일반적이다. 우선, 파산선고에 의하여 채무자가 파산선고시에 갖는 일체의 재산은 파산재단이 되고, 파산재단의 관리처분권은 파산관재인에게 전속한다. 파산재단에 관한 관리처분권은 적극재산에 관한 당사자적격과 소극재산인 파산채권에 관한 당사자적격을 포함한다. 이와 같이 종래의 소송당사자였던 채무자가 파산재단의 관리처분권을 상실하게 되면, 채무자는 당사자로서 파산재단에 속하는 재산에 관한 소송수행이 불가능하므로, 소송절차를 중단시키는 것이다. 또한, 파산절차는 이른바 포괄집행이고 파산선고가 있으면 파산채권자의 개별적인 권리행사는 금지되어 파산채권은 파산절차에 의하지 않고서는 권리행사가 불가능하다. 채무자에 대한 소송뿐만 아니라 파산관재인에 대한 소송제기도 부적법하다. 그리고 그 대체수단으로 소송과는 별도의 권리확정수단인 채권확정절차 및 배당절차가 파산절차 내에 구비되어 있으므로, 위 절차에서 결론이 도출되지 않는 경우에 한하여 소송절차를 이용하는 것이 합목적적이다.

㈔ 개별적 검토

1) 채권자취소소송

법 제406조는 민법 제406조의 규정에 의하여 파산채권자가 제기한 소송이 파산선고 당시 법원에 계속되어 있는 때에는 그 소송절차는 수계 또는 파산절차의 종료에 이르기까지 중단된다고 규정하고 있다. 채권자취소소송은 파산선고를 받은 채무자를 피고로 하는 것은 아니지만, 그 소송의 결과는 파산재단에 직접적인 영향이 있고, 이를 부인소송으로 변경하여 파산관재인이 통일적으로 수행할 필요가 있으므로 중단되는 것이다. 중단 후 원고가 파산채권자에서 파산관재인으로 수계되고 청구취지 및 원인도 부인소송으로 변경된다.

예를 들어 파산선고 전 채권자가 채무자를 상대로는 대여금청구소송을,

수익자를 상대로는 채무자와 수익자 사이의 매매계약을 취소하고, 위 매매
계약으로 인해 수익자가 마친 소유권이전등기의 말소등기절차의 이행을 구
하는 채권자취소소송 등을 제기하였고, 위 소송계속 중 채무자에 대한 파산
이 선고된 경우라면 채권자의 위 대여금채권은 파산채권이므로 해당 부분
소송은 중단되고 아래 (2) (다) 파산채권에 관한 소송절차에 따라 파산절차에
서의 채권신고 및 그에 따른 시·부인 결과에 따라 처리하면 될 것이다. 한
편, 위 채권자취소소송의 경우에는 법 제406조에 의하여 소송절차가 중단되
고, 파산관재인은 기존의 소송상태를 승계하는 것이 파산재단에 유리하다고
판단하는 경우에는 위 소송을 수계하여 보다 강력한 수단인 부인소송으로
청구취지와 원인을 변경하여 절차를 속행하고, 패소가능성이 분명해보이는
등 기존의 소송상태를 승계하지 않는 것이 타당하다고 판단하는 경우에는
파산재단에 부담이 되는 소송비용의 증가를 막기 위해 소 취하 등 필요한 조
치를 검토하여야 할 것이다.56)57)

2) 채권자대위소송, 주주의 대표소송

명문의 규정은 없지만 대법원은 파산채권자가 제기한 채권자 대위소송
의 경우 민사소송법 제239조, 법 제406조, 제347조 제1항을 유추적용하여
소송절차가 중단되고 파산관재인이 수계할 수 있다고 판시하였다.58) 채무자
회사의 주주가 회사의 이사 또는 감사를 상대로 제기한 주주의 대표소송의

---

56) 여러 개의 사해행위취소소송 계속 중 채무자에 대해 파산이 선고되어 파산관재인이
   각 소송을 모두 수계하고 부인의 소로 변경한 경우, 각 소의 이익 여부에 관하여는,
   대법원 2020. 6. 25. 선고 2016다2468 판결(미간행) 참조.
57) 만약 파산관재인이 파산채권조사절차에서 대여금채권에 대해 부인하였다면 파산채
   권자는 파산관재인으로 하여금 위 대여금청구소송을 수계하도록 한 후 청구취지를
   파산채권확정을 구하는 취지로 변경하여 이후 소송을 진행해야 할 것인데, 이 경우
   파산관재인은 단일한 소송절차에서 원고(부인소송)와 피고(파산채권확정소송)의 지
   위를 겸유하게 될 것이다. 서울중앙지방법원 2008가합25508 사건은 위와 같은 사안
   에서 파산관재인이 원, 피고의 지위를 겸유하게 되는 상황이 발생하자 변론을 분리하
   여 심리를 진행한 후 두 개의 판결을 선고하였다.
58) 대법원 2013. 3. 28. 선고 2012다100746 판결.

경우도 앞서 본 바와 같이 당사자적격이 파산관재인에게 있는 이상,[59] 파산 선고 전 계속 중인 경우 중단과 수계의 문제가 발생한다고 할 것이다.

3) 행정소송

파산재단에 속하는 재산에 대하여 파산선고 당시 행정청에 계속되어 있는 사건이 있는 때에는 그 절차는 수계 또는 파산절차의 종료가 있을 때까지 중단되고, 파산관재인이 이를 수계한다(제350조 제1항, 제2항). 파산재단에 속하는 재산에 대하여 행정청을 상대방으로 하는 사건이라도 행정소송사건은 민사소송법 제239조에 의해 중단된다고 보아야 하므로, 법 제350조 제1항의 '행정청에 계속되어 있는 사건'의 예로는 행정소송의 전심으로서의 행정심판 절차가 진행 중인 사건을 말하는 것으로 볼 수 있고, 그 예로는 토지수용위원회의 재결에 대한 이의신청사건, 특허심판사건 등을 들 수 있다.

4) 재단채권에 관한 소송

파산선고 전에 발생원인을 갖는 재단채권에 관한 소송, 행정심판(행정소송)이 파산선고에 의해 중단된다고 볼 것인지가 문제된다. 예를 들면 파산선고 전에 근로자가 채무자를 상대로 임금, 퇴직금 청구소송을 제기한 경우, 재단채권에 해당하는 조세 부과처분에 대하여 채무자가 행정심판(조세소송)을 제기한 경우 등을 들 수 있는데, 이 역시 파산재단(소극재산)에 관한 소송 등에 해당하므로 중단되는 것으로 해석해야 한다.

㈐ 중단의 효력

1) 소송행위의 원칙적 무효

소송절차 중단 중에 행하여진 당사자나 법원의 소송행위는 원칙적으로 무효이다. 그러나 무효라고 하여도 상대방이 아무런 이의를 하지 아니함으로써 민사소송법 제151조의 이의권이 상실되면 유효하게 된다. 또한 중단제도는 공익적 제도가 아니라 당사자를 보호하기 위한 제도이기 때문에 중단 중의 소송행위라도 추인하면 유효하게 된다. 상소도 마찬가지이다.

---

59) 대법원 2002. 7. 12. 선고 2001다2617 판결.

중단사유를 간과하고 소송절차가 진행되어 종국판결이 선고되었다면 그 판결은 당연무효라 할 수 없고, 대리인에 의하여 적법하게 대리되지 않았던 경우와 마찬가지로 보아 대리권 흠결을 이유로 상소(확정 전) 또는 재심(확정 후)에 의하여 그 취소를 구할 수 있을 뿐이다.[60][61]

2) 판결의 선고

소송절차의 중단 중에도 판결의 선고는 할 수 있다(민사소송법 제247조 제1항).[62] 변론종결 후에 중단사유가 생긴 때에는 소송수계절차 없이 판결을 선고할 수 있으며 소송대리인의 유무에 관계없이 종전의 당사자를 그대로 표시하면 된다.[63] 상고이유서 제출기간이 경과한 후에 소송당사자가 파산선고를 받은 때에도 상고법원은 상고장, 상고이유서, 답변서, 그 밖의 소송기록에 의하여 상고가 이유 있다고 인정할 경우에는 법에 정해진 수계절차를 거치지 않고 변론 없이 원심판결을 파기하고 사건을 원심법원에 환송하는 판결을 할 수 있다.[64]

3) 기간의 진행

소송절차가 중단된 때에는 기간의 진행이 정지되고, 중단상태가 해소된 때, 즉 소송절차의 수계사실을 통지한 때 또는 소송절차를 다시 진행한 때부터 전체 기간이 새로이 진행된다(민사소송법 제247조 제2항).

---

60) 대법원 2013. 9. 12. 선고 2012다95486, 95493 판결, 대법원 2018. 4. 24. 선고 2017다287587 판결 등.

61) 대법원 2016. 12. 27. 선고 2016다35123 판결은 회생절차개시결정을 간과한 채 관리인이 아닌 채무자를 당사자로 하여 항소심 판결이 선고되고 채무자에게 판결정본을 송달한 경우 송달이 무효이므로, 상고기간이 진행되지 않아 항소심 판결이 확정되었다고 볼 수 없고, 항소심 판결은 미확정판결로서 재심대상이 아니라는 취지로 판시하였는바, 중단사유를 간과한 판결에 대한 원칙적인 불복의 형태는 상소가 될 것이다.

62) 다만 위 규정에 의하여 판결을 선고할 경우 판결의 송달은 파산선고를 받은 채무자에게는 할 수 없고 소송중단이 해소된 후 파산관재인에게 하여야 하고, 상대방에게는 이의가 없으면 소송중단 해소 전이라도 판결의 송달을 할 수 있으나, 상소기간은 소송중단 해소 전에는 진행되지 않는다고 봄이 타당하다. 법인파산실무 82면, 정준영, 앞의 논문, 318면.

63) 대법원 1989. 9. 26. 선고 87므13 판결.

64) 대법원 2001. 6. 26. 선고 2000다44928 판결.

(2) 소송절차의 수계

㈎ 관련규정

제347조 (파산재단에 속하는 재산에 관한 소송수계)

① 파산재단에 속하는 재산에 관하여 파산선고 당시 법원에 계속되어 있는 소송은 파산관재인 또는 상대방이 이를 수계할 수 있다. 제335조 제1항의 규정에 의하여 파산관재인이 채무를 이행하는 경우에 상대방이 가지는 청구권에 관한 소송의 경우에도 또한 같다.

② 제1항의 규정에 의한 소송비용은 재단채권으로 한다.

제406조 (채권자취소소송의 중단)

① 「민법」 제406조(채권자취소권)의 규정에 의하여 파산채권자가 제기한 소송이 파산선고 당시 법원에 계속되어 있는 때에는 그 소송절차는 수계 또는 파산절차의 종료에 이르기까지 중단된다.

② 제347조의 규정은 제1항의 경우에 관하여 준용한다.

제462조 (파산채권 조사확정의 재판)

① 파산채권의 조사에서 신고한 파산채권의 내용에 대하여 파산관재인 또는 파산채권자가 이의를 한 때에는 그 파산채권(이하 이 편에서 "이의채권"이라 한다)을 보유한 파산채권자는 그 내용의 확정을 위하여 이의자 전원을 상대방으로 하여 법원에 채권조사확정의 재판(이하 이 편에서 "채권조사확정재판"이라 한다)을 신청할 수 있다. 다만, 제464조 및 제466조의 경우에는 그러하지 아니하다.

② 채권조사확정재판에서는 이의가 있는 파산채권의 존부 또는 그 내용을 정한다.

③ 법원은 채권조사확정재판을 하는 때에는 이의자를 심문하여야 한다.

④ 법원은 채권조사확정재판의 결정서를 당사자에게 송달하여야 한다.

⑤ 제1항의 규정에 의한 신청은 이의가 있는 파산채권에 관한 조사를 위한 일반조사기일 또는 특별조사기일부터 1월 이내에 하여야 한다.

제464조 (이의채권에 관한 소송의 수계)

이의채권에 관하여 파산선고 당시 소송이 계속되어 있는 경우 채권자가 그 권리의 확정을 구하고자 하는 때에는 이의자 전원을 그 소송의 상대방으로 하여 소송을 수계하여야 한다.

제466조 (집행권원이 있는 채권에 대한 이의주장방법)

① 집행력 있는 집행권원이나 종국판결 있는 채권에 관하여 이의가 있는 자는 채무자가 할 수 있는 소송절차에 의하여만 이의를 주장할 수 있다.

② 제1항의 규정에 의한 파산채권에 관하여 파산선고 당시 법원에 소송이 계속되어 있는 경우 이의자가 같은 항의 규정에 의한 이의를 주장하고자 하는 때에는 이의자는 그 파산채권을 보유한 파산채권자를 상대방으로 하는 소송절차를 수계하여야 한다.

③ 제463조 제4항 및 제465조의 규정은 제1항 및 제2항에 관하여 준용한다.

⑷ 파산재단에 속하는 재산 그 자체에 관한 소송

파산재단에 속하는 재산에 관한 소송에는 채무자의 재산권에 근거한 이행소송 등의 적극소송(파산재단에 속하는 재산에 설정된 근저당권설정등기말소소송 등 별제권자를 상대로 한 소송 포함)과 채무자에 대한 소유권 등 물권에 기한 반환청구소송(환취권에 기한 인도청구소송, 등기말소청구소송 포함65)) 등의 소극소송이 있다.

1) 소송의 수계

파산재단에 속하는 재산 그 자체에 관한 소송은 파산관재인이 소송을 수계한다. 수계신청은 파산관재인은 물론 상대방도 할 수 있다. 파산관재인이 기존의 강제집행을 속행할 경우 제3자이의의 소는 파산관재인이 강제집행을 하고 있는 파산채권자(즉 피고)의 소송수계인이 된다(법 제348조 제2항 후단). 파산관재인은 수소법원에 수계신청을 하면서 그 자격을 증명하는 파산선고 결정문, 파산관재인 선임증, 법인등기부등본(채무자가 법인인 경우) 등을 함께 제출하여야 할 것이다.

---

65) 환취권에 기한 소송과 관련하여 개인인 채무자가 파산선고를 받은 경우의 재산분할청구가 문제되는바, 재산분할청구권에는 공동재산의 청산적 요소와 부양적 요소가 있으므로 이러한 요소를 구별하여 검토하여야 하고 재산분할청구권이 파산선고 전에 협의 또는 조정·심판 혹은 판결에 의하여 구체화되었는지 여부에 따라 구별할 필요가 있다{구체적인 논의는 齊藤秀夫·麻上正信 編, 注解 破産法(改訂版), 靑林書院, 1992, 503면 이하를 참조하기 바람}.

2) 상대방의 수계신청에 대한 파산관재인의 수계의무

상대방의 수계신청이 있는 경우 파산관재인이 이를 거절할 수 있는지 여부에 관하여, 파산선고 당시 채무자가 수행하고 있던 '파산재단에 관한 소송'은 파산재단에 대한 관리처분권의 이전에 따라 채무자에서 파산관재인으로 당연승계되고, 이에 따라 상대방이 수계신청을 한 경우에는 파산관재인으로서는 수계를 거절할 수 없다고 할 것이다.

3) 수계 후의 절차

파산관재인이 소송절차를 수계한다는 것은 파산선고 당시의 소송상태를 파산관재인이 그대로 인계받는다는 의미이다. 즉, 종전에 채무자가 하였던 유효한 소송행위를 그대로 인계받는 것이다. 이에 따라 파산관재인은 중단 시까지의 소송수행결과에 구속되고, 채무자가 이미 제출할 수 없게 된 공격방어방법은 제출할 수 없다.[66] 다만, 파산관재인은 수계 후 계속 소송을 진행하는 것이 파산재단에 실질적으로 이익이 되는지 여부를 검토하여 불필요하고 무익한 소송, 패소가능성이 높은 소송은 취하 또는 화해 등으로 신속히 종결하여야 할 것이다.

또한, 파산관재인이 소송을 수계한 때에는 선의의 제3자 항변,[67] 대항요건의 흠결, 부인권 행사 등 파산관재인 고유의 공격방어방법을 제출할 수 있다.

파산관재인은 법정소송담당자이므로 수계소송에서 한 소송행위는 채무

---

[66] 정준영, 앞의 논문, 323면.

[67] 대법원 2003. 6. 24. 선고 2002다48214 판결은 "파산선고에 따라 파산자와는 독립한 지위에서 파산채권자 전체의 공동의 이익을 위하여 직무를 행하게 된 파산관재인은 그 허위표시에 따라 외형상 형성된 법률관계를 토대로 실질적으로 새로운 법률상 이해관계를 가지게 된 민법 제108조 제2항의 제3자에 해당한다."고 판시하였다. 또한 대법원 2006. 11. 10. 선고 2004다10299 판결은 "파산관재인이 민법 제108조 제2항의 경우 등에 있어 제3자에 해당하는 것은 파산관재인은 파산채권자 전체의 공동의 이익을 위하여 선량한 관리자의 주의로써 그 직무를 행하여야 하는 지위에 있기 때문이므로, 그 선의·악의도 파산관재인 개인의 선의·악의를 기준으로 할 수는 없고 총파산채권자를 기준으로 하여 파산채권자 모두가 악의로 되지 않는 한 파산관재인은 선의의 제3자라고 할 수밖에 없다."고 판시하였다.

자를 위하여 또는 채무자에 대하여 그 효력이 생긴다.

　파산관재인이 수계한 소송에 관하여 소송비용의 부담을 명받은 경우, 상대방 당사자의 소송비용상환청구권은 수계 전의 부분도 포함하여 재단채권이 된다(법 제347조 제2항).

㈐ 파산채권[68]에 관한 소송

　파산채권에 관한 소송은 파산관재인이 당연히 수계하는 것이 아니라, 상대방의 파산채권 신고와 그에 대한 채권조사기일에서의 파산관재인의 채권조사결과에 따라 처리한다.

1) 상대방이 파산채권을 파산법원에 신고하지 않은 경우

　상대방이 파산사건을 담당한 법원에 파산채권을 신고하지 않은 경우에는 수소법원에서는 석명준비명령 등을 통해 상대방에게 채권신고기간 내에 파산채권 신고를 하도록 권유하고, 그 결과에 따라 아래 2)항과 같이 처리함이 바람직하다(법 제424조는 "파산채권은 파산절차에 의하지 아니하고는 행사할 수 없다."고 규정하고 있고, 법 제455조는 파산채권자는 채권조사의 일반기일 후에도 파산채권을 신고할 수 있도록 규정하고 있으므로 수소법원은 파산결정문 주문에 명시된 파산채권 신고기간이 경과한 후라도 당사자에게 채권신고를 하도록 권유할 수 있다). 채권신고 권유에 응하지 않는 경우 법 제424조에 따라 파산채권의 파산절차 외 행사를 이유로 소를 각하하여야 할 것이다.

2) 상대방이 파산채권을 파산법원에 신고한 경우[69]

① 신고한 파산채권이 모두 시인된 경우

　신고한 파산채권이 채권조사기일에 파산관재인에 의하여 시인(파산채권 시·부인표에 의해 확인 가능)되고, 다른 파산채권자들의 이의(다른 채권자의 이의

---

68) 파산채권은 법 제423조 내지 제446조에 규정되어 있는바, 파산채권은 채무자에 대하여 파산선고 전의 원인으로 생긴 재산상의 청구권 중 재단채권을 제외한 청구권으로(법 제423조), 파산채권은 파산절차에 의하지 아니하고는 행사할 수 없다(법 제424조).

69) 파산채권의 신고 및 조사절차는 법 제447조 내지 제472조에 규정되어 있으며, 파산채권의 조사와 관련하여 자세한 내용은 법인파산실무, 267-315면 참조.

여부는 당해 파산사건의 제1회 채권자집회 및 채권조사기일조서, 채권조사특별기일조서에 의해 확인 가능)도 없었을 경우, 또는 파산관재인이나 다른 파산채권자들로부터 채권조사기일에 위 신고한 파산채권에 관한 이의가 있었으나 모두 철회된 경우에는 당해 파산채권의 존재 및 내용(채권액, 우선권 등)이 확정되고(법 제458조), 확정채권에 관하여 파산채권자표에 기재한 때에는 그 기재는 파산채권자 전원에 대하여 확정판결과 동일한 효력이 있다(법 제460조). 확정판결과 동일한 효력이라 함은 기판력이 아닌 확인적 효력을 가지고 파산절차 내부에 있어 불가쟁의 효력이 있다는 의미이다.70)

위와 같이 확정된 채권에 관하여 중단되어 있던 소송은 소의 이익이 없어 각하되어야 한다. 본안재판부에서는 이와 같은 취지를 설명하고 원고에게 소취하를 권유하는 것이 바람직하다. 그러나 파산채권자가 채권조사절차에서 채권이 확정된 후에도 종전의 소송을 유지하는 경우에 본안재판부는 파산관재인으로 하여금 소송절차를 수계하도록 한 다음, 파산채권자표에 기재된 확정채권부분에 대하여는 소로써 다툴 수 없게 되어 소송을 유지할 목적을 흠결하였다는 이유로 소를 각하하면 될 것이다.71)

---

70) 대법원 2006. 7. 6. 선고 2004다17436 판결은 "파산절차에 있어서 채권조사기일에 파산관재인 및 파산채권자의 이의가 없는 때에는 채권액은 이로 인하여 확정되고, 확정채권에 관하여는 채권표의 기재는 파산채권자 전원에 대하여 확정판결과 동일한 효력을 가지는데(파산법 제213조 제1항, 제215조), 확정판결과 동일한 효력이라 함은 기판력이 아닌 확인적 효력을 가지고 정리절차 내부에 있어 불가쟁의 효력이 있다는 의미에 지나지 않고, 이미 소멸된 채권이 이의 없이 확정되어 채권표에 기재되어 있더라도 이로 인하여 채권이 있는 것으로 확정되는 것이 아니므로, 이것이 명백한 오류인 경우에는 파산법원의 경정결정에 의하여 이를 바로잡을 수 있으며 그렇지 아니한 경우에는 무효확인의 판결을 얻어 이를 바로잡을 수 있다고 할 것이나, 채권조사기일 당시 유효하게 존재하였던 채권에 대하여 파산관재인 등으로부터의 이의가 없는 채로 채권표가 확정되어 그에 대하여 불가쟁의 효력이 발생한 경우에는 파산관재인으로서는 더 이상 부인권을 행사하여 그 채권의 존재를 다툴 수 없게 되었다고 할 것이고, 나아가 파산관재인이 사후에 한 그러한 부인권 행사의 적법성을 용인하는 전제에서 파산채권으로 이미 확정된 채권표 기재의 효력을 다투어 그 무효확인을 구하는 것 역시 허용될 수 없는 것이다."라고 판시하였다.
71) 대법원 2010. 8. 26. 선고 2010다31792 판결은 "당사자가 파산선고를 받은 때에 파산

② 채권조사기일에 파산관재인 등에 의한 (일부) 이의가 제기된 경우

파산관재인이나 다른 파산채권자에 의하여 이의가 제기된 경우(이의가 제기되지 않은 부분은 파산채권액으로 확정됨), 중단되어 있던 소송은 파산채권확정소송으로 변경되어 속행된다.

다만, 집행력 있는 집행권원이나 종국판결 있는 파산채권에 관하여 이의가 있는 파산관재인이나 파산채권자는 채무자가 할 수 있는 소송절차에 의하여만 이의를 주장할 수 있다.[72]

㈑ 채권자취소소송

민법 제406조 규정에 의하여 파산채권자가 제기한 채권자취소소송의 계속 중에 채무자가 파산한 경우 그 소송절차는 수계 또는 파산절차의 종료시까지 중단된다(법 제406조). 채권자취소소송의 원고는 파산채권자이고, 피고는

재단에 관한 소송절차는 중단되고(민사소송법 제239조), 채무자에 대하여 파산선고 전의 원인으로 생긴 재산상의 청구권인 파산채권은 파산절차에 의하지 아니하고는 행사할 수 없으므로(채무자 회생 및 파산에 관한 법률 제423조, 제424조), 파산채권에 관한 소송이 계속하는 도중에 채무자에 대한 파산선고가 있게 되면 소송절차는 중단되고, 파산채권자는 파산사건의 관할법원에 채무자 회생 및 파산에 관한 법률이 정한 바에 따라 채권신고를 하여야 한다. 채권조사절차에서 그 파산채권에 대한 이의가 없어 채권이 신고한 내용대로 확정되면 위 계속 중이던 소송은 부적법하게 되고, 채권조사절차에서 그 파산채권에 대한 이의가 있어 파산채권자가 그 권리의 확정을 구하고자 하는 때에는 이의자 전원을 소송의 상대방으로 하여 위 계속 중이던 소송을 수계하고 청구취지 등을 채권확정소송으로 변경하여야 한다. —중략— 원고가 피고에 대하여 이 사건 소송으로 구하는 채권은 채무자의 파산선고 전의 원인으로 생긴 재산상의 청구권으로서 채무자 회생 및 파산에 관한 법률상의 파산채권임이 명백하므로, 앞에서 본 법리에 비추어 원심으로서는 원고가 위 채권에 관하여 채무자 회생 및 파산에 관한 법률에 정한 절차에 따른 채권신고를 하였는지, 채권신고를 하였다면 채권조사기일의 조사절차를 거쳤는지, 그때 파산관재인 또는 다른 채권자가 이의를 하였는지 등의 여부에 따라 소송절차를 유지할 필요성 여부를 판단하여야 하고, 속행되는 경우라면 소송의 형태를 채권확정소송으로 변경하도록 하여야 할 것이다. 그럼에도 원심은 이 점에 관한 조사 및 심리를 하지 아니한 채 변론을 종결하고 부당이득금의 이행을 명하는 판결을 선고하고 말았으니, 원심판결에는 파산선고와 파산채권의 효력에 관한 법리를 오해하여 판결에 영향을 미친 위법이 있다고 할 것이다."라고 판시하였다.
72) 이의 있는 파산채권의 확정에 관한 구체적인 내용은 286면 참조.

수익자나 전득자로서 채무자를 당사자로 하는 것은 아니지만, 그 소송의 결과는 파산재단의 증감에 직결된다고 할 수 있으므로, 이를 채권자취소소송보다 더욱 강력한 수단인 부인소송으로 변경하여 파산관재인이 수행할 필요가 있기 때문이다. 법 제406조 제2항은 법 제347조를 준용하고 있으므로 중단된 소송절차는 파산관재인이 원고로서 이를 수계하게 된다. 다만, 법 제406조는 '파산채권자'가 제기한 채권자취소소송의 중단·수계만을 규정하고 있고 재단채권자가 제기한 채권자취소소송에 관하여는 명문의 규정이 없으나 민사소송법 제239조 또는 법 제406조를 적용 또는 유추적용하여 중단 및 수계를 인정할 수 있을 것이다(참고로 일본의 파산법 제45조는 파산채권자가 제기한 것뿐만 아니라 재단채권자가 제기한 채권자취소소송도 중단 및 수계의 대상으로 하고 있다).

파산관재인이 상대방의 수계신청을 거절할 수 있는지 여부에 대해 견해 대립이 있으나, 거절할 수 없다고 봄이 타당하다. 그 이유는 첫째, 수계거절권을 인정하게 되면 파산절차 종료시까지 소송절차 중단을 해소할 방법이 없게 되어 상대방이 장기간 불안정한 지위에 놓이게 되고, 둘째, 채권자취소소송의 수계에 관하여는 파산재단 소송에 관한 수계규정(법 제347조)이 준용되는바, 동일한 규정이 적용됨에도 파산재단에 관한 소송과 달리 채권자취소소송에만 수계거절권을 인정하는 것은 부당하기 때문이다.[73]

㈜ 채권자대위소송

앞서 본 바와 같이 채권자대위소송의 경우도 채권자취소소송과 마찬가지로 중단과 수계의 대상이 된다.

---

[73] 대법원 2021. 4. 15.자 2016다242471 결정은 수계신청이 이루어지지 않은 경우 직권으로 파산관재인을 소송수계인으로 정하고 속행명령을 하여 실질적으로 수계거절권을 부정하였다.

(바) 재단채권74)에 관한 소송

법 제347조 제1항 후문은 "법 제335조 제1항에 의하여 파산관재인이 채무를 이행하는 경우에 상대방이 가지는 청구권에 관한 소송의 경우에도 또한 같다."고 규정하고 있고, 나머지 재단채권에 관한 소송절차의 수계에 관하여는 규정하고 있지 않으나, 재단채권에 관한 소송은 파산재단(소극재산)에 관한 소송이므로 파산선고 당시 계속 중인 경우에는 그 소송절차가 중단되고, 파산관재인이 이를 수계하는 것이 타당하다.

파산선고 후 재단채권자가 주장하는 채권액에 대하여 파산관재인이 그 채권의 존부 및 범위를 다투는 경우, 재단채권자가 파산관재인을 상대로 재단채권에 관한 이행의 소를 제기하는 것은 가능하나,75) 파산선고 후에는 재단채권에 기하여 파산재단에 속하는 재산에 대한 강제집행은 허용되지 아니한다. 판례76)는 임금채권 등 재단채권에 기하여 파산선고 전에 강제집행이

---

74) 재단채권은 법 제473조 내지 제478조에 규정되어 있는바, 법이 재단채권으로 정한 것은 주로 파산재단의 관리·처분·배당 등의 절차로 인한 비용으로, 원칙적으로 파산선고 후에 파산재단에 관하여 생긴 청구권이다. 그러나 조세, 임금채권 등과 같이 파산선고 전후를 불문하고 공익적 목적 때문에 재단채권이 되는 것도 있다. 재단채권은 파산채권과 달리 파산절차에 의하지 아니하고 파산관재인이 수시로 변제하며(법 제475조), 파산채권보다 먼저 변제한다(법 제476조). 다시 말하면 파산관재인은 파산재단을 환가한 후 법원의 허가(법 제492조 제13호)를 받아 재단채권을 파산채권에 앞서 먼저 변제하고, 재단채권에 대한 변제가 모두 끝난 후에만 파산채권자들에 대한 배당을 실시할 수 있다. 재단채권에 대한 자세한 설명은 법인파산실무, 347-393면 참조.

75) 대법원 2001. 12. 24. 선고 2001다30469 판결은 "원고들이 주장하는 피고에 대한 수수료 반환청구권은 파산법상 재단채권에 해당하고, 원고들은 그 채권액수가 확정되어 있고 이행기도 도래하였다고 주장하고 있으므로, 피고에게 직접 그 이행을 청구하는 것은 별론으로 하고, 다른 특별한 사정이 없는 한 피고를 상대로 그 채권 존재의 확인을 청구하는 것은 확인의 이익이 없어 허용될 수 없다."고 판시하였다.

76) 대법원 2008. 6. 27.자 2006마260 결정은 "임금채권자가 확정된 지급명령 정본에 기하여 채무자의 제3채무자에 대한 콘도회원권을 압류한 후 위 콘도회원권에 대한 환가절차가 진행되던 중 채무자에 대하여 파산이 선고되자, 집행법원이 채무자의 파산관재인의 집행취소신청에 따라 압류명령 결정 정본에 의하여 위 콘도회원권에 대하여 실시한 압류의 집행을 취소한다는 결정을 한 사안에서, 압류명령의 집행권원인 임

이루어진 경우에도 그 강제집행은 파산선고로 인하여 그 효력을 잃는다고 판시하였다.

㈐ 중단 후 수계되지 않고 있는 사이에 파산취소, 파산폐지, 파산종결 등에 의하여 파산절차가 종료된 경우

채무자는 기존 소송을 당연히 수계하고 소송이 다시 진행된다. 이 경우 수계신청은 필요하지 않고, 당해 법원은 파산절차 종료의 증명이 있으면 다시 기일을 지정하여 소송을 진행하면 되고, 별도로 수계 여부에 대한 재판을 할 필요는 없다(민사소송법 제239조 후문). 위 민사소송법의 규정은 위와 같은 파산절차의 해지가 있는 경우뿐만 아니라, 소송의 목적이 된 재산이 재단으로부터 포기된 때에도 유추적용될 수 있을 것이다. 예를 들면, 파산관재인이 점유 중인 자동차에 관한 인도청구를 받고 있는 때에, 파산관재인으로서는 이에 응소하는 비용을 들여도 재단의 증식에 기여하지 않을뿐더러 자동차손해배상보장법상의 책임을 질 가능성도 있다고 하여 위 자동차를 법원의 허가를 받아 재단으로부터 포기하는 경우가 있을 수 있고, 이 경우에는 당연히 채무자의 위 자동차에 대한 관리처분권이 부활하여 소송절차의 중단이 해소되었기 때문이다.

㈑ 수계 후 파산취소, 파산폐지, 파산종결 등에 의하여 파산절차가 종료된 경우

수계 후 위 파산절차 종료사유가 발생하면 소송은 다시 중단되고 채무자가 소송절차를 수계하게 되며, 상대방도 수계신청을 할 수 있다(민사소송법 제240조). 앞서 ㈐ 부분에서 다룬 소송의 목적인 재산의 파산재단으로부터의 포기에 관한 논의는 이 경우에도 타당하다고 할 것이다.

라. 채권조사확정재판에 대한 이의의 소

법은 채권조사확정이라는 결정절차를 통하여 간이·신속하게 이의채권의

금채권은 파산법 제38조 제10호에 따른 재단채권에 해당하나 그에 기한 강제집행이 파산선고로 인하여 그 효력을 상실한다."고 판시하였다.

존부 및 범위를 확정하는 한편, 채권조사확정재판에 불복하는 경우 변론에 의한 판결절차를 보장하기 위하여 이의의 소라는 소송절차를 마련하고 있다. 그러므로 채권조사확정재판에 대하여 불복이 있는 경우에는 즉시항고를 하는 대신에 이에 대한 이의의 소를 제기하여야 한다(법 제463조 제1항). 즉시항고를 제기할 경우, 그 항고는 부적법하다.[77]

　　한편, 법은 채권조사확정재판에서 이의채권의 존부 또는 그 내용을 정한다고 규정하고 있다(법 제462조 제2항). 채권조사확정재판의 신청을 각하한 결정에 대한 불복방법에 관하여는 견해의 대립이 있을 수 있으나, 실무에서는 그 결정에 대하여도 이의의 소로 불복할 수 있다고 본다.[78]

(1) 당 사 자

㈎ 일 반 론

조사확정재판에 대하여 이의의 소를 제기할 수 있는 자는 이의 채권의 보유자 또는 이의 채권에 관하여 이의를 제기하였던 자로서 조사확정재판의 당사자이었던 자에 한한다. 따라서 채권조사확정재판의 당사자가 아닌 경우에는 원고 적격이 없다. 한편, 채권조사확정재판의 보조참가인이 원고로서 제기한 채권조사확정재판에 대한 이의의 소가 적법한지 여부에 관하여는 견해의 대립이 있다.[79] 또한 채권조사기일에 이의를 진술하지 않은 파산채권자, 파산관재인 또는 채무자는 통상의 보조참가는 물론 공동소송적 보조참가도 가능하다는 것이 판례의 입장이다.

　　채권에 대하여 압류 및 추심명령이 파산선고 전에 있었던 경우에는 추심채권자만이 파산절차에 참가하고 파산채권확정의 소의 당사자적격이 있

---

77) 주석 채무자회생법 (Ⅴ), 177면; 심태규, "채권조사확정재판에 대한 이의의 소에 관한 실무상 문제점", 사법논집 제66집, 법원도서관(2018), 392면.

78) 법인파산실무, 325면; 주석 채무자회생법 (Ⅴ), 179면.

79) 적법하다는 견해는, 주석 채무자회생법 (Ⅴ), 178면. 서울고등법원 2015. 6. 26. 선고 2014나54986 판결[대법원 2015. 11. 12. 선고 2015다45086(미간행) 판결로 심리불속행 상고기각 확정] 등 참조. 이에 대하여 채권조사확정재판의 보조참가인이 원고로서 제기한 채권조사확정재판에 대한 이의의 소는 부적법하다는 견해로, 심태규, 앞의 논문, 417면 참조.

다. 추심채무자는 소를 제기할 당사자적격을 상실한다.[80]

　　채권조사확정재판에서 신청인의 이의채권 중 일부가 존재한다고 확정한 경우에는, 쌍방 모두 자신이 패소한 부분에 대하여 이의의 소를 제기할 수 있다. 이 경우에 쌍방이 이의의 소를 제기하면, 먼저 제기한 소에 뒤에 제기한 소를 병합하여야 한다(법 제463조 제4항). 그 결과 먼저 소를 제기한 당사자가 '원고 겸 피고', 뒤에 소를 제기한 당사자가 '피고 겸 원고'라는 지위를 갖게 된다.[81] 나아가 위 사안에서 이의채권의 보유자 또는 이의자는 선행 이의의 소 원고에 대하여 반소를 제기할 수도 있다고 본다.[82]

　　이의채권의 보유자가 이의의 소를 제기하는 경우에는 이의자 전원을 공동피고로 하여야 한다(법 제463조 제3항). 이때 공동피고인 이의자 전원은 원칙적으로 고유필수적 공동소송 관계에 있게 된다.[83] 따라서 이의채권의 보유자가 이의자의 일부만을 피고로 하여 제기한 조사확정재판에 대한 이의의 소는 부적법하다.[84]

　　이의자가 조사확정재판에 대한 이의의 소를 제기하는 경우에는 이의채권의 보유자를 피고로 하여야 한다(법 제463조 제3항). 이의자가 여러 명이었

80) 회생절차에 관한 대법원 2016. 3. 10. 선고 2015다243156 판결 참조(채권에 대한 압류 및 추심명령에 이어 제3채무자에 대한 회생절차개시결정이 있으면, 제3채무자에 대한 회생채권확정의 소는 추심채권자만 제기할 수 있고 추심채무자는 회생채권확정의 소를 제기할 당사자적격을 상실하나, 추심채무자의 회생채권확정의 소가 계속되던 중 추심채권자가 압류 및 추심명령 신청을 취하하여 추심권능을 상실하면 추심채무자가 당사자적격을 회복한다).
81) 법인파산실무, 327면; 심태규, 앞의 논문, 417면. 대법원 2019. 11. 14. 선고 2018다303141, 303158(병합) 판결 등 참조.
82) 주석 채무자회생법 (V), 180면; 심태규, 앞의 논문, 424면. 이 경우 반소에 제소기간의 제한이 적용되는지 여부에 대하여는 견해의 대립이 있다[주석 채무자회생법 (V), 180면].
83) 법인파산실무, 326면; 條解 破産法, 928면; 주석 채무자회생법 (V), 179면.
84) 다만 이의채권의 보유자는 누락된 이의자를 피고로 추가할 수 있다. 피고가 추가된 경우에는 처음에 채권조사확정재판에 대한 이의의 소가 제기된 때에 추가된 피고와의 사이에도 소가 제기된 것으로 본다(법 33조, 민사소송법 제68조 제3항). 주석 채무자회생법 (V), 179면.

다고 하더라도, 이의자 전원이 고유필수적 공동소송의 공동원고가 되어 제
소할 필요가 없고, 각 이의자가 각자 단독으로 이의채권의 보유자를 피고로
하여 이의의 소를 제기하면 족하다. 다만 동일한 채권에 관한 이의의 소가
여러 개 제기된 경우에는 합일확정의 필요가 있으므로 변론을 병합하여야
한다(법 제463조 제4항).

　　이 경우 병합된 소송의 공동원고인 이의자 전원은 원칙적으로 유사필수
적 공동소송의 관계에 있게 된다.85) 채권의 일부에 대하여 다수의 이의자가
각자 이의한 부분이 다른 경우 이의자는 각자 이의한 범위 내에서만 이의의
소를 제기할 수 있다.86)

　　(나) 채권조사확정재판 이후 당사자의 변경이 있는 경우의 처리방안

　　채권조사확정재판 후에 이의의 소를 제기하고 소장 부본을 송달받기까
지 사이에, 채무자의 파산관재인이 변경되거나 파산절차가 종료하는 경우와
같이 채권조사확정재판의 당사자와 이의의 소의 당사자가 변경되는 경우가
발생할 수 있다.

　　이 경우에는 소장에 변경된 당사자를 그대로 기재하여 이의의 소를 제
기하면 족하다.87) 즉 이의의 소를 제기하기 전에 파산절차가 종료된 경우에
는 파산관재인이 아닌 채무자가 상대방이 된다. 조사확정재판 이후에 소송
절차가 중단되어 있는 것이 아니고, 채권조사확정재판은 종결된 상태이며,
이의의 소는 신소의 제기이지 채권조사확정재판의 속심이 아니므로, 이의의
소에서 조사확정재판의 당사자가 변경되었다고 하여 변경된 당사자를 채권
조사확정재판의 당사자의 소송수계인이라고 기재하여서는 안 된다는 것이
다.88) 같은 취지에서, 채권조사확정재판 절차에서 소송수계가 이루어진 경
우에도 이를 이의의 소에서의 소송수계로 볼 수 없으므로, 이의의 소 소장에

---

85) 법인파산실무, 327면; 條解 破産法, 928면; 주석 채무자회생법 (V), 179면.
86) 주석 채무자회생법 (V), 180면; 심태규, 앞의 논문, 421-423면.
87) 심태규, 앞의 논문, 423면; 전대규, 1220면.
88) 심태규, 앞의 논문, 423면.

는 소송수계인이라는 표시를 기재할 필요가 없다.[89]

(2) 제소기간

이의의 소는 채권조사확정재판의 결정서를 송달받은 날부터 1월 이내에 제기하여야 한다(법 제463조 제1항). 이 제소기간은 불변기간이 아니다.[90] 따라서 당사자가 책임질 수 없는 사유로 말미암아 그 기간을 지킬 수 없었다고 하더라도 신청을 추후 보완할 수 없다. 다만 이의채권 보유자가 제소기간 내에 이의자를 상대로 본조의 이의의 소가 아닌 일반 이행의 소를 제기한 경우에도 이후 파산채권 확정의 소로 청구취지를 변경하였다면 제소기간을 준수하였다고 볼 수 있다.[91]

이의의 소가 1월 이내에 제기되지 아니한 경우에는 부적법하므로 각하하여야 하고, 이 경우 조사확정재판의 내용은 파산관재인 또는 파산채권자의 신청에 의하여 파산채권자표에 기재되며(법 제467조), 이에 따라 파산채권자 전원에 대하여 확정판결과 동일한 효력이 있다(법 제468조 제2항).

(3) 관   할

이의의 소는 복수의 당사자가 관여되는 경우가 있어 복수의 당사자에게 공통되는 관할을 정하여야 하므로, 파산계속법원의 관할에 전속하는 것으로 규정하고 있다(법 제463조 제2항). 여기서 파산계속법원이란 파산사건이 계속 중인 재판부를 포함하는 조직법상의 법원을 가리키고, 따라서 이의의 소의 심리는 법원의 사무분담에 따라 파산재판부 이외의 재판부가 담당할 수 있다.

---

89) 심태규, 앞의 논문 423면. 실무상 소장에 "채무자 주식회사 ○○의 파산관재인 ***의 소송수계인 주식회사 ○○"으로 기재하는 경우가 있으나, "주식회사 ○○"으로 기재하면 족하다.

90) 법인파산실무, 325면; 심태규, 앞의 논문, 442면; 주석 채무자회생법 (Ⅴ), 182면.

91) 구 회사정리법상 회사정리절차에서의 정리채권확정의 소에 관한 것으로, 대법원 1994. 6. 24. 선고 94다9429 판결 참조.

(4) 청구원인의 제한

이의의 소에서도 파산채권자는 채권조사확정재판에서와 같이 파산채권
자표에 기재된 사항에 관하여만 청구원인으로 할 수 있다(법 제465조).

(5) 재   판

㈎ 심   리

이의의 소는 민사소송으로서 처분권주의와 변론주의가 적용되는데, 채
권조사확정재판의 속심절차는 아니다. 따라서 파산절차나 채권조사확정재
판 절차에서 제출된 채권신고서, 서면 및 자료는 이의의 소의 소송절차에서
소송자료가 되지 않는다. 그러므로 당사자는 주장·증명책임에 따라 필요한
주장과 증거를 다시 제출하여야 한다. 또한 채권조사확정재판 내용에 따라
파산채권의 존재 또는 부존재가 추정되거나, 주장·증명책임이 전환되지도
않는다.[92]

한편, 파산채권신고 여부, 이의 여부, 채권조사확정재판의 신청기간 준
수 여부, 이의의 소의 제소기간 준수 여부 등은 소송요건으로서 직권조사사
항이다.[93]

㈏ 주 문 례

이의의 소의 판결은 그 소가 부적법하여 각하하는 경우를 제외하고는
채권조사확정재판의 결정을 인가하거나 변경하는 판결을 하여야 한다(법 제
463조 제5항).

이의의 소의 판결의 태양으로는 ① 채권조사확정재판의 결정이 정당하
다고 판단되어 조사확정재판을 인가하는 경우,[94] ② 이의채권의 내용의 일
부를 변경하는 경우,[95] ③ 이의채권이 부존재한다는 취지의 조사확정재판을

---

93) 법인파산실무, 328면; 주석 채무자회생법 (Ⅴ), 184면.
94) 주문례 : 서울회생법원 2021. ○. ○.자 2020하확○○ 파산채권조사확정재판을 인가
한다.
95) 주문례 : 서울회생법원 2021. ○. ○.자 2020하확○○ 파산채권조사확정재판을 다음

취소하고 새로이 이의채권의 내용을 인정하는 경우,96) ④ 이의채권의 내용을 인정한 조사확정재판을 취소하고 새로이 이의채권이 부존재한다는 취지의 판결을 하는 경우,97) ⑤ 채권조사확정재판 신청이 부적법하여 채권조사확정재판 신청을 각하하는 취지의 판결을 하는 경우98) 등이 있다.

한편 법 제463조 제5항에서 채권조사확정재판을 "인가 또는 변경"한다고만 규정하여 조사확정재판을 취소하는 방식의 주문이 가능한지 문제되나, 채권조사확정재판을 취소하고 정당한 내용의 조사확정재판을 기재함으로써 결국 채권조사확정재판을 변경한 것이 되므로 취소한다는 주문을 사용할 수 없는 것은 아니다. 다만 법문에 충실하려면 변경주문을 사용하는 것이 바람직하다.99)

이의의 소의 판결은, 이의채권의 존부 및 내용을 확정할 필요가 있고 그 판단에는 확정판결과 동일한 효력이 부여되어 있기 때문에, 이의채권이 없다는 취지의 결론에 이른 경우에도 단순히 조사확정재판을 취소할 것이 아니라, 위 ④와 같은 판결을 하여야 한다.

파산채권확정의 소를 통하여 확정되는 채권 중에 우선권 있는 파산채권이나 후순위 파산채권이 포함된 때에는 판결 주문에서 그 구분을 명확히 표시해 주어야 한다.100)

한편, 현재 실무에서 채권조사확정을 인가하는 결정을 하는 경우 대부분

과 같이 변경한다. ○○의 채무자 ○○에 대한 파산채권은 ○○원임을 확정한다.

96) 주문례 : 위 각주 95)와 같다.

97) 주문례 : 서울회생법원 2021. ○. ○.자 2020하확○○ 파산채권조사확정재판을 다음과 같이 변경한다. ○○의 채무자 ○○에 대한 파산채권은 존재하지 아니함을 확정한다.

98) 주문례 : 서울회생법원 2021. ○. ○.자 2020하확○○ 파산채권조사확정재판을 다음과 같이 변경한다. ○○의 파산채권조사확정재판 신청을 각하한다(전부 부적법한 경우). 서울회생법원 2021. ○. ○.자 2020하확○○ 파산채권조사확정재판을 다음과 같이 변경한다. ○○의 파산채권조사확정재판 신청 중 ○○ 부분을 각하한다. ○○의 채무자 ○○에 대한 파산채권은 ○○원임을 확정한다(일부 부적법한 경우)

99) 심태규, 앞의 논문, 434면.

100) 대법원 2006. 11. 23. 선고 2004다3925 판결. 채권조사확정재판의 경우에도 동일할 것이다.

"원고의 청구를 기각한다."는 주문을 붙이지 않는다. 채권조사확정재판을 인가 또는 변경하는 것만으로 이의의 소에 대한 답변으로 충분하고 판단누락이 발생하지 않으며 주문을 간결하고 명확하게 하기 위한 것이다.101)

마. 이의채권에 관한 소송의 수계

(1) 개   요

파산선고 당시 이미 이의채권에 관하여 소송이 계속 중인 경우에 새로이 조사확정재판 등을 제기하도록 하는 것은 비용과 시간의 측면에서 비경제적이고, 종래 소송의 경과를 무시하는 것이 되어 공평에 반하므로, 이러한 경우에는 조사확정재판과 이에 대한 이의의 소를 제기하는 대신에 중단된 소송을 수계하도록 하였다(법 제464조).

(2) 소송 계속의 의미

여기서 '소송이 계속되어 있는 경우'는 소 제기 당시가 아닌 채무자에게 소장 부본이 송달된 이후를 말하므로, 소 제기 후 소장 부본이 채무자에게 송달되기 전에 채무자에 대한 파산선고가 있는 경우에는 법 제464조의 소송수계신청은 부적법하다고 보아야 한다.102) 독촉절차에 관하여는 견해의 대

---

101) 주석 채무자회생법 (Ⅴ), 185면; 심태규, 앞의 논문, 438-441면.
102) 법인파산실무, 331면; 주석 채무자회생법 (Ⅴ), 195면; 심태규, 앞의 논문, 400-401면. 대법원 2018. 6. 15. 선고 2017다289828 판결은 "원고와 피고의 대립당사자 구조를 요구하는 민사소송법의 기본원칙상 사망한 사람을 피고로 하여 소를 제기하는 것은 실질적 소송관계가 이루어질 수 없어 부적법하다. 소 제기 당시에는 피고가 생존하였으나 소장 부본이 송달되기 전에 사망한 경우에도 마찬가지이다. 사망한 사람을 원고로 표시하여 소를 제기하는 것 역시 특별한 경우를 제외하고는 적법하지 않다. 파산선고 전에 채권자가 채무자를 상대로 이행청구의 소를 제기하거나 채무자가 채권자를 상대로 채무 부존재 확인의 소를 제기하였더라도, 만약 그 소장 부본이 송달되기 전에 채권자나 채무자에 대하여 파산선고가 이루어졌다면 이러한 법리는 마찬가지로 적용된다. 파산재단에 관한 소송에서 채무자는 당사자적격이 없으므로, 채무자가 원고가 되어 제기한 소는 부적법한 것으로서 각하되어야 하고(채무자 회생 및 파산에 관한 법률 제359조), 이 경우 파산선고 당시 법원에 소송이 계속되어 있음을 전제로 한 파산관재인의 소송수계신청 역시 적법하지 않으므로 허용되지 않는다."고 판시하였다.

립이 있다.103) 그러나 지급명령이 채무자에게 송달되고 이의기간 내에 채무자가 이의를 제기한 후 채무자에 대한 파산선고결정이 있은 경우에만 지급명령신청인이 본 조에 따라 이의자를 상대로 소송수계를 하여야 하고, 지급명령이 채무자에게 송달된 후 이의신청 기간 내에 채무자에 대하여 파산선고결정이 있은 경우에는 본 조에 따라 소송수계를 할 수는 없다고 봄이 타당하다.104)

(3) 수계 없이 진행된 소송의 효력

소송 계속 중 일방 당사자에 대하여 파산선고가 있었음에도 법원이 파산선고 사실을 알지 못한 채 그대로 소송절차를 진행하여 판결을 선고하는 경우가 있다. 이 경우 그 판결은 소송에 관여할 수 있는 적법한 소송수계인이 법률상 소송행위를 할 수 없는 상태에서 심리되어 선고된 것이므로, 여기에는 마치 대리인에 의하여 적법하게 대리되지 아니하였던 경우와 마찬가지의 위법이 있다.105) 나아가 법원이 부적법한 소송수계신청을 받아들여 소송을 진행한 후 소송수계인을 당사자로 하여 판결을 선고하였다면, 이 역시 소송에 관여할 수 있는 적법한 당사자가 법률상 소송행위를 할 수 없는 상태에서 심리되어 선고된 것이어서 위와 마찬가지로 위법하다.106) 다만 이러한 판결을 당연무효라고 할 수는 없고, 대리인에 의하여 적법하게 대리되지 않았던 경우와 마찬가지로 대리권 흠결을 이유로 한 상소 또는 재심에 의하여 그 취소를 구할 수 있으며, 상소심에서 수계절차를 밟은 경우에는 그와 같은 절차상의 하자는 치유되고 그 수계와 상소는 적법한 것으로 된다.107)

반대 견해로는 문영화, "소제기 후 소장부본 송달 전에 당사자 일방에 대하여 파산선고가 내려진 경우 소송절차의 중단과 수계", 법조 제69권 제1호, 법조협회(2020. 2), 613-614면.
103) 주석 채무자회생법 (V), 193면; 심태규, 앞의 논문, 402-403면. 회생절차에 관한 판례로는 대법원 2012. 11. 15. 선고 2012다70012 판결 등 참조.
104) 회생절차에 관한 제3절 4. 라. (2) ㈎항 기재 참조.
105) 대법원 2018. 4. 24. 선고 2017다287587 판결 등 참조.
106) 대법원 2019. 4. 25. 선고 2018다270951, 270968 판결 등 참조.
107) 대법원 2020. 6. 25. 선고 2019다246399 판결 등 참조.

다만 이의채권에 관한 소송의 변론종결 후에 파산이 선고된 경우에는 소송절차가 중단되었다 하더라도 법원은 수계절차 없이 판결을 선고할 수 있다(민사소송법 제247조 제1항).[108]

(4) 수계의 대상이 되는 소송

수계가 필요한 소송은 이의가 있는 파산채권[109]을 소송물로 하는 소송이다. 민사소송, 가사소송뿐만 아니라 행정소송, 보전처분사건, 조정사건, 재산권과 관련된 비송사건도 포함된다.[110] 중재사건에 대하여는 학설이 대립한다.[111] 통상 이행소송인 경우가 많을 것이지만, 적극적 확인소송이나 채무자가 제기한 소극적 확인소송도 포함된다. 이 경우에도 파산채권에 대한 조사 결과 파산채권자표에 기재된 사항에 한하여 수계신청이 가능하고 그 곳에 기재되지 않은 사항을 주장하는 수계신청이나 그 후의 청구의 변경은 부적법하여 각하되어야 한다(법 제465조). 파산선고 당시 이미 이의채권에 관하여 소송이 계속 중이어서 수계신청을 하여야 함에도 불구하고 별도의 조사확정재판을 신청하는 것은 권리보호의 이익이 없으므로 부적법하다.[112]

(5) 채권조사절차의 선행

파산선고 당시 계속 중이던 파산채권에 관한 소송은 파산관재인이 당

---

108) 주석 채무자회생법 (V), 196면. 변론종결 후 회생절차개시결정이 이루어진 사안에 관한 대법원 2008. 9. 25. 선고 2008다1866 판결 등 참조.
109) 재단채권에 관하여는 본조가 아니라 법 제347조 제1항이 적용된다.
110) 전대규, 1221면.
111) 회생절차에 관한 제3절 4. 라. (2) (가) 230) 각주 참조.
112) 대법원 1991. 12. 24. 선고 91다22698, 22704 판결은 "회사정리법 제149조가 정리절차개시 당시 이의 있는 정리채권에 대하여 이미 소송이 계속 중인 경우에는 이의자를 상대로 새로이 같은 법 제147조 소정의 정리채권확정의 신소를 제기할 것이 아니라 계속 중인 소송을 수계하도록 한 것은 신소를 제기함에 따른 당사자 쌍방의 비용과 시간의 낭비를 방지함과 동시에 소송절차의 번잡을 피하기 위한 공익적인 목적을 위한 것이고, 또 같은 법 제147조 소정의 소는 정리법원의 전속관할인 데 비해서 같은 법 제149조 소정의 소송수계신청은 원래의 소송이 계속 중인 법원에 하여야 하는 등 그 소송절차도 다르므로, 같은 법 제149조에 의한 소송수계를 하여야 할 경우에 별소를 제기하는 것은 권리보호이익이 없어 부적법하다."고 판시하였다.

연히 수계하는 것이 아니라 파산채권자의 채권신고와 그에 대한 채권조사의
결과에 따라 처리되므로, 당사자는 파산채권이 이의채권이 되지 않은 상태
에서 미리 소송수계신청을 할 수 없고, 이와 같은 소송수계신청은 부적법하
다.113) 따라서 법원으로서는 당사자가 파산절차에서 채권신고를 하고 그 채
권조사의 결과에 따라 처리하도록 석명권을 행사할 필요가 있다.114) 채권조
사기일에 파산관재인이나 다른 파산채권자의 이의가 없어 파산채권이 확정
된 경우에는 통상 파산채권자가 소를 취하함으로써 소송이 종료된다. 만약
파산채권자가 소를 유지하는 경우에는 파산관재인이 수계한 후에 법원이 각
하판결을 한다.115)

(6) 당 사 자

이의채권을 보유한 파산채권자는 이의자 전원을 상대방으로 하여 소송
을 수계하여야 한다(법 제464조). 이의자 중 일부를 상대방으로 한 수계신청
은 부적법하다.

파산채권자가 아닌 이의자가 법 제464조의 소송수계신청을 할 수 있는
지에 관하여는 견해의 대립이 있다. 긍정하는 견해는 민사소송법 제241조에
의하여 상대방인 이의자도 할 수 있다고 보아야 하고 필요한 경우 법원이 직
권에 의한 속행명령도 할 수 있다고 본다. 반면 부정하는 견해는 이의채권에
관한 소송의 수계는 법 제347조 제1항이 규정한 파산재단에 속하는 재산에
관한 소송수계와 달리 이의채권의 확정을 위하여 특별히 인정되는 것이므로
이의자의 소송수계신청권은 허용되지 않고 법원이 직권으로 속행명령을 할
수도 없다고 한다.116)

---

113) 주석 채무자회생법 (V), 192면. 대법원 2018. 4. 24. 선고 2017다287587 판결, 대법
    원 2019. 4. 25. 선고 2018다270951, 270968 판결 등 참조.
114) 주석 채무자회생법 (V), 198면.
115) 주석 채무자회생법 (V), 199면. 대법원 2019. 4. 25. 선고 2018다270951, 270968 판
    결 등 참조.
116) 주석 채무자회생법 (V), 201-202면; 법인파산실무, 332-333면; 条解 破産法, 937면.

한편 파산관재인이나 파산채권자는 이의하지 않고 채무자만 이의한 경우, 그 채권은 법 제464조의 이의채권에 해당하지 않는다. 따라서 그 경우 법 제464조는 적용되지 않고, 그 소송절차는 민사소송법 제239조에 따라 중단되고 파산관재인이 이를 수계할 수 있다.[117]

(7) 법원과 당사자의 조치

소송절차의 수계신청은 중단되어 있는 소송이 계속 중인 법원에 서면으로 하여야 하고, 소송절차의 중단사유와 수계할 사람의 자격을 소명하는 자료를 붙여야 한다(법 제33조, 민사소송규칙 제60조).

법원은 상대방에게 수계신청 사실을 통지하여야 한다(민사소송법 제242조). 법원은 신청의 적법 여부를 직권으로 조사하여 이유 없을 때에는 결정으로 기각하여야 하고(민사소송법 제243조 제1항), 수계신청이 이유 있으면 별도의 재판을 할 필요 없이 그대로 소송을 진행하면 된다. 법 제463조 제2항과 같은 규정이 없으므로, 수계 후의 소송은 파산계속법원의 관할에 속하지 않는다. 따라서 수소법원은 특별한 사정이 없는 한 사건을 파산계속법원으로 이송하여서는 아니 된다.

채권자는 청구취지 등을 파산채권확정소송으로 변경하여야 한다.[118] 파산채권자가 원고가 되어 이행의 청구를 하고 있었다면 "원고의 채무자 ○○○에 대한 파산채권은 ○○○원임을 확정한다."고 청구취지를 변경하여야 한다. 반대로 채무자가 원고가 되어 파산채권자를 상대로 채무부존재확인 청구소송을 하고 있었다면, 파산채권자가 소송의 수계신청을 한 다음 반소의 제기가 필요한지에 관하여는 견해의 대립이 있다.[119] 실무에서는 반소를 제기하는 경우가 있다. 반소 제기가 필요하다는 견해에 따를 경우, 그 청구취지는 "반소원고의 채무자 ○○○에 대한 파산채권은 ○○○원임을 확정한

117) 주석 채무자회생법 (Ⅴ), 199-200면.
118) 대법원 2018. 4. 24. 선고 2017다287857 판결, 회생절차에 관한 대법원 2015. 7. 9. 선고 2013다69866 판결(청구취지변경에 대한 법원의 석명의무 설시) 등 참조.
119) 법인파산실무, 333면; 条解 破産法, 939면; 주석 채무자회생법 (Ⅴ), 204면; 심태규, 앞의 논문, 399-400면.

다."가 된다.

기존의 이행의 소가 채권확정의 소로 변경되는 경우, 위 소는 이행의 소가 아니므로 소송촉진 등에 관한 특례법 제3조 제1항 본문은 적용되지 않는다. 따라서 채권자는 위 법률상의 이율에 따른 지연손해금 지급을 구할 수 없다.[120]

이의채권에 관한 소송이 파산선고 당시 상고심에 계속 중인 경우에도 파산채권확정을 구하는 것으로 청구취지를 변경할 수 있는지에 대하여는 견해의 대립이 있다.[121] 다만 대법원은 회생절차에 관한 사건에서 청구취지의 변경은 사실심 변론종결 전까지만 할 수 있으므로 상고심에서 허용되지 않는다는 취지로 판시한 바 있다.[122]

(8) 수계신청의 종기

파산절차에 관하여는 회생절차에 관한 제172조 제2항과 같이 수계신청의 종기를 제한하는 규정이 존재하지 아니한다. 다만 이의채권에 관하여 채권자가 최후배당의 배당제외기간 내에 소송을 수계한 것을 증명하지 않은 때에는 그 배당으로부터 제외될 것이므로, 수계신청은 최후배당의 배당제외기간이 끝날 때까지 할 수 있다(법 제512조).[123]

(9) 소송상태의 승계

수계 후 소송에서 당사자는 종전 소송상태를 승계하므로 종전 소송수행의 결과를 전제로 하여 소송행위를 하지 않으면 아니 된다. 다만 파산관재인이 부인권을 이유로 이의한 경우에는 부인권 등 파산관재인 고유의 항변을 행사할 수 있고, 이 경우 부인권 행사의 한도에서는 채무자의 종전 소송수행 결과에 구속되지 아니한다.[124]

---

120) 회생채권확정의 소에 관한 대법원 2013. 1. 16. 선고 2012다32713 판결 등 참조.
121) 주석 채무자회생법 (V), 205-206면.
122) 대법원 2013. 2. 14. 선고 2012다84912 판결.
123) 법인파산실무, 332면; 주석 채무자회생법 (V), 202면; 전대규, 1222면.
124) 법인파산실무, 334면; 주석 채무자회생법 (V), 206면.

바. 집행력 있는 집행권원 또는 종국판결이 있는 파산채권 등의 확정소송

(1) 취지 및 적용범위 등

이의 있는 파산채권에 관하여는 원칙적으로 이의채권의 보유자가 채권조사확정재판을 신청하여야 한다. 그러나 집행력 있는 집행권원이 있는 채권은 강제집행에 착수할 수 있는 지위에 있고, 종국판결을 얻은 채권은 권리의 존재에 관하여 고도의 추정력이 있는 재판을 받은 것이므로 일반의 파산채권 등에 비하여 유리한 지위에 있다. 법은 이런 점을 존중하여 이의채권에 관하여 집행력 있는 집행권원이 있거나 종국판결이 있는 경우에는 이의자는 채무자가 할 수 있는 소송절차에 의하여만 이의를 주장할 수 있는 것으로 규정하고 있다(법 제466조 제1항). 구체적으로는 집행력 있는 집행권원에 대하여는 재심의 소, 청구이의의 소, 소극적 확인의 소 등으로써, 미확정의 종국판결의 경우에는 상소로써 이의를 주장하여야 한다.

㈎ 집행력 있는 집행권원

집행력 있는 집행권원이란 집행력 있는 정본과 동일한 효력을 가지고 곧 집행을 할 수 있어야 하고, 집행권원이 확정된 지급명령과 같이 강제집행에 집행문 부여가 필요 없는 경우가 아닌 이상 집행문이 필요한 경우에는 이미 집행문을 부여받은 것이어야 한다. 다만 집행문을 요하는 경우에도 파산절차 개시 당시 이미 집행문을 부여받았을 필요는 없고, 파산채권신고 당시 또는 늦어도 채권조사기일까지는 집행문이 부여되어 있어야 한다.[125]

---

125) 법인파산실무, 335면; 주석 채무자회생법 (V), 218면; 심태규, 앞의 논문, 408면. 한편, 정리채권에 관한 대법원 1990. 2. 27.자 89다카14554 결정의 경우 "이의를 받은 정리채권등이 집행력있는 채무명의가 있는 것인 때에는 이의자는 회사가 할 수 있는 소송절차에 의하여서만 그 이의를 주장할 수 있다고 규정한 회사정리법 제152조 제1항의 "집행력 있는 채무명의"라 함은 집행력있는 정본과 같은 뜻으로 집행문을 요하는 경우에는 이미 집행문을 받아 바로 집행할 수 있는 것을 말하는 것이므로 정리채권신고를 한 때는 물론 이의를 한 무렵에도 집행문이 부여되어 있지 않은 약속어음 공정증서는 이의 후에 집행문이 부여되었다 하더라도 이에 해당하지 아니한다."고 판시하였다.

다만 파산채권자는 집행력 있는 집행권원 또는 종국판결이 있는 파산채권인 때에는 그 뜻을 함께 신고하고 그 사본을 제출하여야 하는데(규칙 제73조 제1항 제3호, 제2항 제2호), 파산채권자가 신고한 파산채권에 관하여 집행력 있는 집행권원이나 종국판결이 있다는 취지를 신고하지 않거나 그 사본을 제출하지 않은 경우에도 이의자에게 법 제466조 제1항에 의한 제소책임을 지울 수 있는지 문제된다. 이에 대하여 견해의 대립이 있을 수 있으나 채권신고서에 집행권원 등에 관하여 기재되지 아니하였거나 그 사본이 제출되지 아니하였고, 채권조사기일까지 보완되지도 않았다면 그 채권은 집행력 있는 집행권원이나 종국판결이 없는 것으로 취급하여야 한다.126)127)

(나) 종국판결

종국판결은 소나 상소에 의한 소송사건의 전부나 일부에 대하여 그 심급을 완결하는 판결을 말한다. 전부판결, 일부판결, 추가판결이 포함되나 중간판결은 종국판결이 아니다. 파산채권으로 신고된 실체법상 청구권의 존재에 관한 것이어야 하나 확정여부와 이행판결인지 확인판결인지는 불문한다.128)

또한 확정판결과 같은 효력이 있는 화해, 청구의 포기 및 인낙조서, 재판상 화해와 동일한 효력이 있는 조정조서, 조정에 갈음하는 결정 등은 종국판결에 준하는 것으로 보고 있다.129)

집행결정 또는 집행판결을 받지 않은 중재판정, 외국법원의 확정판결 등이 종국판결에 포함되는지 여부에 대하여는 견해의 대립이 있으나 다수설은

---

126) 법인파산실무, 335면; 심태규, 앞의 논문, 407-408면; 전대규, 1222면 등.
127) 회생채권에 관한 부산고등법원(창원) 2020. 2. 10.자 2019라10080 결정(확정) 참조. 다만 이의자가 집행권원 등의 존재를 알고 있었던 경우에도 제소책임의 전환을 인정할 것인지 여부에 관하여는 견해가 대립될 수 있다[위 2019라100080 결정에서는 주관적 인식을 배제하였으나, 대전고등법원 2015. 9. 9. 선고 2014다12827 판결(확정)에서는 주관적 인식이 있으면 제소책임의 전환을 인정하였다].
128) 법인파산실무, 336면.
129) 법인파산실무, 336-337면; 주석 채무자회생법 (Ⅴ), 219-220면; 심태규, 앞의 논문 408면.

종국판결로 본다.[130]

(2) 소송수계

집행력 있는 집행권원 또는 종국판결이 있는 파산채권에 관하여 파산선
고 당시에 이미 소송이 계속 중인 경우 이의자가 이의를 주장하고자 하는 때
에는, 이의자는 이의채권의 보유자를 상대로 하여 그 소송을 수계하여야 한
다(법 제466조 제2항). 위와 같이 출소책임이 이의자에게 있으나, 이의채권의
보유자가 유리한 입장을 포기하는 것은 자유이므로 이의채권의 보유자도 소
송수계신청을 할 수 있다[131]

(3) 변론의 병합

집행력 있는 집행권원 또는 종국판결이 있는 채권에 관하여 여러 개의
소가 계속되게 되면, 합일확정의 필요가 있으므로 법원은 변론을 병합하여
야 한다(법 제463조 제4항, 제466조 제3항).

사. 소송목적의 가액 결정(소가결정)

파산채권의 확정에 관한 소송의 목적의 가액은 배당예정액을 표준으로
하여 파산법원이 이를 정한다(법 제470조).[132] 여기서 말하는 파산법원이란
파산채권조사확정재판에 대한 이의의 소의 관할법원과 마찬가지로 파산사
건이 계속 중인 재판부를 포함하는 조직법상의 법원을 의미한다. 다만, 사무
분담상 배당예정액을 알 수 있는 당해 파산사건 담당 재판부가 담당하는 것
이 적절할 것이다.[133]

---

130) 주석 채무자회생법 (V), 219-220면; 심태규, 앞의 논문, 408면.
131) 법인파산실무, 338면; 條解 破産法, 952면; 주석 채무자회생법 (V), 223면; 노영보,
　　　도산법 강의, 박영사(2018), 431면.
132) 주문례 : 신고한 파산채권자와 이의자 사이의 서울중앙지방법원 2020가합○○ 청구
　　　이의 사건의 소송목적의 가액을 ○○원으로 정한다.
133) 파산법 제225조는 채권확정소송 소가결정의 주체를 수소법원으로 하고 있었으나,
　　　법은 파산법원으로 규정하였다. 따라서 채권확정에 관한 소송이 고등법원에 계속 중
　　　인 때에 소가결정신청을 하는 경우에도, 파산사건이 계속 중인 지방법원에 이를 신청

신청 시기에는 특별한 제한이 없다. 실무상 원고가 소액의 인지(보통 1,000원 정도)를 첨부하여 우선 소를 제기한 후, 당해 소송의 사건번호를 명시하여 소가결정신청을 하고 소가결정을 받아 인지를 보정하는 것이 보통이다.

'파산채권의 확정에 관한 소송'에는 채권조사확정재판에 대한 이의의 소는 물론, 이미 계속되어 있는 이의채권에 관한 소송이 수계된 경우[134](법 제464조), 집행력 있는 집행권원 또는 종국판결에 관한 청구이의의 소(법 제466조) 등도 포함된다고 할 것이다. 종래 실무상 채권자표 기재 무효확인의 소, 파산채권확정과 관련한 부인의 소 등도 채권의 확정에 관한 소송으로 보아 소가결정을 한 바 있다.

배당예정액은 제1회 채권자집회에서의 파산관재인 보고서에 기재한 예상배당률을, 예상배당률이 기재되어 있지 않으면 위 보고서에 기재된 환가 가능한 재산 총액을 시인된 채권액으로 나누어 계산한 비율을 참조하여 결정한다. 한편 소송목적의 가액 결정을 구하는 파산채권에 별제권이 있더라도 파산채권에 관한 소송의 심판대상은 파산채권 그 자체이므로, 별제권의 유무를 고려하지 않고 피담보채권 전체를 기준으로 소송목적의 가액을 결정한다.[135]

소가결정에 대하여 파산법에서는 즉시항고할 수 있었으나, 법에는 즉시항고할 수 있다는 별도의 규정이 없으므로 불복할 수 없다. 특별항고는 가능하다.

이미 소가결정을 하였는데, 그 본안 판결의 패소자가 항소하면서 종전에 결정된 소가를 감액받을 의도로 재도의 소가결정신청을 하는 경우가 종종 있다. 그러나 소가라는 것은 한번 결정된 이상 각 심급마다 소가결정을 따로 할 근거가 없을 뿐 아니라, 소가결정에 대해서는 통상적인 방법의 불복도 허용되지 않으므로 재도의 소가결정신청은 허용되지 않는다고 할 것이다. 따

하여야 한다.
134) 당해 심급이 종결된 후 상소장의 첨부인지액 산출을 위하여 소가결정을 할 수 있다.
135) 법인파산실무, 342면.

라서 일부 승소의 원심판결에 대하여 항소한 경우도 일단 1심에서 소가가 결정된 이상 다시 소가결정신청을 할 수 없다고 본다.136) 다만 청구취지가 변경(확장)된 경우에는 변경된 청구에 관하여 소가가 결정된 적이 없는 이상 파산법원이 다시 그 소가를 결정하여야 한다.

아. 파산채권의 확정에 관한 소송결과의 기재 등

(1) 소송결과의 기재

법원사무관 등은 파산관재인 또는 파산채권자의 신청에 의하여 파산채권의 확정에 관한 소송의 결과(채권조사확정재판에 대한 이의의 소가 출소기간 안에 제기되지 아니하거나 각하된 때에는 그 조사확정재판의 내용)를 파산채권자표에 기재하여야 한다(법 제467조). 이때 그 신청인은 재판서의 등본 및 재판의 확정에 관한 증명서를 제출하여야 한다(규칙 제77조, 제67조).

(2) 파산채권의 확정에 관한 소송의 판결 등의 효력

파산채권의 확정에 관한 소송에 대한 판결은 파산채권자 전원에 대하여 그 효력이 있다.137) 또한, 채권조사확정재판에 대한 이의의 소가 출소기간 안에 제기되지 아니하거나 각하된 때138)에는 그 조사확정재판은 파산채권자 전원에 대하여 확정판결과 동일한 효력이 있다(법 제468조 제1항, 제2항).

원래 판결의 효력은 당해 소송의 당사자 사이에서만 미치지만, 파산절차와 같은 집단적 채무처리절차에서는 채권조사의 대상이 된 파산채권을 모든 이해관계인에 대하여 일률적으로 정할 필요가 있어 판결효를 확장한 것인

---

136) 서울지방법원 2003. 12. 17.자 2001회3 결정은 정리채권확정소송의 소가결정신청인이 일부 승소의 원심판결에 대하여 항소하면서 한 소가결정신청을 위와 같은 이유로 각하하였다. 이 경우 항소심은 1심 단계에서 결정된 소가를 기준으로 항소된 부분의 비율에 상응하는 소가를 계산하여 항소심의 소가를 산정할 수 있을 것이다.

137) 여기서 '파산채권의 확정에 관한 소송'에는 채권조사확정재판에 대한 이의의 소(법 제463조)나 이의채권에 관하여 파산채권자가 수계한 소송(법 제464조)뿐만 아니라 집행권원이 있는 채권에 대해 이의자 등이 제기 또는 수계한 소송(법 제466조)도 포함된다(대법원 2012. 6. 28. 선고 2011다63758 판결 참조).

138) 채권조사확정재판에 대한 이의의 소가 취하된 때에도 동일하게 보아야 할 것이다.

바, 파산채권 신고를 하지 않은 파산채권자도 이에 구속된다.

한편 법 제468조 제2항의 확정판결과 동일한 효력의 의미에 관하여 직접적인 판례는 아직 없다. 다만 개인회생절차에 관한 법 제607조 제2항은 법 제468조 제2항과 동일한 취지의 규정을 두고 있는데, 대법원은 법 제607조 제2항의 확정판결과 동일한 효력의 의미에 관하여 기판력이 아닌 확인적 효력을 가지고 절차 내부의 불가쟁의 효력을 가지는 것이라고 판시하였다.139)

(3) 소송비용

파산관재인이 이의를 진술하였으나 파산채권의 확정에 관한 소송에서 패소한 경우에는 상대방의 소송비용상환청구권은 재단채권(법 제473조 제4호)으로서 파산재단에서 지출되고, 이의자가 파산채권자인 경우에는 파산채권자 자신이 부담하게 된다.

한편, 파산채권자가 이의하여 승소한 경우, 파산재단이 파산채권의 확정에 관한 소송(채권조사확정재판 포함)으로 이익을 받은 때에는 이의를 주장한 파산채권자는 그 이익의 한도 안에서 재단채권자로서 소송비용의 상환을 청구할 수 있다(법 제469조). 여기서 '이익의 한도'라 함은 이의채권의 우선권이 배척되어 일반파산채권으로 배당하게 된 경우에는 우선변제를 받을 수 있었던 배당액과 일반파산채권으로서 배당받게 될 배당액의 차액, 이의채권 자체가 배척된 경우에는 그에 대한 예상배당액을 말한다.

한편, 채권조사기일에서 이의를 진술하지 아니한 파산채권자가 파산채권의 확정에 관한 소송에서 이의를 진술한 파산관재인이나 다른 파산채권자 측에 보조참가하는 경우, 보조참가인의 소송비용에 관하여 법 제469조가 적용되지 아니한다.140)

---

139) 대법원 2017. 6. 19. 선고 2017다204131 판결 참조.
140) 법인파산실무, 344면; 条解 破産法, 961면.

자. 견련파산에서의 회생채권의 확정에 관한 절차의 처리

파산선고를 받지 아니한 채무자에 대하여 ① 회생절차개시신청 또는 간이회생절차개시신청의 기각결정(법 제293조의5 제2항 제2호 가목의 회생절차개시결정이 있는 경우는 제외한다), ② 회생계획인가 전 회생절차폐지결정 또는 간이회생절차폐지결정(법 제293조의5 제3항에 따른 간이회생절차폐지결정시 같은 조 제4항에 따라 회생절차가 속행된 경우는 제외한다), ③ 회생계획불인가결정이 확정된 경우, 법원은 그 채무자에게 파산의 원인이 되는 사실이 있다고 인정하는 때에는 채무자 또는 관리인의 신청에 의하거나 직권으로 파산을 선고할 수 있다(법 제6조 제2항). 또한 파산선고를 받지 않은 채무자에게 회생계획인가가 있은 후 회생절차폐지 또는 간이회생절차 폐지의 결정이 확정된 경우 법원은 그 채무자에게 파산의 원인이 되는 사실이 있다고 인정하는 때에는 직권으로 파산을 선고하여야 한다(법 제6조 제1항). 위와 같이 선고하는 파산을 실무에서는 '견련파산'이라고 부른다.

아래에서는 회생절차폐지결정 후 파산선고가 이루어진 경우의 채권확정절차의 처리를 회생계획인가 전·후로 나누어 살펴본다.141)

(1) 회생계획인가 전 폐지
㈎ 채권조사확정재판의 절차가 진행 중인 경우
회생계획인가 전에 회생절차가 폐지되어 법원이 법 제6조 제2항의 규정에 의하여 파산선고를 하였는데 회생절차폐지 당시 채권조사확정재판의 절차가 진행 중인 경우에는, 법 제6조 제5항 본문이 법 제3편(파산절차)의 규정을 적용함에 있어서 법 제2편(회생절차)에 의한 회생채권의 신고, 이의와 조사 또는 확정은 파산절차에서 행하여진 파산채권의 신고, 이의와 조사 또는 확정으로 본다고 규정하고 있다.

---

141) 개시기각결정이 있는 경우는 채권확정절차가 문제될 여지가 없고, 회생계획불인가결정이 확정되어 파산선고를 한 경우에는 회생절차가 폐지되어 파산선고를 한 경우와 동일하게 적용할 수 있다.

그러므로 회생절차폐지 후 파산이 선고되지 않은 경우와는 달리 회생절차폐지 당시 관리인을 당사자로 하여 진행 중인 채권조사확정재판의 절차가 당연히 종료된다고 할 수 없다. 이 경우 관리인이 당사자인 채권조사확정재판의 절차는 중단되어 파산관재인이 그 절차를 수계하여야 하고, 채권자는 신청을 회생채권의 확정을 구하는 것에서 파산채권의 확정을 구하는 것으로 변경하여야 한다고 본다.[142)]

다만 법 제6조 제5항 단서는 법 제134조 내지 제138조의 규정에 의한 채권의 이의, 조사 및 확정에 관하여는 그러하지 아니하다고 규정하고 있어 회생절차에서 신고된 회생채권이 법 제134조 내지 제138조의 규정에 의한 채권인 경우 그 이의, 조사 및 확정은 파산절차에서 행하여진 파산채권의 이의와 조사 또는 확정으로 볼 수 없다. 법 제6조 제5항 단서의 규정상 그 채권은 파산절차에서 파산채권으로서 새로이 조사되어야 하므로, 회생절차폐지 당시 진행 중인 그 채권에 관한 채권조사확정재판의 절차는 견련파산의 경우에도 종료된다고 본다.

한편 회생절차가 폐지되어 법원이 법 제6조 제2항의 규정에 의하여 파산선고를 한 견련파산이 아닌, 회생절차폐지결정이 확정된 후 법 제3편(파산절차)의 규정에 의한 파산선고가 된 경우에는 법 제6조 제5항의 규정이 적용

---

142) 법인파산실무, 693면; 회생사건실무(하), 283면; 주석 채무자회생법 (Ⅰ), 179-180면.
회생절차에서 채권조사확정재판을 신청한 채권자가 파산선고 후 그 신청을 회생채권의 확정을 구하는 것에서 파산채권의 확정을 구하는 것으로 변경하지 않더라도, 파산채권의 존부를 확정하는 주문의 재판을 하는 실무례도 있다. 이에 대하여 채권자는 파산선고 후 파산채권의 확정을 구하는 것으로 신청을 변경하지 않아도 되고 법원은 회생채권의 존부를 확정하는 재판을 하면 될 뿐이며, 그에 따라 확정된 회생채권을 법 제6조 제5항의 규정에 의하여 파산절차에서는 확정된 파산채권으로 취급하면 충분하다는 견해도 있다.
한편, 회생계획인가 전 회생절차가 종료되면 아직 권리변경의 효력이 발생하지 아니한 단계이고 회생채권조사확정재판절차를 수계하여 속행한다면 절차가 복잡해지는 단점이 있으므로 회생채권조사확정재판절차는 유지할 필요가 없고, 기일지정신청이 있는 경우 법원은 소송절차종료선언을 해야 한다는 취지의 반대 학설이 있다[주석 채무자회생법 (Ⅰ), 179면; 임치용 "견련파산절차에 관한 연구 ― 회생절차폐지를 중심으로" 사법 46호, 사법발전재단(2018), 123면].

되지 아니하므로, 회생절차폐지 당시 진행 중인 채권조사확정재판의 절차는 종료된다고 보아야 한다.143)

(나) 채권조사확정재판에 대한 이의의 소가 계속 중인 경우

회생절차폐지 당시 채권조사확정재판에 대한 이의의 소가 계속 중인 경우에는, 법 제6조 제5항 본문의 규정상 회생절차폐지 당시 계속 중인 회생채권조사확정재판에 대한 이의의 소는 파산채권조사확정재판에 대한 이의의 소로 취급되어야 한다. 그러므로 이 경우 관리인이 당사자인 그 소송절차는 중단되어 파산관재인이 그 소송절차를 수계하여야 하고, 청구가 변경되어야 한다고 본다.144)145)

(2) 회생계획인가 후 폐지
(가) 채권조사확정재판의 절차가 진행 중인 경우

회생계획인가 후에 회생절차가 폐지되어 법원이 법 제6조 제1항 또는 제8항의 규정에 의하여 파산선고를 하였는데 회생절차폐지 당시 채권조사확정재판의 절차가 진행 중인 경우에는, 법 제6조 제5항과 같은 규정이 없어 파산절차에서 새로이 파산채권의 신고, 이의와 조사 또는 확정의 절차를 거

---

143) 법인파산실무, 694면; 회생사건실무(하), 284면; 주석 채무자회생법 (Ⅰ), 181-182면.
144) 법인파산실무, 694면; 회생사건실무(하), 284면; 주석 채무자회생법 (Ⅰ), 179-180면.
　　관리인이 회생채권이 존재함을 확정한 채권조사확정재판에 불복하여 이의의 소를 제기한 것이라면 파산관재인은 청구를 채권조사확정재판의 변경과 파산채권이 존재하지 아니함의 확정을 구하는 것으로 변경하여야 하고, 채권자가 회생채권이 존재하지 아니함을 확정한 채권조사확정재판에 불복하여 이의의 소를 제기한 것이라면 채권자는 청구를 채권조사확정재판의 변경과 파산채권이 존재함의 확정을 구하는 것으로 변경하여야 할 것이다. 이에 대하여도 파산관재인이나 채권자는 파산선고 후 그 청구를 변경하지 않아도 되고 법원은 회생채권의 존부를 확정한 채권조사확정재판을 그대로 인가하거나 변경하는 판결을 할 수 있다는 견해도 있다.
145) 다만 회생절차에서 신고된 회생채권이 법 제134조 내지 제138조의 규정에 의한 채권인 경우 법 제6조 제5항 단서의 규정상 그 채권은 파산절차에서 파산채권으로서 새로이 조사가 되어야 하는데, 회생절차폐지 당시 계속 중인 그 채권에 관한 채권조사확정재판에 대한 이의의 소의 소송절차가 견련파산의 경우 당연히 종료되는지와 그 취급에 관하여는 견해의 대립이 있다.

쳐야 하기에, 회생절차폐지 당시 진행 중인 채권조사확정재판의 절차를 어떻게 취급할지에 관하여 견해의 대립이 있다.146)

　이에 관하여는, ① 파산절차에서 새로이 파산채권으로서의 신고 등의 절차를 거쳐야 하므로 회생절차폐지 당시 진행 중인 회생채권조사확정재판의 절차는 종료된다고 보고, 파산절차에서 진행되는 파산채권조사확정재판의 절차를 통해 파산채권으로 확정하면 충분하다는 견해, ② 회생절차폐지 당시 관리인을 당사자로 하여 진행 중인 회생채권조사확정재판의 절차는 중단되어 파산관재인이 그 절차를 수계하여야 하고 채권자는 신청을 회생채권의 확정을 구하는 것에서 파산채권의 확정을 구하는 것으로 변경하여야 한다는 견해,147) ③ 회생절차폐지 당시 관리인을 당사자로 하여 진행 중인 회생채권조사확정재판의 절차는 중단되어 파산관재인이 그 절차를 수계하여야 하나, 회생절차가 폐지되어 파산절차로 이행된 견련파산의 경우에도 인가된 회생계획에 따라 권리가 변경되기 위한 전제로서 여전히 회생채권으로서의 권리확정절차가 필요하므로 채권자는 그 신청을 변경하여서는 아니 되고,148) 파산절차에서 새로이 파산채권으로서의 신고, 조사 또는 확정의 절차를 거치

---

146) 법인파산실무, 695-696면; 회생사건실무(하), 284-285면; 주석 채무자회생법 (Ⅰ), 185-186면.
　　일본 민사재생법 제254조 제5항은 재생계획인가결정의 확정 후에 재생절차가 종료한 때에 소송이 계속하는 것으로 하는 재생절차가 종료한 때 실제로 계속하는 재생신청 등 사정신청과 관계있는 사정절차는 제252조 제1항 각호 또는 제3항에 규정하는 파산절차개시결정이 있는 때에는 종료한다고 규정하고 있다. 이는 재생절차의 간이, 신속한 재생채권 등의 사정절차를 파산절차에 인계할 필요성 내지 합리성이 없기 때문이라고 한다(条解民事再生法, 1292면; 伊藤眞, 1147면 참조). 일본 회사갱생법 제256조 제5항은 제163조 제1항의 규정에 따라 갱생계획인가결정 후에 갱생절차가 종료한 때에 계속하여 계속되어 있는 것으로 하는 갱생절차가 종료한 당시 계속하는 갱생채권 등 사정신청의 절차는 제254조 제1항 각호 또는 제3항에 규정하는 파산절차개시결정이 있는 때에는 종료한다고 규정하고 있다.
147) 김정만, 정문경, 문성호, 남준우, "법인파산실무의 주요논점", 저스티스 통권 제124호, 한국법학원(2011), 479면 참조.
148) 최두호, "법인파산절차에서의 몇 가지 쟁점", 도산법연구 제1권 제1호, 사단법인 도산법연구회(2010. 1), 228면 참조.

더라도 그 절차는 회생절차에서의 회생채권으로서 확정과 인가된 회생계획에 따른 권리변경을 전제로 하는 별개의 절차이므로 회생채권조사확정절차로서 계속되어야 한다는 견해가 있다.

서울회생법원의 종전 실무는 위 ①설에 따라 실무를 운용하여 왔으나, 현재 ③설에 따라 운용되고 있다.

판례는 '회생계획인가결정이 있은 후에 회생절차가 폐지되었다는 사정만으로 회생채권 또는 회생담보권의 조사확정절차를 통해 그 채권의 존재 여부와 범위를 확정할 법률상 이익이 소멸한다고 단정할 수는 없다'는 입장이다.[149]

(나) 채권조사확정재판에 대한 이의의 소가 계속 중인 경우

회생절차폐지 당시 회생채권조사확정재판에 대한 이의의 소가 계속 중인 경우에도 그 소송절차를 어떻게 취급할지에 관하여 견해의 대립이 있다.[150]

이에 관하여는, ① 회생절차폐지 당시 관리인을 당사자로 하여 계속 중인 회생채권조사확정재판에 대한 이의의 소의 소송절차는 중단되어 파산관재인이 그 소송절차를 수계하여야 하고, 청구가 변경되어야 한다는 견해, ② 회생절차폐지 당시 관리인을 당사자로 하여 계속 중인 회생채권조사확정재

---

149) 대법원 2021. 1. 28. 선고 2018다286994 판결은, "채무자 회생 및 파산에 관한 법률(이하 '채무자회생법'이라고 한다) 제6조 제1항에 의하여 파산이 선고된 경우에 파산절차에서의 파산채권 또는 별제권의 존재 여부와 범위는, 채권자의 권리가 종전 회생절차에서 회생채권과 회생담보권 등으로 확정된 다음 인가된 회생계획에 따라 변경되고 파산선고 당시까지 변제되는 등의 사정을 모두 반영하여 정해져야 한다. 회생계획인가의 결정이 있는 때에는 회생채권자 등의 권리는 회생계획에 따라 실체적으로 변경되고 회생계획인가결정의 효력은 회생절차가 폐지되더라도 영향을 받지 않기 때문이다(채무자회생법 제252조 제1항, 제288조 제4항). 따라서 회생계획인가결정이 있은 후에 회생절차가 폐지되었다는 사정만으로 회생채권 또는 회생담보권의 조사확정절차를 통해 그 채권의 존재 여부와 범위를 확정할 법률상 이익이 소멸한다고 단정할 수는 없다."고 판시하였다.

150) 법인파산실무, 696면; 회생사건실무(하), 285-286면; 주석 채무자회생법 (Ⅰ), 187-188면.

판에 대한 이의의 소의 소송절차는 중단되어 파산관재인이 그 소송절차를 수계하여야 하는 것은 같으나, 그 청구를 변경하여서는 아니 되고, 법원은 회생채권의 존부를 확정한 회생채권조사확정재판을 그대로 인가하거나 변경하는 판결을 하면 충분하며, 파산절차에서 새로이 파산채권으로서의 신고, 조사 또는 확정의 절차를 거치더라도 이는 회생채권의 확정을 전제로 하는 것이어서 회생채권확정절차와는 별개의 절차라는 견해가 있다.151)

⒟ 요약

위에서 살펴본, 회생절차폐지가 채권조사확정재판의 절차와 채권조사확정재판에 대한 이의의 소의 소송절차 등 권리확정절차에 미치는 영향을 정리하면 제1장 제5절 165면 표와 같다.

차. 파산선고 후 회생절차를 신청하였다가 회생절차가 폐지된 경우 조사확정재판 등의 처리방안

파산선고를 받은 채무자에 대하여 ① 회생절차개시신청 또는 간이회생절차개시신청의 기각결정(법 제293조의5 제2항 제2호 가목의 회생절차개시결정이 있는 경우는 제외한다), ② 회생계획인가 전 회생절차폐지결정 또는 간이회생절차폐지결정(법 제293조의5 제3항에 따른 간이회생절차폐지결정시 같은 조 제4항에 따라 회생절차가 속행된 경우는 제외한다), ③ 회생계획불인가결정이 확정된 때에는, 아직 회생계획인가결정이 있기 전이어서 기존의 파산절차가 그 효력을 잃지 아니하였으므로 회생절차개시결정의 효과 등으로 중지된 기존의 파산절차가 속행되게 된다.

이처럼 파산절차가 속행되는 경우 법은 파산절차가 속행되는 경우 중지

---

151) 이 경우 채권자가 회생절차폐지 당시 계속 중인 회생채권조사확정재판에 대한 이의의 소에서 그 존부 및 범위가 다투어지고 있는 회생채권을, 파산절차에서 새로이 파산채권으로서 신고한 때에, 위 이의의 소를 법 제464조가 규정한 이의가 있는 파산채권에 관하여 파산선고 당시 계속되어 있는 소송에 해당한다고 볼 수 있는지에 관하여는 견해의 대립이 있을 수 있다.

되었던 기존의 파산절차와 그 후의 종료된 회생절차, 속행된 파산절차 사이의 연속성을 유지하고자 견련파산에서의 법 제6조 제5항 내지 제7항의 규정을 준용하도록 규정하고 있다(법 제7조 제2항).

3. 파산선고가 집행절차에 미치는 영향

가. 개   요

(1) 관련규정 및 의의

파산선고가 집행절차에 미치는 영향은 크게 새롭게 개시되는 강제집행 등에 미치는 영향과 기존에 계속 중이던 강제집행 등에 미치는 영향으로 나눌 수 있다.[152)]

먼저, 집행개시의 적극적 요건(집행당사자, 집행권원, 집행문 등)이 구비되어 있다 하더라도 일정한 사유의 존재로 인하여 집행의 개시 또는 속행에 장애가 되는 경우가 있고, 이를 집행개시의 소극적 요건 또는 집행장애사유라 하는바, 채무자에 대한 파산선고는 새로운 강제집행 등에 대한 집행장애사유이다. 따라서 파산선고 후에는 파산채권이나 재단채권에 기한 새로운 강제집행은 허용되지 아니한다.[153)]

다음으로 후자와 관련하여 법 제348조 제1항은 "파산채권에 기하여 파산재단에 속하는 재산에 대하여 행하여진 강제집행·가압류 또는 가처분은 파산재단에 대하여는 그 효력을 잃는다. 다만, 파산관재인은 파산재단을 위하여 강제집행절차를 속행할 수 있다."고 규정하고 있고(이는 파산채권은 파산

---

152) 뒤에서 설명하는 바와 같이 저당권자 등 별제권자는 파산절차에 의하지 아니하고 자신의 별제권을 행사할 수 있으므로(법 제412조) 파산선고 전 계속 중이던 담보권 실행 등을 위한 경매는 아무런 영향을 받지 아니하고 그대로 속행되며, 별제권자는 파산선고 후에도 새롭게 경매신청을 할 수 있다.

153) 대법원 2010. 7. 28.자 2010마862 결정(파산채권에 기한 별도의 강제집행이 원칙적으로 허용되지 않는다고 한 사례), 대법원 2007. 7. 12.자 2006마1277 결정(파산선고 후 재단채권에 기한 새로운 강제집행이 허용되지 않는다고 한 사례).

절차에 의하지 아니하고는 행사할 수 없다는 법 제424조를 구체화한 것이다), 법 제349조 제1항은 "파산선고 전에 파산재단에 속하는 재산에 대하여 「국세징수법」 또는 「지방세징수법」에 의하여 징수할 수 있는 청구권(국세징수의 예에 의하여 징수할 수 있는 청구권으로서 그 징수우선순위가 일반 파산채권보다 우선하는 것을 포함한다)에 기한 체납처분을 한 때에는 파산선고는 그 처분의 속행을 방해하지 아니한다."고 규정하고 있다.

파산절차는 파산선고를 받은 채무자에 대한 포괄적인 강제집행절차로서 이와 별도의 강제집행절차는 원칙적으로 필요하지 않다. 법도 이러한 취지에서 파산선고로 인하여 채무자가 파산선고시에 가지고 있던 일체의 재산은 파산재단을 구성하고(법 제382조), 파산재단에 속하는 재산에 대한 채무자의 관리·처분권능을 박탈하여 파산관재인에게 이를 부여하며(법 제384조), 파산채권자는 파산선고에 의하여 개별적 권리행사가 금지되어 파산절차에 참가하여서만 만족을 얻을 수 있고(법 제423조, 제424조), 이미 개시된 강제집행이나 보전처분은 실효된다고 규정하였다(법 제348조). 결국 법에 강제집행을 허용하는 특별한 규정이 있거나 법의 해석상 강제집행을 허용하여야 할 특별한 사정이 있다고 인정되지 아니하는 한 파산재단에 속하는 재산에 대한 개별적인 강제집행은 허용되지 않는다.

다만, 국가 또는 지방자치단체 존립의 재정적 기초를 이루는 조세를 능률적으로 확보하기 위한 공익적 필요를 고려하여 파산선고 전에 착수한 것에 한하여 조세채권에 기한 체납처분의 속행을 인정한 것이다.

(2) 논의의 적용범위

㈎ 파산재단과 관련하여

법 제348조는 '파산재단에 속하는 재산'에 대한 강제집행 등이 파산선고로 인하여 그 효력을 잃는다는 것이므로, 파산선고와 동시에 파산절차가 폐지되는 경우에는 처음부터 파산재단 자체가 성립하지 않으므로 법 제348조가 적용되지 않는다. 따라서 파산선고 전에 채무자 소유 재산에 관하여 계속 중이던 강제집행, 가압류, 가처분은 실효되지 않고 그대로 진행된다.

다만, 개인파산사건의 경우 면책신청[154]이 있고, 파산폐지결정의 확정 또는 파산종결결정이 있는 때에는 면책신청에 관한 재판이 확정될 때까지 채무자의 재산에 대하여 파산채권에 기한 강제집행·가압류 또는 가처분을 할 수 없고, 채무자의 재산에 대하여 파산선고 전에 이미 행하여지고 있던 강제집행·가압류 또는 가처분은 중지된다(법 제557조 제1항). 면책결정이 확정된 때에는 제1항의 규정에 의하여 중지한 절차는 그 효력을 잃는다(법 제557조 제2항).

(나) 파산채권과 관련하여

법 제348조는 '파산채권'에 기하여 파산재단에 대하여 행하여진 강제집행 등이 파산선고로 인하여 그 효력을 잃는다는 것이므로(물론 파산선고 후 파산채권에 기하여 파산재단에 속하는 재산에 대하여 새로운 강제집행 및 보전처분을 할 수 없음), 파산채권에 기하지 않은 강제집행·보전처분, 예컨대 소유권[155]에 기한 인도청구권의 집행 또는 그 보전을 위한 가처분, 기타 이사의 직무집행정지가처분, 파산채권 외의 권리를 피보전권리로 하는 임시지위를 정하는 가처분 등은 파산선고로 인하여 효력을 잃지 않고, 파산재단에 속하는 재산을 대상으로 하는 경우 파산관재인에 대한 승계집행문을 부여받아 파산관재인을 상대방으로 하여 속행된다.

(다) 재단채권과 관련하여

파산선고 전 조세채권(재단채권의 대표적인 예)에 기해 파산재단에 속하는 재산에 대하여 한 체납처분이 파산선고로 인하여 영향을 받지 않는다고 규

---

154) 법 제556조 제1항은 "개인인 채무자는 파산신청일부터 파산선고가 확정된 날 이후 1월 이내에 법원에 면책신청을 할 수 있다."고 규정하고 있고, 같은 조 제3항은 "채무자가 파산신청을 한 경우에는 채무자가 반대의 의사표시를 한 경우를 제외하고, 당해 신청과 동시에 면책신청을 한 것으로 본다."고 규정하고 있다.

155) 파산선고는 채무자에 속하지 아니하는 재산을 파산재단으로부터 환취하는 권리에 영향을 미치지 아니한다(법 제407조).

정하고 있는 점, 법 제348조는 앞서 살펴본 바와 같이 '파산채권'에 기해 파산재단에 행하여진 강제집행 등의 실효를 규정하고 있는 점에 비추어 조세채권 외의 다른 재단채권에 기한 강제집행 등도 실효되지 않는 것인지 의문이 있을 수 있으나, 판례156)는 구 파산법에 강제집행을 허용하는 특별한 규정이 있거나 법의 해석상 강제집행을 허용하여야 할 특별한 사정이 인정되지 아니하는 한 파산재단에 속하는 재산에 대한 개별적인 강제집행은 허용되지 않고, 이는 재단채권에 기한 강제집행에서도 마찬가지라고 할 것이므로, 재단채권자의 정당한 변제요구에 대하여 파산관재인이 응하지 아니하면 재단채권자는 법원에 대하여 파산법 제151조, 제157조에 기한 감독권 발동을 촉구하든지, 파산관재인을 상대로 불법행위에 기한 손해배상청구를 하는 등 별도의 조치를 취할 수는 있을 것이나, 그 채권 만족을 위해 파산재단에 대하여 개별적으로 강제집행을 하는 것은 파산법상 허용되지 않는다는 입장이고, 이러한 해석은 현행법에서도 그대로 유지될 수 있다고 보인다.157)

따라서 명문규정이 있는 조세채권(국세징수의 예에 의하여 징수할 수 있는 청구권으로서 그 징수우선순위가 일반 파산채권보다 우선하는 것을 포함한다)을 제외한 다른 재단채권에 기한 기존의 강제집행 등도 파산선고로 인하여 그 효력을 잃는다.158)

---

156) 대법원 2008. 6. 27.자 2006마260 결정(임금채권자가 확정된 지급명령 정본에 기하여 채무자 회사의 제3채무자에 대한 콘도회원권을 압류하는 명령을 받은 후 환가절차가 진행되던 중 채무자에 대한 파산이 선고되자, 집행법원이 채무자의 파산관재인의 집행취소신청에 따라 위 콘도회원권에 대하여 실시한 압류의 집행을 취소한 결정이 정당하다고 본 사례).
157) 일본의 파산법은 제42조 제2항에서, 파산절차 개시결정이 있는 경우에는 파산채권 또는 재단채권에 기하여 파산재단에 속하는 재산에 대하여 이미 행해진 강제집행, 가압류, 가처분 등은 그 효력을 잃는다고 명문으로 규정하고 있다.
158) 대법원 2008. 6. 27.자 2006마260 결정은 "파산관재인의 파산재단에 관한 관리처분권이 개별집행에 의해 제약을 받는 것을 방지함으로써 파산절차의 원만한 진행을 확보함과 동시에, 재단채권 간의 우선순위에 따른 변제 및 동순위 재단채권 간의 평등한 변제를 확보할 필요성이 있는 점, 파산선고 후 재단채권에 기하여 파산재단에 속

나. 강제집행의 종료시기

(1) 강제집행의 종료시기가 가지는 의미

파산선고 전에 이미 집행이 완료된 경우에는 파산관재인에 의한 부인권 행사의 문제만이 남고, 기존 강제집행 등의 실효 문제는 생길 여지가 없다. 또한 앞서 살펴본 바와 같이 파산선고 후에는 파산채권 및 재단채권에 기한 새로운 강제집행 등이 허용되지 아니한다. 따라서 법 제348조, 제349조는 파산선고 전에 강제집행이 개시되어 종료되지 않은 경우에만 그 의미를 가질 수 있으므로 아래에서는 개별 강제집행절차의 종료시기를 간단히 살펴보기로 한다(파산채권을 피보전권리로 한 보전처분의 경우는 당해 보전처분의 집행이 완료되었다고 하더라도 이를 기초로 한 본집행은 여전히 존속하는 것이므로 파산선고로 인해 모두 실효된다).

(2) 강제집행의 종료시기

㈎ 종료시점

집행권원에 표시된 청구권과 집행비용의 만족을 얻은 때, 또는 만족이 종국적, 전면적으로 불능으로 된 때에 전체로서의 집행이 종료된다. 따라서 하나의 청구권에 관한 집행방법으로 여러 개의 집행절차가 병용되고 있는

하는 재산에 대한 별도의 강제집행은 허용되지 않는 점, 강제집행의 속행을 허용한다고 하더라도 재단채권에 대한 배당액에 관하여는 재단채권자가 직접 수령하지 못하고 파산관재인이 수령하여 이를 재단채권자들에 대한 변제자원 등으로 사용하게 되는 점, 재단채권자로서는 단지 강제집행의 대상이 된 파산재산의 신속한 처분을 도모한다는 측면 외에는 강제집행을 유지할 실익이 없을 뿐 아니라, 파산관재인이 강제경매절차에 의한 파산재산의 처분을 선택하지 아니하는 한 강제집행절차에 의한 파산재산의 처분은 매매 등의 통상적인 환가 방법에 비하여 그 환가액의 측면에서 일반적으로 파산재단이나 재단채권자에게 모두 불리한 결과를 낳게 되므로, 강제집행을 불허하고 다른 파산재산과 마찬가지로 파산관재인이 환가하도록 함이 상당하다고 인정되는 점 등을 고려할 때, 임금채권 등 재단채권에 기하여 파산선고 전에 강제집행이 이루어진 경우에도, 그 강제집행은 파산선고로 인하여 그 효력을 잃는다고 보아야 할 것이다."라고 판시하였다.

경우에 그중 어느 하나의 집행이 종료되어 일부의 만족을 얻어도 집행은 종료되지 않는다.

(나) 개별 집행절차의 종료시점

① 유체동산, 부동산에 대한 금전집행은 압류금전 또는 매각대금을 채권자에게 교부 또는 배당한 때, ② 채권에 대한 추심명령의 경우에는 채권자가 추심의 신고(민사집행법 제236조 제1항)를 한 때나 배당절차가 끝난 때(민사집행법 제252조 제2호 참조), 전부명령의 경우에는 그 명령이 확정된 때(민사집행법 제229조 제7항, 제231조),[159] ③ 유체물인도청구권에 대한 금전집행은 집행관이 목적물을 인도받아 현금화하여 매각대금을 채권자에게 교부, 배당한 때, ④ 동산·부동산·선박의 인도집행은 목적물을 채권자에게 인도하여 점유시킨 때(민사집행법 제257조, 제258조 제1항), ⑤ 대체집행은 채권자가 이행을 받은 때, ⑥ 간접강제는 채권자가 이행을 받거나 배상을 받은 때 등이 집행절차의 종료시점이 된다.

다. 강제집행, 보전처분

(1) 개   요

앞서 살펴본 바와 같이 파산이 선고되면(확정을 요하지 아니함) 파산선고 전에 파산채권에 기하여 파산재단 소속의 재산에 대하여 한 강제집행, 보전처분은 파산재단에 대하여 그 효력을 잃게 되므로, 파산관재인은 기존의 강제집행처분을 무시하고 파산재단 소속 재산을 법원의 허가를 얻어 자유로이

---

159) 대법원 2003. 2. 14. 선고 2002다64810 판결은 "추심명령의 경우에는 그 명령이 발령되었다고 하더라도 그 이후 배당절차가 남아 있는 한 아직 강제집행이 종료되었다고 할 수 없다."고 판시하였다. 또한 대법원 2005. 9. 29. 선고 2003다30135 판결은 "채권에 대한 강제집행은, 추심명령의 경우에는 추심채권자가 집행법원에 추심신고를 한 때에, 전부명령의 경우에는 전부명령이 확정되는 것을 조건으로 제3채무자에게 전부명령이 송달된 때에 각 종료된다 할 것이지만, 압류의 경합으로 인하여 제3채무자가 그 채무액을 공탁하여 배당절차가 개시된 경우에는 배당표에 의한 배당액의 지급에 의하여 종료된다 할 것이다."라고 판시하였다.

파산선고에 따른 집행취소 신청서

사   건 : 2022카단54490 채권가압류

신 청 인 : (주)가나 파산관재인 변호사 ○○○
(채 무 자) : 주소 :

           송달장소 :   , 전화번호 :   , 팩스 :

피 신 청 인 : 다라(주)
(채 권 자)   서울 서초구 서초중앙로 1
           대표이사 ○○○

제3채무자 : (주)마바은행
           서울 중구 세종대로 1
           대표이사 ○○○

1. 채무자에 대한 파산선고와 파산관재인 선임

   채무자 (주)가나는 2022. 7. 20. 10:00 서울회생법원으로부터 파산선고를 받았고 변호사 ○○○이 파산관재인으로 선임되었습니다(첨부: 파산선고 결정등본, 등기사항전부증명서).

2. 파산선고의 효과

   파산선고에 의하여 파산채권자는 개별적인 권리행사가 금지되고, 파산선고 전에 파산채권에 기하여 파산재단에 속하는 재산에 대하여 행하여진 강제집행, 가압류 또는 가처분은 파산재단에 대하여는 그 효력을 잃는 것이므로, 귀원의 채무자에 대한 보전처분결정은 채무자의 파산선고로 인하여 실효되었습니다(채무자 회생 및 파산에 관한 법률 제348조 제1항 참조).

3. 실효의 의미

   파산관재인은 기존의 강제집행처분을 무시하고 파산재단 소속 재산을 파산법원의 허가를 얻어 자유로이 관리처분을 할 수 있습니다. 다만 실무상 집행처분

의 외관을 없애기 위하여 별도의 소송을 제기함이 없이 집행기관에 대하여 파산선고 결정등본을 취소원인 서면으로 소명하여 강제집행, 보전처분의 집행취소신청을 하여야 하며, 부동산에 대한 가압류 또는 처분금지가처분 등기는 집행법원의 등기말소촉탁에 의하여 말소할 수 있다고 해석하고 있습니다(서울회생법원 재판실무연구회 '법인파산실무' 제94면 참조).

4. 결어

따라서 채무자의 파산관재인은 신속하게 파산업무를 수행하기 위하여 실효된 보전처분의 외관을 제거하고자 귀원에 이건 집행취소 신청을 하기에 이른 것입니다.

첨 부 서 류

1. 별지   4부
1. 파산선고 결정등본   1부
1. 채무자 법인등기사항전부증명서   1부

2022. 8.   10.

위 신청인(채무자) (주)가나

파산관재인   변호사   ○○○

서 울 중 앙 지 방 법 원   귀 중

관리, 처분할 수 있다.[160) 다만 파산관재인은 실무상 집행처분의 외관을 제거하기 위하여 별도의 소송을 제기함이 없이 집행기관에 대하여 파산선고결

---

160) 예컨대 부동산에 관하여 가압류, 처분금지가처분 또는 강제경매 개시결정 기입등기가 마쳐진 후라도 파산관재인은 처분금지나 압류를 무시하고 당해 부동산을 자유로이 환가할 수 있고, 이미 환가가 종료하였더라도 아직 배당이 행하여지지 아니하였다면 파산관재인은 집행기관에 대하여 환가금의 인도를 구할 수 있다는 의미이다(다만, 매각으로 인한 소유권취득의 효과는 실효되지 않는다). 물론 근저당권, 전세권 등 별제권자에 대한 배당을 막을 수는 없을 것이다. 한편 파산선고 후에 파산선고를 간과하고 배당을 실시한 경우, 파산선고 당시에는 집행이 완료되지 아니한 상태였으므로, 배당의 실시는 무효의 집행행위가 되고, 배당금을 수령한 파산채권자 내지 재단채권자는 그 금원을 부당이득으로 파산관재인에게 반환할 의무가 있다.

정등본을 취소원인 서면으로 소명하여 강제집행·보전처분의 집행취소신청을 할 수 있다.161) 부동산에 대한 가압류 또는 처분금지가처분등기는 집행법원의 등기말소촉탁에 의하여 말소할 수 있다.

다만, 파산관재인이 종전의 강제집행절차를 속행하는 편이 당해 재산을 신속하고 고가로 매각할 수 있다고 판단한 경우에는 그 강제집행절차를 스스로 속행할 수 있다(법 제348조 제1항 단서). 이때 파산관재인은 집행기관에 대하여 채무자가 파산선고를 받았고 자신이 파산관재인으로 선임된 사실을 알리고 소명자료를 첨부하여 강제집행을 속행하겠다는 취지의 신청을 하여야 한다[(6) 강제집행절차의 속행 참조].

(2) 집행문 부여신청 등의 가능 여부

강제집행 등의 실효에 관한 문제는 아니나, 채무자의 파산선고에도 불구하고 파산채권자로서 집행문의 부여신청, 집행판결 등의 신청을 할 수 있는지 여부가 문제되는데, 파산채권자는 아래와 같이 파산선고 후에도 파산재단에서 포기된 재산에 대한 강제집행을 할 수 있으므로 집행문 부여신청권 등을 부정할 수는 없다.

(3) 자유재산(법 제383조)에 대한 집행의 문제

(가) 개   요

이는 파산재단에 속하지 아니하는 재산, 예컨대 채무자 소유의 재산이지만 파산재단에서 제외된 자유재산(면제재산, 신득재산)에 대한 집행이 금지 또는 실효되는가의 문제이다. 경우를 나누어 살펴보면 다음과 같다.

(나) 개인의 신득재산에 대한 강제집행이나 보전처분의 허용문제

개인채무자가 파산선고 후에 취득한 신득재산은 파산재단의 고정주의

---

161) 대법원 2002. 7. 12. 선고 2000다2351 판결(파산관재인은 집행기관에 대하여 파산선고 결정등본을 취소원인 서면으로 소명하여 보전처분의 집행취소신청을 하여 집행처분의 외관을 없앨 수 있으므로, 보전처분에 대한 이의신청은 그 이익이 없어 부적법하다고 한 사례).

원칙(법 제382조 제1항)에 따라 파산재단에 속하지 아니하므로, 신득재산에 대한 기존 강제집행의 실효 문제는 발생할 여지가 없다. 파산선고 후 파산채권에 기해 신득재산에 대한 새로운 강제집행 등이 가능한지 여부에 관하여는 채무자의 경제적 갱생, 파산선고 후의 새로운 채권자의 보호라는 관점에서 이를 부정하는 것이 타당하다.[162]

(다) 면제재산에 대한 강제집행이나 보전처분

법원은 개인채무자의 신청에 의하여 결정으로 채무자가 가진 주거용 건물에 관한 임차보증금반환청구권 중 일부와 채무자 및 그 피부양자의 생활에 필요한 6개월간의 생계비에 사용할 특정한 재산으로서 대통령령이 정하는 금액을 초과하지 아니하는 부분을 파산재단에서 면제할 수 있고(법 제383조 제2항, 제3항), 이러한 면제재산에 대하여는 면책을 신청할 수 있는 기한까지는[163] 파산채권에 기한 강제집행, 가압류 또는 가처분을 할 수 없다(법 제383조 제10항).[164]

(라) 법인의 자유재산에 대한 강제집행이나 보전처분의 허용문제

파산재단 중 파산관재인이 법원의 허가(법 제492조 제12호)를 얻어 포기한 재산에 대하여는 파산선고 후 새로운 강제집행 등이 허용된다. 왜냐하면 법인파산의 경우는 개인파산과 달리 채무자의 경제적 갱생을 고려할 필요가 없으므로 면제재산이나 신득재산 등이 문제되지 않기 때문이다.

---

162) 법 제557조 제1항은 면책신청이 있는 경우 파산폐지결정의 확정 또는 파산종결결정이 있는 때에는 면책신청에 관한 재판이 확정될 때까지 "파산재단에 속하는 재산"이 아니라 "채무자의 재산"에 대한 강제집행을 제한하는 근거를 두기도 하였다.

163) 법 제556조 제1항은 개인인 채무자는 파산신청일부터 파산선고가 확정된 날 이후 1월 이내에 법원에 면책신청을 할 수 있다고 규정하고 있다.

164) 면제재산은 파산재단에 속하지 아니하므로 파산재단에 속하는 재산에 대한 파산채권에 기한 강제집행 등의 실효를 규정한 법 제348조와는 별도로 법 제383조 제10항과 같은 규정이 필요하다.

㈐ 임금채권의 압류

임금채권이 압류된 후에 채무자가 파산선고를 받은 경우, 그 압류의 효력은 압류 후에 받을 급료에 미치게 되므로, 신득재산에 속하는 임금채권 부분에 대하여도 압류의 효력이 미치게 된다. 이 경우 파산재단에 속하는 부분(파산선고 전일까지의 노동의 대가)에 대한 집행절차는 실효되므로 파산관재인에게 추심을 허용한다. 신득재산에 속하는 부분[165]에 대한 집행절차는 법 제557조 제1항에 따라 중지되고, 면책결정이 확정되면 법 제557조 제2항에 따라 실효되므로, 그 이후 채무자로 하여금 이를 수령할 수 있도록 한다.[166]

(4) 실효에 따른 집행기관의 처리문제[167]

㈎ 부동산에 대한 집행

1) 부동산 가압류 또는 처분금지가처분

보전처분은 파산선고에 따라 당연히 실효되는 것이므로 파산관재인은 별도로 보전처분취소신청을 할 필요 없이 파산선고를 이유로 집행법원에 집행처분취소의 필요성 등을 소명하여 위 가압류·가처분의 집행취소신청을 하면 족하고, 집행법원에서는 파산관재인의 집행취소신청에 따라 그 필요성 등을 심사한 후 위 가압류·가처분 기입등기에 대한 말소촉탁을 하여야 한다.

---

165) 신득재산은 파산재단에 속하지 아니하여 법 제348조 제1항이 적용되지 아니하므로 파산선고 전에 신득재산에 대하여 계속 중이던 강제집행은 실효되지 아니한다.

166) 법 제557조는 면책신청이 있고, 파산폐지결정의 확정 또는 파산종결결정이 있는 때에는 면책신청에 관한 재판이 확정될 때까지 채무자의 재산에 대하여 파산채권에 기한 강제집행·가압류 또는 가처분을 할 수 없고, 채무자의 재산에 대하여 파산선고 전에 이미 행하여지고 있던 강제집행·가압류 또는 가처분은 중지되며, 면책결정이 확정된 때에는 중지된 절차는 그 효력을 잃는다고 규정하고 있다. 다만, 면책절차 중 강제집행 등의 금지 또는 중지는 면책신청에 대한 재판이 확정될 때까지이므로, 면책신청의 각하·기각결정 또는 면책불허가결정(일부면책결정 포함)이 확정된 때에는 다시 강제집행을 할 수 있고, 중지된 강제집행 등은 속행된다.

167) 정준영, 앞의 논문, 189~193면.

2) 부동산강제경매

강제경매 개시결정 후 채무자가 파산선고를 받은 경우 집행법원이 이를 알게 되었다고 하더라도 단순히 이후의 집행절차를 정지함에 그친다. 왜냐하면 파산관재인이 법 제348조 제1항 단서에 의하여 경매절차의 속행을 선택할 수 있기 때문이다. 그러나 파산관재인이 집행취소신청을 하면, 집행법원은 경매개시결정기입등기의 말소촉탁 등을 행한다. 또한, 파산관재인은 매각대금완납시까지는 집행장애사유의 발생을 이유로 강제경매 개시결정에 대한 이의(민사집행법 제86조 제1항)나 매각허가에 대한 이의(민사집행법 제120조 제1항, 제121조 제1호) 또는 매각허가결정에 대한 즉시항고(민사집행법 제130조 제1항)를 할 수 있다고 보이고, 이에 따라 집행법원은 강제경매 개시결정을 취소할 수 있다.

대금 완납 후에는 매수자가 매각부동산의 소유권을 취득하므로, 매수인의 대금 완납 후에 채무자가 파산선고를 받았다고 하더라도 매수인의 소유권취득을 번복시킬 수 없다. 다만, 배당종료시까지는 집행이 완료되지 아니한 것이므로 배당이 이루어지기 전이라면 집행법원은 매각대금을 모두 파산관재인에게 교부하면 된다. 물론 부동산에 대하여 근저당권, 전세권 등이 존재한다거나(별제권), 주택임대차보호법이나 상가건물 임대차보호법의 보호를 받는 임차인 등이 있는 경우(법 제415조), 근로기준법 제38조 제2항 각 호에 따른 채권과 근로자퇴직급여 보장법 제12조 제2항에 따른 최종 3년간의 퇴직급여 등 채권(법 제415조의2 본문)이 있는 경우에는 그에 대한 배당을 실시하여야 한다.[168] 한편 집행법원이 파산선고 후 이를 간과하고 배당을 실시한 경우에는, 파산선고 당시에는 집행이 완료되지 아니한 상태였으므로 배당의 실시는 무효가 되고, 배당금을 수령한 자는 그 금원을 부당이득으로 파산관재인에게 반환할 의무가 있다.

---

168) 다만 근로복지공단이 체당금을 지급하여 근로자의 임금 등 채권을 대위하는 자격에서 배당요구를 한 경우에는 그 배당액을 근로복지공단에 지급할 수 없고 파산관재인에게 지급해야 한다(법 제415조의2 단서).

가압류채권자에 대한 배당액을 공탁한 후 그 채권에 관하여 채권자 승소의 본안판결이 확정되면 특별한 사정이 없는 한 본안의 확정판결에서 지급을 명한 가압류채권자의 채권은 위 공탁된 배당액으로 충당되는 범위에서 본안판결의 확정 시에 소멸한다. 이러한 법리는 위와 같은 본안판결 확정 이후에 채무자에 대하여 파산이 선고되었다 하더라도 마찬가지로 적용되므로, 본안판결 확정 시에 이미 발생한 채권 소멸의 효력은 법 제348조 제1항에도 불구하고 그대로 유지된다고 보아야 한다. 이러한 경우에 가압류채권자가 공탁된 배당금을 채무자의 파산선고 후에 수령하더라도 이는 본안판결 확정 시에 이미 가압류채권의 소멸에 충당된 공탁금에 관하여 단지 수령만이 본안판결 확정 이후의 별도의 시점에 이루어지는 것에 지나지 않는다. 따라서 가압류채권자가 위와 같이 수령한 공탁금은 파산관재인과의 관계에서 민법상의 부당이득에 해당하지 않는다고 보아야 한다.169)

(나) 유체동산에 대한 집행

1) 유체동산압류 및 가압류 또는 집행관보관가처분

집행관은 파산관재인의 신청 등에 의해 채무자에 대한 파산선고 사실을 알게 되면 그 점유를 풀고 보관물을 파산관재인에게 교부한다(민사집행법 제189조 제1항 단서 또는 제191조에 따라 채무자 등에게 압류물을 보관시킨 경우에도 압류물에 대한 집행관의 점유는 계속되는 것이다).

2) 가압류해방공탁금 또는 매각대금이 있는 경우(금전을 압류한 경우를 포함170))

유체동산가압류에 대하여 해방공탁이 된 경우 또는 동산경매 후 집행관이 매각대금을 영수하고 아직 이를 집행채권자에게 인도하지 아니한 경우,

---

169) 대법원 2018. 7. 24. 선고 2016다227014 판결, 대법원 2018. 7. 26. 선고 2017다 234019 판결.

170) 민사집행법 제201조 제2항 본문은 "집행관이 금전을 추심한 때에는 채무자가 지급한 것으로 본다."고 규정하고 있으나, 위 규정의 지급의제는 집행관이 금전을 압류, 점유하는 때에 즉시 채권자가 만족을 얻어 금전소유권을 취득하게 되거나 집행이 종료된다는 것을 의미하는 것은 아니다. 민사집행 (IV), 66면 참조.

압류의 경합으로 인하여 배당절차가 개시된 경우, 배당 실시 후 매각대금 중 일부가 가압류권자에게 공탁된 경우의 처리 문제이다. 집행은 가압류해방공탁금 또는 매각대금 위에 존속한다고 해석되므로, 집행관은 그 보관하는 현금은 그대로, 공탁금은 공탁공무원으로부터 회수하여 파산관재인에게 인도한다.

㈑ 채권에 대한 집행
1) 채권가압류의 경우
법원사무관 등은 제3채무자에게 채무자에 대한 파산선고 사실과 법 제348조에 의하여 채권가압류가 실효되었다는 취지의 통지를 하여야 한다.

2) 채권압류 및 추심명령의 경우
추심명령이 발령되고 아직 채권자가 추심을 완료(법원에 신고)하지 아니한 동안에 파산선고가 내려진 경우에는 집행법원은 정지 서면의 제출이 있는 경우와 동일하게 조치하면 된다. 즉, 법원사무관 등은 추심채권자와 제3채무자에게 채무자에 대한 파산선고 사실과 추심채권자는 채권의 추심을 하여서는 아니 되고 제3채무자는 추심채권자에게 지급을 하여서는 아니 된다는 취지를 통지하여야 한다. 이 경우 제3채무자는 파산관재인에게 변제를 하여야 하고, 추심채권자가 이미 추심을 한 것이 있다면 그 추심금을 파산관재인에게 인도하여야 한다.

3) 채권압류 및 전부명령의 경우
전부명령이 즉시항고에 의하여 아직 확정되지 아니한 동안에 파산선고가 내려진 경우에는 전부명령은 무효가 된다. 항고법원은 채권압류 및 전부명령을 취소하고, 그 신청을 기각하는 결정을 하여야 한다.[171] 다만 파산선고 전에 확정된 전부명령에 기하여 파산선고 후에 채권자가 전부금을 변제받는 것은 유효하다. 전부명령이 확정되면 제3채무자에게 송달된 때 채무

---

171) 대법원 2001. 5. 31.자 2000마3784, 3785 결정, 대법원 2010. 7. 28.자 2010마862 결정, 대법원 2016. 11. 4.자 2016마1349 결정 참조. 추심소송 중이면 소송은 중단된다.

변제의 효력이 생겨 집행이 완료된 것으로 보기 때문이다.

4) 제3채무자가 공탁한 경우

압류의 경합 등으로[172] 제3채무자가 공탁한 후 채무자에 대한 파산선고가 있는 경우에는 다른 우선권 있는 채권이 없는 한 배당절차로 진행하지 아니하고, 파산관재인이 압류 또는 가압류가 파산채권에 기한 것임을 소명하여 공탁공무원으로부터 공탁금을 받아오면 된다. 다만, 압류의 경합 상태에서 파산선고가 내려진 후 제3채무자가 공탁하면서 공탁사유를 신고한 경우에는, 압류 및 가압류가 파산선고에 의하여 이미 실효되어 집행의 경합이 없는 상태가 되었으므로, 결국 공탁사유가 없는 것으로 되어 제3채무자의 공탁사유 신고는 부적법한 신고라고 할 것이므로 집행법원은 이를 수리하지 않는 결정을 하여야 한다. 따라서 제3채무자는 파산관재인에게 변제를 하여야 한다.

5) 파산선고 후의 추심 및 변제의 효력

파산선고 후의 추심명령이나 전부명령에 기하여 추심을 완료하여 변제를 받았더라도 위 추심이나 변제는 무효이다.

(5) 파산선고의 취소 등과 집행처분의 부활

파산취소결정은 소급하여 파산의 효과를 소멸시키므로 채무자는 처음부터 파산선고를 받지 아니한 것이 된다. 다만, 제3자에 대한 거래의 안전을 도모하기 위하여 파산선고 시부터 취소 시까지 사이에 파산관재인에 의하여 행하여진 행위의 효력은 그대로 유효하다고 해석된다. 따라서 파산선고 전에 개시된 파산채권에 기한 파산재단 소속 재산에 대한 강제집행·가압류·가처분으로서 파산선고에 의하여 그 효력을 잃었더라도, 그 등기가 말소되지 않은 상태에서 파산취소결정에 의하여 선고 시 상태를 기준으로 효력을

---

172) 민사집행법은 권리공탁의 요건을 완화하여 채권자가 경합하는 경우에 한정하지 않고 압류채권자가 한 사람인 경우 또는 가압류가 집행된 경우에도 압류에 관련된 금전채권의 면책을 위하여 그 전액에 상당하는 금전을 공탁하는 것을 인정하고 있다(민사집행법 제248조 제1항, 제297조).

회복하였다면 그 절차를 속행할 수 있다.[173]

파산폐지결정에는 소급효가 없으므로, 파산선고로 효력을 잃은 강제집행 등은 사후적으로 파산폐지결정이 확정되더라도 그 효력이 부활하지 않는다.[174] 채권자는 파산폐지결정 확정 후에 다시 강제집행·가압류·가처분의 신청을 하여야 한다.

(6) 강제집행절차의 속행

법 제348조 제1항 본문은 파산채권에 기하여 파산재단에 속하는 재산에 대하여 행하여진 강제집행·가압류 또는 가처분은 파산재단에 대하여는 그 효력을 잃는다고 규정하고 있는데, 같은 항 단서는 그 중 강제집행에 관하여는 파산관재인이 파산재단을 위하여 절차를 속행할 수 있다고 규정하고 있다.

파산관재인으로서는 종국적으로 파산재단에 속하는 재산을 환가하여야 하는데, 개별적 강제집행절차가 상당 정도 진행되어 신속한 환가가 가능한 경우라든가, 파산관재인에 의한 임의매각에 의한 환가보다 종전의 강제집행절차를 이용한 환가가 고가로 매각될 가능성이 있는 등 경제적으로 유리한 경우에는 이를 속행할 수 있도록 한 것이다.

파산관재인이 강제집행절차를 속행하는 경우에는 그 강제집행의 집행채권자가 진행하여 온 집행절차를 그대로 인계받게 된다. 속행의 외형만을 보면 단순히 집행채권자의 교체에 불과한 것으로 보이지만, 그 실질적 성격은 종전 강제집행과는 현저히 다른 것이다. 즉, 법 제348조 제1항 단서에 의한 속행절차의 성격은 파산관재인에 의한 파산재단 환가방법의 하나로 파산재단에 속하는 재산을 종전에 행하여진 강제집행 형식을 차용함으로써 환가하는 것이다.

---

173) 예컨대, 파산선고에 의하여 가압류등기가 효력을 잃었지만 그 등기는 말소되지 않은 상태에서 파산취소의 등기가 되고, 가압류등기에 이어 강제집행 개시결정의 등기가 촉탁되었다면, 등기관은 그에 따른 등기를 하여야 한다(법원행정처, 부동산등기실무(Ⅲ), 2015, 390면).

174) 대법원 2014. 12. 11. 선고 2014다210159 판결.

따라서 강제집행절차가 파산관재인에 의하여 속행된 후에는 특별하게 취급하여야 한다. 즉, 집행기관은 속행 후에는 일반채권자에 의한 배당요구는 무시하고, 배당기일에는 별제권자에게 배당한 다음 집행비용으로 지급될 돈을 포함한 잔금 전액을 파산관재인에게 교부하여야 한다(물론 법 제348조 제2항에 의하여 파산관재인은 집행채권자에게 집행비용을 재단채권으로 변제하여야 하고, 위 속행된 강제집행에 대한 제3자이의의 소에서는 파산관재인이 피고가 된다).175)

이 경우, 파산관재인은 법률의 규정에 의하여 당해 강제집행절차를 당연히 승계하는 것이므로, 따로 승계집행문을 부여받을 필요는 없다고 해석된다. 따라서 파산관재인은 집행기관에 대하여 채무자가 파산선고를 받았고 자신이 파산관재인으로 선임되었다는 사실과 당해 강제집행이 파산채권에 기한 것이므로 파산선고에 의하여 실효한 것이나 법 제348조 제1항 단서에 기하여 속행한다는 취지를 소명자료를 첨부하여 신청하면 된다.

법 제348조 제1항 단서는 강제집행절차의 속행에 관해서만 규정하고 있으므로, 보전처분도 속행하여 그 효력을 원용할 수 있는지 문제된다. 파산관재인이 기존 보전처분을 파산재단에 유리하게 원용할 수 있는 경우176)에는 이를 긍정할 수 있을 것이다.

라. 체납처분

(1) 파산선고 전 체납처분

법 제349조 제1항은 "파산선고 전에 파산재단에 속하는 재산에 대하여 「국세징수법」 또는 「지방세징수법」에 의하여 징수할 수 있는 청구권(국세징수의 예에 의하여 징수할 수 있는 청구권으로서 그 징수우선순위가 일반 파산채권보다

---

175) 즉 강제집행을 속행한 경우, 집행기관은 '배당할 금액'에서 집행비용을 속행 전 집행채권자에게 지급한 나머지를 '실제 배당할 금액'으로 정하여 별제권자 등에 대한 배당 후 잔금을 파산관재인에게 교부할 것이 아니라, '배당할 금액'을 먼저 별제권자 등에게 배당(별제권자가 지출한 집행비용은 별제권자에게 지급)한 다음 집행비용으로 지급될 돈을 포함한 잔금 전액을 파산관재인에게 교부하여야 한다.

176) 예를 들어 근저당권에 선행하는 가압류를 유효하게 본다면, 근저당권자와의 관계에서 파산재단에 유리하게 배당받을 수 있다.

우선하는 것을 포함한다)에 기한 체납처분을 한 때에는 파산선고는 그 처분의 속행을 방해하지 아니한다.”고 규정하고 있는바, 이는 조세채권은 재단채권으로서 수시변제를 받고 공익적 성격을 가진다는 점을 고려하여 파산선고 전에 착수한 것에 한하여 체납처분의 속행을 인정한 것이다.

체납처분의 속행을 인정한 취지에 관하여 판례177)는 “과세관청이 파산선고 전에 국세징수법 또는 국세징수의 예에 의하여 체납처분으로 부동산을 압류(참가압류를 포함한다)한 경우에는 그 후 체납자가 파산선고를 받더라도 그 체납처분을 속행하여 파산절차에 의하지 아니하고 배당금을 취득할 수 있어 선착수한 체납처분의 우선성이 보장된다는 것으로 해석함이 상당하고, 따라서 별제권(담보물권 등)의 행사로서의 부동산경매절차에서 그 매각대금으로부터 직접 배당받을 수 있고, 이는 파산재단이 재단채권의 총액을 변제하기에 부족한 것이 분명하게 된 때에도 마찬가지라고 할 것이다.”라고 판시하여 파산선고 전에 체납처분을 한 조세채권에 대하여 부동산경매절차의 매각대금에서 바로 우선변제를 받는 것을 허용하고 있다.

(2) 국세징수의 예에 의하여 징수할 수 있는 청구권으로서 그 징수우선순위가 일반 파산채권보다 우선하는 것

이에 해당되는 청구권은 건강보험료(국민건강보험법 제81조 제3항, 제85조), 국민연금보험료(국민연금법 제95조 제4항, 제98조), 고용보험료, 산업재해보상보험료(고용보험 및 산업재해보상보험의 보험료징수 등에 관한 법률 제28조 제1항, 제30조), 장애인 고용부담금(장애인고용촉진 및 직업재활법 제37조 제3항, 제38조) 등이고, 이에 해당되지 아니한 것으로는 국유재산법상의 사용료, 대부료, 변상금 등이 있다.

(3) 파산선고 후 체납처분

법 제349조 제2항은 “파산선고 후에는 파산재단에 속하는 재산에 대하여 「국세징수법」 또는 「지방세징수법」에 의하여 징수할 수 있는 청구권(국세

---

177) 대법원 2003. 8. 22. 선고 2003다3768 판결.

징수의 예에 의하여 징수할 수 있는 청구권을 포함한다)에 기한 체납처분을 할 수 없다."고 규정하고 있으므로 파산선고 후에는 조세채권에 기하더라도 새로운 체납처분은 허용되지 않는다.[178]

이와 관련하여 별제권의 실행에 의한 부동산임의경매절차와 관련하여 과세관청이 파산선고 당시에는 채무자의 부동산에 대하여 체납처분에 의한 압류를 하지 아니한 경우, 파산선고 후에 집행법원에 교부청구를 할 수 있는지, 허용되는 경우에 집행법원이 교부청구를 한 과세관청에게 배당표에 기재된 배당액을 실제로 교부할 수 있는지가 문제되고 이에 대하여 견해의 대립이 있으나, 대법원은 "파산자 소유의 부동산에 대한 별제권(담보물권 등)의 실행으로 인하여 개시된 경매절차에서 과세관청이 교부청구를 하는 경우 그 교부청구에 따른 배당금은 조세채권자인 과세관청에게 직접 교부할 것이 아니라 파산관재인이 파산법 소정의 절차에 따라 각 재단채권자에게 안분 변제할 수 있도록 파산관재인에게 교부하여야 함이 상당하다 할 것이다."라고 판시하였다.[179]

따라서 과세관청은 파산선고 후에도 별제권의 실행에 의한 부동산임의경매절차에서 조세채권에 기한 교부청구를 할 수 있으나, 집행법원은 교부청구에 따른 배당금을 파산관재인이 법 소정의 절차에 따라 각 재단채권자에게 안분 변제할 수 있도록 파산관재인에게 교부하여야 하고 조세채권자인 과세관청에 직접 교부하여서는 안 된다.

마. 담보권 실행 등을 위한 경매

(1) 일 반 론

법은 파산재단에 속하는 재산상에 존재하는 유치권·질권·저당권·「동산·채권 등의 담보에 관한 법률」에 따른 담보권 또는 전세권을 별제권이라

---

178) 대법원 2003. 3. 28. 선고 2001두9486 판결.
179) 대법원 2003. 6. 24. 선고 2002다70129 판결, 대법원 2003. 8. 22. 선고 2003다3768 판결.

고 규정하고(법 제411조), 별제권은 파산절차에 의하지 아니하고 이를 행사할
수 있다고 규정하고 있다(법 제412조). 가등기담보권은 파산절차에서 저당권
과 동일하게 취급되므로(가등기담보 등에 관한 법률 제17조 제1항), 가등기담보
권 또한 별제권이다. 따라서 파산재단 소속 재산에 관한 저당권 등의 담보권
실행경매는 파산선고가 있어도 실효하지 않고, 채무자의 지위가 파산관재인
에게로 승계되어 계속 진행된다.

(2) 별제권의 목적의 환수

별제권의 목적 예컨대 부동산에 관하여 그 담보되어 있는 채무를 파산
관재인이 변제하고, 당해 담보권을 소멸시키는 것을 말한다(법 제492조 제14
호). 별제권의 목적물 가액이 피담보채권액보다 고액인 때에는 별제권의 목
적물을 환수하는 것이 파산재단에 유리하기 때문이다.

(3) 근저당권 등의 피담보채무 확정시기

근저당권은 채무자 또는 근저당권설정자에 대한 파산선고가 있으면 피
담보채무가 확정된다고 해석하고 있다.

(4) 담보권실행경매와 체납처분

㈎ 파산선고 전 채무자 소유 부동산에 체납처분(압류 등)이 있고, 그 후 위 부
　동산에 별제권에 기한 부동산임의경매가 개시된 경우

과세관청은 그 매각대금으로 직접 배당받을 수 있고, 이는 파산재단이
재단채권의 총액을 변제하기에 부족한 것이 분명하게 된 때에도 마찬가지라
고 할 것이다.

㈏ 파산선고 전 채무자 소유 부동산에 체납처분이 없었고, 파산선고 후 채
　무자 소유 부동산에 별제권에 기한 부동산임의경매가 개시되자 과세관청
　이 배당요구의 종기까지 교부청구를 한 경우

집행법원은 과세관청의 교부청구에 따른 배당금을 조세채권자인 과세관
청에 직접 교부할 것이 아니라 파산관재인이 법 소정의 절차에 따라 각 재단

채권자에게 안분 변제할 수 있도록 파산관재인에게 교부하여야 한다. 따라서 파산선고 후 파산재단 소속의 재산에 대하여 근저당권 등에 기한 담보권실행경매가 있는 경우, 파산관재인은 채무자에 대한 파산선고 및 자신이 파산관재인으로 선임된 사실을 소명할 수 있는 자료를 첨부하여 위 집행법원에 신고함으로써 파산선고 후에 교부청구된 재단채권(조세채권, 임금채권 등)에 대한 배당금액을 직접 수령할 수 있도록 하여야 한다.

(5) 별제권에 선행하는 가압류등기가 있는 경우
㈎ 선행가압류의 실효 여부

별제권에 선행하여 파산채권에 기한 가압류기입등기(이른바 '선행가압류')가 있고 파산선고에 의하여 선행가압류도 실효된다고 인정할 경우, 별제권자는 선행가압류채권자와 안분배당을 받을 필요가 없게 되어 가압류의 제한을 받지 아니하는 완전한 별제권을 갖게 되는 결과가 된다. 이는 파산선고를 계기로 선행가압류에 의하여 권리가 제한되었던 별제권자가 뜻하지 않은 반사적 이익[180]을 얻는 결과가 된다고 할 것인데, 이처럼 별제권자가 이득을 얻게 되는 것은 법의 목적이 아님이 분명하다. 별제권자는 파산선고에 의하여 그 권리행사에 영향을 받지 아니한다는 것이지, 파산선고 전보다 더 유리한 지위에 설 수 있게 되는 것은 아니다.

또한 파산선고 전 강제집행·가압류 또는 가처분이 실효되는 것을 파산재단에 불리한 집행처분의 실효라는 '상대적 실효'로 이해할 때,[181] 별제권보다 선행하는 가압류집행이 반드시 파산재단에 불리하다고 볼 수만은 없으므로, 선행가압류를 실효시킬 필요도 없을 것이다. 따라서 채무자에 대한 파산선고가 없었다면 당해 부동산에 대한 별제권에 기한 집행절차에서 선행가

---

180) 저당권자 등은 선행가압류가 존재하는 상태에서 부동산의 나머지 가치만을 평가하여 저당권 등을 설정한 것이고 선행가압류에 의한 제한이 있는 채로 저당권 등을 행사할 수 있을 뿐인데, 파산선고로 인하여 선행가압류가 실효된다고 본다면 저당권자 등은 이러한 제한에서 벗어날 수 있게 된다.

181) 대법원 2000. 12. 22. 선고 2000다39780 판결.

압류채권자에게 배당할 수 있었던 경우에는, 그 가압류는 파산재단에 대한 관계에서 불리한 집행처분이 아니므로 실효되지 아니한다고 보아야 한다.

(나) 배당의 실시

집행법원은 파산선고가 없었던 경우의 배당순위에 따라 선행가압류채권자와 별제권자에게 안분배당하는 내용의 배당표를 작성한 후, 가압류채권자에 대한 배당금을 공탁하여야 한다. 그러나 가압류채권자는 파산채권자로서 파산절차에 의하지 아니하고는 그 권리를 행사할 수 없으므로 향후 집행권원을 얻었다고 하더라도 위 공탁금을 수령할 수는 없다(위 공탁금을 가압류채권자가 수령한다면 결국 파산채권자가 파산절차에 의하지 아니하고 그 권리를 행사하여 만족을 얻는 결과가 되기 때문이다). 따라서 가압류채권자에 대한 배당금이 공탁된 경우에는 파산관재인만이 이를 수령할 수 있다. 그 구체적인 수령방법과 관련하여서는 파산관재인이 가압류채권자가 파산채권신고를 하여 확정되었음을 소명할 수 있는 파산채권자표 등본 또는 채권확정소송의 판결 등본(물론 파산선고결정문, 파산관재인 선임증이 필요할 수 있음)을 집행법원에 제출하여 배당금을 수령할 수 있을 것이다.

제4절
면책절차가 소송절차 등에 미치는 영향

1. 면책절차가 소송절차에 미치는 영향

가. 의   의

면책절차는 개인에 대한 파산절차의 후속절차로서, 파산이 선고된 채무자의 책임을 면제할 것인지 여부를 결정하는 절차이다. 파산신청과 면책신청은 별개의 신청으로 처리되어 각각 사건번호가 부여되나 개인인 채무자가 파산신청을 한 경우에는 반대의 의사표시가 없는 한 파산신청과 동시에 면책신청을 한 것으로 간주된다(법 제556조 제3항). 면책절차가 진행되더라도 실체적인 법률관계에는 아무런 영향을 미치지 못하므로, 채무자를 상대로 한 민사소송절차는 아무런 방해를 받지 아니한다. 면책신청이 있는 경우, 법원은 면책신청에 대한 각하사유(법 제556조 제1항에서 정한 면책신청기간을 도과한 경우 등) 또는 기각사유(법 제559조 제1항 참조), 면책을 불허가할 사유(법 제564조 제1항 참조)가 없는 한 채무자에 대하여 면책을 허가하여야 하고, 면책허가결정이 확정되면 파산채권자에 대한 관계에서 채무자의 책임은 면제된다.

나. 면책결정의 효력

(1) 효력발생의 시기

면책허가결정은 확정되어야 그 효력이 발생한다(법 제565조). 면책허가결정은 그 주문과 이유의 요지를 공고하고(법 제564조 제3항), 공고한 날의 다음 날부터 14일이 경과할 때까지 이해관계인의 즉시항고가 제기되지 아니하면 확정된다(법 제13조 제2항). 면책허가결정은 형성적 효과를 그 내용으로 하고 달리 소급효를 인정하는 규정도 없으므로 소급효가 인정되지 않는다. 따라서 민사소송절차에서 당사자가 파산·면책되었다고 주장하는 경우에는 면책결정문 등본뿐만 아니라 확정증명서까지 제출받아 면책결정의 확정 여부를 반드시 확인할 필요가 있다.

(2) 파산채권자에 대한 효력

㈎ 책임의 면제

파산채권은 채무자에 대한 면책허가결정의 확정에 의하여 그 책임이 면제된다(법 제566조 본문). 파산채권은 그것이 면책신청의 채권자목록에 기재되지 않았더라도 비면책채권(법 제566조 단서)에 해당하지 않는 한 면책의 효력으로 책임이 면제된다.182) 파산채권인 한 확정판결에 의한 채권이라도 면책된다.

면책의 효력은 파산채권에 대한 것이므로, 재단채권, 소유권에 기한 반환청구권 등의 환취권이나 별제권183) 등에는 면책의 효력이 미치지 아니한다.184) 또한 파산선고 후의 원인에 기하여 생긴 청구권은 파산채권이 아니

---

182) 대법원 2010. 10. 14. 선고 2010다49083 판결, 대법원 2016. 4. 29. 선고 2015다71177 판결, 대법원 2019. 11. 15. 선고 2019다256167, 256174 판결 등 참조.

183) 담보부채권은 파산법상 별제권으로 보호되는 한도에서 면책허가결정 확정 후에도 그 채권에 기하여 담보권을 실행할 수 있다. 김정만, "파산면책의 효력", 사법논집 제30집. 법원도서관(1999), 200면. 예를 들어 채무자가 면책허가결정 확정 후 그 소유의 자동차에 관한 저당권자를 상대로 피담보채무가 면책으로 소멸되었음을 이유로 저당권설정등록의 말소등록절차 이행을 청구하더라도, 별제권은 면책허가결정 후에도 행사할 수 있으므로 위와 같은 청구는 기각될 것이다[서울중앙지방법원 2010. 8. 20. 선고 2010가단33260 판결(확정)].

184) 다만 재단채권이라는 이유만으로 당연히 면책대상에서 제외되는 것은 아니고, 재단채권도 법률이 명문으로 비면책채권으로 열거한 것 이외에는 면책되는 것으로 보아야 한다는 견해도 있다. 임치용, 파산법연구 2, 박영사(2006), 251면.

므로(법 제423조 참조) 이러한 청구권에도 면책의 효력이 미치지 아니한다.

면책결정이 확정되더라도 채무 자체가 소멸하는 것은 아니고 채무자가 채무를 변제할 책임에서 벗어날 뿐이다(자연채무설).185) 면책된 채권은 통상의 채권이 가지는 소 제기 권능과 집행력을 상실할 뿐만 아니라 소송 외에서 임의의 변제를 청구할 권능까지 상실한다고 봄이 상당하다. 다만, 채무자가 면책채권을 임의로 이행할 경우 그 급부를 보유할 수 있는 권능은 상실되지 아니하므로, 면책 후 자발성이 인정되는 임의변제는 유효한 변제로서 부당이득의 문제는 생기지 않는다.

면책결정 후 파산채권자가 채무자에게 이행청구소송을 제기하는 경우, 면책된 채권은 통상의 채권이 가지는 소 제기 권능을 상실하여 권리보호의 이익이 없으므로 그 채권의 이행을 구하는 소는 부적법하여 각하되어야 한다.186)

(나) 비면책채권

법은 다음과 같은 채권에 대하여 이른바 비면책채권으로서 면책대상에서 제외하고 있다(법 제566조 단서). 다만, 면책절차에서는 당해 채권이 비면책채권에 해당하는가를 판단, 결정할 수 없고, 당해 채권자가 별도로 제기한 이행청구 등 소송에서 채무자가 면책허가결정의 확정을 본안전 항변으로 주

---

185) 대법원 2001. 7. 24. 선고 2001다3122 판결은 "회사정리법 제241조는, 정리계획인가의 결정이 있는 때에는 계획의 규정 또는 같은 법의 규정에 의하여 인정된 권리를 제외하고 회사는 모든 정리채권과 정리담보권에 관하여 그 책임을 면한다고 정하였는데, 위 면책에 대하여 채무 자체는 자연채무 상태로 남게 되지만 회사에 대하여 이행을 강제할 수 없다는 의미"라고 해석하였다. 같은 취지로 대법원 2005. 2. 17. 선고 2004다39597 판결 또한 "회사정리법 제241조에서 말하는 면책이라 함은 채무 자체는 존속하지만 회사에 대하여 이행을 강제할 수 없다는 의미라고 봄이 상당하므로, 위와 같이 면책된 채무는 이른바 자연채무"라고 판시하였다.

186) 대법원 2015. 9. 10. 선고 2015다28173 판결. 반대로 채무자가 면책된 채무에 대하여 채무부존재확인의 소를 제기하는 것도 특별한 사정이 없는 한 확인의 이익을 인정할 수 없어 부적법하다(대법원 2019. 3. 14. 선고 2018다281159 판결, 대법원 2019. 7. 10. 선고 2016다254719 판결 등 참조).

장하면 채권자는 법 제556조 단서 소정의 비면책채권에 해당함을 주장하여 다투거나[187] 채무자가 채권자를 상대로 제기한 청구이의의 소, 면책확인의 소 등에서 채권자가 비면책채권임을 주장하는 방법으로 비면책채권의 여부가 심리, 확정된다.

1) 조세채권(제1호)

여기에서 말하는 '조세'채권은 파산채권인 조세채권에 한정된다. 따라서 조세채권을 재단채권으로 규정하고 있는 현행법(법 제473조 제2호는 국세징수법 또는 지방세기본법에 의하여 징수할 수 있는 청구권을 재단채권으로 하고 있다) 하에서는 본 호의 규정은 의미가 없다.[188] 다만, 법 제473조 제2호는 국세징수의 예에 의하여 징수할 수 있는 청구권을 모두 재단채권으로 하였던 파산법 제38조 제2호와는 달리 국세징수의 예에 의하여 징수할 수 있는 청구권으로서 그 징수우선순위가 일반 파산채권보다 우선하는 것[189]만을 재단채권으로 규정하고 있다. 따라서 국세징수의 예에 의하여 징수할 수 있는 청구권으로서 그 징수우선순위가 일반 파산채권에 우선하지 아니하는 청구권[190][191]은

---

187) 채무자가 면책항변을 하지 아니한 경우 법원이 직권으로 면책채권 해당 여부를 심리하여야 하는 것은 아니다(대법원 2018. 10. 25. 선고 2018다230359 판결 참조).

188) 재단채권에 대하여도 면책의 효력이 미칠 수 있다는 견해에 의하면 본 호는 재단채권인 조세채권을 비면책채권으로 규정하는 의미가 있다.

189) 국세징수의 예에 의하여 징수할 수 있는 청구권은 징수절차상 자력집행권이 인정될 뿐이므로, 그 청구권의 '다른 공과금'은 물론 '그 밖의 다른 채권'에 대한 우선권이 인정되기 위해서는 개별 법률에서 별도의 명시적인 규정이 있어야 한다. 국세징수의 예에 의하여 징수할 수 있는 청구권 중 징수우선순위가 일반 파산채권보다 우선하는 것으로는 국민건강보험법상의 보험료와 징수금, 국민연금법상의 연금보험료와 징수금, 고용보험 및 산업재해보상보험의 보험료징수 등에 관한 법률상의 고용보험료·산재보험료와 징수금, 임금채권보장법상의 부담금, 어선원 및 어선 재해보상보험법상의 어선원보험료와 징수금, 장애인고용촉진 및 직업재활법상의 장애인 고용부담금과 징수금, 개발이익 환수에 관한 법률상의 개발부담금과 가산금, 보조금 관리에 관한 법률상의 반환금, 제재부가금 및 가산금 등이 있다.

190) 국세징수의 예에 의하여 징수할 수 있는 청구권 중 그 징수우선순위가 일반 파산채권보다 우선한다는 명시적인 규정이 없어 재단채권에 해당하지 아니한 것으로는 국유재산법상의 사용료, 관리소홀에 따른 가산금, 대부료, 변상금 및 연체료, 환경개선부담비용 부담법상의 환경개선부담금, 독점규제 및 공정거래에 관한 법률상의 체납

일반 파산채권으로서 본 호의 조세에 해당하지 아니하므로 면책허가결정에 의하여 면책된다.

조세채권 등이 파산선고 전의 원인으로 인한 것으로 재단채권에 해당하는지 여부는 파산선고 전에 법률이 정한 과세요건 내지 성립요건이 충족되어 그 조세채권 등이 성립되었는가 여부를 기준으로 하여 결정된다.192)

2) 벌금, 과료, 형사소송비용, 추징금 및 과태료(제2호)

이들 공법상 청구권은 다른 파산채권자와의 관계에서는 법 제446조 제4호 소정의 후순위 파산채권에 해당하지만, 채무자에 대해서는 형벌 내지 질서벌로서 직접 본인에게 그 고통을 주는 것을 목적으로 하고, 실제로 이행시켜야 그 목적을 달성할 수 있기 때문에 비면책채권으로 한 것이다. 이와 관련하여 회생절차에 관한 대법원 2013. 6. 27. 선고 2013두5159 판결은 "채무자 회생 및 파산에 관한 법률 제140조 제1항, 제251조 단서는 회생절차개시 전의 벌금·과료·형사소송비용·추징금 및 과태료의 청구권은 회생계획인가의 결정이 있더라도 면책되지 않는다고 규정하고 있는바, 이는 회생계획인가의 결정에 따른 회생채권 등의 면책에 대한 예외를 정한 것으로서 그에 해당하는 청구권은 한정적으로 열거된 것으로 보아야 하고, 위 규정에 열거되지 아니한 과징금의 청구권은 회생계획인가의 결정이 있더라도 면책되지 않

된 이행강제금, 과징금 및 가산금, 보조금 관리에 관한 법률에 따라 보조금 교부결정이 취소된 경우 반환금과 그에 대한 가산금(대법원 2018. 3. 29. 선고 2017다242706 판결), 부동산 실권리자명의 등기에 관한 법률상의 과징금 등이 있다.

191) 대법원 2017. 11. 29. 선고 2015다216444 판결은 "파산선고 전의 원인으로 인한 국세나 지방세에 기하여 파산선고 후에 발생한 가산금·중가산금은 후순위파산채권인 채무자회생법 제446조 제1항 제2호의 '파산선고 후의 불이행으로 인한 손해배상액'에 해당하는 것으로 봄이 타당하므로, 법 제473조 제2호 괄호 안에 있는 규정(국세징수의 예에 의하여 징수할 수 있는 청구권으로서 그 징수우선순위가 일반 파산채권보다 우선하는 것을 포함하며, 제446조의 규정에 의한 후순위파산채권을 제외한다)에 따라 재단채권에서 제외된다."고 판시하였는바, 조세채권의 성립일을 기준으로 하여 파산선고 전에 성립된 국세 및 지방세의 원금과 그에 대한 파산선고일 전날까지의 납부지연 가산세(개정 전 가산금·중가산금) 청구권은 재단채권에, 파산선고일 당일부터의 가산세(개정 전 가산금·중가산금) 청구권은 후순위파산채권에 각 해당한다.

192) 대법원 2005. 6. 9. 선고 2004다71904 판결.

는 청구권에 해당한다고 볼 수 없다."고 하였는바, 파산절차에서도 동일하게 볼 수 있을 것이다.

3) 채무자가 고의로 가한 불법행위에 기한 손해배상청구권(제3호)

사회적으로 비난받을 만한 행위로 인한 경우까지 면책결정에 의하여 그 채무에 관한 책임을 면제하는 것은 정의의 관념에 반하는 결과가 된다는 점을 고려한 것이다.[193) 고의의 불법행위에 기한 것에 한정되고 과실에 의한 불법행위에 기한 것은 법 제566조 제4호에 해당하지 않는 한 면책되며, 피용자의 불법행위에 대한 민법 제756조의 사용자책임은 피용자의 선임·감독상의 과실책임이므로 피용자가 악의인 경우에도 면책된다.[194) 또한, 불법행위만 해당되므로 단순한 계약위반으로 인한 손해배상의 경우는 면책된다.

한편, 상법 제682조에 의하면, 손해가 제3자의 행위로 인하여 생긴 경우에 보험금액을 지급한 보험자는 그 지급한 금액의 한도에서 그 제3자에 대한 보험계약자 또는 피보험자의 권리를 취득한다고 규정하고 있는바, 이 경우 피보험자 등의 제3자에 대한 권리는 동일성을 잃지 않고 그대로 보험자에게 이전되는 것이므로, 보험자가 취득하는 채권이 비면책채권에 해당하는지 여부는 피보험자 등이 제3자에 대하여 가지는 채권 자체를 기준으로 판단하여야 한다.[195)

4) 채무자가 중대한 과실로 타인의 생명 또는 신체를 침해한 불법행위로 인하여 발생한 손해배상(제4호)

여기서 중대한 과실이란 채무자가 어떠한 행위를 함에 있어서 조금만 주의를 기울였다면 생명 또는 신체 침해의 결과가 발생하리라는 것을 쉽게 예견할 수 있음에도 그러한 행위를 만연히 계속하거나 조금만 주의를 기울여 어떠한 행위를 하였더라면 생명 또는 신체 침해의 결과를 쉽게 회피할 수 있음에도 그러한 행위를 하지 않는 등 일반인에게 요구되는 주의의무에 현

---

193) 대법원 2018. 4. 26. 선고 2017다290477 판결 참조.
194) 백창훈, "면책과 복권", 재판자료 83집, 법원도서관(1999), 423면.
195) 대법원 2009. 5. 28. 선고 2009다3470 판결, 대법원 2018. 4. 26. 선고 2017다290477 판결.

저히 위반하는 것을 말한다.196) 음주운전 중의 교통사고로 인한 대인손해배
상을 전형적인 예로 들 수 있으나, 실제로 어떠한 과실이 '중대한' 것인지,
이를 판단하는 문제는 쉽지 않을 것이다.197) 한편, 사람의 생명 또는 신체에
대한 손해배상이므로 중대한 과실로 인한 대물손해배상의 경우는 면책의 대
상에 포함된다.

5) 채무자의 근로자의 임금·퇴직금 및 재해보상금(제5호), 임치금 및 신원 보증금(제6호)

근로자의 보호라는 사회·정책적 고려에서 비면책채권으로 규정한 것이
다. 다만, 채무자의 근로자의 임금·퇴직금 및 재해보상금과 파산선고 전의
원인으로 생긴 채무자의 근로자의 임치금 및 신원보증금의 반환청구권은 재
단채권으로서(법 제473조 제10호, 제11호) 파산채권에 대한 면책결정의 효력이
미치지 아니하므로, 본 호의 규정은 확인적 의미밖에 없다고 할 것이다. 한
편 근로자성이 인정되지 않는 임원의 보수는 면책대상에 해당한다.

---

196) 대법원 2010. 5. 13. 선고 2010다3353 판결, 대법원 2010. 3. 25. 선고 2009다91330
판결.

197) 판례에 의하면, 벌점 누적으로 운전면허가 취소된 자가 차량을 운전하고 가던 중 졸
음운전으로 진행방향 우측 도로변에 주차되어 있던 차량의 뒷부분을 들이받아 동승
한 피해자에게 상해를 입힌 사안에서, 벌점 누적으로 운전면허가 취소된 것이라면 도
로교통법상의 무면허운전이 위 사고의 직접 원인으로 작용하였다고 보기 어렵고 전
방주시를 태만히 한 상태에서 졸음운전을 하였다는 점만으로 주의의무를 현저히 위
반하는 중대한 과실이 있다고 보기 어렵다는 이유로, 그로 인한 손해배상채권이 채무
자 회생 및 파산에 관한 법률 제566조 제4호에 정한 비면책채권에 해당하지 않는다
고 한 사례가 있고(대법원 2010. 5. 13. 선고 2010다3353 판결), 중앙선이 설치된 편
도 1차로의 국도를 주행하던 승용차가 눈길에 미끄러지면서 중앙선을 넘어가 반대차
로에서 제설작업 중이던 피해자를 충격하여 사망에 이르게 한 사안에서, 교통사고 발
생 당시의 상황 등 여러 사정에 비추어 가해자가 약간의 주의만으로도 손쉽게 피해
자의 생명 또는 신체 침해의 결과를 예견할 수 있는 경우임에도 주의의무에 현저히
위반하여 위 교통사고를 야기하였다고 보기 어렵다는 이유로, 그로 인한 손해배상채
권이 채무자 회생 및 파산에 관한 법률 제566조 제4호에 정한 비면책채권에 해당하
지 않는다고 한 사례(대법원 2010. 3. 25. 선고 2009다91330 판결)가 있다.

6) 채무자가 악의로 채권자목록에 기재하지 아니한 청구권(제7호)

여기서 채권자목록이란 채무자가 면책신청을 하면서 제출하는 것(법 제556조 제6항)을 의미한다. 채권자목록에 기재하지 아니한 청구권을 면책대상에서 제외한 취지는, 채권자목록에 기재되지 아니한 채권자가 있을 경우 그 채권자로서는 면책절차 내에서 면책신청에 대한 이의 등을 신청할 기회를 박탈당하게 될 뿐 아니라 그에 따라 법 제564조에서 정한 면책불허가사유에 대한 객관적 검증도 없이 면책이 허가, 확정되면 채무자는 원칙적으로 채무를 변제할 책임에서 벗어나게 되므로, 위와 같은 절차 참여의 기회를 갖지 못한 채 불이익을 받게 되는 채권자를 보호하려는 데에 있다.198) 따라서 채권자목록에 기재되지 않은 채권자가 파산선고 사실을 안 경우는 제외된다(본 호 단서).199) 채무자의 악의에 대한 증명책임은 채권자가 부담한다.200)

여기서 채무자가 '악의'로 채권자목록에 기재하지 아니한 청구권이라 함은 채무자가 면책결정 이전에 '채권의 존재 사실을 알면서도' 이를 채권자목록에 기재하지 않은 경우를 뜻하므로 채권자목록에 기재하지 않은 데에 과실이 있는지 여부를 불문하고 채무자가 채권의 존재 사실을 알지 못한 때에는 이에 해당하지 아니한다.201) 즉 채무자가 채권의 존재 사실을 알면서도 채권자목록에 기재하지 아니하고, 채권자가 채무자의 파산선고 사실을 몰랐을 경우에만 이 규정에 해당한다.

또한 채무자가 채무의 존재를 알면서 과실로 채권자목록에 이를 기재하

---

198) 대법원 2010. 7. 15. 선고 2010다30478 판결, 대법원 2010. 10. 14. 선고 2010다49083 판결, 대법원 2016. 4. 29. 선고 2015다71177 판결, 대법원 2019. 11. 15. 선고 2019다256167, 256174 판결 참조.
199) 대법원 2019. 11. 15. 선고 2019다256167, 2019다256174 판결 참조.
200) 헌법재판소 2014. 6. 26. 선고 2012헌가22 전원재판부 결정(면책결정이 확정되는 경우 원칙적으로 모든 파산채무가 면제되는 것으로 하고, 그에 대한 예외로서 비면책채권을 열거하는 입법형식을 취함으로써 비면책채권의 존재를 주장하는 자에게 그 증명책임을 부담시킨 것은 파산절차에서 채무자의 신속한 재기를 위한 불가피한 측면이 있고, 이를 채권자에게 부담시켰다 하더라도 과도한 제한이라고 보기는 어렵다).
201) 대법원 2007. 1. 11. 선고 2005다76500 판결.

지 아니한 경우에도 이 규정에 해당한다. 이와 관련하여 대법원 2010. 10. 14. 선고 2010다49083 판결은 "법 제566조 제7호에서 말하는 '채무자가 악의로 채권자목록에 기재하지 아니한 청구권'이라고 함은 채무자가 면책결정 이전에 파산채권자에 대한 채무의 존재 사실을 알면서도 이를 채권자목록에 기재하지 않은 경우를 뜻하므로, 채무자가 채무의 존재 사실을 알지 못한 때에는 비록 그와 같이 알지 못한 데에 과실이 있더라도 위 법조항에 정한 비면책채권에 해당하지 아니하지만, 이와 달리 채무자가 채무의 존재를 알고 있었다면 과실로 채권자목록에 이를 기재하지 못하였다고 하더라도 위 법조항에서 정하는 비면책채권에 해당한다."고 하였다.[202)203)]

    따라서 사실과 맞지 아니하는 채권자목록의 작성에 관한 채무자의 '악의' 유무는 이와 같은 법 제566조 제7호의 규정 취지를 충분히 감안하여, 누락된 채권의 내역과 채무자와의 견련성, 그 채권자와 채무자의 관계, 누락의 경위에 관한 채무자의 소명과 객관적 자료와의 부합여부 등 여러 사정을 종합하여 판단하여야 하고, 단순히 채무자가 제출한 자료만으로는 면책불허가 사유가 보이지 않는다는 등의 점만을 들어 채무자의 선의를 쉽게 인정하여서는 아니 된다.[204)]

---

202) 같은 취지로 대법원 2018. 6. 28. 선고 2018다214401 판결 등.

203) 일본 파산법 제253조 제6호는 우리 법과 달리 '알면서 채권자명부에 기재하지 아니한 청구권'을 비면책채권으로 규정하고 있는데, 일본의 통설은 채무자가 그 존재를 알고 있음에도 불구하고 채권자명부에 기재하지 아니한 이상 기재하지 아니한 것이 채무자의 과실에 의한 경우에도 이에 해당한다고 보고 있다. 注解 破産法(下), 826면 참조.

204) 대법원 2016. 4. 28. 선고 2015다256022 판결, 대법원 2018. 6. 22.자 2018마5435 결정 등은 "채무자가 채권자목록을 작성할 당시 변제 내지 채권 추심 포기 등의 사유로 해당 채무가 소멸한 것으로 잘못 알고 있었을 가능성이 있는 경우에는 채무자가 채무의 존재를 알고 있었다고 함부로 단정하기 어렵다."고 판시하여 채무자의 악의를 부정하였으나. 대법원 2009. 3. 30.자 2009마225 결정은 "누락된 채권자나 채권액이 소수 혹은 소액이라거나 채무자가 제출한 자료만으로는 면책불허가사유가 보이지 않는다는 등의 점만을 들어 사실과 맞지 아니하는 채권자목록의 작성에 관한 채무자의 선의를 쉽게 인정할 수 없다."고 하면서, "제반사정에 비추어 채무자가 채권자목록에 누락된 연대보증채무를 알지 못하였다고 볼 수 없다."라고 채무자의 악의를 긍정하는

위와 같은 법의 규정 내용과 취지에 비추어 보면, 채무자가 면책신청의 채권자목록에 파산채권자 및 그 파산채권의 원본 내역을 기재하여 제출하면 그 채권자는 면책절차에 참여할 수 있는 기회가 보장된다고 할 것이므로, 채무자가 채권자목록에 원본 채권만을 기재하고 이자 등 그에 부수하는 채권을 따로 기재하지 않았다고 하더라도, 그 부수채권이 채무자가 악의로 채권자목록에 기재하지 아니한 비면책채권에 해당한다고 할 것은 아니다.[205]

7) 양육비 또는 부양료(제8호)

채무자가 양육자 또는 부양의무자로서 부담하여야 하는 비용을 비면책채권으로 규정하고 있다. 부부 간의 부양의무(민법 제826조 제1항), 이혼에 따른 자의 양육책임(민법 제837조), 직계혈족 및 그 배우자 간의 부양의무(민법 제974조 제1호), 생계를 같이하는 친족 간의 부양의무(같은 조 제3호) 등이 본 호에 해당한다. 이러한 친족법상의 채권은 보호할 필요성이 크기 때문이다.

(3) 채무자에 대한 효력

면책허가결정이 확정되면 채무자는 당연히 복권되어(법 제574조 제1항 제1호) 공·사법상의 신분상의 제한이 소멸된다. 자연인이 파산선고를 받고 면책을 받으면 한국신용정보원이 관리하는 연체기록정보가 해제되나 파산 후 면책을 받은 사실이 신용정보집중기관의 공공정보에 5년간 등록되어,[206] 개별 금융기관으로부터 대출제한 등 금융거래상의 불이익을 받게 된다. 이는 파산에 따른 법률상의 효과가 아니므로 면책결정이 확정된다고 해서 당연히 면할 수 있게 되는 것은 아니다.

그러나 일부면책결정은 동시에 일부 불허가결정이기도 하므로, 확정되

취지로 판시하였고, 대법원 2010. 10. 14. 선고 2010다49083 판결도 "원심이 설시한 사정들은 채무자가 과실로 채권자목록에 원고에 대한 구상금채무를 기재하지 아니하였다고 볼 만한 근거가 될 수는 있을지언정, 채무자가 그 구상금채권의 존재를 알지 못하였다고 인정할 수 있는 근거가 되는 사정이라 할 수 없다."고 판시하면서 채무자의 악의를 긍정하는 취지로 판시하였다.

205) 대법원 2016. 4. 29. 선고 2015다71177 판결.
206) 한국신용정보원의 일반신용정보관리규약 별표 1 참조.

더라도 법 제574조 제1항 제1호에서 정하고 있는 "면책의 결정이 확정된 때"에 해당하지 아니하여 당연 복권되지는 않는다. 이 경우에 채무자는 일부 면책되지 않은 채무를 변제하거나 채권자의 면제 등으로 그 책임을 면하였다는 점을 증명하여 복권절차를 밟아야 한다.

(4) 채무자의 보증인 등에 대한 효력

㈎ 보증인의 보증채무 및 물상보증인의 책임

채무자의 면책은 그 보증인, 기타 채무를 공동으로 채무를 부담하는 공동채무자, 중첩적 채무인수인 등의 변제책임과 물상보증인이 제공한 담보에 아무런 영향을 미치지 않는다(법 제567조). 일반적으로 인적·물적 담보가 제 기능을 발휘하는 것은 주채무자가 무자력인 경우이므로 면책의 효과가 보증채무에는 미치지 않는 것은 당연하다.[207] 또 면책결정의 확정으로 파산채권은 자연채무로 남게 되고, 당해 채권의 책임재산이 파산재단에 한정되는 데 불과하므로, 보증채무 또는 담보권의 부종성에 반하는 것도 아니다.

㈏ 보증인 등의 구상권에 대한 영향

보증인이 주채무자에 대한 면책결정 확정 후 채권자에게 보증채무를 이행하고 채무자에 대한 구상채권을 취득하더라도 이는 면책 후에 새로이 취득한 채권이 아니라 이미 채무자에 대한 장래의 구상권(법 제427조 제2항)으로 취득한 파산채권이 현실화된 것일 뿐이므로 당연히 면책의 효력을 받는다. 따라서 보증인은 채무자에 대하여 구상권을 행사할 수 없다. 보증인은 파산절차에서 일정한 요건 하에 파산절차에 참가하여 배당받을 수 있는 권

---

207) 다만, 채무자의 친족이나 친구가 보증인이 되므로 이들에게 면책의 효과가 미치지 않는 것이 채무자에 대한 간접적 압력이 되어 채무자의 갱생이라는 면책제도의 본래의 목적을 달성하기 어렵게 되는 경우가 있고, 보증인이 있는 채무자는 파산신청을 주저하거나 단념하는 경우도 있다. 면책의 실효성을 확보하기 위하여 보증인 등 지위에 관한 정비가 필요하다는 견해가 있다. 장수태, "파산면책에 관한 연구", 대전대학교 박사학위논문, 100면; 허경옥, "우리나라 소비자파산제도의 효과적 운영방안에 관한 고찰", 소비자학연구 제10권 제3호, 16면.

리가 보장되어 있다(법 제430조). 보증인 등의 구상권에 면책의 효력이 미치는 점을 고려하여 파산 및 면책절차에서의 채권자목록에 채무자를 위하여 보증을 한 보증인을 기재하도록 하고, 이들에게도 절차 참여의 기회를 부여하고 있다.

㈐ 보증인의 주채무 소멸시효 원용 가부(소극)

면책결정의 효력을 받는 채권은 채권자가 이행청구의 소를 제기하여 강제적으로 실현할 수 없으므로 소멸시효의 기산점이 되는 '권리를 행사할 수 있는 때'라는 관념이 있을 수 없다. 따라서 채무자의 주채무에 대한 면책결정 확정 이후 채권자가 그 보증인에 대해 보증책임의 이행을 구하는 경우에는 주채무의 소멸시효를 원용할 수 없다.[208][209]

다만 예외적으로 채권자가 중소벤처기업진흥공단, 신용보증기금, 기술보증기금인 경우에는 중소기업이 파산선고 이후 면책결정을 받은 시점에 주채무가 감경 또는 면제될 경우 연대보증채무도 동일한 비율로 감경 또는 면제된다(중소기업 진흥에 관한 법률 제74조의2, 신용보증기금법 제30조의3, 기술보증기금법 제37조의3).

(5) 관련문제
㈎ 면책된 채무의 지급 약속

파산선고 후 면책허가결정 확정 전에 채무자가 파산채권자와 사이에 경개, 준소비대차 등의 계약을 체결하고 파산채권의 지급을 약속한 경우에도[210]

---

208) 最高裁判所 平成 11. 11. 9. 平成 9年(オ) 426号 判決, 判例時報 1695号 66면.

209) 서울고등법원 2012. 9. 13. 선고 2012나11534 판결(상고 없이 확정됨). 위 판결은 "법인이 파산종결 결정을 받아 법인격이 소멸하는 경우 주채무도 소멸하는 것이어서 채권자로서는 이후 주채무의 소멸시효 진행을 중단시킬 여지가 없으며, 따라서 이 경우에도 소멸시효제도가 적용될 여지가 없다. 위와 같이 주채무가 소멸하게 되면 보증채무는 부종성을 잃고 독립적인 채무로 된다고 할 것이고, 보증인은 보증채무 자체의 소멸시효 완성 여부만을 주장할 수 있을 뿐이다."라고 하였다. 회생계획 인가결정에 따라 실권된 채무에 대한 대법원 2016. 11. 9. 선고 2015다218785 판결 참조.

210) 미국 연방 파산법 제524조 (c)항은 채무자에게 면책 등에 대한 충분한 정보가 제공

재정적 어려움으로 인하여 파탄에 직면해있는 채무자의 효율적인 회생을 도모하고자 하는 면책 제도의 취지에 비추어 파산채권을 기초로 하는 새로운 채무에 면책의 효과가 미친다고 본다.211) 면책허가결정 확정 후의 합의도 채무자가 새로운 이익을 얻기 위하여 종전의 채무도 함께 처리하기 위한 것이 아니라 채권자의 계속된 강요에 의하여 어쩔 수 없이 이루어진 것과 같이 채무자에게 아무런 이익도 없는 내용이라면 무효이다.212)

(나) 별제권 행사 후 잔여채무에 대한 면책 여부

파산을 선고받은 채무자의 재산에 대한 유치권·질권·저당권 또는 전세권을 가진 채권자는 별제권자로 면책결정 후에도 그 재산에 대해 별제권을 행사할 수 있는바(법 제411조, 제412조),213) 별제권의 행사는 채무자의 재산에 대한 것이므로 별제권의 행사 후 남은 채권은 파산채권으로서 이에 대해서는 면책결정의 효력이 미친다.214)

된 상태에서 면책결정 전에 채무자가 면책대상인 채무에 대하여 면책을 받을 수 있는 권리를 포기하고 채무부담을 하기로 재확인하는 채무자와 채권자 사이의 합의를 파산법원이 승인해 주는 채무재확인제도(reaffirmation agreement)를 인정하고 있다. 자세한 사항은 Norton Bankruptcy Law and Practice 2d, 3 Norton Bankr. L.&Prac. 2d §48 : 7 - §48 : 11 참조.

211) 전주지방법원 2013. 7. 16. 선고 2013나3470 판결[대법원 2013. 11. 28. 선고 2013다61886 판결(심리불속행 상고기각)] 참조.

212) 대전지방법원 2012. 12. 12. 선고 2012나16641 판결(확정) 참조.

213) 채무자가 면책결정이 확정된 후 자신 소유의 자동차에 관한 저당권자를 상대로 면책결정으로 인하여 피담보채무가 소멸되었음을 이유로 저당권설정등록의 말소등록절차의 이행을 구한 사안에서 면책결정 후에도 별제권을 행사할 수 있음을 이유로 이를 기각한 사례로는 서울중앙지방법원 2010. 8. 20. 선고 2010가단33260 판결(확정), 서울남부지방법원 2009. 12. 9. 선고 2009가단58856 판결(확정) 등 참조.

214) 별제권자가 별제권을 행사하지 아니하고 파산채권의 이행을 구한 경우에 대하여 대법원 2011. 11. 10. 선고 2011다27219 판결은 "채무자 회생 및 파산에 관한 법률 제566조는 '면책을 받은 채무자는 파산절차에 의한 배당을 제외하고는 파산채권자에 대한 채무의 전부에 관하여 그 책임이 면제된다. 다만 다음 각 호의 청구권에 대하여는 책임이 면제되지 아니한다.'고 규정하면서 같은 법 제411조의 별제권자가 채무자에 대하여 가지는 파산채권을 면책에서 제외되는 청구권으로 규정하고 있지 아니하므로, 같은 법 제564조에 의한 면책결정의 효력은 별제권자의 파산채권에도 미친다.

㈐ 피면책채권을 자동채권으로 하는 상계의 가부

소멸시효가 완성된 채권도 그 완성 전에 상계적상에 이른 경우에는 상계가 허용되고(민법 제495조), 파산절차에서는 상계권의 행사시기에 법률상 제한이 없으므로 파산채권자가 채무자에 대하여 채무를 부담하고 있는 경우 면책의 효력을 받는 채권이 면책허가에 의하여 자연채권화되기 이전에 상계적상에 이르렀다면 이를 상계의 자동채권으로 하는 것은 가능하다.215) 다만, 면책결정 확정 후 채무자에 대하여 채무를 부담하게 된 경우에 면책된 파산채권을 자동채권으로 상계를 허용한다면 이는 채무자의 의사에 반하여 변제를 강제하는 결과가 되어 채무자의 새로운 경제활동에 장애가 되므로 상계할 수 없다.

㈑ 채권자취소권 및 채권자대위권 행사 여부

채권자취소권은 채무자에 대한 강제집행의 대상이 되는 책임재산을 보전하기 위한 것으로 채권의 권능 중 하나인 집행력을 그 본질로 한다. 따라서 면책으로 집행력이 상실된 이상 면책된 파산채권을 피보전권리로 한 채권자취소권의 행사는 허용되지 아니한다.216) 또한 채권자대위권은 채권자가 자기의 채권을 보전하기 위하여 채무자의 권리를 행사하는 것으로서, 채무자에 대하여 채권을 행사할 수 있음이 전제되어야 하므로, 채무자가 면책결

따라서 별제권자가 별제권을 행사하지 아니한 상태에서 파산절차가 폐지되었다고 하더라도, 같은 법 제564조에 의한 면책결정이 확정된 이상, 별제권자였던 자로서는 담보권을 실행할 수 있을 뿐 채무자를 상대로 종전 파산채권의 이행을 소구할 수는 없다."고 하였다.

215) 상계를 제한적으로 허용하는 입장 가운데도, 상계적상에 있어야 할 시점을 위와 같이 면책허가를 받기 전의 시점이 아니라 파산선고 전의 시점이어야 한다는 견해도 유력하다. 基本法 コンメンタール 破産法(제2판), 日本評論社, 364면 참조.

216) 대법원 2008. 6. 26. 선고 2008다25978 판결은 "채권자취소권은 채무자의 책임재산을 보전하기 위한 제도로서 채무자에 대하여 채권을 행사할 수 있음이 전제되어야 할 것인바, 채무자가 파산절차에서 면책결정을 받은 때에는 파산채권을 피보전채권으로 하여 채권자취소권을 행사하는 것은 그 채권이 채무자 회생 및 파산에 관한 법률 제566조 단서의 예외사유에 해당하지 않는 한 허용되지 않는다."고 판시하고 있다.

정을 받은 때에는 파산채권을 피보전채권으로 하여 채권자대위권을 행사하는 것은 그 채권이 법 제566조 단서의 비면책채권에 해당하지 않는 한 허용되지 않는다.217)

㈐ 면책확인의 소의 허부

채무자에 대한 면책결정의 확정에도 불구하고 어떠한 채권이 비면책채권에 해당하는지 여부 등이 다투어지는 경우, 대법원 2017. 10. 12. 선고 2017다17771 판결은 "파산채무자에 대한 면책결정의 확정에도 불구하고 어떠한 채권이 비면책채권에 해당하는지 여부 등이 다투어지는 경우에 채무자는 면책확인의 소를 제기함으로써 권리 또는 법률상 지위에 현존하는 불안·위험을 제거할 수 있다. 그러나 면책된 채무에 관한 집행권원을 가지고 있는 채권자에 대한 관계에서 채무자는 청구이의의 소를 제기하여 면책의 효력에 기한 집행력의 배제를 구하는 것이 법률상 지위에 현존하는 불안·위험을 제거하는 유효적절한 수단이 된다. 따라서 이러한 경우에도 면책확인을 구하는 것은 분쟁의 종국적인 해결 방법이 아니므로 확인의 이익이 없어 부적법하다."고 판시하여 실무상 혼란이 있었던 부분을 정리하였다.

다만, 채권자가 채무자를 상대로 제기한 이행청구 소송에서 채무자가 변론 종결 전에 면책허가결정이 확정되었음에도 이를 본안전항변으로 주장하지 아니하여 패소판결을 받은 경우, 그 후에 면책확인의 소를 제기한 사안에서 하급심은 이행판결이 면책결정 이후에 선고·확정된 이상, 이행판결의 청구권에 관하여 기판력이 발생하여 채권의 존재가 확정되고 그에 대한 집행력이 동시에 발생하는바, 이후 면책확인을 구하는 것은 전소 판결의 기판력에 저촉되어 허용될 수 없다고 판단하였다.218) 반면 채무자가 청구이의의 소를 제기한 사안에서는 면책결정의 효력에 의한 책임의 면제는 채무 자체

---

217) 대법원 2009. 6. 23. 선고 2009다13156 판결.
218) 서울동부지방법원 2014. 7. 25. 선고 2014가단17238 판결[항소기각(서울동부지방법원 2015. 3. 20. 선고 2014나6543 판결) 및 심리불속행 상고기각(대법원 2015. 7. 23. 선고 2015다27552 판결)으로 확정].

의 존재 및 범위의 확정과는 무관하게 집행력의 배제사유가 되므로, 이를 변론과정에서 주장하지 아니하였거나 판단되지 아니하였다고 하여 그 후 확정판결에 의한 강제집행 단계에서 이를 주장하지 못한다고 할 수 없으므로, 채무자가 면책의 효력을 내세워 청구에 관한 이의의 소를 제기하는 것이 허용된다고 판단하였다.[219]

2. 면책절차가 집행절차에 미치는 영향

가. 면책절차 중의 강제집행 등의 금지 및 중지

파산법 하에서는 강제집행 금지의 근거규정이 없었으나, 법은 채무자의 갱생을 실질적으로 도모하기 위하여 "면책신청이 있고, 파산폐지결정의 확정 또는 파산종결결정이 있는 때에는 면책신청에 관한 재판이 확정될 때까지 채무자의 재산에 대하여 파산채권에 기한 강제집행·가압류 또는 가처분을 할 수 없고, 채무자의 재산에 대하여 파산선고 전에 이미 행하여지고 있던 강제집행·가압류 또는 가처분은 중지된다."는 규정(법 제557조 제1항)을 신설하였다. 이에 따라 채무자는 별도의 강제집행 정지결정을 받지 않더라도 면책신청이 있고 파산폐지결정의 확정 또는 파산종결결정이 있다는 점을 소명하는 서면을 집행관 등에게 제출함으로써 진행 중인 강제집행을 중단시킬 수 있다.[220]

법 제557조 제1항에서 말하는 면책신청에는 명시적인 면책신청뿐만 아니라 법 제556조 제3항에 의한 간주면책신청의 경우도 포함한다. 한편, 면책신청을 하는 경우에는 법 제538조에 의한 동의폐지신청을 할 수 없으므로(법 제556조 제4항), 법 제557조에서 말하는 파산폐지결정이라 함은 동시폐지 또는 이시폐지결정에 한한다.[221]

---

219) 광주지방법원 2017. 7. 5. 선고 2017가단1870 판결.
220) 대법원 2009. 1. 9.자 2008카기181 결정.
221) 일본 파산법 제249조 제1항은 동시폐지결정 및 재단부족에 따른 폐지결정임을 특정하고 있다.

나. 면책결정에 따른 강제집행 등의 실효

면책결정이 확정된 때에는 면책절차 중에 중지된 강제집행·가압류 또는 가처분은 그 효력을 잃는다(법 제557조 제2항). 면책결정이 확정되면, 법 제556조 단서의 비면책채권에 해당하지 않는 한, 면책을 받은 채무자는 파산절차에 의한 배당을 제외하고는 파산채권자에 대한 채무의 전부에 관하여 그 책임이 면제되므로(법 제565조, 제566조), 파산채권자는 면책된 채권에 대한 집행권원을 가지고 있을지라도 강제집행을 할 수 없다.

그럼에도 강제집행을 한 경우에 채무자가 그 집행을 취소시키는 방법이 문제되는데, 판례는 "면책결정이 확정되어 채무자의 채무를 변제할 책임이 면제되었다는 사정은 면책된 채무에 관한 집행권원의 효력을 당연히 상실시키는 사유는 되지 아니하고 다만 청구이의의 소를 통하여 그 집행권원의 집행력을 배제시킬 수 있는 실체상의 사유에 불과하며 면책결정의 확정이 면책된 채무에 관한 집행력 있는 집행권원 정본에 기하여 면책결정 확정 후 비로소 개시된 강제집행의 집행장애사유가 되지 아니하므로, 위와 같은 사정은 면책된 채무에 관한 집행력 있는 집행권원에 기하여 면책결정 확정 후 신청되어 발령된 채권압류 및 추심명령에 대한 적법한 항고이유가 되지 않는다."고 하였다.222) 따라서 채무자는 청구이의의 소로써 이를 다툴 수 있다.

면책결정이 확정되어야 하므로 면책신청의 각하·기각결정 또는 면책불허가결정(일부면책결정 포함)이 확정된 때에는 다시 강제집행 등을 할 수 있고, 중지된 강제집행 등은 속행된다. 그러나 집행법원이 면책절차 중의 집행신청임을 간과하고 강제집행을 개시한 다음 이를 발견한 때에는 이미 한 집행절차를 직권으로 취소하여야 하고(법 제557조 제1항),223) 이는 강제집행 개시 후 면책불허가결정이 확정된 경우에도 마찬가지이다.224)

---

222) 대법원 2013. 9. 16.자 2013마1438 결정, 대법원 2014. 2. 13.자 2013마2429 결정.
223) 대법원 2000. 10. 2.자 2000마5221 결정.
224) 대법원 2009. 1. 9.자 2008카기181 결정, 대법원 2013. 7. 16.자 2013마967 결정.

다. 부당이득의 성립

면책신청에 따른 강제집행 등의 금지·중지 규정 신설로 파산신청에서 면책결정 확정까지 이르는 기간 중 파산신청에서 파산선고까지의 사이를 제외한 나머지 기간에는 강제집행이나 보전처분을 할 수 없게 되었다.[225] 따라서 강제집행 등이 금지되었음에도 채무자가 파산선고 후 취득한 재산에 대한 강제집행으로써 채권자가 자신의 채권을 회수하여 이득을 얻은 경우에는 이는 법률상 원인 없이 이루어진 것으로서 채무자에 대한 부당이득이 성립되어 채무자는 집행채권자를 상대로 그 반환을 청구할 수 있다. 그러나 파산선고로 중단된 파산재단 소속 재산에 대한 강제집행 등을 속행하여 채권자가 이득을 얻은 경우 그로 인하여 손해를 입은 자는 채무자가 아니라[226] 다른 파산채권자로서 파산절차에서 위 재산이 환가, 배당되었더라면 받을 수 있는 배당액을 한도로 파산채권자는 집행채권자를 상대로 그 반환을 청구할 수 있다.

라. 과태료 부과

파산채권자가 면책된 사실을 알면서 면책된 채권에 기하여 강제집행·가압류 또는 가처분의 방법으로 추심행위를 한 자는 500만 원 이하의 과태료를 받을 수 있다(법 제660조 제3항). 여기서 말하는 '면책된 사실을 알면서'는 사실상 인식을 뜻한다. 입법과정에서 모든 추심행위에 대한 제재 여부가 논의되었으나 입법되지 못하였고, 법이 과태료로 규제하고 있는 채권자의 행

---

225) 파산선고 전이라도 면제재산신청절차를 통해 강제집행 등이 중지·금지될 수는 있다.
226) 채무자가 그 소유의 재산에 대하여 강제집행절차가 진행 중임을 알면서도 파산신청 당시 그 재산을 재산목록에 기재하지 않아, 파산재단의 존재 여부를 알지 못한 법원이 동시폐지결정을 하거나, 파산관재인을 선임하였으나 이시폐지결정 혹은 파산종결함으로써 발생하는 경우로서, 채무자가 법원에 사실대로 알려 면제재산결정이 내려진 경우가 아닌 한 파산관재인을 통해 다른 채권자에게 환가, 배당되었을 것이므로 집행채권자의 강제집행에 의하여 채무자가 손해를 입었다고 보기 어렵다.

위는 "강제집행·가압류 또는 가처분"에 한한다.227) 또한 채권의 공정한 추심에 관한 법률 제17조 제3항, 제12조 제4호는 「채무자 회생 및 파산에 관한 법률」에 따른 회생절차, 파산절차 또는 개인회생절차에 따라 전부 또는 일부 면책되었음을 알면서 법령으로 정한 절차 외에서 반복적으로 채무변제를 요구하는 행위를 한 자에게는 500만 원 이하의 과태료를 부과하도록 규정하고 있다.

마. 기타 문제

여기에서는 면책절차와 관련하여 채무자 소유의 유체동산에 대한 경매, 채무자 급여에 대한 강제집행 또는 가압류 등의 절차를 중지하거나 실효된 절차의 외관을 제거하는 방법을 살펴본다.

(1) 유체동산에 대한 강제집행 등의 중지 및 해제

면책절차 중의 강제집행은 별도의 신청이나 결정 없이 법상 당연 중지·금지된다(법 제557조 제1항). 따라서 채무자는 동시폐지결정이 있는 파산선고결정 정본, 그 확정증명원 및 면책신청 접수증명원을 집행관에게 교부하면 집행관은 진행 중인 유체동산 경매절차를 중지하여야 한다.228) 전부면책결정이 확정되면 중지된 강제집행은 그 효력을 상실하므로(법 제557조 제2항), 이때 채무자는 면책결정정본 및 그 확정증명원을 제출하면 집행관은 보관 중인 유체동산의 압류를 풀고 이를 채무자에게 교부하여야 한다.

(2) 급여에 대한 강제집행 등의 중지 및 해제
㈎ 채권에 대한 가압류 또는 압류의 중지 여부(소극)

중지는 집행이 종료되기 전에 가능한 것인데, 급여와 같은 채권에 대한

---

227) 미국 연방 파산법상 채무자가 면책을 받으면 채권자는 강제집행 등의 법적 조치뿐만 아니라 사실상의 추심행위, 추심을 목적으로 하는 형사고소까지도 모두 금지되어 면책의 실질적 효과를 높이고 있다. Norton Bankruptcy Law and Practice 2d, 3 Norton Bankr. L.&Prac. 2d §48 : 3.

228) 대법원 2009. 1. 9.자 2008카기181 결정.

가압류 또는 압류는 그 결정이 제3채무자에게 송달된 때 집행이 종료되고,[229] 채무자는 그 결정을 송달받기 전에는 가압류 및 압류 신청 여부를 알 수 없으므로 사실상 채권에 대한 가압류 또는 압류를 중지시키기란 어렵다.

(내) 추심명령 등의 집행 중지

급여에 대한 압류 후 채권자가 이를 현금화하기 위해서는 추심명령이나 전부명령을 받게 되는데 그 중 추심명령은 채권자에게 추심권한을 주는 것으로 추심절차를 중지할 수 있지만 이에 반하여 전부명령이 제3채무자에게 송달되어 확정된 경우에는 집행이 종료되므로 중지시킬 수 없다.

(대) 면책결정 확정으로 인한 실효시의 해제

채권에 대한 가압류 또는 압류가 중지되지는 않더라도 면책결정의 확정으로 그 집행은 당연 실효된다. 따라서 이 경우에는 채무자가 면책결정정본과 그 확정증명원을 가압류 또는 압류법원에 제출하면 집행법원은 실효되었다는 취지를 제3채무자에게 통지하여야 한다. 급여채권에 대해 압류경합이 있어 제3채무자가 이를 공탁한 경우에는 면책결정정본과 그 확정증명원을 공탁공무원에게 제출함으로써 공탁금을 수령할 수 있다.

(3) 파산법이 적용되는 사건의 면책결정 후의 가압류 등의 해제

이상의 설명은 파산법이 적용되는 사건에서는 적용되지 않는다. 파산법은 면제재산제도나 면책절차 중의 강제집행 등의 중지 및 면책결정으로 인한 강제집행 등의 당연 실효를 인정하지 않기 때문이다. 따라서 파산법이 적용되는 사건에서 채무자는 전부면책결정 후 다음과 같은 방법으로 강제집행 또는 가압류의 외관을 해제할 수밖에 없다.

(개) 가압류의 해제

면책결정 후 가압류를 해제하기 위해서는 면책결정으로 채권이 자연채

---

229) 채권가압류는 가압류명령을 제3채무자에게 발송한 때에 집행의 착수가 있고 그 명령이 제3채무자에게 송달됨으로써 집행이 완료된다. 민사집행(Ⅴ), 246면 참조.

무화됨으로써 보전의 필요성이 없음을 들어 가압류이의신청(민사집행법 제
283조)을 하거나 가압류결정 후 사정변경이 생겼음을 이유로 가압류취소신
청(민사집행법 제288조)을 하여 법원의 결정을 받은 후 그 결정 정본과 함께
집행해제신청을 하면 된다.

⑷ 강제집행의 중지 및 해제
압류 등 강제집행을 중지 또는 해제하기 위해서는 채무자는 집행권원에
대한 청구이의의 소를 제기하여 잠정처분결정을 받아 그 강제집행을 일시
정지시킨 후 승소판결을 받아 집행법원에 제출하여야 한다.

1. 상속재산파산 절차의 의의와 개요

법은 통상 권리·의무의 객체에 불과한 상속재산에 대하여 파산능력을 인정하여 채무초과상태의 상속재산을 엄격한 절차에서 공평하게 청산할 수 있도록 하고, 그에 따라 상속인의 청산 부담을 경감시키고자 상속재산파산 제도를 마련하고 있다.[230]

종래 상속재산파산의 채무자가 누구인지를 둘러싸고 견해가 대립하였으나 통설과 실무는 상속재산 그 자체(상속재산채무자설)를 채무자로 보고 있다.[231] 상속재산파산은 채무초과 상태가 유일한 파산원인이다(법 제307조).[232] 파산신청 또는 파산선고가 있은 후에 피상속인인 채무자가 사망하여 상속이 개시된 때에는 기존의 파산절차는 상속재산에 대하여 속행된다(법 제308조). 상속재산에 대하여 파산선고가 있는 때에는 민법 제1026조 제3호에 의하여 상속인이 단순승인한 것으로 보는 때를 제외하고는 상속인은 한정승인한 것

---

230) 개인파산·회생실무, 241면.

231) 개인파산·회생실무, 243면.

232) 반면 개인과 법인의 보통파산원인은 지급불능이고(법 제305조 제1항), 존립 중인 합명회사 및 합자회사를 제외한 법인에 대해서는 지급불능 이외에 채무초과도 파산원인이 된다(법 제306조).

으로 본다(법 제389조 제3항). 상속인에게 면책신청권이 인정되는지가 문제되나 상속인은 파산을 선고받은 채무자가 아니므로 면책신청권이 없다고 보고 있다.[233]

2. 상속재산파산선고가 소송 및 집행절차에 미치는 영향

가. 소송절차에 미치는 영향

(1) 상속재산파산선고 이후 소송이 제기된 경우

㈎ 당사자적격

상속재산에 대하여 파산선고가 있는 때에는 이에 속하는 모든 재산을 파산재단으로 하고(법 제389조 제1항), 상속인은 파산재단을 구성하는 재산에 관한 관리처분권을 잃으며 이 관리처분권은 파산관재인에게 전속한다(법 제384조). 파산재단에 관한 소송에서는 파산관재인이 당사자가 된다(법 제359조).

따라서 파산재단과 관련하여 새로운 소송을 제기하고자 하는 자는 파산관재인을 피고로 하여 소를 제기하여야 한다. 만약 상속재산에 대한 파산선고 후에 원고가 상속인을 상대로 파산재단에 관한 소를 제기한 경우(상속인을 상대로 소를 제기한 후 소장부본 송달 전에 상속재산에 대한 파산선고가 있는 경우 포함)에는 상속인인 피고는 당사자적격이 없으므로 소각하판결을 하여야 한다. 상속재산에 대한 파산선고 후 상속인이 원고로서 파산재단에 관한 소를 제기하는 것 역시 부적법하므로 소각하판결을 하여야 한다.

㈏ 파산채권 또는 재단채권에 관한 소송이 제기된 경우

파산채권은 파산절차에 의하지 아니하고는 행사할 수 없다는 법 제424조 규정은 상속재산에 대한 파산선고가 있는 경우에도 적용되므로, 상속재산에 대한 파산채권자는 파산절차 내에서 파산채권 신고에 의한 확정절차를 거쳐야 하고, 위와 같은 절차를 거치지 않고 상속재산에 대한 파산선고 후

---

233) 개인파산·회생실무, 243면.

별도로 파산채권에 관한 소송을 제기하는 것은 부적법하다.

반면에 임금채권 등 재단채권자는 파산절차에 의하지 아니하고 파산재
단으로부터 수시로 변제를 받을 수 있으므로, 재단채권에 관한 소송은 파산
채권신고에 의한 확정절차와 무관하게 파산관재인을 상대로 하여 별도 소송
을 제기할 수 있다.

(2) 상속재산파산선고 당시 이미 소송이 계속 중인 경우
㈎ 소송절차의 중단

민사소송법 제239조는 당사자가 파산선고를 받은 때에 파산재단에 관한
소송절차는 중단된다고 규정하고 있고, 위 규정은 상속재산에 대한 파산선
고에도 그대로 적용된다.[234]

상속재산에 대한 파산선고 결정이 확정되지 않았다고 하더라도 파산선
고 당시 계속 중이던 파산재단에 관한 소송은 파산선고에 의하여 중단되고,
이러한 중단은 민사소송의 수소법원이나 당사자의 인식 여부와는 무관하다.
민사소송법이 규정한 다른 소송절차 중단사유와 달리 소송대리인이 있는 경
우에도 소송절차는 중단된다(민사소송법 제238조).[235]

다만 자유재산 등 파산재단과 관계없는 소송은 소송절차가 중단되지 않
고, 상속인이 그 관리처분권을 잃지도 않는다.

소송절차의 중단과 관련된 파산재단의 개념은 파산재단에 속하는 재산
즉 적극재산뿐만 아니라 소극재산을 포함하는 개념으로 이해하여야 한다.

---

234) 이와 관련하여 "상속인이나 상속재산에 대한 파산선고는 한정승인 또는 재산분리에
영향을 미치지 아니한다."고 규정한 법 제346조를 근거로 소송을 중단하지 않고 그대
로 진행하여서는 아니 된다. 위 규정은 한정승인 또는 재산분리와 상속재산파산이 별
개의 목적을 가지는 제도이므로 상속재산에 대한 파산선고가 한정승인 또는 재산분
리의 신청이나 절차를 방해하지 않는다는 점을 명확히 한 것일 뿐이다(다만 상속재
산에 대한 파산취소 또는 파산폐지의 결정이 확정되거나 파산종결의 결정이 있을 때
까지 한정승인 또는 재산분리의 절차가 중지된다).
235) 왜냐하면 위임은 당사자 일방의 사망 또는 파산으로 인하여 종료하고(민법 제690
조), 위임계약에 기하여 수임자에게 대리권이 수여되어 있는 경우에는 위임계약의 종
료로 인해 그 대리권도 소멸하기 때문이다(민법 제128조).

따라서 상속재산에 대한 파산선고로 인하여 중단되는 소송은 파산재단에 속하는 재산에 관한 소송과 파산채권에 관한 소송을 모두 포함하고, 재단채권에 관한 소송도 중단된다.

(나) 소송절차의 수계

파산재단에 속하는 재산 그 자체에 관한 소송은 파산관재인이 소송을 수계한다(법 제347조 제1항). 파산채권에 관한 소송은 파산관재인이 당연히 이를 수계하는 것이 아니라 상대방의 파산채권 신고와 그에 대한 채권조사기일에서의 파산관재인의 채권조사결과에 따라 처리한다(법 제462조, 제464조). 중단되었던 재단채권에 관한 소송은 파산관재인이 이를 수계한다.

한편 피상속인이 당사자였던 소송이 상속인과 파산관재인으로 순차 수계가 이루어진 경우에는 상속인으로의 수계와 파산관재인으로의 수계를 모두 표시하여야 한다.236)

(3) 일반 파산절차 규정의 적용

이 밖에 상속재산에 대한 파산선고 이후 파산재단의 관리처분권이 파산관재인에게 이전된 이후의 채권확정과 배당절차 및 개별 소송절차의 진행 등은 제3절의 기재가 대부분 그대로 적용된다.

나. 집행절차에 미치는 영향 — 일반 파산절차 규정의 적용

상속재산에 대하여 파산선고가 있는 경우 파산채권자는 파산선고에 의하여 개별적 권리행사가 금지되어 파산절차에 참가하여서만 만족을 얻을 수 있고(법 제424조), 이미 개시된 강제집행이나 보전처분은 실효되며(법 제348조), 파산선고 후에는 파산채권이나 재단채권에 기한 새로운 강제집행이 허용되지 아니하는 것은 일반 파산절차와 같다. 따라서 상속재산에 대한 파산

---

236) 대법원 2020. 3. 12. 선고 2019다38444 판결(미간행).
　　예시 : 망 김파산의 소송수계인 배우자, 김일진, 김이진, 김삼진의 소송수계인 채무자 망 김파산의 상속재산 파산관재인 이관재

선고가 집행절차에 미치는 영향도 제3절의 기재가 대부분 그대로 적용된다.

다. 압류금지재산의 인정 여부

상속재산237) 중 상속인이 관리처분권을 잃고 그 관리처분권이 파산관재인에게 강제적으로 이전하는 부분은 파산재단에 한정된다. 법은 이러한 파산재단에 속하지 아니하는 재산으로 압류금지재산을 규정하고 있는데(제383조 제1항) 상속재산에 대한 파산사건에도 압류금지재산에 관한 위 규정이 적용되는지에 관하여 견해가 대립한다.

상속재산파산 사건의 채무자는 상속재산 그 자체이므로 개인인 채무자의 생계보장, 재기지원 등을 고려하여 규정된 압류금지재산에 관한 규정은 적용될 여지가 없다는 이유로 압류금지재산을 파산재단에서 제외되는 재산으로 정한 법 제383조 제1항을 상속재산파산 사건의 경우에는 적용할 수 없다는 견해가 있다.

그러나 민사집행법 또는 기타 법령에서 압류금지재산을 정하는 것은 채무자의 보호만을 목적으로 한 것이 아니고 채무자 가족의 최소한의 생계를 보장하는 것과 같은 공공복리를 도모하기 위한 사회정책적 요청에 근거하는 것이다.238) 특히 압류금지물건의 경우 그 소유자를 불문하고 채무자 등의 점유와 사용가능성을 보호하고자 하는 것이고,239) 상속채권자들도 본래는 피상속인의 압류금지재산에 대하여 강제집행을 할 수 없었기 때문에 그 재산으로 채권의 만족을 얻지 못하더라도 부당하다고 할 수는 없으므로, 압류금지재산 중 피상속인뿐만 아니라 그와 같이 살면서 생계를 같이 하던 가족

---

237) 상속인이 피상속인으로부터 포괄적으로 승계하는 상속개시 당시 피상속인에게 속하였던 재산에 관한 일체의 권리와 의무 중 피상속인의 일신에 전속하는 권리의무를 제외한 것을 상속재산이라고 한다(민법 제1005조).

238) 주석 민사집행법(V), 제195조, 제246조.

239) 압류금지 규정에 위반한 집행행위에 대하여 채무자는 물론 압류금지의 이익을 받는 동거가족이나 동거친족도 집행에 관한 이의를 할 수 있고, 압류금지재산에 해당되는 물건이 누구의 소유에 속하는 것인가 하는 점은 압류금지물인정 여부의 결정에 아무런 영향이 없다[주석 민사집행법(V), 제195조].

의 생계를 보장하는 취지에서 규정된 압류금지재산의 경우에는 상속재산파산 사건에서도 파산재단에서 제외되어야 한다고 보는 것이 타당하다.[240]

따라서 피상속인의 생전에 압류금지재산에 해당하였던 경우에는 해당 재산이 파산재단에서 제외되는 결과 그에 대하여 이미 진행 중이었던 소송절차가 파산선고로 인하여 중단되지 아니하고, 압류금지재산에 관하여 권리를 보유하고 있었던 상속인 등(압류금지재산의 권리자 포함)이 여전히 관리처분권과 소송의 당사자적격을 가진다.

라. 면제재산의 인정 여부

법원은 개인인 채무자의 신청에 의하여 결정으로 채무자가 가진 주거용 건물에 관한 임차보증금반환청구권 중 일부와 채무자 및 그 피부양자의 생활에 필요한 6개월간의 생계비에 사용할 특정한 재산으로서 대통령령이 정하는 금액을 초과하지 아니하는 부분을 파산재단에서 면제할 수 있고(법 제383조 제2항, 제3항), 이러한 면제재산에 대하여는 면책을 신청할 수 있는 기한까지는 파산채권에 기한 강제집행, 가압류 또는 가처분을 할 수 없다(법 제383조 제10항)고 규정하고 있는데, 상속재산파산에 있어서도 면제재산에 관한 법 제383조 제2항이 그대로 적용되는지가 문제된다.

면제재산에 대하여는 상속재산파산의 경우에도 파산재단에서 제외되어야 한다고 보는 견해[241]가 있으나, 법 제383조 제2항에서 '개인인 채무자'의 신청을 요구하고 있으므로, 상속재산파산 사건의 경우에는 면제재산에 관한 법 제383조 제2항이 적용될 여지가 없다고 보는 것이 타당하다.[242]

---

240) 개인파산·회생실무, 267-268면; 김주미, "상속재산파산의 실무상 쟁점 연구-파산재단과 자유재산, 상속비용과 재단채권, 민사소송과의 관계 등을 중심으로", 법조 68권 1호(2019) 338-339면.
241) 전대규, 1337면.
242) 개인파산·회생실무, 267면.

마. 파산관재인의 환가포기 재산

파산관재인은 상속재산의 가치에 비하여 환가비용 등이 과다하거나 환가가 불가능하다고 판단한 경우 법 제492조 제12호에 따라 법원의 허가를 받아 해당 재산을 파산재단으로부터 포기할 수 있다.

파산관재인이 환가를 포기한 재산은 자유재산이 되어 파산재단에 속하지 아니하게 되고, 상속인이 관리처분권을 회복하여 상속인이 소송의 당사자적격을 가진다. 실무도 파산관재인이 환가포기한 재산을 상속인에게 반환하고 있다.[243]

또한 포기된 재산에 관한 소송이 파산선고로 인하여 중단되었고 파산관재인이 수계하지 않고 있는 사이 환가가 포기된 경우라면, 민사소송법 제239조 후문을 유추적용하여 별도의 수계신청이나 수계여부에 대한 재판을 할 필요 없이 소송절차의 중단 사유가 해소된 것으로 보아 상속인이 기존 소송을 당연히 수계하고 소송이 다시 진행된다. 그리고 환가포기된 재산에 대하여는 새로운 강제집행도 가능하게 된다.[244]

바. 신득재산의 문제

피상속인이 파산선고 이전에 사망한 경우에는 피상속인 명의의 재산에서 추가로 발생하는 과실이나 피상속인 명의의 재산이 처분, 멸실·훼손되어 그 대가로 취득하는 재산(대상재산) 외에 피상속인의 새로운 원인행위에 의한 신득재산이 발생할 가능성이 없으므로, 신득재산을 자유재산으로 인정할 여

---

243) 개인파산·회생실무, 268면.
244) 한편 개인 채무자에 대한 파산절차에서는 법 제557조 제1항 및 제2항에 의하면, 환가포기된 재산을 포함하여 채무자의 재산(파산재단에 한정하지 않는다)에 대하여는 면책신청에 대한 결정이 있기 이전까지는 새로운 강제집행이 금지된다고 할 것인데, 상속재산파산의 경우에는 상속재산에 대하여 성질상 면책이 인정될 여지가 없고, 상속인의 면책신청권도 인정되지 않으므로 위 규정 또는 그 유추적용에 의하여 새로운 강제집행이 불가능하다고 보기는 어렵다.

지는 없다.245)

　　반면 파산선고 이후 채무자가 사망하고 법 제308조에 의하여 파산절차가 상속재산에 대하여 속행된 경우에는 법 제382조 제1항에 의하여 채무자가 파산선고 당시에 가진 모든 재산이 파산재단에 속하게 되지만, 파산선고 이후의 신득재산 등이 채무자의 상속재산에는 포함되기 때문에 파산재단과 상속재산이 반드시 일치하지 않을 수 있다.

　　이에 대하여는 종래의 파산재단을 확장하여 상속재산에 대해서 파산절차를 속행하여야 한다는 의견도 있으나, '고정주의(파산선고 시를 기준시로 하여 파산재단의 범위를 고정하는 원칙)'와의 관계에서 속행절차는 종래의 파산재단에 대해서 속행된다고 보고 신득재산은 파산선고 후에 새로이 등장하는 채권자의 채권에 대한 책임재산을 구성한다고 봄이 타당하다.246)

3. 상속재산파산선고가 상속인의 지위 등에 미치는 영향

가. 상속인에 대한 한정승인 간주 효과

(1) 상속재산에 대하여 파산선고가 있는 경우

　　상속재산에 대하여 파산선고가 있는 때에는 민법 제1026조 제3호에 의하여 상속인이 단순승인한 것으로 보는 때를 제외하고는 상속인은 한정승인한 것으로 본다(법 제389조 제3항).

　　한편 파산신청 후 파산선고 전에 피상속인인 채무자가 사망한 경우에는 상속인의 의사와 상관없이 파산선고가 이루어지고 파산관재인이 선임된다면 상속인은 상속재산에 대한 관리처분권을 상실하는 불이익을 입게 되므로 실무상 상속인에게 파산절차를 속행할 것인지에 관하여 선택할 수 있는 기

---

245) 개인파산·회생실무, 268면.
246) 개인파산·회생실무, 253-254면. 이 경우 신득재산의 총액보다 파산선고 후 상속개시 전에 생긴 상속채권의 총액이 큰 경우에 제2의 파산이 문제된다(条解 破産法, 1494~1495면).

회를 주는 것이 타당하다.247) 실무도 파산신청 후 파산선고 전에 피상속인
인 채무자가 사망하였으나 상속인들이 파산절차 속행 신청을 하지 않는 경
우에는 그 상속인들에게 파산절차를 속행할 것을 명하고, 그럼에도 상속인
들의 속행신청이 없는 경우에는 파산절차를 속행할 의사가 없는 것으로 보
아 파산신청을 각하하고 있다.248)

상속인들의 속행신청이 있는 때에는 상속재산에 대하여 파산을 선고하
고 상속인에 대하여는 법 제389조 제3항에 의하여 한정승인 간주효가 있다
고 본다.

(2) 파산선고 이후 상속개시가 있는 경우

개인인 채무자에 대하여 파산선고가 있은 이후 채무자가 사망하여 상
속재산파산 절차가 법 제308조에 의하여 속행되는 경우에도 상속인에 대
하여 법 제389조 제3항에 의한 한정승인의 효력이 간주되는 것인지 문제
된다.

'상속재산'에 대하여 파산선고가 있었던 경우가 아니라는 이유로 상속인
이 한정승인을 받은 것으로 간주하는 법 제389조 제3항의 적용을 부정하는
견해와 상속인에게 별도의 면책신청권을 부여하지 아니하는 대신 한정승인
의 효력이 간주되는 것으로 규정한 법의 취지에 비추어 법 제308조에 의하
여 파산절차가 상속재산에 대하여 속행되는 경우에도 법 제389조 제3항을
유추적용하여야 한다는 견해가 있는데, 명문의 규정 없이 상속인의 상속을

---

247) 개인파산·회생실무, 252-253면. 우리 법 제308조와 동일한 내용이었던 일본 구 파
     산법 하에서도 학설의 다툼은 있었으나 파산신청 후 파산선고 전에 채무자가 사망하
     는 경우 파산절차가 중단된다고 보는 견해가 유력하였다. 일본 신 파산법 제226조는
     파산신청 후 파산선고 전에 채무자에 대하여 상속이 개시된 때에는, 상속인 등은 상
     속개시한 때로부터 1월 이내에 파산절차 속행 신청을 하여야 하고, 그 기간 내에 속
     행 신청이 없는 경우에는 그 기간이 경과한 때에 파산절차가 종료되는 것으로 규정
     하고 있다.
248) 개인파산·회생실무, 253면. 한편 파산절차 속행 명령은 법적 근거가 부족하므로 파
     산신청 후 파산선고 전에 채무자가 사망한 경우의 처리와 관련하여 입법론적인 검토
     가 필요하다는 이견도 제기되고 있다.

포기할 권리를 침해하는 것은 부당하므로,249) 이를 부정하는 것이 타당하다. 이 경우 상속인은 적극적으로 상속포기 또는 한정승인을 하는 것이 필요할 것이다.

나. 상속으로 인한 혼동의 예외

일반적으로 상속이 개시되면 민법 제191조, 제507조에 의하여 피상속인과 상속인 사이에 존재한 권리·의무는 혼동으로 소멸하지만, 법 제389조 제2항은 한정승인에 관한 민법 제1031조와 마찬가지의 취지에서 상속재산에 대하여 파산선고가 있는 경우 피상속인이 상속인에 대하여 가지는 권리와 상속인이 피상속인에 대하여 가지는 권리는 소멸하지 아니한다고 규정하고 있다.

즉, 상속인은 피상속인에 대한 채권에 관하여 상속채권자와 동일한 권리를 가지고, 상속재산파산의 파산재단에 대하여 채권의 성격에 따라 파산채권자 또는 재단채권자로서 권리를 행사할 수 있다.250) 피상속인의 채무를 소멸시키기 위하여 자기의 재산으로 출연을 한 때에는 상속채권자와 동일한 권리를 가진다(법 제437조).251) 또한 피상속인의 상속인에 대한 권리는 상속재산 파산절차에서 혼동으로 소멸하지 않고 파산재단에 포함되어 환가의 대상이 된다.252)

다. 상속재산파산과 한정승인, 재산분리의 관계

상속재산에 대한 파산선고는 한정승인 또는 재산분리에 영향을 미치지

---

249) 김주미, 앞의 논문, 341면.
250) 이때 소멸하지 않고 상속인이 행사할 수 있는 권리에는 채권뿐만 아니라 물권도 포함되므로, 상속인이 피상속인 소유의 부동산에 대하여 저당권을 가지고 있었던 경우에는 저당권은 혼동으로 소멸하지 않고, 상속인은 파산관재인이 관리하는 파산재단인 부동산에 대하여 저당권을 실행하여 피담보채권의 만족을 도모할 수도 있다(条解 破産法, 1506면).
251) 개인파산·회생실무, 255-256면.
252) 김주미, 앞의 논문, 338면.

아니하므로(법 제346조 본문), 상속재산에 대한 파산선고를 전·후로 하여 별도의 한정승인 또는 재산분리를 신청할 수 있다. 다만 파산취소 또는 파산폐지의 결정이 확정되거나 파산종결의 결정이 있을 때까지는 그 절차가 중지된다(법 제346조 단서). 상속재산파산 절차가 한정승인 또는 재산분리 절차보다 엄격한 청산절차이기 때문에 상속재산파산 절차를 한정승인 또는 재산분리 절차에 우선하도록 한 것이다(상속재산파산의 우선성).[253]

4. 상속재산파산 절차의 종료가 파산채권에 관한 소송에 미치는 영향

상속재산파산 절차가 종료된 후 상속채권자가 상속인을 상대로 하여 상속채무의 이행을 구하는 소송을 제기하고, 위 소송절차에서 상속인이 상속재산에 대한 파산절차가 종료되었음을 이유로 본안전 항변 또는 청구기각의 주장을 하는 경우 상속인의 채무 또는 책임의 범위가 문제된다.

이에 대하여 각하설, 인용설, 기각설의 대립이 있으나, 법이 상속인에게 상속채무에 대한 별도의 면책신청권을 부여하지 않고 있고, 법 제389조 제3항에서 단순승인의 경우를 제외하고 한정승인 간주효만을 부여하고 있는 이상 상속인은 그가 한 단순승인, 한정승인(간주효 포함) 등의 효과에 따라 채무를 부담하고 책임을 지게 된다고 보는 것이 일반적이다.

다수 하급심 실무도 한정승인을 하거나 법에 의하여 한정승인의 효과가 간주되는 상속인에게 상속재산을 책임의 한도로 하여 전부 이행판결을 선고하고 있다.[254]

---

253) 개인파산·회생실무, 260면; 條解 破産法 1473면.
254) 개인파산·회생실무, 277-278면.

[고등법원]

[지방법원]

[헌법재판소]

사항색인

제 2 판
도산절차와 소송 및 집행절차

초판발행   2011년 5월 30일
제2판발행   2022년 3월 20일

지은이   서울회생법원 재판실무연구회
펴낸이   안종만·안상준

편 집   김선민
기획/마케팅   조성호
표지디자인   이수빈
제 작   고철민·조영환

펴낸곳   (주) **박영시**
               서울특별시 금천구 가산디지털2로 53, 210호(가산동, 한라시그마밸리)
               등록 1959. 3. 11. 제300-1959-1호(倫)

전 화   02)733-6771
f a x   02)736-4818
e-mail   pys@pybook.co.kr
homepage   www.pybook.co.kr
ISBN   979-11-303-4153-8 93360
copyright©서울회생법원 재판실무연구회, 2022, Printed in Korea

정 가   32,000원